OEUVRES COMPLÈTES
DE
A. F. OZANAM
AVEC
UNE PRÉFACE PAR M. AMPÈRE
de l'Académie française

SECONDE ÉDITION

TOME SIXIÈME
DANTE ET LA PHILOSOPHIE CATHOLIQUE AU XIIIe SIÈCLE

PARIS. — IMP. SIMON RAÇON ET COMP., RUE D'ERFURTH, 1.

DANTE

ET LA

PHILOSOPHIE CATHOLIQUE

AU TREIZIÈME SIÈCLE

PAR

A. F. OZANAM

PROFESSEUR DE LITTÉRATURE ÉTRANGÈRE A LA FACULTÉ DES LETTRES DE PARIS.

QUATRIÈME ÉDITION

PARIS
JACQUES LECOFFRE ET CIE, ÉDITEURS
RUE DU VIEUX-COLOMBIER, 29
1859

AVERTISSEMENT

DE LA DEUXIÈME ÉDITION

En publiant une nouvelle édition des *Recherches sur Dante et la philosophie catholique au treizième siècle,* on a besoin de remercier tous ceux qui ont encouragé ce travail. On ne peut oublier l'accueil indulgent qu'il trouva d'abord auprès de la Faculté des lettres de Paris. On sait aussi tout ce qu'il a dû à la critique bienveillante qui s'en occupa en France et à l'étranger. Aucun suffrage ne pouvait l'honorer davantage que ceux de M. Ch. Witte, éditeur des *Lettres de Dante;* du P. Pianciani, dans les *Annales des sciences religieuses* de Rome, et des savants rédacteurs de la *Gazette littéraire universelle* de Halle. On saisit en même temps l'occasion d'exprimer une vive gratitude pour le traducteur allemand de Munster, et les traducteurs italiens de Milan, de Naples, de Pistoja et de Florence. Tant de faveur faisait à l'auteur un devoir de donner à cette nouvelle édition des soins qui la rendissent plus digne du public. Il y a corrigé beaucoup, et beaucoup cependant a dû lui échapper. Il a pensé compléter son livre en y ajoutant plusieurs éclaircissements, un discours préliminaire sur la tradition littéraire en Italie jusqu'à Dante, et quelques études sur les sources poétiques de la DIVINE COMÉDIE (1).

(1) Ce travail a été placé à la fin du volume des *Poëtes franciscains*, OEuvres complètes, t. V, p. 549.

DISCOURS PRÉLIMINAIRE

DE LA TRADITION LITTÉRAIRE EN ITALIE, DEPUIS LA DÉCADENCE
LATINE JUSQU'A DANTE.

Au milieu des passions et des doutes qui troublent notre siècle, le passé ne nous intéresse que par où il nous touche, c'est-à-dire par ce qui nous en est resté. Tout l'intérêt de l'histoire littéraire est de chercher, parmi les monuments intellectuels de tous les siècles, le conseil de la Providence et la loi générale de l'esprit humain. Les littératures se succèdent : il s'agit de savoir si elles se lient et se continuent ; si, à côté de ces instincts poétiques qui partout s'éveillent d'eux-mêmes, il y a une discipline savante qui constitue l'art, que les peuples se transmettent, toujours enseignés, toujours enseignants, n'accomplissant qu'une même œuvre, comme une même destinée. Et, pour poser la question en des termes plus courts, il s'agit de savoir s'il existe une tradition dans les lettres.

Les recherches modernes ont commencé à renouer

dans l'histoire la succession des époques. D'un côté, les langues, les fables, les doctrines de l'antiquité classique, qu'on avait crues originaires des lieux mêmes où elles fleurirent, ont été rattachées aux civilisations de l'Orient. Les vieilles prétentions d'autochthonie ont disparu devant les preuves d'une commune et lointaine descendance. D'un autre côté, dans les profondeurs ignorées du moyen âge, dans les systèmes de ses écoles et les ouvrages de ses grands maîtres, il a fallu reconnaître les origines légitimes de la science et de l'art modernes. On a renoncé à faire dater de Luther le réveil de la raison. Ainsi s'est rétablie d'une part l'unité des siècles antiques, de l'autre celle des siècles chrétiens. Il reste à étudier plus attentivement l'intervalle qui sépare ces deux époques du monde. Pendant les terribles années remplies par la chute de l'empire romain et par l'avénement des Barbares, il faut voir si les lettres ont péri. S'éteignirent-elles alors, pour renaître plus tard du concours de quelques circonstances fécondes? ou bien auraient-elles subi une transformation qui devait les sauver, et conserver ainsi la perpétuité de l'enseignement?

La renaissance, longtemps fixée à la prise de Constantinople, a été reculée par quelques-uns jusqu'aux croisades, par d'autres jusqu'à Charlemagne. Avant Charlemagne, on a bien vu les Muses romaines réfugiées dans les monastères irlandais et anglo-saxons. Mais ces recherches veulent être faites de plus près. On les doit poursuivre sur leur terrain naturel, en Italie, dernier asile de l'antiquité, premier foyer du moyen âge. C'est là qu'on peut se donner le spectacle de la plus mémorable transition qui fut jamais. Quelles phases les lettres parcoururent durant onze cents ans, depuis la décadence latine jusqu'aux premiers écrits en langue vulgaire? Comment l'esprit humain dépouilla ses habitudes païennes pour revêtir un caractère nouveau? si ce fut par la mort, par un sommeil, par un travail silencieux. C'est cette révolution que nous entreprenons de décrire, en cherchant dans ses longues péripéties à retrouver, s'il se peut, l'unité de la tradition littéraire. Nous la recueillerons d'abord chez les Romains, telle que l'antiquité l'avait faite au siècle d'Auguste; nous la verrons régénérée par le Christianisme; nous examinerons si elle traversa la barbarie, et comment elle a pu se reproduire dans les œuvres du génie italien, qui devait à son tour la faire régner sur toutes les littératures européennes.

I

Si l'on considère la civilisation romaine à l'ouverture de l'ère moderne, on trouve qu'elle avait ses racines dans l'antiquité tout entière. On y voit le résultat et l'abrégé des civilisations antérieures, et comme le dernier effort de l'esprit humain après quatre mille ans. La langue latine elle-même, par l'incontestable originalité de son caractère, par ses analogies radicales avec le grec et le sanscrit, atteste les rapports primitifs de l'Orient, de la Grèce et de l'Italie. Rome semblait avoir reçu de l'Orient, par l'entremise des Étrusques, ses plus graves institutions religieuses, restes d'une vérité défigurée, qui ne manquaient pas de grandeur. Je veux dire cette science des augures et ce culte des mânes, qui faisaient de toute la vie un commerce perpétuel avec les dieux et les ancêtres. Les arts et le sentiment du beau lui étaient venus de la Grèce, par le voisinage des villes doriennes de Calabre et Sicile. Plus tard, après la guerre de Macédoine, on achetait des pédagogues grecs au marché d'esclaves; la jeunesse patricienne allait étudier aux écoles d'Athènes et de Rhodes; les Muses latines s'enrichissaient par l'imitation, qui était encore une conquête. Mais le propre du génie romain, ce qu'il ne dut qu'à lui-même et au vieux Latium où il naquit, ce fut le sens pratique du juste, l'instinct du droit. Le droit se constituait par la jurisprudence; l'éloquence le défendait au dedans; les armes l'imposaient au dehors : toute l'existence des vieux Romains était renfermée dans ce cercle. C'est à cause de l'énergique précision de leur esprit qu'ils dépassèrent ce qui les avait précédés. Les Grecs travaillaient pour la gloire, les Romains pour l'empire. Ils ne voulaient pas tant l'admiration que l'obéissance des hommes. Ils usaient des lettres comme d'un pouvoir. Le souvenir de la chose publique est empreint dans leurs plus beaux ouvrages, comme le nom du sénat et du peuple sur leurs monuments. A la majesté des harangues de Cicéron, l'on reconnaît une parole qui est maîtresse des affaires du monde ; la poésie de Virgile ne se détache jamais de la cause politique à laquelle elle s'est engagée : l'art a autre chose à faire que de charmer, il faut qu'il serve. Il y a donc à Rome, dans la littérature aussi bien que dans la société, une tradition séculaire, dont l'Italie fut l'organe au centre par le Latium, au midi par les colonies helléniques de la Grande Grèce, au nord par les colonies asiatiques de l'Étrurie : en sorte que tous les travaux du passé étaient venus y aboutir, et que toutes les nations policées de la terre semblaient avoir mis la main à l'œuvre pour former leurs maîtres.

Or ces trois choses dont se composait la civilisation romaine, c'est-à-dire la religion, le droit, les lettres, touchaient à leur décadence. Il les y faut suivre, voir si leurs destinées se séparent ou se confondent ; ce qui devait se perdre, ce qui devait rester.

La ruine du paganisme ne fut point ce qu'on a coutume de penser. Il ne tomba pas d'une chute rapide, comme pour faire place à l'Évangile. Malgré les injures des philosophes, la multitude n'avait pas déserté ses autels : il eut une sorte de restauration à l'avénement des empereurs ; la lassitude du doute et le trouble des remords lui ramenaient les esprits. Ses forces se renouvelèrent par les cultes étrangers de Sérapis et de Mithra. Mais ces religions d'emprunt ne lui apportaient qu'une erreur plus savante : elles n'abolissaient ni les rites impurs ni les rites sanglants. Le paganisme ne se réforma donc pas non plus, comme pour venir au-devant de la vérité ; il disputa le terrain jusqu'au bout.

Les dernières traces s'en conservèrent longtemps. Mais ce qui en resta fut un obstacle, et non pas un moyen pour l'avenir.

Il n'en fut pas ainsi de la législation. Il semble au premier aspect que tout l'édifice romain allait crouler. L'empereur, qui, sous ce titre militaire, n'était que le chef des plébéiens, acheva la destruction de la cité patricienne, depuis longtemps ébranlée dans sa constitution sacerdotale et guerrière. La cité périt, et avec elle disparurent peu à peu ses lois impitoyables, et les solennités jalouses dont elles entouraient les actes civils. Mais en même temps s'établissait l'empire. Les provinces grandissaient sous une administration commune; leurs usages, recueillis et justifiés par les jurisconsultes, formèrent le droit des gens, qu'on opposa aux rigueurs de l'ancien droit civil, et qui donna de nouvelles bases à la famille, à la propriété, à la justice. Ce fut le droit des gens, c'est-à-dire la loi que le monde s'était faite par l'organe des Romains, qui se conserva dans les compilations de Justinien, pour devenir le fondement des sociétés futures. Toute l'Europe est assise sur cet héritage.

Le sort des lettres ressemble à celui des lois. On voit d'abord se précipiter leur déclin. Un moment est venu où, l'étude des procédés de l'art préoccupant les esprits, le soin de la forme entraîne la pensée et commence à la faire descendre. Ce moment est décisif. Une orgueilleuse réaction se prononce contre les grands écrivains de l'âge précédent. L'illusion des fausses théories, l'éclat des exercices déclamatoires et des lectures publiques, achèvent d'égarer l'éloquence et la poésie. L'inspiration, qui est la vie, se retire; et avec elle le style, qui est la lumière. Et toutefois ce temps est celui où la littérature latine s'empare de l'avenir. Rome fit alors deux choses mémorables pour la diffusion et la conservation des connaissances humaines.

D'abord, comme elle vit qu'elle avait reçu des nations orientales tout ce qu'on en pouvait attendre, Rome se tourna vers l'Occident. Elle y trouva des mœurs et des intelligences grossières : elle entreprit de les élever à son niveau. Pendant cette longue période où ses conquêtes paraissent arrêtées, elle subjuguait la terre une seconde fois, et plus souverainement, par sa langue et ses institutions. Alors on peut suivre le mouvement propagateur. On voit les lettres sortir du nord de l'Italie, et se répandre par la Gaule romaine en Espagne, où elles suscitent cette brillante génération : les deux Sénèque, Lucain, Quintilien, Martial. Elles passent ensuite en Afrique au temps de Cornutus, de Fronto et d'Apulée, pour revenir enfin dans les Gaules et jusqu'à Trèves, sur les confins de la Germanie avec les panégyristes, avec Ausone, Rutilius, et Sidoine Apollinaire. Ainsi les étrangers obtiennent le droit de cité dans la république littéraire comme dans l'État. Rome n'ignore pas le danger de cet envahissement; elle est avertie de ce qu'elle doit perdre d'élégance et de noblesse au commerce de ces fils de Barbares. Sa gloire est de n'avoir point reculé à leur vue. Elle les naturalise, elle les civilise; elle fait, à ses risques et périls, l'éducation des écrivains et des peuples. Ce ne fut point la force des événements, ce fut un bienfait compris et voulu. Pline écrivit de l'Italie cet éloge singulier : « Que les dieux semblaient l'avoir élue pour donner au monde un ciel plus serein, pour réunir tous les empires, rapprocher les langues discordantes, et rendre à l'homme l'humanité. » Et Tertullien, enchérissant encore, par un barbarisme éloquent créa un mot nouveau pour désigner cette culture universelle, qui s'étendait de la Grande-Bretagne aux extrémités de la Hongrie : il l'appela *Romanitas*.

En même temps, et pour que le cercle grandissant eût un centre, s'établissait une puissance nouvelle que les âges antérieurs n'avaient point connue : l'enseignement public. L'Égypte avait ses initiations, mais entourées de mystères. A Athènes, les soins de l'instruction littéraire étaient abandonnés au dévouement ou à la cupidité des sages. En Italie, dans ce pays de discipline, l'enseignement devait être une magistrature. César le revêtit d'une première sanction, en l'environnant d'immunités et de priviléges; Vespasien assigna un salaire public aux maîtres de belles-lettres. Alors s'élevèrent ces écoles célèbres du Capitole, dont l'ordre et la prospérité furent assurés par les lois impériales, et qui, sous le règne de Valentinien III, comptaient trente professeurs entourés d'une jeunesse innombrable. Deux y enseignaient la philosophie et la jurisprudence : il y avait trois rhéteurs latins, cinq sophistes grecs, dix grammairiens grecs, dix grammairiens latins. Vingt-neuf bibliothèques réunissaient tous les trésors scientifiques de l'antiquité. Des fondations pareilles se multiplièrent par toute l'Italie, et une constitution d'Antonin le Pieux les étendit aux cités des provinces. A la vue de ces moyens puissants, on s'étonne d'abord de la médiocrité des effets. On ne peut se défendre d'un profond dédain pour ces écoles stériles qui ne viennent qu'après les grands siècles, et d'où ne sortent que des générations obscures. Vainement Quintilien, dans ses *Institutions oratoires,* entreprenait l'éducation de l'homme éloquent : l'orateur idéal qu'il formait avec tant de sollicitude, il ne lui fut pas donné de le voir de ses yeux. Cependant prenez-y garde : ces grammairiens, artisans de paroles, qui se consument en controverses de syntaxe, veillent à la conservation de l'une des plus belles langues de l'univers. Ces scoliastes, dont le commentaire opiniâtre semble s'attacher comme un ver rongeur aux écrits des prosateurs et des poëtes, sont précisément ceux qui, en discutant chaque syllabe, maintiendront la pureté et la correction des textes, éclaireront les allusions mal comprises, consacreront le souvenir des usages effacés. Nous leur devons ce bienfait, de pouvoir lire les grands hommes qui furent leurs maîtres et les nôtres. Macrobe, Servius, Terentianus Maurus, Martianus Capella, en rassemblant le savoir de leur temps, devinrent les instituteurs du moyen âge. Attendez quelques siècles encore, et de ces écoles qui vous semblaient inutiles, vous verrez venir des disciples qu'elles n'avaient point espérés : vous en verrez sortir les fronts radieux de Dante et de Pétrarque. En ceci, comme toujours, il s'est trouvé que l'homme travaillait pour un autre avenir que ce lendemain auquel il songe. Il fait autrement qu'il ne veut, souvent plus qu'il ne veut; et, quand son œuvre est finie, on ne peut s'empêcher d'y admirer la trace de cette volonté toute-puissante qui travaillait avec lui.

Or ce travail obscur qui nous a conservé les lettres classiques, cet enseignement qui a son foyer en Italie et ses rayons partout, c'est ce que je nomme la tradition. Elle recueille l'art pour traverser les époques orageuses, comme l'arche à la veille du déluge recueillit dans ses flancs la nature vivante. L'arche était un refuge ténébreux, triste et pauvre, et cependant la nature y était tout entière. De même la tradition semble réduite au misérable échafaudage des gloses scolastiques et des règles grammaticales : elle porte dans son sein toutes les grandes époques littéraires de l'Europe. Là où l'on ne voyait qu'une décadence, il faut reconnaître une origine.

II

Mais, si les lettres pouvaient être sauvées, la société païenne devait finir par une dissolution qui en relâchait successivement tous les liens. Ce fut alors qu'au milieu de Rome l'Église chrétienne commença. Entre ces deux sociétés ennemies, il y avait un abîme : comment l'esprit humain le sut-il franchir? comment le christianisme pouvait-il entrer dans les lettres, et les lettres dans le christianisme? Ici la question se présente avec toute sa difficulté. C'est ici qu'il faut saisir les nœuds secrets par lesquels se rattachent les temps.

Premièrement, l'Évangile pénétra dans la civilisation romaine par une influence latente qu'on n'a pas assez remarquée. Il faudrait considérer de près cette force intérieure et communicative qui s'exerçait sur les infidèles mêmes; il faudrait descendre, pour ainsi dire, dans ces catacombes morales creusées sous le sol païen, pour le soulever ensuite. On suivrait les vestiges de la prédication apostolique jusqu'au palais des Césars; on verrait la pensée régénératrice se répandre lentement par le courant des opinions jusque dans les lois et dans les lettres. Ainsi on rencontre tout à coup, à la fin du règne de Claude, deux décisions qui modifient le droit de vie et de mort des maîtres, et qui émancipent les femmes de la tutelle perpétuelle exercée par leurs parents. Et ces deux actes, subversifs de toute l'économie publique des Romains, contraires à tout l'effort de la jurisprudence, à tout le penchant des mœurs, se trouvent, par une coïncidence singulière, au moment même où se propage silencieusement la foi nouvelle, qui affranchit l'esclave par la conscience, la femme par la virginité. L'action cachée du christianisme se montrerait surtout dans la littérature, si l'on reprenait, pour la résoudre plus complètement, la célèbre question des rapports de Sénèque et de saint Paul.

On arriverait à reconnaître une profonde différence entre le stoïcisme des Grecs, dont la base était toute païenne, et l'opinion du stoïque Romain, qui rétablit les relations de Dieu et de l'homme par la grâce et la charité. Ainsi, en présence du dogme nouveau, une réforme silencieuse se serait faite dans le système stoïcien. Cette doctrine meilleure, adoptée par Sénèque, reconnaissable dans Épictète, devait régner avec Marc-Aurèle, et donner à l'empire ses derniers beaux jours. En sorte que l'Évangile, accusé de la décadence romaine, en aurait, au contraire, retardé l'entraînement. Tandis qu'on brûlait les chrétiens aux jardins de Néron, les flambeaux de ces fêtes éclairaient déjà le monde (1).

(1) Un sénatus-consulte de Claude abolit la tutelle des agnats sur les femmes majeures de douze ans. Un autre affranchit les esclaves abandonnés par leurs maîtres pour cause de vieillesse ou de maladie. Voyez le Mémoire de M. Troplong, analysé dans les *Comptes rendus de l'Académie des sciences morales et politiques.*
La célèbre thèse des rapports de Sénèque et de saint Paul a été si compromise par la mauvaise critique, qu'on ne peut plus l'énoncer sans indiquer les preuves. — La plus puissante, celle qu'on a le plus négligée et qui nous semble démonstrative, c'est la distinction de deux stoïcismes : d'un côté, celui de Zénon, de Chrysippe et de Cléanthe, dont la métaphysique enseigne l'unité absolue de la nature ; la divinité du monde ; l'absorption future, et l'anéantissement de l'âme dans l'essence divine ; l'universalité des choses enfermée dans un cercle fatal de destructions et de créations successives ; enfin, l'exaltation de la personne humaine jusqu'à en faire une partie de Dieu même : c'est là une doctrine païenne, singulièrement semblable à celle du Vedanta indien. D'un autre côté, la doctrine ésotérique de Sénèque, qui distingue la personnalité divine et la personnalité humaine, Dieu agissant comme père, et prévenant par son assistance l'homme qui correspond par l'amour : ajoutez à cela le combat de l'esprit et de la chair, l'immortalité, la liberté morale, et le précepte de la fraternité universelle. Ces dogmes ne se trouvent point sous d'obscures allusions dans les écrits publics du philosophe ; ils sont dans sa corres-

En second lieu, si l'on étudie le christianisme en lui-même, au milieu de l'obscurité de ces deux premiers siècles, on le trouve déjà dans toute sa puissance spirituelle : il porte tout ce qu'il doit produire. L'Église ne fait que de naître, elle a déjà sa hiérarchie couronnée de la papauté, et sa liturgie consacrée par le sacrifice eucharistique. Dans les images sacrées des catacombes, on voit commencer les types traditionnels de l'art chrétien : un jour les tombeaux des martyrs se soulèveront, et les basiliques qui les couvrent porteront jusqu'au ciel leurs triomphantes coupoles. L'Écriture sainte ouvre une source inconnue, où se retremperont les lettres. Les actes des martyrs sont le commencement de l'histoire moderne, et dans les allégoriques *Visions* d'Hermas on ne peut méconnaître une poésie naissante, et le premier exemple de ces livres de visions, si nombreux au moyen âge, qui finiront par inspirer la *Divine Comédie*.

Troisièmement, la religion chrétienne, malgré sa nouveauté puissante, n'abjurait point la vieille civili-

pondance la plus intime ; ils y remplissent des lettres entières ; voyez surtout les lettres 41, 42, 95, 102, 120. Si d'ailleurs de telles doctrines ne peuvent être attribuées à l'élévation personnelle du caractère de cet homme, déshonoré par tant de faiblesses, on songera aux circonstances qui purent le rapprocher de saint Paul. Là reviennent les indices recueillis dans le mémoire excellent de M. Greppo : la prédication de saint Paul à l'Aréopage, ses discussions avec les stoïciens d'Athènes, sa comparution à Corinthe devant le proconsul Annæus Gallio, frère de Sénèque, et son arrivée à Rome, où il fut remis aux mains d'Afranius Burrhus, préfet du prétoire. — Depuis que ces pages sont écrites, j'ai vu la question des rapports de saint Paul avec Sénèque traitée avec beaucoup d'art et de force dans les *Césars* de M. de Champagny.

sation qu'elle venait régénérer. Il ne faut pas y voir une conspiration désespérée, le prestige d'une révolte et l'héroïsme facile de la colère. Ces hommes qu'on jetait aux lions ne reniaient pas la patrie romaine; ils croyaient à ses destinées, ils regardaient l'empire comme le seul lien qui empêchât le monde de se dissoudre, et ils en demandaient à Dieu la conservation. Les arts leur prêtaient un langage antique pour l'expression de leur pensée : leurs peintures sépulcrales rappellent encore les procédés des artistes païens ; la figure d'Orphée, par un symbole hardi, y représente le Christ attirant les cœurs. En même temps, les premiers Pères de l'Église reconnaissent les services de la raison ; ils retrouvent dans les doctrines des philosophes les traits épars d'une vérité incomplète, et comme une participation lointaine du Verbe éternel. Plusieurs disciples de Platon reçoivent le baptême sans dépouiller le pallium. L'un d'eux, saint Justin, vient ouvrir à Rome la première école de philosophie orthodoxe : il n'en ferma les portes, après vingt-cinq ans, que pour aller sceller de son sang l'alliance désormais conclue de la science et de la foi. Ainsi, dès le temps des persécutions, le Christianisme, déjà maître de l'avenir dont il contient tous les principes, rallie à lui le passé, soit par l'ascendant secret qu'il exerce, soit par l'acceptation volontaire de tout l'héritage légitime de l'esprit humain.

La conversion de Constantin pressa le cours des choses ; il ne les porta point tout d'un coup à leur terme.

Il ne faut pas croire que les Césars néophytes entraînèrent d'abord le monde avec eux : l'idolâtrie résista ; seulement elle n'eut plus que des apologies au lieu de supplices, et la lutte devint une discussion. En même temps la querelle de l'arianisme avait commencé. Ces deux questions s'agitaient, non dans un coin obscur de la terre, mais dans les villes de l'Orient, en Grèce, et au grand jour de l'Italie. Rome tout entière s'émut pour le rétablissement de l'autel de la Victoire : l'hérésie se crut maîtresse au concile de Rimini. Il y allait du sort du genre humain : une féconde perplexité remuait les intelligences jusqu'au fond; et dans ce sillon grandit une science nouvelle, la théologie. D'un autre côté, la littérature finit par faire comme les autres puissances d'ici-bas : elle devint chrétienne, non sans hésitations, non sans profanations, non sans retours. Les rhéteurs entrent dans l'Église ; c'est l'époque de Lactance, de Victorinus, et du plus glorieux de ces déserteurs de l'école, saint Augustin. L'Afrique le revendiqua. Rome ne sut pas non plus retenir saint Jérôme. Mais il resta aux Italiens saint Ambroise ; et c'est bien assez pour marquer le moment où se réunissent dans les mêmes mains les deux héritages des lettres divines et humaines.

On disait que des abeilles l'avaient visité au berceau, comme Platon, et que leur miel était resté sur ses lèvres. Élevé aux écoles romaines, jeune orateur, il avait paru avec un applaudissement extraordinaire aux tribunaux de Milan. Il portait la robe prétexte des magistrats, lorsqu'il fut proclamé évêque par l'inspiration du peuple. Ne vous étonnez pas si les habitudes de l'éloquence séculière percent dans ses discours, s'il se souvient de Cicéron, ne fût-ce que pour le combattre ; s'il écrit des hymnes sur les mètres d'Horace. Le vieux génie national veille encore en lui, quand il sauve la paix de l'empire, quand ses paroles retiennent le tyran Maxime dans Trèves, et que ses lettres arrêtent, sur la frontière du Danube, les bandes conquérantes des Marcomans. Cependant la grâce épiscopale le presse, et ne lui laisse pas de repos : il se mêle à toutes les controverses et à tous les périls de son temps. Symmaque et les députés du sénat, allant redemander leurs idoles, le trouvent sur leur passage ; et, quand les satellites de l'impératrice arienne viennent forcer les portes du temple, il est debout sur le seuil. Ainsi tout a sa place dans ce grand esprit ; et du même cœur qu'il a reproché à Théodose le massacre de Thessalonique, il vendra ses vases sacrés pour le rachat des captifs, et ses larmes seront inépuisables pour pleurer la mort d'un frère ou la chute d'une vierge pécheresse.

Deux autres écrivains m'arrêtent encore. Saint Paulin, disciple du poëte Ausone, désertait les Muses païennes et ses riches possessions d'Aquitaine pour venir abriter sa vie au tombeau de saint Félix de Nole. Sa piété mélancolique aima ce beau ciel de Campanie, ce culte d'un saint préféré, ces pèlerinages fréquentés par un peuple qui en revenait meilleur. Mais les lettres sacrées le suivirent dans sa retraite : quelques âmes choisies la partageaient; une correspondance active entretenait ses rapports avec les plus illustres personnages. On ne peut lui refuser une part dans les destinées intellectuelles de l'Italie et dans les affaires de la chrétienté.

Plus tard, lorsque les siècles de Rome se précipitent vers leur fin, saint Léon le Grand semble les retenir : pontife qu'on appela le Démosthène chrétien, qui rappelait saint Paul dans la chaire, saint Pierre sur le siége pontifical. L'Italie ne sut rien opposer de plus fort à l'invasion d'Attila. Trois cent mille Barbares s'arrêtèrent au passage du Mincio devant ce vieux prêtre. Quelques années après, il conjurait les fureurs de Genseric dans Rome : il en obtenait la vie des citoyens et la conservation des édifices. On ne saura jamais assez combien il a fallu de courage et de génie pour garder jusqu'à nous ce qui nous reste des pierres de cette ville, sur laquelle s'acharnait la vengeance de l'univers.

Ainsi l'Église luttait contre le paganisme et l'hérésie pour l'affranchissement des intelligences; d'un autre côté elle retenait les Barbares et prolongeait l'existence de la vieille civilisation. Les évêques relevaient de la garde de l'empire les légions fatiguées. Dans ce siècle de terreur qui précéda la chute du trône d'Occident, chaque année de retard fut un bienfait. Il fallait que les mœurs, le droit, les lettres, eussent le temps de se préparer des refuges. Avec les évêchés, les foyers d'étude se multipliaient par toute l'Italie. Alors durent commencer les écoles paroissiales, citées en

529 par le concile de Vaison. L'enseignement profane avait subi la loi commune : la tradition littéraire était désormais chrétienne. Elle n'abandonnait pourtant ni ses souvenirs patriotiques ni son culte pour les grands modèles. Toute l'énergie de l'accent romain revivait dans les chants du poëte Prudence, lorsqu'il mettait dans la bouche du martyr saint Laurent cet hymne au Christ : « O Christ ! nom unique sous le soleil, splendeur et vertu du Père, auteur du ciel, fondateur de ces murs ! vous plaçâtes Rome souveraine au sommet des choses, voulant que l'univers servît le peuple qui porte le fer et la toge. Voici que le genre humain tout entier a passé sous la loi de Rémus. Les mœurs ennemies se rapprochent et se confondent par la parole et par la pensée. O Christ ! donnez à vos Romains que leur cité soit chrétienne, elle par qui vous avez donné une même foi à toutes les cités de la terre. Toutes les provinces sont unies en un même symbole ; le monde a fléchi : que la ville maîtresse fléchisse à son tour ! que Romulus soit fidèle, et que Numa croie en vous ! »

III

L'invasion des Barbares ouvre une troisième période, où la suite des choses humaines semble s'interrompre. Sept fois en moins de deux siècles (404-557), les peuples du Nord désolèrent l'Italie. Ils se succédèrent à des intervalles si rapprochés, que cinq générations connurent ces épouvantes, et passèrent en emportant cette incertitude de l'avenir qui ne permet pas de travailler pour lui. Les souvenirs s'effaçaient comme les espérances. Le monde ancien finit là, on y fait commencer le monde moderne : c'est une naissance le lendemain d'une mort ; et, dans le moment ténébreux qui les sépare, toute transition disparaît.

Cependant, au milieu de ces irruptions guerrières dont on ne saurait nier les désastres, on peut rappeler un autre fait non moins considérable : je veux dire l'avénement pacifique des Barbares dans l'empire romain. Depuis que César conduisit des Germains à Pharsale, vous les voyez remplir peu à peu les armées comme mercenaires, les terres comme colons, les dignités comme citoyens, jusqu'à ce que, devenus consuls, patrices, préfets du prétoire, gendres des empereurs, ils tiennent tant de place, qu'un jour il n'en reste plus à leurs maîtres. Ces étrangers, à demi Romains, interposés entre les vieux habitants de l'Italie et ses vainqueurs, prévinrent un choc qui aurait tout mis en poussière, et leur domination régulière ménagea le passage de la liberté à l'oppression violente.

Les deux faits que nous venons de distinguer, l'avénement pacifique et l'invasion par violence, caractérisent, en Italie, les conquêtes successives des Goths et des Lombards.

C'est ici le lieu de reconnaître la mission réparatrice de Théodoric. Sa venue en Italie fut d'abord une revendication légale, exercée contre les Hérules au nom du César de Byzance, ensuite une prise de possession paisible, consentie par le sénat, accueillie par le peuple. Ses bienfaits relevèrent les murs des villes, leurs aqueducs, leurs amphithéâtres, et les ruines encore plus saintes de leurs libertés. La hiérarchie des titres, des offices et des magistratures conserva son prestige, les lois reprirent leurs forces. Ce chef de bandes germaniques, qui ne savait signer son nom qu'à l'aide d'une lame d'or percée à jour, s'honorait pourtant de porter la pourpre, donnait une législation toute romaine à ses guerriers désarmés, s'entourait de secrétaires, de questeurs et de comtes, et s'entretenait avec eux des maximes des philosophes, du cours des étoiles, de la nature des fleuves et des mers. Rome lui prêtait ses auspices, et il semblait, devançant de trois siècles l'œuvre de Charlemagne, méditer un nouvel empire d'Occident. Une alliance générale se formait entre les nations germaniques sous le patronage de cette race des Goths qui couvrait alors les plus heureuses contrées de l'Europe; elle-même se poliçait au commerce des mœurs et des sciences latines; elle parlait une langue admirable : il y avait toute une épopée dans ses héroïques souvenirs. Qui ne lui aurait prédit de longues destinées? Le jour d'une civilisation naissante commençait à poindre des bords de l'Adriatique aux colonnes d'Hercule. Cependant la monarchie des Goths en Italie ne dura que soixante-neuf ans : je crois voir la cause décisive de sa ruine. L'hérésie d'Arius, cette doctrine impuissante et disputeuse, qui n'avait pas le courage de s'enfoncer dans les utiles obscurités de la foi, qui aimait l'ombre du trône et la protection des impératrices et des eunuques, n'était pas de force à pouvoir soutenir une société nouvelle : elle la laissa tomber.

Auprès de Théodoric paraissent deux hommes à qui les lettres doivent beaucoup : Boëce et Cassiodore.

Boëce appartient encore au passé. Descendant des Anicius et des Manlius, il réunissait dans sa maison toutes les images de l'ancien patriciat, tous les honneurs de la république. On le vit un jour descendre du sénat pour se rendre au Cirque; et là, debout entre ses deux fils consuls, assis sur la chaise d'ivoire, entouré de licteurs, distribuer les largesses du prince au peuple assemblé, qui se croyait revenu au temps des Césars, en retrouvant des jeux et du pain, *panem et circenses*. Dans ses rares loisirs, il avait visité par la pensée les écoles de la Grèce; ses traductions d'Aristote et des commentateurs d'Aristote embrassaient tout le système péripatéticien : c'était de là, et particulièrement d'un passage de sa version de Porphyre, que devait sortir un jour, avec la querelle des réalistes et des nominaux, toute la philosophie scholastique. D'un autre côté, son *Traité de la Consolation,* destiné à une popularité immense au moyen âge, traduit de bonne heure dans toutes les langues, y devait introduire les idées platoniciennes, régénérées par le mysticisme chrétien. La science de l'antiquité reçut en lui le baptême du sang; il mourut martyr. Aujourd'hui encore le peuple de Pavie s'agenouille à son tombeau, et les paysans de la vallée de Chiavenne montrent au voyageur la tour de Boëce.

Cassiodore remplit une autre destinée: il se tint plus près des Barbares, plus près de l'avenir. On le rencontre à la cour des conquérants; historiographe de leurs exploits, panégyriste de leurs règnes, ministre enfin de Théodoric, d'Amalasunte, d'Athalaric, de Théodat; toujours usant de leur pouvoir pour sauver ce qui reste de lumières. Les rescrits des princes, rédigés par lui, saluent Rome des titres pompeux de cité des lettres, mère de l'éloquence, temple des vertus. Par lui le sénat reçoit l'ordre de rétablir le salaire public des grammairiens et des rhéteurs. Cet homme vécut tout un âge de l'histoire. Il ensevelit la dynastie des Goths, qu'il avait inaugurée. Mais, quand l'autorité des rois lui échappa, il s'en fit une autre plus durable. Au milieu des guerres de Bélisaire et de Totila, il emporta les pénates latins sous un toit chrétien; il alla fonder un monastère dans sa retraite de Vivaria, l'enrichit de livres, et le peupla de moines laborieux, copistes, traducteurs, compilateurs. Lui-même donnait l'exemple; et, après avoir tracé pour eux, dans ses *Institutions divines et humaines*, l'encyclopédie du savoir contemporain, il songea à la postérité moins heureuse qui allait venir; et, à l'âge de quatre-vingt-treize ans, il écrivit encore un traité d'orthographe.

Ces belles vies ne se perdirent pas en efforts solitaires. Les écoles restaurées du Capitole attiraient encore un grand nombre d'étrangers. Une correspondance active liait les lettrés italiens avec ceux de la Gaule; les déclamations d'Ennodius ébranlaient le forum de Milan. Et quand le diacre Arator lut publiquement les Actes des Apôtres mis en vers, le clergé et le peuple de Rome, assemblés pour l'entendre, remplirent pendant trois jours l'église de Saint-Pierre-aux-Liens.

D'autres temps commencèrent avec la conquête des Lombards. « Cette cruelle nation, comme une épée sortie du fourreau, vint faucher la moisson du genre humain. » Des bandes incendiaires d'ariens et d'idolâtres s'abattirent sur les couvents et les églises : les villes furent saccagées, les campagnes dévastées, et les bêtes sauvages errèrent aux lieux qu'avaient habités les hommes. Les ravisseurs allaient jusque sous les murs de Rome enlever les citoyens, pour les conduire en esclavage. Au dedans régnait la consternation. La frayeur avait fait disparaître les magistratures, le sénat, le peuple, toutes ces grandes ombres des grandes choses. Dans la terreur universelle, le Souverain Pontife lui-même, interrompant le cours de ses homélies, descendait de la chaire, « parce que la vie lui était désormais à charge. » Les Pères d'un concile de Latran, tenu en 680, confessent « que nul d'entre eux ne s'honore d'exceller dans l'éloquence profane; car la fureur de plusieurs peuples a désolé ces provinces, et, environnés de Barbares, les serviteurs de Dieu, réduits à vivre du travail de leurs mains, mènent des jours pleins de sollicitude et d'angoisse. » C'est durant ces deux cents ans de douleur, où l'Italie, déchirée entre les rois, les ducs lombards et les exarques byzantins, ne connut pas de repos; c'est dans ce silence de la pensée, au milieu du bruit des ruines, c'est alors ou jamais que les lettres devaient périr.

Elles furent sauvées par le monachisme et la papauté. Le génie italien, appuyé sur ces deux institutions tutélaires, traversa l'orage.

Le monachisme s'était organisé à la veille du péril. Depuis longtemps les austérités de la Thébaïde avaient trouvé en Occident de courageux imitateurs; mais ces tribus cénobitiques attendaient encore une loi commune. Or, sous le règne des Goths et vers l'an 500, des bergers de Subiaco, en écartant les broussailles de la caverne voisine, où ils avaient cru voir remuer une bête sauvage, découvrirent un jeune homme; et bientôt, à la douceur de ses paroles, ils le prirent pour un ange. Il se nommait Benedictus : élevé aux écoles romaines, saisi de l'ennui des soins terrestres, il s'était enfui au désert. De nombreux pénitents se rangèrent sous sa conduite. Les cellules du mont Cassin s'élevèrent sur les ruines d'un temple d'Apollon, dernier asile du paganisme. C'était de là que l'homme de Dieu devait envoyer ses disciples au fond de la Sicile et de la Gaule, commencement de cette invasion bienfaisante qui couvrit la chrétienté. On rapporte qu'une nuit, comme ses moines dormaient, et qu'il veillait seul sur une tour du monastère en considérant les cieux, il se fit autour de lui une grande clarté, et il vit l'univers entier illuminé d'un rayon de soleil. Ce rayon, c'était la règle bénédictine. Elle était humble et courte; mais elle embrassait le travail, qui subjugue la terre, la prière, qui est maîtresse du ciel ; la charité, qui conquiert les hommes : elle rendait ainsi à l'humanité l'empire de soi-même et de toutes choses. La règle pourvoyait à l'entretien d'une bibliothèque conventuelle : bientôt l'usage y joignit les fonctions de l'enseignement. Les chartes déposées dans les archives devinrent les jalons des premières chroniques. Les légendes des saints y jetèrent les reflets d'une poésie nouvelle. Dès la seconde génération, le mont Cassin avait son histoire. D'un autre côté et au nord de l'Italie, au milieu même de ces Lombards si redoutés, la colonie monastique de Saint-Colomban (612) apportait à Bobbio les traditions savantes de l'Irlande. Ainsi le feu sacré des lettres s'entretenait sous la garde de l'austère virginité du cloître. Quoi d'étonnant si les moines conservèrent l'antiquité? ils étaient l'antiquité même. Ils en avaient la langue, le costume, la forme des habitations. S'il eût été donné à Pythagore de revenir visiter ces rivages de la Grande Grèce qu'il avait aimés, à la vue de ces pieuses républiques de saint Benoît, à l'aspect de cette vie commune, de ce silence, de ces graves figures enveloppées de leur pallium, errant sous les portiques, il aurait cru retrouver ses écoles. Et pourtant il y avait entre les deux institutions toute la distance du Christianisme. C'étaient ces hommes qui devaient renouveler l'Europe par la foi, par la science, par le défrichement du sol. Détachés du temps, ils étaient de tous les temps : les moines devaient être des hommes éternels.

Vers le même temps (590-604), la papauté atteignait toute sa puissance en la personne de saint Grégoire le Grand, prêtre héroïque, réservé pour les dangers de ces mauvais jours. Tandis que les murs de Rome, ébranlés par de continuels assauts, menaçaient de tomber sur lui, sa pensée était aux extrémités du monde : en Orient, pour repousser les entreprises de la cour byzantine; au Nord, pour convertir les Anglo-Saxons; à l'Occident, où elle achevait la ruine de l'arianisme chez les Visigoths d'Espagne. Ses prédications pour l'affranchissement des esclaves, sa réforme du chant religieux, et ses écrits, demeurés l'une des bases de l'enseignement théologique, avaient assez fait dans l'intérêt des temps futurs. On l'accusa d'avoir voulu abolir la mémoire des siècles anciens par la destruction des livres ; mais personne ne croit plus au témoignage équivoque et solitaire de Jean de Salisbury, postérieur de six cents ans. Ce pontife, qu'on a fait ennemi des lettres, en rendait l'étude obligatoire pour le sacerdoce; à ses côtés, les plus doctes d'entre les clercs se mêlaient avec les plus pieux des moines. Fils d'un sénateur, lui-même avait géré la préture; quelque chose lui était resté des vieilles mœurs patriciennes. « Aucun de ceux qui le « servaient, dit le biographe contemporain, n'avait « rien de barbare ni dans le langage ni dans le cos- « tume. La latinité s'y reconnaissait sous la trabée ou « sous la toge : c'était un palais latin, où se mainte- « naient des habitudes latines. » On a appelé Boëce le dernier des Romains : ce nom, que d'autres réservent à Brutus, je le donnerais à saint Grégoire le Grand, si je ne voyais après lui le caractère des maîtres du monde reparaître dans quelques-uns de ces papes illustres dont Grégoire VII ne fermera pas la marche. Je ne vois pas, le monde n'a pas encore vu le dernier des Romains.

Les historiens contemporains louent la science de saint Martin, de Léon II, de Grégoire III, de Zacharie : leurs épîtres en déposent. Rome ne cessait pas d'être le centre des affaires de toutes les nations. Elle mettait toujours la louve de Romulus sur ses monnaies. La papauté ne rendait point aux barbares les clefs de la ville. Les religieux lettrés d'Angleterre et d'Asie s'y rencontraient. En 690, on y voit venir un moine de Tarse, nommé Théodore, élevé aux écoles d'Athènes, et qui alla plus tard porter les lettres antiques sur le siège archiépiscopal de Cantorbéry. L'enseignement de la grammaire, c'est-à-dire de la littérature, s'y continuait : la bibliothèque du Vatican, si pauvre qu'elle fût, envoyait des manuscrits grecs d'Aristote à Pepin le Bref. Les basiliques s'enrichissaient de mosaïques et de peintures. L'infatigable activité de l'esprit humain se montrait dans les belles controverses soutenues par les théologiens d'Italie contre les Monothélites et les Iconoclastes. Mais la civilisation se perpétuait surtout par ce qui en est le plus fidèle dépôt, c'est-à-dire par les langues. L'Église romaine portait aux peuples du Nord le vieil idiome des proconsuls, disputait avec Constantinople dans le langage de saint Jean Chrysostome, recueillait religieusement les textes primitifs des Écritures. En consacrant par une adoption solennelle le latin, le grec et l'hébreu, elle sauvait ce qu'il y avait de plus éminent dans le passé, le génie du Latium, celui de la Grèce et celui de l'Orient.

Ainsi la tradition ne périt pas. Elle se maintient dans l'Église, et par là dans la chrétienté. Au milieu de cette obscurité qui s'étend du septième au huitième siècle, l'esprit humain ne détruisit point son œuvre de tant d'années. L'Ouvrier immortel travaillait dans le silence : ou, s'il sembla un moment sommeiller, l'Église veilla pour lui, comme l'ange de cet artiste pieux qui, à son réveil, trouva achevé par une main invisible le tableau interrompu le soir.

IV

Enfin, par le rapprochement de l'ancienne civilisation, du christianisme et de la barbarie, se forme une société nouvelle. Elle se fonde sur la concorde du sacerdoce et de l'empire, elle se développe au milieu de leurs discordes : il la faut suivre jusqu'à ce qu'elle trouve son expression dans une nouvelle littérature.

La société du moyen âge fut constituée le jour où Charlemagne, agenouillé au tombeau des saints apôtres, reçut la couronne des mains de Léon III, au milieu de cette acclamation d'un peuple immense : « A Charles-Auguste, couronné de Dieu, grand et pacifique empereur des Romains, vie et victoire ! » Alors se réalisa l'idée d'une monarchie universelle, héritière des Césars, consacrée par le christianisme, qui s'étendait sur les nations latines et germaniques, et qui, pour exprimer cette alliance de tous les temps, devait s'appeler le Saint-Empire romain. Le grand homme savait bien tout ce qu'il y avait de droits sous les plis de cette pourpre ; et, par un capitulaire de l'an 802, il exigea, en vertu de son titre impérial, un nouveau serment des peuples qui lui avaient fait hommage comme à leur roi.

Charlemagne avait trouvé le pouvoir en Italie : il y trouva aussi la science. Lorsqu'en 774 il visita Rome pour la première fois, les enfants des écoles vinrent au-devant de lui jusqu'à un mille hors des murs : les lettres reconnaissaient leur protecteur. Elles l'attendaient partout au passage ; la prise de Pavie lui livra Paul diacre et Pierre de Pise ; plus tard, ce fut à Parme qu'il fit rencontre d'Alcuin. Les papes lui donnèrent des maîtres habiles dans les sept arts, pour répandre en France l'étude de la grammaire, du comput et du chant. Un clerc de Lombardie, nommé Théodulfe, sans autre appui que son savoir théologique et ses vers latins, devenait évêque d'Orléans, *missus dominicus*, et l'un des grands du royaume. Ainsi ce que la Péninsule avait de plus savant émigrait au delà des Alpes, afin de concourir à cette restauration des connaissances humaines que rêvait le grand empereur, quand il demandait au ciel douze hommes comme saint Jérôme et saint Augustin, pour renouveler la face du monde.

L'Italie semblait s'être épuisée dans son effort. Ses provinces méridionales, divisées entre les Grecs et les ducs de Bénévent, envahies par les Sarrasins, échappaient à la bienfaisante unité de l'empire. Bientôt la décadence de la dynastie carlovingienne, les guerres civiles qui la suivirent, la profanation du saint-siége, l'invasion des Hongrois, égalèrent les horreurs que l'âge passé avait connues. Et, dans les longues années qui s'écoulent jusqu'à Otton le Grand, on se demande si l'antiquité n'a survécu par tant de travaux, si la chrétienté n'a grandi par tant de génie, que pour périr ensemble par le malheur des temps et la corruption des hommes.

Toutefois, à y regarder de près, la lumière est dans ce chaos, et les traces en sont plus nombreuses que durant les siècles précédents. Une loi de Lothaire établit des écoles dans neuf villes principales qui seront comme autant de foyers pour la Toscane, la Marche, la Lombardie et le Frioul. En 826, un concile romain, tenu par Eugène II, ordonne qu'au siége des évêchés, et dans les lieux de leur dépendance où besoin sera, on prenne le soin d'entretenir des maîtres pour l'enseignement des lettres, « attendu que ces connaissances servent singulièrement à l'étude de la loi divine. » Ce décret fut renouvelé en 853. Quelques années après, quand Louis II visita Bénévent (870), on y comptait, selon le chroniqueur, trente-deux philosophes, dont le plus célèbre, à la vérité, était le peu célèbre Hildéric. Un auteur de ces temps gémit de voir la poésie descendre dans la foule. Le démon des vers latins agitait les gens jusque dans les campagnes :

> Hoc faciunt urbi; hoc quoque ruri.

Des travaux plus utiles consacrèrent la mémoire de Berthaire, abbé du mont Cassin, de l'évêque Atton, et d'Anastase le bibliothécaire, qui tira les annales de la papauté des actes des martyrs et des archives de l'Église, pour les faire entrer dans le domaine de l'histoire. Lorsque enfin Otton le Grand reprit les desseins interrompus de Charlemagne, ce fut encore en Italie qu'il chercha les instruments de ses conseils. Par ses ordres, Luitprand, évêque de Crémone, entreprenait cette ambassade de Constantinople, dont il nous a laissé le remarquable récit. On y voit la vieillesse de la monarchie byzantine, obstinée dans son isolement orgueilleux, tandis que l'Europe commençait à n'avoir plus besoin d'elle. Vers la même époque, un clerc de Novarre, appelé à la cour d'Allemagne, s'arrêtait au couvent de Saint-Gall. Accompagné d'une bibliothèque de cent volumes grecs et latins, préparé sur de nombreuses questions dont il avait arrêté le programme, il se proposait d'éprouver et d'étonner les moines de la docte abbaye. Or, dans la chaleur de la dispute, « trahi, dit-il, par l'habitude de la langue vulgaire, » il laissa échapper un solécisme, à la grande joie des latinistes allemands. On chansonna l'ultramontain ; l'aventure courut les monastères. Gunzo jugea le cas digne d'apologie ; et, dans la lettre où il excuse son malheur, nous saisissons curieusement, au milieu de l'appareil de l'érudition classique, un des premiers vestiges de l'italien moderne.

Otton II rendit à l'Italie plus qu'elle n'avait prêté; il donna au saint-siége Sylvestre II, qui recommence la suite des grands papes. Les temps qui se préparaient ne voulaient rien de médiocre.

Quand la querelle éclata entre le sacerdoce et l'empire, le César était Henri IV, de cette maison salique dont la domination violente menaça de reconduire l'Allemagne à la barbarie. Des traditions de la monarchie romaine, il ne connaissait guère que la fiscalité : il représentait plutôt l'ancienne royauté germanique, appuyée des forces du système féodal. Chef de l'aristocratie militaire, il y engageait les évêques par le lien de l'investiture qui faisait de l'Église un fief, et les prêtres par le concubinat, qui aurait fait du sacerdoce une caste. Ainsi ces deux ordres, la noblesse et le clergé, confondus en un seul, auraient pesé de tout leur poids sur la société chrétienne. Jamais la liberté n'avait couru un danger plus prochain. Au contraire, le véritable génie impérial, le génie du gouvernement, qui émancipe et qui éclaire, celui-là était à Rome dans les conseils de la papauté, dans les pensées de Grégoire VII. Ce moine italien avait hérité des vieux Romains la puissance du droit, avec les armes de moins et la foi de plus. Du fond de son palais de Latran, où l'assiégeaient tantôt les séditions de la multitude, tantôt les anathèmes d'un conciliabule schismatique, il faisait courber, sous l'uniformité de la loi ecclésiastique, toutes les provinces d'Occident, il domptait l'éternelle résistance de la Germanie. Et, quand le prince allemand vint s'humilier devant le pontife à Canossa, ce fut encore une fois le triomphe de la civilisation sur le monde barbare.

En sauvant les destinées de l'Église, Grégoire VII et ses successeurs servirent la cause des lettres; ils la servirent de plusieurs manières.

Et d'abord nous n'admettons point cette maxime commune, que les arts naissent et vivent de la paix. S'il y a, comme nous en avons vu, des guerres exterminatrices, des invasions et des tyrannies qui oppriment les intelligences sous le règne brutal de la force, il en est autrement de ces luttes mémorables qui mettent la force au service des grands intérêts, et par conséquent des grandes idées. L'esprit humain aime les combats qui agitent des questions; il grandit dans les perplexités; il lui faut ces conditions sévères sans lesquelles rien n'est fertile : la peine et la douleur. Les siècles de Périclès et d'Auguste sortirent de Salamine et de Pharsale. La querelle des investitures réveilla la scolastique. Entre l'excommunication et le ban de l'Empire il fallait choisir : il fallut penser. La victoire de la papauté fit les croisades; comme toutes les guerres civilisatrices, elles devaient être saluées par des chants.

En second lieu, les papes, qui mettaient tout en œuvre pour la réforme du clergé, tentèrent aussi de l'obtenir par la science. Ils cherchaient à constituer l'indépendance du sacerdoce en lui assurant une possession que le sceptre féodal ne déléguait pas, celle des lumières. Ils relevaient la dignité du prêtre par l'exécution de la loi du célibat; mais, en lui interdisant les joies de la famille, on devait lui ménager d'autres consolations pour honorer sa solitude : on fit asseoir les lettres à son foyer. Le concile romain de 1078 rappela à toute la chrétienté les décrets qui instituaient auprès des églises épiscopales des chaires pour l'enseignement des arts libéraux. Cette impulsion fut décisive, et l'Italie l'appuya d'un glorieux concours. Trois hommes, Lanfranc, saint Anselme et Pierre Lombard, allèrent inaugurer dans l'Europe septentrionale les études renaissantes. Lanfranc ramena une dialectique plus exacte; les écrits de saint Anselme rendirent à la métaphysique la vigueur de son essor; les *Sentences* de Pierre Lombard donnèrent à la théologie cette forme excellente qui sembla plus tard se fixer pour toujours dans la *Somme* de saint Thomas. Leurs leçons suscitèrent l'esprit philosophique en France; leurs disciples ouvrirent cette grande école, où quarante mille étudiants se rendaient des quatre vents du monde, où les opinions contraires comptaient des armées, où enfin s'agita dans une liberté sans égale toute la vie savante du moyen âge.

Enfin les villes italiennes, unies sous le patronage du souverain pontificat contre l'oppression des évêques feudataires et des vicaires impériaux, s'engagèrent aussi dans les guerres saintes. Tandis que la ligue lombarde vengeait les ruines de Milan et dictait la paix de Constance, les vaisseaux de Pise, de Venise et de Gênes revenaient d'Orient, rapportaient le souffle poétique de l'Asie dans les plis de leurs voiles. Les cités victorieuses se hâtent de prendre possession du sol par des monuments qui témoignent de leur souveraineté : les dômes de Saint-Marc sortent des eaux de l'Adriatique. D'autres peuples commencent leur histoire à cette page. Le sénat de Gênes ordonne à l'un de ses consuls d'écrire les annales de la république; les chroniques de Lodi, de Côme et de Crémone se rédigent. Les vieux municipes romains relèvent leurs lois avec leurs murs; la jurisprudence refleurit dans les écoles de Mantoue, de Plaisance, de Padoue et de Modène. C'est alors qu'on voit les origines de l'université de Bologne. Un même mouvement se propage jusqu'aux extrémités de la Péninsule. Les Normands de Sicile bâtissent la basilique dorée de Montréal, et racontent en vers les gestes de leurs princes. L'intérêt de la science se lie à celui de la patrie, l'art s'inspire du peuple et s'en fait comprendre; tout ce qui fleurit a une sève nouvelle et des racines plus profondes. On reconnaît ces commencements d'organisation et de sensibilité qui sont les signes de la vie : un nouveau génie va naître, il faut que sa langue se constitue.

Entre la langue classique des savants et les dialectes rustiques qui ne s'écrivaient point, l'Italie eut d'abord un latin barbare dont on a cherché les premières traces dans les comédies de Plaute et dans les inscriptions chrétiennes. Il faudrait suivre, comme l'a fait M. Fauriel dans de savantes leçons, les vicissitudes de ce langage mobile, modifié par l'usage et l'exigence des temps, qui régna dans la prédication familière et dans les actes publics, et qui, durant plusieurs siècles, suffit aux besoins de l'esprit humain. D'un autre côté, la poésie provençale avait pénétré en Lombardie à la faveur des alliances qui unirent la noblesse des deux pays. On voit de bonne heure les troubadours visiter les cours féodales de Montferrat, d'Este, de Vérone et de Malaspina. Bernard de Ventadour va recevoir, dans la cathédrale de Bologne, la couronne des poëtes. En même temps la langue française, introduite par la conquête des Normands dans les provinces du Midi, se maintient et se popularise. C'est la seule qu'on parle à la cour de Palerme jusqu'au règne de Guillaume Ier. On y traduit les livres latins que les seigneurs ne savent plus lire dans les textes originaux : Marco-Polo s'en servira pour faire pénétrer chez les grands le récit de ses aventures. Saint François demande l'aumône en français aux portes de la basilique du Vatican, et Sordello ne se montre pas moins habile versificateur en langue d'Oil qu'en langue d'Oc. Tant d'exemples enhardirent enfin la timidité de cette belle langue italienne, née depuis deux cents ans, et qui n'osait encore se produire dans les lettres. Le lever du treizième siècle est célébré par des chants d'une harmonie jusqu'alors inconnue. Les hommes libres de Florence et de Sienne échangeaient des vers d'amour avec les courtisans siciliens de Frédéric II, tandis que sur les montagnes d'Ombrie on entendait le cantique de saint François d'Assise. Le peuple s'étonna de les comprendre. Des bords de l'Arno jusqu'au phare de Messine les voix se répétaient comme des échos; elles se reconnurent comme une même langue, et la pensée de l'homme eut dans le monde un admirable instrument de plus.

Ici s'arrête cette étude; car, à cette distance, nous voyons déjà Ricordano Malespini rassembler les documents de la première histoire en prose populaire; nous apercevons Brunetto Latini, qui dictera le premier poëme de longue haleine : ce sont les amis et les maîtres de Dante. Ce nom nous avertit que l'antiquité n'est pas détruite, mais que les temps modernes ont commencé.

V

Ainsi les lettres n'ont jamais péri. Ainsi cette période de barbarie complète, qu'on étendait d'abord dans un espace de mille ans, de la chute de l'empire romain à la prise de Constantinople, qu'on avait successivement réduite, et qui demeurait enfin restreinte aux septième et dixième siècles, s'évanouit devant un examen plus sévère. La barbarie put usurper, elle ne prescrivit jamais. Une protestation nombreuse, toujours transmise, toujours recueillie, conserva les droits du savoir. Je ne trouve point cette ignorance universelle déplorée par plusieurs contemporains; et, parce que plusieurs la déplorent éloquemment, je commence à n'y croire plus. L'intelligence humaine a eu cet honneur, que la ruine du monde ancien et le débordement de l'invasion n'aient pu prévaloir contre elle. La Providence, pour qui rien n'est petit, a pris soin des destinées de l'art, comme des révolutions des peuples. Elle ne laissa jamais le monde sans un foyer où il pût rallumer ses flambeaux. Il n'y a que les temps qui n'ont de foi ni en Dieu ni dans l'homme, il n'y a que les siècles impies qui croient à une nuit éternelle.

Impiaque æternam timuerunt sæcula noctem.

Ce point solidement établi servirait à relever une doctrine littéraire longtemps méconnue. C'est que deux choses sont nécessaires pour la perfection de l'art : d'un côté, la liberté de l'inspiration, qui vient et se retire, différente selon les temps et selon les lieux ; de l'autre, l'autorité de la tradition, qui demeure dans l'enseignement, dans la critique, dans les langues savantes. D'une part le génie, de l'autre le travail. Le génie est un don ; et les siècles peu nombreux qui le possèdent n'arrivent toutefois à la gloire que par la discipline austère du travail, par un long apprentissage sous la conduite d'autrui. Le travail est une loi ; et, courageusement accomplie, il n'est point de temps si malheureux qu'elle ne puisse honorer encore. Elle console même la société de l'absence momentanée du génie, puisqu'elle en assure le retour en gardant la place qu'il a laissée.

C'est par là qu'on pourrait découvrir dans l'histoire la suite des lettres, comme Bossuet y a trouvé la suite de la religion et des empires. La loi du travail est aussi la loi de l'hérédité qu'elle conserve et du progrès qu'elle prépare. Les connaissances ne sauraient avancer qu'en s'appuyant sur les certitudes acquises ; les arts ne s'éclairent qu'à la splendeur des grands modèles. Au milieu de l'inépuisable variété de ses œuvres, on voit l'esprit de l'homme poursuivre un même but, en cherchant la beauté, la vérité, la justice. On saisit un dessein d'en haut, qui s'exécute ici-bas par une succession laborieuse. Et ainsi se démontre encore cette unité, cette solidarité du genre humain, dogme chrétien, vers lequel tendent aujourd'hui toutes les conclusions de la science.

L'unité, qui paraissait interrompue entre l'antiquité païenne et les temps chrétiens, s'est perpétuée en Italie. Or cette belle contrée, située au milieu de la Méditerranée, au centre de toutes les communications du monde, soumise à des vicissitudes qui ne lui permirent jamais de constituer une nation distincte, semble vraiment réservée à quelque fonction plus auguste, dans un intérêt universel. L'Italie est l'organe de Rome, et Rome elle-même est l'immortelle dépositaire de la tradition politique, littéraire, religieuse du monde. Elle a fait l'éducation de ces peuples d'Occident qu'on a longtemps appelés Latins, et qui, pénétrés de la loi, de la foi, de la langue latine, ont mis partout leur empreinte ineffaçable. Toute la civilisation est romaine. En sorte que les destinées de l'humanité reposent tout entières sur cette mystérieuse ville, et qu'il faut bien dire, avec le grand écrivain que nous étudions : « Il n'est pas besoin d'autre preuve pour voir qu'un conseil singulier de Dieu a présidé à la naissance et à la grandeur de cette sainte cité; et je suis dans la ferme croyance que les pierres de ses murs sont dignes de respect, et que le sol où elle est assise est digne de vénération au delà de ce que les hommes ont jamais pu dire et croire. »

C'est pour avoir compris cette destinée de l'Italie que Dante en est devenu le poëte national, et en même temps le poëte de la chrétienté. En même temps que l'inspiration ne descendit jamais sur des lèvres plus éloquentes, jamais la tradition n'eut un héritier plus fidèle; et Dante, déjà si grand pour avoir beaucoup osé, fut peut-être plus grand encore pour avoir beaucoup su. Depuis six cents ans les commentateurs n'ont pas cessé d'étudier la *Divine Comédie*, et par conséquent de s'y instruire. On l'a traitée comme l'*Iliade*, comme l'*Énéide;* et je ne m'étonne ni de cette admiration ni de ces travaux opiniâtres. Il y a en effet un sujet inépuisable d'étude dans les grandes épopées d'Homère, de Virgile et de Dante, parce qu'elles représentent trois moments solennels dans l'histoire du monde : l'antiquité grecque dans sa fleur, la destinée de Rome liant les temps anciens avec les nouveaux, le moyen âge enfin qui touche à nous. Voilà ce qui fait aujourd'hui la popularité de la *Divine Comédie*, et lui assure, non pas une faveur passagère, non pas, comme on dit, un triomphe de réaction, mais un attrait sérieux, une autorité durable. Ce que nous y cherchons, c'est l'histoire, c'est le génie du treizième siècle, le génie des troubadours, des républiques italiennes, de l'école théologique et de saint Thomas d'Aquin. C'est là ce qui enchaîne aux pieds du vieux poëte un auditoire innombrable. Quand je vois cette multitude de lecteurs, d'interprètes d'imitateurs, ah! Dante me semble bien vengé. L'exilé qui n'avait pas où reposer sa tête, qui éprouvait combien le pain de l'étranger est amer, et comme il est dur de monter et de descendre par les escaliers d'autrui, c'est lui à qui une foule d'hommes illustres ou obscurs vient demander le pain de la parole : il fait à son tour monter et descendre par ses escaliers, par les degrés de son Enfer, de son Purgatoire, de son Paradis, toutes les générations des gens de lettres! Et nous, nous sommes aussi de son peuple, et nous ne tiendrons pas comme perdu le temps où nous aurons fait quelque chose pour son service, par conséquent pour la grande cause de la foi, de la liberté, des lettres, qu'il servait.

INTRODUCTION

Lorsque, réalisant un pèlerinage souvent rêvé, on est allé visiter Rome, et qu'on a monté avec le frémissement d'une curiosité pieuse le grand escalier du Vatican, après avoir parcouru les merveilles de tous les âges et de tous les pays du monde réunies dans l'hospitalité de cette magnifique demeure, on arrive en un lieu qui peut être appelé le sanctuaire de l'art chrétien : ce sont les Chambres de Raphaël. Le peintre y retraça, dans une série de fresques historiques et symboliques, les grandeurs et les bienfaits du catholicisme. Parmi ces fresques, il en est une où l'œil se suspend avec plus d'amour, soit à cause de la beauté parfaite du sujet, soit à cause du bonheur de l'exécution : le saint Sacrement y est représenté sur un autel, élevé entre le ciel et la terre : le ciel qui s'ouvre et laisse voir dans ses splendeurs la Trinité divine, les anges et les saints ; la terre couronnée d'une nombreuse assemblée de pontifes et de docteurs de l'Église. Au milieu de l'un des groupes dont l'assemblée se compose, on distingue une figure remarquable par l'originalité de son caractère, la tête ceinte, non d'une tiare ou d'une mitre, mais d'une guirlande de laurier, noble et austère toutefois, et nullement indigne d'une telle compagnie. Et, si l'on recueille ses souvenirs, on reconnaît Dante Alighieri.

Alors on se demande de quel droit l'image d'un tel homme a été introduite parmi celles des vénérables témoins de la foi, par un peintre accoutumé à l'observation scrupuleuse des traditions liturgiques, sous l'œil des papes, et dans la citadelle même de l'orthodoxie.

La réponse à cette question se fait pressentir à la vue des honneurs presque religieux que l'Italie entière a rendus à la mémoire de cet homme, et qui annoncent en lui plus qu'un poëte. Les pâtres des environs d'Aquilée montrent encore aujourd'hui, au bord du Tolmino, un rocher qu'ils appellent le siége de Dante, où souvent il vint méditer les pensées de l'exil. Les habitants de Vérone aiment à faire voir l'église de Sainte-Hélène, où, voyageur, il s'arrêta pour soutenir une thèse publique. A l'ombre des sauvages montagnes de Gubbio, dans un monastère de Camaldules, son buste, fidèlement conservé, rappelle qu'il y trouva quelques mois de solitude et de repos (1). Ravenne, saintement jalouse, garde ses cendres. Mais surtout Florence a en-

(1) Pelli, *Memorie per la vita di Dante*, à la suite des œuvres de Dante, édit. de Zatta. — *Amori di Dante*, da F. Arrivabene.

touré d'un culte expiatoire tout ce qui reste de lui : le toit qui abritait sa tête, la pierre même où il avait coutume de s'asseoir. Elle lui a décerné une sorte d'apothéose en le faisant représenter par la main de Giotto, vêtu d'une robe triomphale, et le front couronné, sous l'un des portiques de l'église métropolitaine, et presque entre les saints patrons de la cité.

Des monuments d'un autre genre rendent un témoignage plus manifeste encore. Ce sont les chaires publiques fondées dès le quatorzième siècle à Florence, à Pise, à Plaisance, à Venise, à Bologne, pour l'interprétation de la *Divine Comédie*. Ce sont les commentaires de ce poëme, dont s'occupèrent les plus graves personnages : comme l'archevêque de Milan, Visconti, qui réunit pour ce travail deux citoyens florentins, deux théologiens et deux philosophes; comme l'évêque Jean de Serravalle, qui y consacra ses loisirs durant le concile de Constance (1). Les plus beaux génies italiens s'inclinent devant ce génie fraternel et leur aîné : Boccace, Villani, Marsile Ficin, Paul Jove, Varchi, Gravina, Tiraboschi, ont salué Dante du nom de philosophe. Et l'opinion unanime, se formulant en un vers devenu proverbial, l'a proclamé tout ensemble le docteur des vérités divines et le savant à qui rien n'échappa des choses humaines :

Theologus Dantes, nullius dogmatis expers (2).

(1) Foscolo, *Edinburg Review*, t. XXIX. Tiraboschi, *Storia*, t. V.
(2) Ce vers est le premier de son épitaphe par Giovani del Virgi-

Ces voix amies avaient trouvé des échos de l'autre côté des Alpes. L'un des premiers traducteurs français de la *Divine Comédie* s'en exprimait ainsi dans sa dédicace à Henri IV : « Sire, je ne craindrai point d'affir-
« mer que ce poëme sublime ne doit aucunement être
« au nombre de plusieurs compositions que le divin
« Platon comparait avec les parterres et les jardins du
« bel Adonis, qui, tout à coup et en un jour venus en
« lumière, se sèchent et meurent incontinent. En ce no-
« ble poëme, il se découvre un poëte excellent, un phi-
« losophe profond et un théologien judicieux (1). »
La critique allemande a prononcé de même. Brucker reconnaît Dante comme « le premier d'entre les mo-
« dernes auprès duquel les muses platoniciennes, de-
« puis sept cents ans exilées, aient trouvé un asile ;
« un penseur égal aux plus renommés de ses contem-
« porains, un sage qui méritait d'être compté au nom-
« bre des réformateurs de la philosophie (2). »

Mais telle est parmi nous, périssables créatures que nous sommes, l'impuissance des souvenirs et la courte portée de la gloire, qu'à peine de ceux qui honorèrent le plus l'humanité nous parvient-il, au bout de quelques siècles, autre chose que le nom. Ces noms vont ordinairement à l'immortalité, portés par une admira-

---

lio. — Boccacio, *Vita di Dante*. Giov. Villani, *Storia*, liv. IX. Marsile Ficin, *Epist.*, Inter *Clarorum Virorum Epist.* Rome, 1754. Paul Jove, *Elog.*, c. IV, p. 19. Varchi, *Ercolano*. Gravina, *della Ragion poetica*.

(1) Dédicace de la traduction de l'abbé Grangier.

(2) Brucker, *Hist. critic. philos.*, périod. 3, part. I, liv. I, c. 1. Voyez aussi F. Schlegel, *Histoire de la littérature*, liv. II, c. 1.

tion traditionnelle et ignorante, comparable au dauphin de la fable, qui sans le savoir, portait à travers les mers tantôt un animal moqueur et tantôt un poëte aux accents divins. Si ces complaisances paresseuses de la postérité profitent quelquefois à des personnages peu dignes, plus souvent elles font tort aux grands hommes. Il semble qu'une justice suffisante leur ait été rendue, parce qu'on leur paye en l'occasion un tribut de vulgaires louanges, tandis que leurs titres les plus précieux restent ensevelis dans la poussière. En sorte que, s'ils pouvaient tout à coup soulever les pierres de leurs tombes, on ne sait quel sentiment les agiterait davantage, ou l'indignation de se voir ainsi méconnus, ou l'orgueil d'être entourés de tant d'hommages, alors même qu'on les connaît si peu.

Dante a fait l'expérience de ces singulières destinées de la gloire humaine. L'œuvre de tant de veilles et de tant de prédilection, à laquelle il sacrifia sa vie et par laquelle il vainquit la mort, la *Divine Comédie*, ne nous est arrivée, après six cents ans, qu'en perdant pour nous une partie de son intérêt philosophique, c'est-à-dire de ce qu'il estimait le plus. Parmi ceux qu'on appelle les gens instruits, beaucoup ne connaissent du poëme entier que l'Enfer, et de l'Enfer que l'Inscription de la porte et la mort d'Ugolin. Et le chantre des douleurs résignées du Purgatoire, celui qui raconta les triomphantes visions du Paradis, leur apparaît comme une figure sinistre, comme un épouvantail de plus dans ces ténèbres fabuleuses du treizième siècle, déjà peuplées de tant de fantômes. D'autres plus éclairés n'ont pas été plus justes : ainsi Voltaire ne voit dans la *Divine Comédie* « qu'un ouvrage bizarre, mais « brillant de beautés naturelles, où l'auteur s'élève « dans les détails au-dessus du mauvais goût de son « siècle et de son sujet (1). Si les critiques de nos jours en ont abordé la lecture avec des dispositions plus sérieuses, quelques-uns n'y ont découvert qu'une passion pieusement romanesque, d'autres un manifeste politique écrit sous la dictée de la vengeance. Pour les uns et pour les autres, les fréquents passages dogmatiques qui s'y rencontrent ne sont guère que la végétation parasite d'un esprit trop fécond, et comme la mauvaise herbe de la science contemporaine qui jetait partout ses racines (2). Enfin, les historiens de la philosophie, tout en revendiquant ce qui lui appartient dans cette vaste composition, se sont contentés d'énoncer la thèse sans entrer dans la controverse, laissant croire qu'ils appréciaient mal l'importance du résultat. Et pourtant c'était à eux, c'était aux intelligences méditatives, exemptes de la contagion de l'erreur, qu'il en appelait, le vieux poëte, lorsque, interrompant ses récits commencés, il songeait avec tristesse à ceux qui ne le comprendraient pas, et s'écriait d'une voix noblement suppliante : « O vous qui avez l'entendement sain, soyez

---

1) *Essai sur les mœurs*.
(2) Gingnené, *Histoire de la littérature italienne*. t. II. — M. Villemain (tome Ier de son cours) a, le premier, indiqué les nombreux aspects sous lesquels le génie de Dante peut être envisagé.

« attentifs à la doctrine qui se cache sous le voile de ces
« vers étranges : »

> O voi ch'avete gl'intelletti sani
> Mirate la dottrina che s' asconde
> Sotto'l velame dei versi strani (1)!

Ainsi, en nous proposant de mettre en lumière la PHILOSOPHIE DE DANTE, nous ne prétendons pas signaler un fait inaperçu, mais insister sur un fait négligé. L'ambition des découvertes n'est point la nôtre. Nous avons estimé que ce serait faire beaucoup pour nos forces, et peut-être aussi quelque chose pour la science, que de nous emparer d'une donnée fournie par des autorités respectables, et de la suivre dans ses développements, qui peuvent offrir plus d'un genre d'intérêt.

Et d'abord, de toutes les choses du moyen âge, la plus calomniée, celle dont la réhabilitation s'est fait le plus attendre, c'est sa philosophie (2). Contre elle l'ignorance a suscité le dédain; et le dédain, à son tour, a encouragé l'ignorance. On nous l'a représentée parlant un langage barbare, pédantesque dans sa forme, monacale dans son esprit. Sous ces dehors défavorables, nous l'avons facilement crue enfermée dans des études toutes théologiques, souvent livrée à des spéculations sans profit ou à des disputes qui n'ont pas de fin. Il

---

(1) *Inferno*, cant. IX, terz. 21.
(2) Cette réhabilitation, commencée avec les leçons de M. Cousin, *Histoire de la philosophie*, 2e leçon, a été avancée de beaucoup par la publication récente des œuvres d'Abailard, et des savantes recherches qui les accompagnent.

nous paraissait que Leibnitz avait traité l'école avec une souveraine indulgence, en assurant qu'on trouverait de l'or dans son fumier. — Or voici une philosophie qui s'exprime dans la langue la plus mélodieuse de l'Europe, dans un idiome vulgaire que les femmes et les enfants comprennent. Ses leçons sont des chants que les princes se font réciter pour charmer leurs loisirs, et que répètent les artisans pour se délasser de leurs travaux. La voici dégagée du cortége de l'école et de la servitude du cloître, aimant à se mêler aux plus doux mystères du cœur, aux plus bruyantes luttes de la place publique : elle est familière, laïque, et tout à fait populaire. Si l'on essaye de la suivre dans le cours de ses explorations, on la voit, partie de l'étude profonde de la nature humaine, s'avancer, étendant ses conjectures sur la création tout entière, pour s'aller perdre à la fin, mais à la fin seulement, dans la contemplation de la Divinité. On la trouve partout ennemie des subtilités dialectiques, n'usant d'abstractions que sobrement, et comme de formules nécessaires pour coordonner des connaissances positives; peu rêveuse, et moins empressée à la réforme des opinions qu'au redressement des mœurs. Puis, si l'on s'enquiert de son origine, on apprend qu'elle naquit à l'ombre de la chaire des docteurs scolastiques, qu'elle se donne pour leur interprète, qu'elle en fait preuve et qu'elle en fait gloire. — Il y a là sans doute un phénomène remarquable en soi. Mais peut-être il y aura plus : on se laissera réconcilier par l'élève avec ses maîtres, on ira s'asseoir à leurs pieds Les préventions accumulées se dissiperont et laisseront reconnaître une vaste lacune dans l'histoire de la science : une lacune reconnue est bien près d'être remplie.

Il existe des préventions d'une autre sorte qu'il n'importe pas moins de repousser. Le nombre est grand aujourd'hui de ceux qui ne font de la poésie qu'une affaire d'art, et n'y voient qu'une beauté relative, résultant de la triple harmonie des pensées, des pensées avec les paroles, des paroles entre elles. Du reste, ces esprits légers ne tiennent point de compte ni de la valeur logique de la pensée, ni de la portée morale de la parole. Pour eux l'art n'est qu'une jouissance sans but ultérieur, parce que la vie est un spectacle sans signification sérieuse ; ils demeurent captifs dans le monde visible, dont le sensualisme et le scepticisme leur ferment les issues. Leurs traditions sont celles de quelques poëtes de l'antiquité et des temps modernes, qui ne célébrèrent que des sensations et des passions, et dont le triomphe était de produire dans ceux qui les écoutaient la terreur et la pitié, c'est-à-dire deux affections stériles. De là cette indifférence qui accueille aujourd'hui beaucoup de tentatives poétiques ; de là ces colères des auteurs délaissés, et, si l'on peut dire ainsi, cet isolement réciproque de la littérature et de la société qui les empêche de s'unir pour se vivifier mutuellement. — Or voici un poëte qui parut dans un siècle tumultueux, qui marcha comme enveloppé d'orages. Cependant, derrière les ombres mouvantes de la vie, il a pressenti des réalités immuables. Alors, conduit par la raison et la foi, il devance le temps, il pénètre dans le monde invisible ; il s'en met en possession, il s'y établit comme dans sa patrie, lui qui n'a plus de patrie ici-bas. De ces hauteurs, s'il laisse encore tomber ses regards sur les choses humaines, il en découvre à la fois le principe et la fin ; par conséquent, il les mesure et il les juge. Ses discours sont des enseignements qui subjuguent les convictions et qui inclinent les consciences, en même temps que par le rhythme ils se fixent dans toutes les mémoires. C'est comme une prédication qui se fait parmi les multitudes, ne se taisant jamais ; qui les captive en s'emparant de ce qu'il y a de plus fort en elles, l'intelligence et l'amour. C'est donc une poésie qui, aux trois harmonies d'où la beauté résulte, en joint deux autres, l'harmonie de la pensée avec ce qui est, c'est-à-dire la vérité ; l'harmonie de la parole avec ce qui doit être, c'est-à-dire la moralité. Ainsi elle porte en soi une double valeur logique et morale, par où elle répond aux besoins les plus chers du plus grand nombre des hommes : elle se fait comprendre de ceux qu'elle a compris ; elle est efficace, elle est, comme on dit, *sociale*. — Il y a encore là un phénomène qui mérite sans contredit une place dans l'histoire de l'art. C'est plus qu'un phénomène, c'est un exemple : et l'exemple, quand il est excellent, entraîne après soi la réfutation des théories contraires.

Enfin, l'union de deux choses si rares, une philosophie poétique et populaire, une poésie philosophique et vraiment sociale, constitue un événement mémorable qui indique un des plus hauts degrés de puissance où l'esprit humain soit jamais parvenu. Que si toute puissance a sa raison d'être dans les circonstances contemporaines, l'événement que nous signalons nous donnera lieu d'apprécier la culture intellectuelle de l'époque où il se rencontra. Comme nous nous arrêtons avec respect devant la maison qui vit naître un homme illustre, encore que les murs en soient noircis par la vétusté, et que nous n'en comprenions pas l'ordonnance intérieure ; nous apprendrons aussi à respecter la civilisation au sein de laquelle il vécut, bien qu'elle nous apparaisse confuse dans l'ombre des temps. Alors il faudra modifier quelques-unes de nos habitudes historiques : nous pourrons être contraints d'avancer de deux siècles et plus cette date généralement admise de la renaissance, qui suppose d'une manière calomnieuse l'abrutissement de dix générations antérieures. Il faudra confesser qu'on savait déjà l'art de penser et de dire, alors qu'on savait encore croire et prier. Nous rendrons hommage à cet âge héroïque, à cette belle adolescence de l'humanité chrétienne, vers laquelle, en ces jours où nous sommes de virilité orageuse, nous avons besoin de reporter quelquefois nos regards. Ces aveux tardifs ne manquent pas maintenant. Et néanmoins, s'il nous est permis d'attacher quelque espérance à ce travail, ce sera l'espérance de les multiplier encore. C'est surtout un intérêt de piété filiale qui nous a dominé pendant que nous avons recueilli les faits et les idées qu'on va lire : c'étaient pour nous quelques fleurs de plus à répandre sur les tombes de nos pères qui furent bons et grands; quelques grains d'encens de plus à offrir sur les autels de Celui qui les fit bons et grands pour ses desseins.

Ces motifs, qui ont déterminé le choix du point de vue philosophique où nous nous sommes placé, ne nous feront pas oublier les bornes de l'horizon qu'il embrasse. Nous ne chercherons pas à embrasser le cadre immense, à découvrir tous les mystérieux labyrinthes de la *Divine Comédie* : nous savons que les souvenirs du passé et les scènes du présent, les passions politiques et d'autres passions plus tendres, les traditions nationales et les croyances religieuses, et le ciel et la terre, ont pris part à cette admirable création.

Poema sacro
Al quale ha posto mano Cielo e Terra (1).

Nous y reconnaissons des parties épiques, élégiaques, satiriques, didactiques, rassemblées dans un tout harmonieux. La partie didactique à son tour nous paraît divisible en deux autres : la première, purement théologique; la seconde, véritablement philosophique. Mais la *Divine Comédie* ressemble à ces vastes héritages tombés entre les mains d'une postérité débile et appauvrie, qui les morcelle pour les cultiver. Nous avons pris la

1) *Paradiso*, cant. xxv, terz. 1.

portion la plus inculte, mais peut-être une des plus
fécondes : nous ne saurions la défricher sans mettre
d'abord le pied hors de ses limites.

Toute chose, en effet, doit être étudiée dans son milieu. Alors même qu'on s'efforce d'en isoler quelqu'une
pour mieux s'en rendre maître, on ne saurait la soustraire entièrement aux influences du dehors. Dans
toute abstraction il reste un peu de réalité, comme
dans le vide artificiel il reste toujours un peu d'air. Un
système philosophique n'est point un fait solitaire, il
est le produit du concours de toutes les facultés de
l'âme : ces facultés obéissent à une éducation antérieurement reçue, à des impulsions extérieures. Il est donc
utile, en commençant, d'étudier l'aspect général de
l'époque de Dante, les phases de la scolastique contemporaine, les caractères spéciaux de l'école italienne
à laquelle il appartint, les études et les vicissitudes qui
remplirent sa vie, et l'action que ces causes réunies durent exercer sur ses doctrines.

C'est assurément dans la *Divine Comédie* que s'est
exprimé le génie de son auteur. Mais le génie ne saurait se contenir tout entier dans une forme, si vaste
qu'elle soit : il faut qu'il la déborde, et que, soit en
préludant à son œuvre préférée, soit en la suspendant
quelquefois, il laisse échapper ailleurs ce qu'il y a
d'exubérant dans ses inspirations. Aussi la main qui
traça la *Divine Comédie* jeta comme en se jouant d'autres écrits qui en sont le commentaire et le complément naturel. De tous ces documents rapprochés entre

eux, mais en nous attachant surtout aux conceptions qui se rencontrent dans le poëme, nous tenterons de faire ressortir une complète analyse de la philosophie de l'auteur.

Après avoir ébauché tous les traits de cette philosophie, nous aurons à en caractériser l'ensemble. Nous nous transporterons dans les divers ordres d'idées au centre desquelles elle nous paraît placée. Nous examinerons par quels points elle tient aux unes ou aux autres, comment elle touche aux souvenirs de l'Académie ou du Lycée, aux disputes des réalistes et des nominaux, aux débats récents du sensualisme et du spiritualisme. Puis nous nous élèverons avec elle au-dessus des systèmes qui passent, nous la suivrons au pied d'un tribunal immuable, celui de la Religion. Et nous prêtant à d'anciennes controverses renouvelées naguère, nous verrons s'il faut reléguer le poëte italien parmi la foule tumultueuse des esprits hétérodoxes, ou l'admettre au nombre des plus nobles disciples de l'éternelle orthodoxie.

L'ordre logique de ces recherches suppose la solution de plusieurs questions historiques dont l'examen approfondi aurait nécessité de longues digressions : elles seront l'objet de quelques études supplémentaires : et le livre, enfin, se terminera par une série d'extraits de saint Bonaventure, de saint Thomas, d'Albert le Grand et de Roger Bacon, qui, embrassant dans un cadre restreint les points principaux de leur enseignement, éclaireront peut-être la doctrine de Dante par celle de ses maîtres, et contribueront à faire connaître la philosophie catholique du treizième siècle.

Parvenu à ce terme, si nous regardons derrière nous, nous ne saurons dissimuler l'insuffisance de nos efforts. La *Divine Comédie* est en quelque sorte le résultat composé de toutes les conceptions du moyen âge, chacune desquelles à son tour résulte d'un lent travail poursuivi à travers les écoles chrétiennes, arabes, alexandrines, latines, grecques, et commencé dans les sanctuaires de l'Orient. Il importerait de suivre cette longue généalogie. Il importerait de savoir combien il faut de siècles et de générations, combien de veilles ignorées, de pensées péniblement obtenues, abandonnées, reprises, transformées, pour rendre possible un tel ouvrage : ce qu'il coûte, et par conséquent ce qu'il vaut. Mais des études de ce genre n'auraient pas de fin. Si Bernardin de Saint-Pierre découvrit un monde d'insectes sur un fraisier, et après vingt jours de méditation se retira confondu devant les merveilles de l'humble plante, est-il étonnant qu'un grand homme, un seul livre, de ce grand homme, un seul aspect de ce livre, suffise au labeur de plusieurs années? Mais des années consumées de la sorte seraient-elles sans regret?... Comme notre poëte, pèlerin dans les régions sans bornes de l'histoire, entouré de toutes les figures du passé, il ne nous est permis qu'un court entretien avec chacune d'elles, sous peine de ne pouvoir aborder les autres. A nous comme à lui, il semble qu'une voix crie « que le temps nous est me-

« suré, et que des choses inattendues nous restent à
« voir. »

> E già la Luna è sotto i nostri piedi :
> Lo tempo è poco omai che n' è concesso ;
> E altro è da veder che tu non credi (1).

(1 *Inferno*, XXIX, 4.

DANTE

ET LA

PHILOSOPHIE CATHOLIQUE

AU TREIZIÈME SIÈCLE

PREMIÈRE PARTIE

CHAPITRE PREMIER

SITUATION RELIGIEUSE, POLITIQUE, INTELLECTUELLE DE LA CHRÉTIENTÉ DU TREIZIÈME AU QUATORZIÈME SIÈCLE ; CAUSES QUI FAVORISÈRENT LE DÉVELOPPEMENT DE LA PHILOSOPHIE.

La providence divine et la liberté humaine, ces deux grandes puissances dont le concours explique l'histoire, s'accordent quelquefois pour mettre plus solennellement la main à l'œuvre et pour renouveler toutes choses. Alors ces instincts unanimes, qui sont parmi la multitude comme des manifestations de la volonté de Dieu (*vox Dei*), changent de direction. Les institutions politiques, qui résultent d'un certain développement des facultés de l'homme, cèdent sous l'effort d'un développement ultérieur. Ces époques sont appelées époques de transition. Il s'en rencontre une au moyen âge, depuis le milieu du treizième jusqu'au delà des premières années du quatorzième siècle.

I. En ce temps-là l'Église elle-même, immuable dans l'accomplissement de ses destinées éternelles, dut changer son action sur les affaires temporelles de la chrétienté. Si deux fois encore elle descendit dans l'arène, si elle combattit contre Frédéric II et Philippe le Bel pour la défense des libertés générales ; la seconde fois, en présence des malheurs de son chef, Boniface VIII, elle jugea que d'autres temps étaient venus. Elle commença dès lors à se démettre de la tutelle politique qu'elle avait exercée sur les peuples enfants, devenus désormais assez forts pour défendre eux-mêmes leur cause. Elle se retira lentement dans le domaine spirituel. Quatre conciles œcuméniques, un de Latran, deux de Lyon, un de Vienne, rassemblés en moins de cent années, avaient déjà étendu l'intelligence des dogmes, resserré la discipline, pourvu à la réforme des mœurs. Quatre ordres religieux nouvellement institués, ceux de Saint-Dominique et de Saint-François, les Augustins et les Pères de la Merci, multiplièrent sur tous les points qu'ils parcoururent les lumières de l'instruction et les œuvres de l'amour. La pensée religieuse plana moins souvent sur les champs de bataille et dans les conseils des princes; mais elle vint prendre une place plus sûre au foyer des familles, elle pénétra plus avant dans la solitude des consciences ; elle y forma des vertus qui furent couronnées de l'auréole des saints. Il est peu de siècles qui aient tant peuplé les autels.

D'un autre côté, sur les plages de l'Afrique, échouaient deux croisades, suprêmes et héroïques efforts de la chrétienté pour sortir de ses frontières européennes. Il lui fallait défendre ses frontières mêmes au nord contre les hordes mongoles, les recouvrer au midi sur les Maures. Satisfaite de conserver son indépendance au dehors, elle employa désormais ses forces au dedans. A l'ère glorieuse des conquêtes succéda l'ère laborieuse de l'organisation politique. Le Saint-Empire romain, déshonoré par les crimes des Hohenstaufen, perdait les hommages de ses plus illustres feudataires et ses vieux titres de suprématie universelle. Échappées à la centralisation dont il les avait menacées, les nationalités nouvelles s'établissaient, se dégageaient les unes des autres, se disputaient leurs limites, non sans des guerres nombreuses, non sans de fréquentes tentatives diplomatiques, qui furent les premiers rudiments du droit international. — L'aristocratie féodale cessait d'être ce pouvoir exclusif devant lequel plusieurs générations s'étaient silencieusement inclinées. Elle dut entrer en lutte ou en négociations avec la royauté, qui se séparait d'elle, avec le clergé et le peuple, qui réclamaient énergiquement leurs franchises. Sous les noms d'États, de Parlements, de Diètes, de Cortès, des assemblées représentatives existèrent, où les trois ordres paraissaient comme les gardiens des intérêts moraux, militaires, financiers des nations. Mais surtout le tiers état, issu de l'émancipation des communes, grossi par l'affranchissement d'un grand nombre de serfs, ingénieux à entretenir dans ses rangs cette union qui fait la force, habile à s'allier avec les pouvoirs plus anciens que lui, agrandissait progressivement la part qui lui était faite dans le droit public. — Les coutumes locales et arbitraires cédaient à l'autorité générale des ordonnances des princes, à l'autorité savante de la jurisprudence romaine. Les lois nouvellement codifiées s'exécutèrent par le ministère d'une magistrature sédentaire, et qui admit des roturiers dans ses tribunaux. De ce moment devait dater la renaissance du droit civil.

De pacifiques révolutions s'accomplissaient aussi dans l'empire de la pensée. La théologie dominait encore les sciences, mais elle les voyait sans jalousie grandir autour d'elle. Les voyages de Marco Polo, les missions de quelques pauvres religieux à travers les déserts de l'Asie septentrionale, les vaisseaux génois poussés par les vents aux rivages des Canaries, avaient reculé les bornes de la terre connue. La découverte de la boussole, des lunettes, de la poudre à canon, faisait pressentir dans la nature des forces inaperçues jusque-là. De toutes parts s'ouvraient des écoles, variées, spéciales, comme celles de Salerne et de Montpellier pour la médecine, de Pise pour la jurisprudence. Dans les principales provinces du monde chrétien s'élevaient des universités vraiment dignes de ce nom, par le caractère encyclopédique de leur enseignement et par la multitude des étudiants qu'elles attiraient des contrées les plus lointaines. Paris en avait donné le premier exemple. Oxford, Bologne, Padoue, Salamanque, Naples, Upsal, Lisbonne et Rome l'imitèrent avant qu'un siècle fût passé. — Les progrès des arts avaient été encore plus rapides. Le temps des grandes inspirations n'était déjà plus : celui des travaux analytiques commençait. Aux épopées chevaleresques et aux poëmes lyriques qui s'étaient chantés succédait une poésie amie de l'allégorie et de la satire, didactique, souvent pédantesque, et qui, abandonnée de la musique, ne gardait plus que le rhythme. La prose, à son tour, dérobait la parole écrite aux lois du rhythme pour l'assujettir aux seules règles d'une grammaire encore mal assurée. Elle faisait ses premiers et timides efforts dans les recueils de lois et les histoires, et fixait le caractère des langues modernes. Il en était de même des arts du dessin. L'architecture, après avoir atteint la plus haute perfection possible du style gothique, tenta d'acquérir en richesse ce qu'elle perdait peut-être en pureté. La peinture et la sculpture, abritées sous son ombre, asservies à ses dispositions, traitées jusqu'ici comme de simples dépendances, ne se contentaient plus d'animer les vitraux et de donner une population aux niches des basiliques : elles essayaient leurs premières compositions originales dans les fresques dont se couvrirent les murs, et dans la décoration des tombeaux. — Enfin, le commerce, qui, à la faveur des croisades, avait étendu le cercle de ses entreprises maritimes, s'occupait maintenant d'explorer les voies de terre et de multiplier les entrepôts. L'industrie manufacturière prospérait dans les cités, à l'ombre des libertés municipales. Et la transformation du servage en vasselage encourageait l'agriculture, comme autrefois le changement de l'esclavage en servage l'avait régénérée (1).

Au milieu de ces formes mobiles de l'activité humaine, la philosophie ne pouvait demeurer stationnaire. Le bruit du monde extérieur devait parvenir jusque dans les plus profondes solitudes, détourner le cours et prolonger la durée des méditations les plus sérieuses. Les âmes généreuses ne veulent pas rester au-dessous des faits dont elles sont témoins, et les grands événements provoquent les grandes conceptions. Mais le mouvement qui s'opérait était un mouvement de retraite et d'organisation intérieure, où les éléments étrangers jusque-là confondus se dégageaient, où s'attiraient les éléments homogènes jusque-là séparés. Ce mouvement, en se reproduisant dans la philosophie, se

(1 On ne parle ici que des vicissitudes de l'art dans les contrées septentrionales de l'Europe. En Italie, d'autres causes lui préparèrent une prospérité plus prompte et plus durable. Du reste, les événements qu'on vient de rappeler se reflètent par de fréquentes allusions dans le poëme de Dante, en même temps que leurs conséquences se trahissent dans ses doctrines.

réduisait en réflexion, abstraction, recomposition, c'est-à-dire dans les actes mêmes qui constituent la science philosophique. Ainsi les efforts du siècle portaient sur elle et déterminaient l'exercice de toutes ses forces.

II. Les hommes vinrent aider aux circonstances. Ce furent d'abord les souverains pontifes : Innocent IV, dont l'indomptable courage domina le treizième siècle, voulut régner aussi par l'intelligence. Obligé de fuir de ville en ville et d'abriter sa tête sous des toits étrangers, il emmenait avec lui, comme le seul ornement de son exil, un cortége de savants qui formaient une université tout entière. Plus tard, étendant sa sollicitude à toutes les écoles des royaumes chrétiens, il s'alarmait d'y voir la foule, empressée autour des chaires de jurisprudence, déserter les leçons de philosophie. Il s'efforçait de réconcilier les esprits avec cette étude; il y rattachait même les intérêts temporels, en décidant qu'elle serait un préliminaire indispensable pour parvenir aux honneurs et aux bénéfices ecclésiastiques (1). Urbain IV ordonna qu'à Rome et sous ses yeux la physique et la morale fussent enseignées par saint Thomas d'Aquin. Lui-même, chaque jour après son repas, faisait agiter entre ses cardinaux des disputes philosophiques auxquelles il aimait à prendre part. Cette honorable familiarité consolait la science et lui faisait

(1) Tiraboschi, t. IV, lib. I, cap. II. Duboulay, *Histoire de l'Université*, ann. 1254.

oublier les superbes mépris des histrions dorés et des ignorants bardés de fer (1). Sur le trône papal et en la personne de Clément IV, Roger Bacon trouva l'unique protecteur de ses travaux calomniés. D'autres, enfin, ne portèrent pas seulement sous la tiare des dispositions bienveillantes, mais un mérite scientifique personnel et une renommée justement acquise : tels furent Pierre de Tarentaise, orateur, canoniste et métaphysicien, qui prit le nom d'Innocent V; et Jean XXI, plus connu sous le nom de Pierre l'Espagnol, qui fut l'auteur d'une logique reçue avec une approbation unanime, et demeurée longtemps classique (2).

Parmi les princes temporels, plusieurs imitèrent ces exemples. Ce fut d'abord Frédéric II, empereur d'Allemagne, qui porta quatre couronnes, dont le règne ne fut qu'une guerre de quarante ans, législateur et tyran tour à tour; conquérant barbare sous ses tentes en Lombardie, voluptueux sultan dans ses harems de Pouille et de Sicile, troubadour par goût, et philosophe peut-être par ostentation. Durant les heures de loisir qu'il passait dans sa riche bibliothèque, des manuscrits grecs ou arabes s'étaient souvent déroulés sous ses mains : il en voulut doter l'Europe, et dans un manifeste rédigé par son chancelier Pierre des Vignes, il annonça la traduction de plusieurs ouvrages, et proba-

(1) Tiraboschi, t. IV, lib. II, cap. II. Lettre de Campano de Novarre au pape Urbain IV.
(2) Brucker, *Hist. critic. philos.*, t. III, period. II, pars II, lib. II, cap. III, sect. 2. Dante, *Paradiso*, cant. XII, terz. 44.

SITUATION RELIGIEUSE, POLITIQUE, ETC.

blement de quelques écrits d'Aristote (1). La science ne rencontra pas moins de faveur auprès du roi Robert de Naples, loué après sa mort comme un sage consommé (2), auprès d'Alphonse de Castille, qui mérita le titre de savant, et jusqu'à la cour d'Angleterre, où la foule adulatrice se pressait aux leçons de Duns Scott (3). Mais nulle part mieux qu'en France la royauté ne sut s'honorer par l'influence qu'elle exerça sur la culture de l'entendement humain. Il serait long de tout redire : saint Thomas d'Aquin convié à la table de saint Louis, et le monarque faisant écrire par ses secrétaires les soudaines inspirations du docteur; Vincent de Beauvais admis en qualité de lecteur dans l'intimité du même prince; la Sorbonne fondée; Philippe le Hardi donnant pour précepteur à son fils le célèbre Égidius Colonna (4). Il suffit de rappeler que les bienfaits de nos rois firent la prospérité de l'Université de Paris. Ils l'environnèrent de ce prestige qui attirait sur ses bancs quarante mille élèves de toutes les nations, captivait dans ses chaires les plus illustres étrangers, et la rendait digne d'être saluée par les papes, comme la source de la vérité, comme le foyer de toutes les lumières (5). En sorte qu'en se plaçant au treizième siècle sur l'humble colline de Sainte-Geneviève, on voit venir tribu-

---

(1) Brucker, *Hist. critic. philos.*, cap. III, sect. 1. Jourdain, *Recherches sur les traductions d'Aristote*, 2ᵉ édition.
(2) Tiraboschi, t. V, lib. I, cap. II. Il cite Pétrarque et Boccace.
(3) Brucker, *ibid.*, sect. 2.
(4) *Id., ibid.* Michelet, *Histoire de France*, t. II et III.
(5) Bulle d'Alexandre IV, rapportée par Raynaldus.

taires à ses pieds toutes les gloires intellectuelles du monde catholique, on entend s'agiter les innombrables questions soulevées dans la controverse, on découvre au loin les évolutions des esprits : on peut de ce point de vue embrasser toute l'histoire de la philosophie contemporaine.

La puissance spirituelle et la puissance séculière, si souvent armées l'une contre l'autre, s'accordaient donc dans leur action sur les travaux de la pensée. Toutes deux assuraient aux études consciencieuses sécurité, liberté, loisir. Toutes deux surtout, en donnant à l'enseignement une consécration publique, lui imposaient l'abnégation des rivalités personnelles, et le formaient à des habitudes graves et conciliantes.

III. Un des effets les plus signalés de cette protection des grands était la multiplication plus rapide des livres et des traductions; l'accès rendu chaque jour plus facile des connaissances de l'antiquité et des doctrines orientales. Les derniers écrivains échappés aux ruines de Rome avaient été, avec l'Organon d'Aristote et les livres de saint Denis l'Aréopagite, les seuls initiateurs des premiers scolastiques (1). Plus tard, les croisades avaient familiarisé les Latins avec les langues de la Grèce et de l'Orient. Les œuvres de saint Jean Damascène furent traduites, et Guillaume, abbé de Saint-

---

(1) Sur l'histoire de l'Organon au moyen âge, voyez le Mémoire de M. Barthélemy Saint-Hilaire, t. II. Voyez aussi Brucker, *loc. cit.*, lib. II, cap. II.

Denis, rapporta de Constantinople des manuscrits, parmi lesquels purent se trouver la Physique, la Métaphysique et la Morale d'Aristote (1). Déjà de hardis pèlerins étaient allés chercher la science musulmane aux écoles de Tolède et de Cordoue. Mais ce fut surtout vers le temps qui nous occupe que l'Hellénisme et l'Orientalisme intervinrent, avec un déploiement de forces inattendu, dans les destinées philosophiques de l'Occident. La diversité des idiomes n'était plus un obstacle pour un âge qui avait vu la conquête de l'empire byzantin et l'invasion de l'Égypte par les armées françaises : on vit paraître en langue latine les ouvrages d'Avicenne et d'Averrhoës; Moïse Maimonide fit connaître à la fois les travaux des docteurs musulmans et les rêveries de la Kabbale juive; en même temps l'Almageste de Ptolémée, le Timée de Platon, les livres de Proclus, et d'autres encore, moins renommés, trouvèrent des interprètes. Mais surtout la fortune d'Aristote fut grande : ses œuvres, déjà traduites sur des versions arabes, le furent de nouveau sur le texte original. Quelques traités passèrent même jusque dans les idiomes vulgaires. L'opposition d'abord menaçante de l'Université de Paris, qui avait obtenu dans un concile provincial la condamnation des doctrines péripatéticiennes, avait été modérée par la sagesse du pape

(1) Le mariage d'Othon II avec Théophanie avait dû contribuer à rétablir le commerce de l'Occident avec la Grèce. M. Barthélemy Saint-Hilaire a prouvé la continuité des études grecques au moyen âge. Jourdain, *Recherches sur les traductions d'Aristote*, 2ᵉ édition.

Grégoire IX ; elle dut bientôt admettre des exceptions, puis elle se prêta à une tolérance générale, et finit par s'effacer devant l'exemple des docteurs les plus vénérés, qui couvrirent le Stagirite de leur manteau, et le firent entrer avec eux, non plus sur le seuil, mais jusqu'au centre même de l'école (1). Au commencement du quatorzième siècle, l'Antiquité et l'Orient reçoivent en quelque sorte une solennelle hospitalité dans la République chrétienne, quand, au concile de Vienne, il est ordonné d'établir dans les quatre universités principales et au lieu où la cour romaine séjournera des chaires d'hébreu, de chaldéen, d'arabe et de grec (2). Cette autorité accordée aux Anciens et aux Arabes n'était point tyrannique en son principe : elle était due à une longue série d'hommes laborieux, quelquefois inspirés d'une manière sublime, et qui représentaient la tradition savante de l'humanité. Si cette tradition ne peut être acceptée sans examen, elle ne saurait non plus être négligée sans imprudence. C'est dans une économie sagement ménagère de l'expérience du passé pour les besoins de l'avenir que réside le secret de tous les progrès scientifiques. Et malheur aux générations solitaires qui, n'ayant point reçu l'héritage de l'enseignement, ou l'ayant répudié, sont contraintes de recommencer, faibles et mortelles, l'œuvre des siècles !

(1) Launoi, *de Variâ Aristotelis fortunâ.* Jourdain, *Recherches,* ch. v.
(2) Tiraboschi, t. V, lib. III, cap. iv. — Jean de Salisbury, Robert Grosse-Tête, Roger Bacon, Albert le Grand, Héloïse même, semblent avoir connu le grec et l'hébreu. Voyez Brucker, *loc. cit.*

Ainsi, tandis que les événements contemporains communiquaient à la philosophie un mouvement durable, et que le bon vouloir des hommes puissants lui donnait une direction, l'apparition des doctrines anciennes et étrangères lui marquait le point de départ.

CHAPITRE II

DE LA PHILOSOPHIE SCOLASTIQUE AU TREIZIÈME SIÈCLE.

I. Quand la barbarie avait envahi l'Europe, effaçant sous ses pas les sillons laborieux de la civilisation latine, le peu de connaissances qui restaient éparses après ce grand désastre, recueillies par des mains pieuses, resserrées pour échapper à une perte complète, avaient été renfermées dans un cercle étroit, encyclopédie indigente qui réduisait les arts libéraux au nombre de sept, divisés en *trivium* et *quadrivium* (1). La philosophie ne s'y trouvait comprise que par la moindre de ses parties, la dialectique : la théologie n'y avait point de place; elle était demeurée seule et presque inactive au fond du sanctuaire.

Puis des jours moins ténébreux s'étaient levés. Au fond du sanctuaire, au milieu des pompes inspiratrices du culte et des retentissements de la prédication, la

---

1) Cette division des sciences, issue probablement d'une origine pythagoricienne, se retrouve dans Philon, *de Congressu*, dans Tzetzès Chil., ɪx, 577. Elle s'introduisit en Occident par les écrits de Cassiodore et de Martianus Capella.

théologie s'était réveillée; elle cherchait à concevoir les choses invisibles qu'elle proposait à croire : ce fut le commencement de la métaphysique. Dès lors la dialectique ne pouvait plus se contenir dans les limites du *trivium*. Lasse de combiner des mots, elle tenta de lier les conceptions qui venaient de se produire, elle s'éleva à la fonction de logique. La métaphysique et la logique se trouvèrent en présence, une philosophie dogmatique résulta de leur union. — Les conditions de cette union dépendaient d'un premier problème : savoir, s'il y a correspondance entre les existences invisibles que la métaphysique suppose, et les notions que la logique déduit, entre les réalités et les idées? C'était ce problème célèbre des *universaux* légué par l'antiquité, dans une phrase de l'Alexandrin Porphyre, au moyen âge qui l'accepta. Saint Anselme le résolut en concluant de la notion de Dieu à l'existence de Dieu, en établissant la réalité nécessaire de l'idée de perfection, en réalisant toutes les idées générales, en se faisant ainsi le chef des réalistes. D'autres, au contraire, avec Roscelin, refusèrent toute valeur objective aux idées générales, ne reconnurent dans les genres et les espèces que des créations arbitraires du langage : ce furent les nominaux. Ces deux écoles rivales renouvelaient la lutte interminable de l'idéalisme et du sensualisme. Elles eurent d'illustres athlètes, Guillaume de Champeaux et Abailard, qui remplirent toute la chrétienté du bruit des coups qu'ils se portaient. La dispute multiplia les divisions : il y eut quatre sectes de réalistes, et les nominaux en comptèrent trois (1). Ces contradictions de la raison semblaient accuser son impuissance. Plusieurs rejetèrent le secours incertain de la logique, et pensèrent s'élever à la science par l'intuition, à l'intuition par l'ascétisme. Il y eut donc une philosophie mystique, dont les principes se formulèrent sous la plume de Godefroy, de Hugues, de Richard, tous religieux de l'abbaye de Saint-Victor (2). — La théologie, en allant tirer de leur sommeil les études rationnelles, les avait appelées sur les confins de l'orthodoxie et de l'opinion. Il arriva que ces confins, difficiles à déterminer, furent souvent méconnus. Certaines doctrines appelèrent le soupçon : d'autres, comme celles d'Amaury de Chartres, de David de Dinant, provoquèrent de solennels anathèmes. Du choc violent de la liberté scientifique et de l'autorité religieuse devait jaillir le doute. Les réminiscences confuses de la littérature païenne et les premières influences des docteurs sarrasins encouragèrent le scepticisme (3). — Ainsi toutes les inclinations de l'esprit humain s'étaient manifestées, et leur divergence même témoignait de leur énergie dès le commencement du treizième siècle.

(1) La querelle des réalistes et des nominaux, exposée déjà par Brucker, cap. III, sect. 3, par Degerando, t. IV, Bühle et Tenemann, a été analysée avec une profondeur qui ne laisse plus rien à désirer, dans la préface de l'édition des œuvres d'Abailard, publiée par M. Cousin. — Jean de Salisbury, dans son *Metalogicus* cité par Brucker, *ibid.*, énumère les six différentes opinions qui divisaient le réalisme.
(2) Cousin, *Cours d'histoire de la philosophie*, t. Ier.
(3) *Id., ibid.*, Brucker, cap. III, sect. 1. *Précis de l'hist. de la philosophie*, publié par les directeurs du collége de Juilly, p. 275.

II. Ce siècle, déjà marqué de tant de gloire, fut aussi celui où la philosophie scolastique atteignit son apogée.

Et d'abord cette abdication que l'Église allait faire de son pouvoir dans l'ordre politique, la théologie y préluda dans l'ordre intellectuel. Elle émancipa la philosophie, qui avait assez grandi sous sa tutelle pour se soutenir d'elle-même. Elle ne retint qu'une supériorité maternelle et des relations de réciproque assistance : car il y avait séparation, mais non pas en tout ni pour toujours ; émancipation, mais non pas reniement mutuel. « La science de la Foi, disaient les docteurs, ne « considère les êtres créés qu'en tant qu'ils réfléchis-« sent une image imparfaite de la Divinité : la philoso-« phie humaine les considère dans les manières d'être « qui leur sont propres. Le philosophe se propose l'in-« vestigation des causes secondes et spéciales ; le fidèle « médite la cause première. Dans l'enseignement phi-« losophique on part de la connaissance des créatures « pour arriver à la notion de Dieu qui est le terme; dans « l'enseignement de la Foi, on commence par la notion « de Dieu, et, découvrant en lui l'ordre universel dont « il est le centre, on finit par la connaissance des créa-« tures. Cette seconde méthode est plus parfaite, puis-« qu'elle assimile l'intelligence humaine à l'intelli-« gence divine, qui, se contemplant, contemple en soi « toutes choses. Et cependant la science des théologiens « peut emprunter quelquefois aux travaux des philo-« sophes, non pour son besoin, mais pour entourer de

« plus de clarté les dogmes qu'elle présente à notre
« croyance (1). »

Assurée désormais d'une existence distincte et qui
n'était pas sans honneur, la philosophie se développa
librement, et voici qu'elles larges limites elle se traçait
en se définissant elle-même : « La philosophie est l'é-
« tude des vérités intelligibles ; et, comme ces vérités
« sont relatives aux mots, aux choses ou aux mœurs,
« elle est rationnelle, naturelle ou morale. Rationnelle,
« elle embrasse la grammaire, qui a pour objet l'expres-
« sion des idées; la logique, qui s'occupe de leur trans-
« mission ; la rhétorique, qui cherche à produire les
« émotions. Naturelle, il faut qu'elle comprenne la
« physique, où l'on traite de la génération et de la cor-
« ruption des choses ; les mathématiques, où l'on con-
« sidère les formes abstraites et les lois générales ; la
« métaphysique, où on les ramène à leur cause, à leur
« type, à leur fin. Morale, elle prend les noms divers
« de monastique, d'économie ou de politique, selon
« qu'elle procure le bien de l'individu, de la famille
« ou de l'État (2). » Cette énumération constituait la
philosophie à l'état de science universelle, telle que les
anciens l'avaient conçue lorsqu'ils faisaient rentrer dans
son cadre l'éloquence et la poésie, la géométrie et la
législation, et qu'ils l'appelaient la connaissance des

(1) S. Thomas, *Summa contra gentes*, lib. II, cap. IV. *Summa Theologiæ*, p. I, q. I, art. 4.
(2) S. Bonaventure, *de Reductione artium ad Theologiam*. Idem : *Breviloquium* : « Philosophia est medium per quod theologus fabricat sibi speculum ex creaturis ex quibus tanquam per scalam erigitur in cœlum. »

choses divines et humaines (1). Si d'ailleurs on éliminait la grammaire, la rhétorique et les mathématiques, qui, déjà contenues dans la classification des sept arts, avaient leur enseignement spécial, il restait la logique, la physique, la métaphysique et la morale, qui composèrent dans leur ensemble le cours de philosophie de l'école formant un système complet d'explications sur Dieu, la nature et l'humanité, et comme le couronnement nécessaire des études antérieures. Mais, puisque dans ce cours la logique occupait la première place, et qu'on y faisait un examen scrupuleux des phénomènes intellectuels, avant qu'il fût permis de se livrer à l'exploration du monde extérieur, c'était vraiment dans les idées qu'on étudiait les choses, les vérités de toute espèce n'apparaissaient qu'à la lumière de la conscience; et dès lors, sans être nommée, existait la psychologie, où devaient se concentrer les recherches philosophiques des modernes. En sorte que toutes les définitions qui ont été données de la philosophie à tous les moments de sa durée, les plus étendues comme les plus profondes, conviennent à la scolastique.

Pour agir dans la sphère nouvelle qu'elle venait de s'ouvrir, la philosophie avait besoin de rassembler toutes ses forces. Il fallait une organisation qui ramenât à un concours efficace les efforts de la pensée jusque-là dispersés. Nous avons déjà dit les causes politiques qui favorisaient le rapprochement des systèmes.

(1) Cicéron, *Tuscul.*, lib. V, *de Officiis*, II.

Parmi les nombreuses nuances du réalisme et du nominalisme, il s'en était trouvé qui se touchaient de près. Ainsi l'opinion de Gilbert de la Porée, qui admettait la généralité dans les lois seulement de la nature, semblait se confondre aisément avec celle de Jean de Salisbury, qui avouait la légitimité des idées générales formées par l'abstraction des qualités communes à plusieurs individus (1). Cette fusion s'opéra. Et, tandis qu'à dater environ de l'an 1200 tous les penseurs chrétiens prenaient avec orgueil le nom de réalistes, au fond de leur enseignement avait pénétré le conceptualisme, issu des nominaux. Ainsi se conciliaient les deux écoles qui avaient divisé le dogmatisme en s'attachant sans réserve à l'expérience des sens ou à l'infaillibilité de la raison. Elles surent apprécier aussi l'importance du mysticisme, et lui empruntèrent ces perceptions intuitives dont lui seul a le secret. En même temps les tentations sceptiques qu'avait suscitées une connaissance imparfaite et par conséquent dangereuse des doctrines païennes et musulmanes disparurent devant une érudition complète, grave et sagement modératrice. Il y eut donc un véritable éclectisme, où la raison, les sens, l'intuition, la tradition du passé, toutes les grandes puissances de l'entendement, firent alliance. Au lieu des sectes exclusives de l'âge précédent, il s'éleva d'illustres docteurs dont chacun représenta plus excellemment une de ces puissances, mais jamais ne méconnut les autres.

(1) Brucker, cap. III, sect. 3.

III. Alain des Iles, Alexandre de Hales, Vincent de Beauvais, Guillaume d'Auvergne, ne furent que des précurseurs.

Enfin parut Albert le Grand (1195-1280), Atlas qui porta sur sa tête le monde entier de la science, et qui ne fléchit point sous le poids : familier avec les langues de l'antiquité et de l'Orient, il avait puisé à ces deux sources de la tradition des forces gigantesques. Des bancs de l'Université de Paris, où il était assis humble élève, il avait passé à Cologne, où il établit sa chaire, où il parut comme l'hiérophante initiateur de l'Allemagne. C'est dans l'immensité et la prodigalité de son érudition que réside son mérite principal. — Toutefois il ne négligea point les questions psychologiques, qui ne peuvent se résoudre que par l'exercice personnel de la raison : il se prononça sur l'origine et la valeur des idées, sur la division des facultés de l'âme. Il ne dédaigna pas d'interroger la nature et de chercher dans une observation persévérante, dans les fourneaux et les creusets, des pouvoirs inconnus, comme celui de transmuter les métaux. Il osa plus encore : dans les régions inaccessibles au regard, impénétrables à l'induction, il pensa découvrir des agents surnaturels, capables de modifier l'ordre régulier des phénomènes : lui-même, dit-on, crut au titre de magicien que lui donnèrent ses disciples. Il est demeuré populaire dans les souvenirs de la postérité, comme un être presque mythologique et plus qu'humain (1).

(1) Cousin, *Cours d'histoire de la philosophie*, t. I. — Albert, *Summa*

D'un autre côté, et dans une cellule de quelque monastère obscur d'Angleterre, l'inspiration qui fait les grandes découvertes descendit sur un pauvre religieux, Roger Bacon (1214-1294). Il avait étudié à Oxford et à Paris, mais l'imperfection des études de son temps l'avait frappé d'abord : il en chercha les causes et sut les déterminer, démontra la nécessité d'une réforme, en proposa les conditions, et lui-même en donna l'exemple. Il s'attacha surtout à l'expérience, à l'expérience éclairée, calculatrice, qui ne se contente point d'observer les phénomènes, qui les provoque et les reproduit. Alors, dans l'obscurité de son laboratoire, cet homme ignoré eut une vision de l'avenir. « On peut, dit-il,
« faire jaillir du bronze des foudres plus redoutables
« que ceux de la nature : une faible quantité de ma-
« tière préparée produit une horrible explosion accom-
« pagnée d'une vive lumière. On peut multiplier ce
« phénomène jusqu'à détruire une ville et une armée.
« L'art peut construire des instruments de navigation
« tels, que les plus grands vaisseaux, gouvernés par un
« seul homme, parcourront les fleuves et les mers avec
« plus de rapidité que s'ils étaient remplis de rameurs.
« On peut aussi faire des chars qui, sans le secours
« d'aucun animal, courront avec une incommensurable
« vitesse (1). » — Roger Bacon savait pourtant s'arra-

de Creaturis, de Animâ, lib. I, tract. 2. *Libellus de Alchimiâ.* — Dante, *Paradiso*, x, 34.

(1) Roger Bacon, *de Secretis Artis et Naturæ*. La poudre à canon paraît avoir été employée un siècle auparavant par les Maures d'Espagne. Mais Bacon fut sans doute un des premiers d'entre les savants européens qui

cher à des investigations si attrayantes, afin de visiter les autres parties du domaine philosophique. Il résolut dans le sens éclectique la question des universaux. Outre l'expérience extérieure et les conceptions rationnelles, il admit une expérience intérieure qui s'acquiert dans le commerce de l'âme avec Dieu. Il acceptait aussi l'autorité de la sagesse antique, mais en la soumettant à une critique sévère : la philologie avait été l'objet de ses persévérantes méditations. La Providence lui avait donné une longue vie, et la science attendait de lui un siècle entier de progrès ; mais l'étonnement de ses contemporains, qui l'appelaient admirable (*Doctor mirabilis*) se changea en soupçons odieux. Sa vieillesse se passa dans une prison, et la lumière manqua à ses derniers travaux. Plus tard, et à l'époque de la Réforme, ses manuscrits furent brûlés dans l'incendie d'un couvent de son ordre, par des hommes qui prétendaient rallumer le flambeau de la raison, éteint par les moines du moyen âge (1).

Vers le même temps, sous un ciel moins rigoureux, au pied de ces montagnes de Toscane et de Calabre, dont les flancs portèrent tant de grands hommes, deux génies frères étaient nés : un même âge les rapprochait déjà : un même jour les réunit à Paris pour y recevoir tous deux les honneurs académiques; l'amitié les rassembla pendant la vie, la même année dans le tom-

en aient fait connaître les merveilleux effets. On ne saurait non plus lui attribuer avec une complète certitude l'invention du télescope.
(1) *Précis de l'histoire de la philosophie*, p. 293.

beau, le même culte sur les autels : on ne saurait séparer dans l'histoire saint Bonaventure et saint Thomas d'Aquin. — Saint Bonaventure (1221-1274), intelligence moins laborieuse peut-être et plus aimante, inclinait aux doctrines contemplatives et s'efforçait d'accorder avec elles l'exercice légitime de toutes les facultés humaines. « De Dieu, selon lui, descend toute
« lumière; mais cette lumière est multiple dans son
« mode de communication. La lumière extérieure ou
« la tradition éclaire les arts mécaniques : la lumière
« inférieure, qui est celle des sens, fait éclore en nous
« les notions expérimentales : la lumière intérieure,
« qu'on nomme la raison, nous fait connaître les véri-
« tés intelligibles : la lumière supérieure vient de la
« grâce et de l'Écriture sainte, elle nous révèle les vé-
« rités qui sanctifient. Ces divers genres de connais-
« sances sont coordonnés entre eux et forment une
« progression ascendante. L'âme, après s'être abaissée
« à l'étude des objets externes, doit se retirer en elle-
« même, où elle découvrira le reflet des réalités éter-
« nelles ; puis il faut qu'elle monte dans la région des
« réalités éternelles pour y contempler le premier prin-
« cipe, Dieu. Alors, de ce premier principe, elle verra
« émaner des influences qui se font sentir à tous les
« degrés de la création ; et, redescendant comme elle
« est montée, elle reconnaîtra les traces divines dans
« tout ce qui est conçu, senti et enseigné. Ainsi toutes
« les sciences sont pénétrées de mystères; et c'est aussi
« en saisissant le fil conducteur du mystère qu'on pé-

« nètre jusque dans leurs dernières profondeurs. »
Malheureusement pour ses disciples, le séraphique docteur (*Doctor seraphicus*) s'éleva trop tôt, et par une voie trop courte, à ces hauteurs mystérieuses qu'il avait signalées d'en bas : il mourut au milieu du deuxième concile de Lyon. Les députés réunis de l'Église universelle honorèrent ses funérailles. Et s'il fallait à sa mémoire d'autres hommages moins pompeux et plus tardifs, cent cinquante ans plus tard ses écrits allaient consoler dans sa solitude le pieux Gerson, fatigué des spectacles d'une société corrompue et des disputes d'une école dégénérée (1).

Saint Thomas d'Aquin (1224-1274) avait entendu Albert, son maître, définir l'esprit humain « un tout « potestatif. » On peut dire que lui-même fut ce tout réalisé. Jamais de plus excellentes facultés ne furent réunies dans un assortiment plus heureux ; mais toutes étaient dominées par une raison haute, solennelle et méditative. C'est pourquoi, lorsque ses compagnons d'étude l'appelaient le Grand Bœuf de Sicile, ses maîtres acceptèrent pour lui l'augure. Le séjour ordinaire de ses pensées devait donc être la science la plus rationnelle de toutes, celle par conséquent qui domine et coordonne les autres, c'est-à-dire la métaphysique (2). Là, au terme de toutes les spéculations, se présentait l'inévitable problème des universaux : il fallait pronon-

(1) *Précis de l'hist. de la philos.* — S. Bonav., *de Reductione artium ad Theologiam* — Gerson, *apud* Brucker, *loc. cit.* — Dante, *Paradiso*, xii.
(2) S. Thomas, *Prolog. ad Metaphysic.*

cer sur la réalité objective des conceptions rationnelles, établir l'équation des idées et des choses. Saint Thomas admit en Dieu l'existence des idées archétypes de la création; mais l'homme ne jouit point d'une vision directe de ces archétypes. Ses connaissances se forment des images reçues par les sens, et des perceptions abstraites qui s'en dégagent à la lumière de la raison (1). — Cette logique conciliante, qui avait fait une juste part à l'intervention des sens, devait conduire saint Thomas dans ses recherches physiques. Il réfuta l'opinion qui excluait les corps du plan primitif de la création; il leur donna place dans la hiérarchie des êtres, et découvrit en eux un concours à l'ordre universel, une tendance incessante à la perfection, un vestige de la Divinité. Cependant ses préoccupations spéculatives le ramenaient aux études pratiques : il établissait une législation qui enlaçait dans le réseau de ses préceptes l'homme, la famille et la cité; il reconnaissait aussi l'excellence de la contemplation; il savait les voies par lesquelles une vertu sublime peut conduire à la vue immédiate de l'éternelle vérité (2). Mais c'était peu pour lui de s'être éprouvé en des exercices si divers; il recourut encore aux enseignements de ses devanciers : de nombreux écrits d'Aristote, le Timée de Platon, le Maître des sentences, furent tour à tour l'objet

---

(1) *Summa Theologiæ*, p. I, q. xv, art. 15. — *Opuscul. de Sensu respectu particularium et intellectu respectu universalium.*

2 Cousin, *Cours d'histoire de la philosophie*, t. I.—Érasme, Leibnitz, Fontenelle, esprits si différents et si peu comparables d'ailleurs, se sont accordés pour louer S. Thomas. — Dante, *Paradiso*, x-xiii.

de ses consciencieux commentaires. Alors saint Thomas conçut une œuvre digne de lui : ce fut une vaste encyclopédie des sciences morales, où serait dit tout ce qui se peut savoir de Dieu, de l'homme et de leurs rapports ; une philosophie vraiment catholique, *Summa totius theologiæ*. Ce monument, plein d'harmonie, malgré l'apparente aspérité de ses formes, colossal dans ses dimensions, magnifique dans son plan, demeura toutefois inachevé, semblable en cela même à toutes les grandes créations politiques, littéraires, architecturales du moyen âge, choses que le destin n'a fait que montrer et n'a pas laissées être jusqu'au bout…

> . . . Ostendent Fata, nec ultra
> Esse sinent. . . . .

Un long cri d'admiration suivit l'Ange de l'école (*Doctor angelicus*) rappelé au ciel.

Albert le Grand, Roger Bacon, saint Bonaventure et saint Thomas d'Aquin constituent entre eux, pour ainsi dire, une représentation complète de toutes les puissances intellectuelles : ce sont les quatre docteurs qui soutiennent la chaire de la philosophie dans le temple du moyen âge. Leur mission était vraiment l'instauration des sciences, mais non point la consommation définitive. Ils ne furent pas exempts des ignorances et des erreurs de leur siècle, car la Providence permet les erreurs du génie, de crainte de laisser croire aux hommes qu'il ne leur reste rien à faire après lui. Souvent la majesté, je dirai même la grâce de leurs conceptions, disparaît sous le voile des expressions dont elles sont revêtues ; mais ces imperfections furent rachetées par d'autres mérites. C'est que ces philosophes chrétiens ne recelèrent point en eux le divorce, devenu depuis si fréquent, de l'intelligence et de la volonté; c'est que leur vie fut tout entière une laborieuse application de leurs doctrines. Ils réalisèrent dans sa plénitude cette sagesse pratique tant rêvée des anciens : l'abstinence des disciples de Pythagore, la constance des stoïciens, l'humilité, la charité, que nul de ceux-là n'avait connues. Albert le Grand et saint Thomas étaient descendus des châteaux de leurs nobles ancêtres dans l'ombre des cloîtres de saint Dominique : le premier abdiqua, le second refusa les honneurs de l'Église. Roger Bacon et saint Bonaventure ceignaient leurs reins du cordon de saint François, et quand on vint chercher le second d'entre eux pour revêtir la pourpre romaine, il pria les officiers d'attendre, et il acheva de laver la vaisselle du couvent. Aussi ne s'enfermaient-ils point dans les superbes mystères d'un enseignement ésotérique; ils ouvraient les portes de leurs écoles aux fils des pâtres et des artisans, et, comme le Christ, leur maître, ils disaient : « Venez tous. » Après avoir rompu le pain de la parole, on les voyait distribuer celui de l'aumône. Le pauvre peuple les connaissait et bénissait leur nom. Aujourd'hui encore, après six cents ans, les habitants de Paris s'agenouillent aux autels de l'Ange de l'école; et les ouvriers de Lyon s'honorent de porter une fois par an, sur leurs robustes épaules, les restes triomphants du séraphique docteur.

IV. La scolastique n'était pourtant point demeurée sans reproches. Dans ces temps belliqueux, ceux à qui leur profession interdisait de rompre la lance et de croiser l'épée portaient leur ardeur dans les tournois de la parole. La controverse devenait la passion de toute leur vie : on les voyait, vieillards flétris, s'agiter encore dans les carrefours, discutant chaque syllabe et chaque lettre d'un discours ou d'un écrit (1). Ils étendaient leurs argumentations comme des filets, dressaient leurs syllogismes comme des embûches, multipliaient les combinaisons des mots comme la nature multiplie les combinaisons des choses ; et, grâces à d'innombrables distinctions, prouvaient et niaient tour à tour la vérité, la fausseté, l'incertitude d'une même maxime (2). Mais de même que cette multitude ameutée dont parle le poëte, à la vue d'un personnage illustre par ses services et ses vertus, se tait et demeure suspendue aux pacifiques paroles qui lui sont apportées, ainsi ce peuple disputeur d'écoliers jeunes et vieux sembla soudain oublier ses empressements et ses colères quand les grands maîtres de la pensée parurent au milieu de lui : l'étonnement fit faire silence. Mais le désordre recommença quand ils furent passés. Une autre génération se leva, et aux hommes de génie succédèrent les hommes de talent.

(1) Salisbury, *Metalogicus*, lib. I, cap. vii.
(2) Gauthier de S. Victor, *apud* Brucker. Hugues de S. Victor, *Eruditionis didascalicæ*, lib. III, xix. Richard de S. Victor, *de Gratiâ contemplationis*, lib. II, ii.

Raymond Lulle (1244-1315), Duns Scott (1275-1308) et Occam (mort en 1345) ouvrent l'ère de la décadence. D'une part, Raymond flattait les penchants dangereux des dialecticiens d'alors, en leur offrant dans son art combinatoire un jeu mécanique où devaient se déduire sans retard et sans efforts toutes les conséquences des principes donnés. D'un autre côté, ce docteur, né sous le ciel de Majorque, et dans le voisinage de la domination musulmane, entraîné en de longs voyages sur les côtes d'Afrique et au Levant, s'était embrasé de toutes les ardeurs du mysticisme arabe et alexandrin : il les rayonnait à son tour parmi la foule que l'admiration de sa vie aventureuse réunissait avide autour de lui. — L'Anglais Duns Scott, plus calme peut-être, mais non moins impatient de remettre en problème les doctrines de ses prédécesseurs, nia la possibilité de rencontrer la certitude dans les connaissances acquises par les sens. Les genres et les espèces, au contraire, lui parurent des réalités primordiales : il peupla la science d'êtres de raison arbitrairement conçus ; et, renouvelant les opinions des anciens réalistes, il formula le plus audacieux idéalisme. — Occam, qui passa ses jours dans les querelles religieuses, politiques, littéraires, à Oxford dans sa jeunesse, à Paris sous Philippe le Bel, en Allemagne auprès de Louis de Bavière, chevalier errant de la controverse, releva le gant au nom des nominaux. De cet axiome, qu'il ne faut pas sans nécessité multiplier les êtres, il fut conduit, non-seulement à repousser les êtres de raison comme des fantômes, mais jusqu'à méconnaître la valeur objective de l'idée de substance, jusqu'à hésiter devant la distinction de l'esprit et de la matière, c'est-à-dire jusqu'aux dernières limites du sensualisme. — Ces hésitations mêmes indiquent les approches du scepticisme qui va reparaître, et que rien ne favorise en effet comme l'extrême hardiesse des systèmes dogmatiques auxquels on ne peut ni croire ni répondre.

Ainsi les écoles exclusives sortaient de leurs ruines. Elles remplirent le quatorzième siècle de leurs rivalités. La logique, cette gymnastique savante où l'esprit européen avait pris son vigoureux tempérament, dégénérait en un assaut de sophismes, en un jeu puéril et dangereux : les questions divisées à l'infini se soulevaient comme la poussière sous les pas des lutteurs (1). La métaphysique se perdait dans une ontologie inféconde, où les Formalités, les Hæccéités et autres créations capricieuses de l'entendement humain prirent la place qui appartenait aux vivantes créations de Dieu (2). On n'interrogea plus l'expérience, dont les réponses étaient trop lentes à obtenir et trop peu flexibles au gré des opinions belligérantes ; on chercha d'autres oracles plus faciles à corrompre dans les enseignements de l'antiquité, qui furent déclarés infaillibles. Alors, au milieu du concert presque unanime des docteurs chrétiens, fut célébrée l'apothéose d'Aristote. La divinité païenne ne se contenta point toujours d'encens,

1) Bacon, *de Dignitate et augmentis scientiarum*.
2) L. Vives, *apud* Brucker.

il lui fallut des sacrifices, l'immolation de toute doctrine indépendante (1). La scolastique finit au milieu de ces orgies, comparable au monarque d'Israël, dont la jeune sagesse avait étonné le monde, et qui profana ses vieux jours dans les temples des idoles étrangères.

V. C'est vers le milieu de la période que nous venons de décrire, aux approches de l'an 1300, entre l'apogée et le commencement de la décadence, dans un de ces moments solennels où la prospérité même a quelque chose de mélancolique, parce qu'elle se sent toucher à sa fin; c'est à cette heure du chant du cygne que la philosophie du moyen âge dut avoir son poëte. Car, tandis que la prose, surtout la prose d'une langue morte comme celle de l'école, mise à l'épreuve des ans, se corrompt bientôt et ne laisse plus apercevoir que défigurée l'idée qui y était enfouie, la poésie est comme un corps glorieux sous lequel la pensée demeure incorruptible et reconnaissable. Elle est aussi une forme agile qui pénètre partout, et se rend présente en même temps sur les points les plus éloignés. Immortalité, popularité, ce sont les deux présents divins dont les poëtes ont été faits dispensateurs. La philosophie grecque avait eu son Homère en la personne de Platon; la scolastique, moins heureusement partagée sous d'autres rapports, menacée d'un dépérissement plus rapide, éprouvait encore davantage le be-

(1) Pétrarque, cité par Tiraboschi, t. V.

soin d'une consolation pareille. Le poëte qui allait venir avait donc sa place marquée dans le temps ; il faut dire quelles causes la lui assignèrent dans l'espace : son siècle étant connu, il reste à faire connaître la situation intellectuelle de son pays.

CHAPITRE III

CARACTÈRES PARTICULIERS DE LA PHILOSOPHIE ITALIENNE.

1. Trois choses inséparables, le vrai, le bien et le beau, sollicitent l'âme de l'homme à la fois par le sentiment de leur absence actuelle et par l'espoir d'un rapprochement possible. Le désir du bien fut la première préoccupation des premiers sages, et la philosophie à son origine, ainsi que son nom le témoigne (Φιλοσοφία), fut l'œuvre de l'amour (1). Mais, le bien ne pouvant se faire sans être d'abord perçu comme vrai, la pratique incertaine appela le secours de la spéculation : il fallut étudier les êtres pour déterminer les lois qui les unissent. On ne pouvait approcher du vrai sans être frappé de sa splendeur, qui est le beau ; l'harmonie des êtres, se réfléchissant dans les conceptions des savants, devait se reproduire jusque dans leurs discours. La philosophie des premiers temps fut donc morale dans sa direction et poétique dans sa forme.

Telle au sein de l'école pythagoricienne elle apparut

(1) Le mot latin *studium* a aussi deux sens, l'un intellectuel, l'autre moral.

pour la première fois en Italie. Alors les villes lui demandèrent des lois, et plus tard les métaphysiciens d'Élée et Empédocle d'Agrigente chantèrent les mystères de la nature dans la langue des dieux. — Puis Rome fut, et, comme son nom l'annonçait (Ρώμη), Rome fut la force ; et cette force, mise en action, devint l'empire du monde. Le peuple romain devait donc être doué surtout du génie de l'action. Cependant le sentiment de l'art ne lui manquait pas non plus : il fallait d'harmonieuses paroles à sa tribune, des chants à ses triomphes. Lors donc qu'il accueillit la philosophie, c'est qu'elle se présenta sous les auspices de Scipion et d'Ennius, s'engageant ainsi à servir et à plaire (1); et depuis elle ne cessa pas de se prévaloir du patronage commun des hommes d'État et des poëtes. Elle visitait la retraite de Cicéron, accompagnait Sénèque dans l'exil, mourait avec Thraséas, dictait à Tacite, régnait avec Marc-Aurèle, et s'asseyait dans l'école des jurisconsultes, qui ramenaient toute la science des choses divines et humaines à la détermination du bien et du mal (2). Elle avait convié à ses leçons Lucrèce, Virgile, Horace, Ovide et Lucain (3). Les systèmes de Zénon et d'Épicure, prompts à se résoudre en conséquences morales, les traditions de Pythagore empreintes d'une ineffaçable beauté, obtinrent seuls le droit de cité romaine. — Le Christia-

(1) Polybe, *Exempl. Virt. et Vit.*, cap. LXXIII. — Pers., *sat.* VI, 10.
(2) Lib. I. Digest., *de Justitia et Jure.* « Veram philosophiam, non simulatam adfectantes. »
(3) Vir., *Æn.* I et VI. — Horat, lib. II, *ep.* 2; lib. I, *ep.* 4. — Ovid., *Metam.* lib. XV. — Lucain, *Pharsal.*, lib. I, lib. II.

nisme vint féconder de nouveau le sol italien, que tant d'illustres enfantements semblaient devoir épuiser. Après Panthénus, l'abeille de Sicile et le premier fondateur de l'école chrétienne d'Alexandrie ; après Lactance et saint Ambroise, le génie des anciens Romains revécut au sixième et au septième siècle dans deux de leurs plus nobles descendants, Boëce et saint Grégoire. L'un, martyr du courage civil, sut prêter à la philosophie un langage harmonieux et consolateur ; l'autre, infatigable pontife, laissa pour monuments dans l'histoire de l'esprit humain ses livres admirables sur les divines Écritures et le système de chant demeuré sous son nom. — Aux derniers temps, le soleil italien ne cessa pas de luire sur des générations de philosophes, moralistes, jurisconsultes, publicistes, et de poëtes qui se firent honneur de philosopher. C'est Marsile Ficin, confondant en son enthousiasme néoplatonique la science, l'art et la vertu ; c'est Machiavel, qu'il suffit de nommer ; Vico et Gravina, traçant les lois fondamentales de la société, l'un avec d'hiéroglyphiques symboles, l'autre avec la même plume qui écrira plus tard les statuts de l'académie des Arcades ; c'est aussi Pétrarque, descendant couronné du Capitole pour aller méditer à la clarté de sa lampe solitaire « les remèdes de l'une et de l'autre fortune ; » Tasse se reposant des combats de la Jérusalem délivrée dans d'admirables dialogues ; et, s'il est permis de citer des célébrités plus récentes et non moins chères, Manzoni et Pellico.

On peut donc reconnaître parmi les philosophes d'outre-monts un double caractère, antique, permanent et pour ainsi dire national; car la permanence des habitudes, qui fait la personnalité chez les individus, constitue aussi la nationalité parmi les populations. On peut dire qu'il existe une philosophie italienne qui a su maintenir dans leur primitive alliance la direction morale et la forme poétique; soit que sur cette terre bénie du ciel, en présence d'une nature si active, l'homme aussi apporte dans l'action plus de vivacité et plus de bonheur, soit qu'un dessein d'en haut ait ainsi fait l'Italie pour être le siége principal du catholicisme, en qui devaient se rencontrer une philosophie excellemment pratique et poétique, les idées réunies et réalisées du vrai, du bien et du beau.

II. Au moyen âge, la philosophie italienne n'était ni moins florissante ni moins fidèle à son double caractère. A la fin des siècles barbares, le B. Lefranc et saint Anselme, sortis de Pavie et d'Aoste pour aller prendre possession l'un après l'autre du siége primatial de Cantorbéry, inaugurèrent dans l'Europe septentrionale les études régénérées. Le Lombard Pierre fut porté par l'admiration universelle, de sa chaire de professeur, à l'évêché de Paris. Pendant que Jean Italus faisait honorer son nom dans l'école de Constantinople, Gérard de Crémone, fixé à Tolède, interrogeait la science des Arabes, et apprenait aux Espagnols à s'enrichir des dépouilles scientifiques de leurs ennemis. Bologne avait été le siége d'un enseignement philosophique qui ne manqua pas d'éclat, avant de voir commencer ces leçons de jurisprudence qui la rendirent si célèbre. La logique et la physique ne cessèrent point d'y être assidûment professées au treizième siècle. Padoue n'avait rien à envier à sa rivale (1). Milan comptait près de deux cents maîtres de grammaire, de logique, de médecine et de philosophie (2). Enfin, la renommée des penseurs de la Péninsule était si grande dans toutes les provinces du continent, qu'elle servait à expliquer l'origine des doctrines nouvellement apparues, et qu'Arnaud de Villeneuve, par exemple, passait pour l'adepte d'une secte pythagoricienne disséminée dans les principales villes de la Pouille et de la Toscane (3). — Mais la vigueur exubérante de la philosophie italienne se manifeste surtout dans la mémorable lutte qui s'engagea, et qui, analogue à celle du sacerdoce et de l'empire, continua pendant plus de deux cents ans entre les systèmes orthodoxes et les systèmes hostiles. Il y aurait peut-être le sujet d'intéressantes recherches à faire dans les doctrines des Fratricelles, de Guillemine de Milan, des Frères Spirituels, où la communauté absolue de corps et de biens, l'émancipation religieuse des femmes, la prédication d'un évangile éternel, rappelleraient les tentatives modernes du saint-simonisme. Mais, en se restreignant aux faits purement philosophiques, on en rencontre de plus surprenants encore. Dès

(1) Tiraboschi, t. IV, lib. II, cap. II.
(2) Flamma, chroniqueur milanais, cité par Tiraboschi, *ibid.*
(3) Vincent de Beauvais et Brucker, *Hist. crit.*, t. III, lib. II, cap. III.

l'année 1115, les épicuriens étaient assez nombreux à Florence pour y former une faction redoutée et pour provoquer des querelles sanglantes (1); plus tard, le matérialisme y apparaissait comme la doctrine publique des Gibelins. Les petits-fils d'Averrhoës furent accueillis à la cour italienne des Hohenstaufen (2) en même temps qu'une colonie sarrasine était fondée à Nocera et faisait trembler Rome. Frédéric II ralliait autour de lui toutes les opinions perverses, et semblait vouloir constituer une école antagoniste de l'enseignement catholique. Cette école, quelque temps réduite au silence après la chute de la dynastie qui l'avait protégée, reprit des forces lorsqu'un autre empereur, Louis de Bavière, descendit des Alpes pour aller recevoir la couronne des mains d'un antipape. Un peu plus tard Pétrarque, en citant dans ses discours saint Paul et saint Augustin, excitait un sourire dédaigneux sur les lèvres des savants qui l'entouraient, adorateurs d'Aristote et des commentateurs arabes (3). Ces doctrines irréligieuses étaient pressées de se réduire en voluptés savantes : elles eurent des poëtes pour les chanter. — La vérité toutefois ne demeura point sans défenseurs; pour elle furent suscités deux hommes que nous avons déjà rencontrés parmi les plus grands de leur âge, saint Thomas d'Aquin et saint Bonaventure, qu'il faut

---

(1) Giovanni Villani, *Storia*, lib. IV.
(2) Ægidius Romanus, *Quodlibeta*, lib. II, quæst. 20. — Cf. Reinaud, *Extraits des historiens arabes*, p. 435.
(3) Pétrarque, cité par Tiraboschi, t. V.

rappeler ici comme deux gloires italiennes. Moralistes profonds, ils furent encore poétiquement inspirés, l'un quand il composa les hymnes qui devaient un jour désespérer Santeuil ; l'autre, lorsqu'il écrivit le cantique traduit par Corneille. Egidius Colonna combattit aussi l'averrhoïsme de cette même plume qui traçait des leçons aux rois. Albertano de Brescia publia trois traités d'éthique en langue vulgaire (1). On en pourrait citer d'autres encore qui furent vantés à leur époque, et qui ont éprouvé ce qu'il y a de trompeur dans les applaudissements des hommes.

Mais, de toutes les cités assises au pied de l'Apennin, aucune ne put s'enorgueillir d'une plus heureuse fécondité que la belle Florence. Déchirée par les guerres intestines, si elle enfantait dans la douleur, elle se donnait des enfants immortels. Sans compter Lapo Fiorentino, qui professa la philosophie à Bologne, et Sandro de Pipozzo, auteur d'un traité d'économie dont le succès fut populaire, elle avait vu naître Brunetto Latini et Guido Cavalcanti (2). Brunetto, notaire de la république, avait su, sans faillir à ses patriotiques fonctions, servir utilement la science : il avait traduit en italien la Morale d'Aristote; il rédigea, sous le titre de *Trésor*, une encyclopédie des connaissances de son temps, et donna dans son *Tesoretto* l'exemple d'une poésie didactique où ne manquaient ni la justesse de la pensée ni la

---

(1) *Dell' amore e dilezione di Dio. Della consolazione del consiglio. Ammaestramento di dire e di tacere.*
(2) Tiraboschi, t. IV.

grâce de l'expression. Guido Cavalcanti fut salué le prince de la Lyre : un chant qu'il composa sur l'amour obtint les honneurs de plusieurs commentaires, auxquels les théologiens les plus vénérés ne dédaignèrent pas de mettre la main. Il aurait été admiré comme philosophe si son orthodoxie fût demeurée irréprochable (1). C'était assez de deux citoyens de ce mérite pour honorer une ville déjà fameuse : un troisième pourtant était proche, qui les allait faire oublier.

III. La philosophie du treizième siècle devait donc demander à l'Italie le poëte dont elle avait besoin; mais l'Italie devait le donner marqué de l'empreinte nationale, pourvu avec une égale libéralité des facultés contemplatives et des facultés actives, non moins éminemment doué de l'instinct moral que du sentiment littéraire. Il fallait trouver quelque part une âme en qui ces dispositions réunies par la nature fussent développées encore par les épreuves d'une vie providentiellement prédestinée, et qui, fidèle aux impressions venues du dehors, eût toutefois l'énergie nécessaire pour les rassembler et produire à son tour.

(1) Boccace, cité par Sismondi, *Histoire des républiques italiennes*, t. IV, p. 199.

CHAPITRE IV

VIE, ÉTUDES, GÉNIE DE DANTE, DESSIN GÉNÉRAL DE LA DIVINE COMÉDIE.
PLACE QUE L'ÉLÉMENT PHILOSOPHIQUE Y OBTIENT.

1. En l'année 1265, sous de sinistres auspices et dans la maison d'un exilé, naquit un enfant, qui fut Dante. De mémorables événements entourèrent son berceau : la croisade de Tunis, la fin du grand interrègne par l'élection de Rodolphe de Habsburg, le second concile de Lyon, les Vêpres siciliennes, la mort d'Ugolin, tels furent les premiers entretiens auxquels s'ouvrit son oreille. Il avait vu sa patrie divisée entre les Guelfes et les Gibelins; les uns, défenseurs de l'indépendance italienne et des libertés communales; les autres, champions des droits féodaux et de la vieille suzeraineté du saint empire. Les traditions de sa famille et ses propres inclinations l'attachaient à la cause des Guelfes (1) : il prit la robe virile en combattant dans leurs rangs à Campaldino, où ils triomphèrent (1289). Bientôt après, il assista aux dissensions du

(1) Pelli, *Memorie per la Vita di Dante*. — Lionardo Aretino, *Vita di Dante*.

parti victorieux, quand, sous l'orageux tribunat de
Giano della Bella (1292), les constitutions de la commune furent modifiées, les nobles exclus des magistratures, et les intérêts de la république remis aux mains
des plébéiens (1). Chargé successivement de plusieurs
ambassades, lorsqu'il reparut dans son pays, les suprêmes honneurs et les derniers périls l'y attendaient. En
revêtant les fonctions de Prieur (1300), il trouva les
nobles et les plébéiens rentrant en lutte sous les nouveaux noms de Noirs et de Blancs; ses sympathies pour
les seconds lui donnèrent les premiers pour ennemis.
Tandis qu'il allait à Rome combattre leur influence, ils
appelèrent à Florence Charles de Valois, frère de Philippe le Bel : il ne parut pas que ce fût trop d'un prince
de maison royale pour lutter contre l'autorité d'un
grand citoyen. Le prince l'emporta, mais il se déshonora lui-même et le nom français, en faisant prononcer
contre les chefs des Blancs une sentence de proscription. Deux solennelles iniquités, dans l'espace de quelques mois, s'accomplirent en Italie à l'ombre de nos
lis : l'exil de Dante et l'enlèvement de Boniface VIII (2).
Dante maudit ses juges, mais non pas sa patrie; le souvenir qu'il garda d'elle l'accompagna errant de ville
en ville, aux foyers des marquis de Lunigiane, des
Scaligeri de Vérone, des seigneurs de Polenta, sombre
et trouvant toujours amer le pain de l'hospitalité. Tantôt par la force, et tantôt par la prière, par toutes les

1. Giov. Villani, lib. VII, ann. 1292. Dino Compagni, dans Muratori.
(2) Id., ibid.

voies, hormis celles où il aurait fallu ramper (1), il tenta de rentrer dans ces murs chéris, bercail de ses premiers ans (2). Et, quand son attente déçue ne lui laissa plus d'autre recours, s'il sembla passer dans le camp des Gibelins, c'est qu'il crut y retrouver la cause de la liberté pour laquelle il avait combattu contre eux : c'est que l'intervention française, sollicitée par l'imprudence des Guelfes, menaçait l'Italie d'un péril nouveau. Ou plutôt ces deux noms de factions rivales avaient plusieurs fois changé de sens au milieu des luttes intestines : ils demeuraient comme des mots de sinistre augure inscrits sur des étendards qui ne ralliaient plus que des intérêts, des passions et des crimes. Dante ne cessa pas de confondre dans une commune réprobation les excès des deux partis (3), et de chercher dans une région plus haute les doctrines sociales auxquelles appartenait son dévouement. Car ce besoin d'intervenir dans les affaires de son temps, qui l'avait précipité dans

---

(1) *Memorie*. — M. Villemain a fait connaître le premier en France l'admirable lettre par laquelle le poëte refuse de rentrer dans sa patrie à des conditions humiliantes. Mais nulle part l'histoire de son exil n'a été tracée d'une façon plus vive et plus lumineuse que dans l'excellente biographie publiée par M. Fauriel. Voyez aussi le savant ouvrage de Balbo, *Vita di Dante*, et la *Vie de Dante*, par M. Artaud.

(2) *Paradiso*, xxv, 2.

Il bello ovile, ov' io dormi agnello.

(3) *Paradiso*, vi, 45.

L' uno al pubblico segno i gigli gialli
Oppone, e l' altro appropria quello a parte
Si ch' è forte a veder qual più si falli.
Faccian gli Ghibellin, faccian lor arte
Sott' altro segno, che mal segue quello
Sempre chi la giustizia e lui diparte.

de si étranges infortunes, ne l'abandonna jamais : il venait de remplir une mission diplomatique à Venise, quand il mourut à Ravenne (1321). Le bruit des hommes et des choses ne manqua pas non plus à ses derniers temps : les révolutions qui changèrent en seigneuries la plupart des républiques italiennes, les triomphes populaires de la Flandre et de la Suisse, les guerres de l'Allemagne, de la France et de l'Angleterre, la majesté pontificale outragée dans Anagni, la condamnation des Templiers, la translation du saint-siége à Avignon. — Ces tragiques spectacles, qui suffisaient pour laisser de profondes images dans la mémoire de Dante, s'il en fût resté le témoin, devaient, quand il s'y donnait un rôle, émouvoir puissamment sa conscience : car le sens moral, qui s'éveille à l'aspect du juste et de l'injuste, s'exalte en s'attachant à l'un, en se sentant opprimé par l'autre. Il avait connu le mal par la souffrance, la seule école où puissent l'apprendre les hommes vertueux : il avait connu le bien par la joie qu'on éprouve à le faire ; il l'avait voulu d'une volonté ardente, par conséquent communicative. Et plus tard le souvenir de ses intentions généreuses était pour lui comme un compagnon d'exil dans les entretiens duquel il trouvait la justification de sa conduite politique, et l'excuse avec la consolation de ses malheurs (1).

II. Mais être conçu dans l'exil et y mourir, remplir

1 *Inferno*, XXVIII. 59.

de hautes magistratures et subir les dernières infortunes, ce destin a été celui de beaucoup d'autres ; ce sont là les côtés par lesquels Dante touche à la foule, et se confondrait avec elle si, au milieu des agitations de la vie publique, d'autres circonstances ne lui avaient ménagé une vie du cœur, dont il faut pénétrer les mystères. En effet, selon les lois qui régissent le monde spirituel, pour élever une âme il est besoin de l'attraction d'une autre âme ; cette attraction, c'est l'amour, qui s'appelle aussi amitié dans la langue de la philosophie, et charité dans celle du Christianisme. Dante ne devait pas échapper à la loi commune. A neuf ans, à un âge dont l'innocence ne laissait rien soupçonner d'impur, il rencontra dans une fête de famille une jeune enfant pleine de noblesse et de grâce (1). Cette vue fit naître en lui une affection qui n'a pas de nom sur la terre et qu'il conserva plus tendre et plus chaste encore durant la périlleuse saison de l'adolescence. C'étaient des rêves où Béatrix se montrait radieuse, c'était un désir inexprimable de se trouver sur son passage ; c'était un salut d'elle, une inclination de sa tête, en quoi il avait mis tout son bonheur ; c'étaient des craintes et des espérances, des tristesses et des jouissances qui exerçaient, épuraient sa sensibilité jusqu'à une extrême délicatesse, et le dégageaient peu à peu des habitudes et des sollicitudes vulgaires. Mais surtout quand Béatrix quitta la terre dans tout l'éclat de la

---

1 Boccace, *Vita di Dante*. — Dante, *Vita nuova*.

jeunesse, il la suivit par la pensée dans ce monde invisible dont elle était devenue l'habitante, et se plut à la parer de toutes les fleurs de l'immortalité : il l'entoura des cantiques des anges, il la fit asseoir au plus haut degré du trône de Dieu. Il oubliait sa mort en la contemplant dans cette glorieuse transfiguration (1). Ainsi cette beauté, qui s'était montrée à lui sous des formes réelles, devenait un type idéal qui remplissait son imagination, qui devait la faire se dilater et s'épancher au dehors. Il sut dire ce qui se passait en lui, il sut, selon son expression, noter les chants intérieurs de l'amour, et Dante fut poëte (2). Puis, quand une fois l'inspiration fut venue le visiter, il lui fut peu difficile de la retenir parmi les circonstances favorables qui l'environnaient : contemporain de Guido Cavalcanti, de Giacopo de Todi, de Dante da Majano, de Cino de Pistoja, dont les poétiques accents se provoquaient, se répondaient comme un concert sans fin ; ami du musicien Casella, de l'architecte Arnolfo, du peintre Giotto ; au temps où Florence élevait trois de ces monuments qui la font surnommer la Belle, le Palais vieux,

---

1) *Vita nuova*.

> Ita m' è Beatrice nell' alto cielo,
> Nel reame ove gli angeli hanno pace ;
> E sta con loro...
> Ed essi gloriosa in loco degno.

2) *Purgatorio*, xxiv, 19.

> . . . Io mi son un' che, quando
> Amore spira noto, ed a quel modo
> Che detta dentro, vo significando.

Sainte-Croix, la Cathédrale; sous un ciel enchanté où s'épanouissaient tous les arts.

III. Ce n'était point encore assez; et Dante devait s'offrir sous un autre aspect à l'étonnement de la postérité. Brunetto Latini, qui l'avait vu naître et qui avait tiré son horoscope, en voulut vérifier le présage; il se fit son maître et lui tint lieu d'un père perdu de bonne heure : il lui enseigna les premiers éléments des sciences diverses que lui-même avait réunies dans son *Trésor* (1). Par ses soins, Dante fut initié d'abord à la connaissance des langues. Il n'ignora pas entièrement le grec, et, s'il n'y fit point des progrès assez soutenus pour lire aisément les textes originaux, les versions ne lui manquèrent pas (2). La littérature latine lui était familière, et, parmi les auteurs dont la conversation journalière peuplait sa solitude, il comptait Virgile, dont il savait l'*Énéide* entière, Ovide, Lucain, Stace, Pline, Frontin et Paul Orose (3). Les divers idiomes ro-

1 *Inferno*, xv, 19, 28, 41.

. . . . Se tu segui tua stella
Non puoi fallire a glorioso porto
Se ben m' accorsi nella vita bella,
. . . . Or m' accuora
La cara e buona immagine paterna
Di voi, ...
Sieti raccommandato 'l mio Tesoro.

(2 Il cite des étymologies grecques avec assez de bonheur dans sa dédicace du *Paradiso* à Can Grande, et dans le *Convito*, lib. IV, cap. VI. Voyez aussi le sonnet.

Ponti sera e mattin contento al desco...

3 Dante, *de Vulgari Eloquentiâ*, l. II, c. VI.

mans avaient partagé son attention ; il citait volontiers des vers espagnols et en composait en provençal (1) : il n'est pas douteux qu'il ne connût le français, « dont « la parleure passoit déjà pour plus délittable à ouïr « et plus commune à toutes gens (2). » Mais c'étaient surtout les dialectes de l'Italie qu'il avait explorés avec une infatigable persévérance; et ce ne fut pas la moins glorieuse de ses œuvres d'avoir consacré l'emploi de la langue vulgaire (3). La rhétorique et l'histoire, la physique et l'astronomie, qu'il suivit jusqu'aux découvertes les plus avancées des observateurs arabes, se disputaient aussi son temps. Obligé de choisir entre les différents arts sous le titre desquels se classaient les habitants de Florence, il s'était inscrit dans la corporation des médecins. Cette qualité n'était pas usurpée, et la variété de son instruction lui aurait permis de prendre sans injustice le nom de jurisconsulte (4). Sa jeunesse s'était écoulée parmi ces préparations fécondes ; la mort de Béatrix (1292) lui fit chercher des pensées consolantes dans quelques écrits de Cicéron et de Boëce. Il y trouva plus : il y trouva les premiers vestiges d'une science qu'il n'avait pas encore atteinte, et qui l'avait en quelque sorte attendu au terme de ses études préliminaires, la philosophie. Dès lors il la pour-

---

(1) Dante, *de Vulgari Eloquentiâ*, passim. La Canzone II du 2ᵉ livre de son recueil est en provençal, en latin et en italien.
2) Brunetto Latini, Préface du *Trésor*.
3. C'est l'objet spécial de son traité *de Vulgari Eloquentiâ*.
4 *Memorie per la Vita di Dante*. — *Purgator.*, xxv. Voyez la savante dissertation de Varchi sur ce passage, et tout le livre *de Monarchia*.

suivit dans les discussions publiques de ceux qui passaient pour philosophes et dans les écoles des religieux, dans les lectures auxquelles il se livrait avec tant d'opiniâtreté, que sa vue en ressentit une longue altération, dans des méditations enfin que nul tumulte extérieur ne pouvait distraire (1). Les deux traductions d'Aristote, peut-être quelques dialogues de Platon, saint Augustin et saint Grégoire le Grand, Avicenne et le livre *de Causis*, saint Bernard, Richard de Saint-Victor, saint Thomas d'Aquin, Ægidius Colonna : tels étaient les guides sur les traces desquels s'acheminait avec impatience son infatigable pensée. Pourtant à l'entrée de la métaphysique le mystère de la création l'arrêta longtemps, l'inquiéta d'abord, et le fit se détourner avec préférence vers la morale (2). Au bout de trente mois, la philosophie était devenue sa maîtresse exclusive et, pour parler son langage, la dame de ses pensées. Alors il commença à trouver trop restreinte la sphère intellectuelle où il avait essayé son premier essor : il dut aller chercher aux universités d'Italie et d'outre-monts cet échange de la parole vivante, ce bienfait de l'enseignement oral qui, mieux que la lettre morte des écrits les plus vantés, a le don de féconder les esprits. Des motifs pareils avaient conduit les sages de la Grèce aux écoles de la Phénicie et de l'Égypte. Néanmoins les époques et les limites des voyages de Dante échappent à toute détermination certaine. Plusieurs villes de

(1) Dante, *Convito*, lib. II, cap. xiii; III, ix.
(2) *Convito*, iv, 1.

la Péninsule, Padoue, Crémone, Bologne et Naples, ont revendiqué l'honneur de le compter au nombre de leurs élèves ; et les plus illustres provinces de la chrétienté, l'Allemagne et la France, la Flandre et l'Angleterre, ont voulu s'être rencontrées sur son passage. Il semble qu'on retrouve dans ses écrits les traces d'un itinéraire qui, passant par Arles, Paris, Bruges et Londres, a pu se terminer à Oxford (1). Mais on ne saurait révoquer en doute son séjour à Paris. Là, dans la rue du Fouarre, et sur le chaume où s'asseyait la foule des étudiants, il assista, disciple immortel, aux leçons du professeur Sigier qu'il a sauvé de l'oubli, jusqu'à ce qu'une main savante vint de nos jours réveiller sa mémoire (2). Là, sans doute après de longues veilles, quand il se crut en droit d'aspirer aux honneurs de l'école, il vint soutenir avec les solennités accoutumées une dispute théologique *de quolibet*, où il répondit sans interruption sur quatorze questions tirées de diverses matières et proposées avec leurs arguments pour et contre par des docteurs habiles. Il lut aussi et commenta publiquement le Maître des sentences et l'Écriture sainte,

---

(1) *Inferno*, ix, 58 ; xii, 40 ; xv, 2.— *Paradiso*, x, 47, etc., etc.
(2) *Paradiso*, x, 47.

> . . . . Sigieri
> Che leggendo nel vico degli strami
> Sillogizzò invidiosi veri.

La biographie de Sigier, que la science italienne avait désespéré d'éclaircir, a été rétablie avec une rare solidité par les recherches de M. Leclerc, président de la commission de l'Académie des inscriptions et belles-lettres pour la continuation de l'*Histoire littéraire de France*. On la trouvera au tome XXI de ce recueil.

et subit toutes les épreuves requises en la faculté de théologie. Admis au grade suprême, l'argent lui manqua pour les frais de réception (1). Les portes de l'Université se fermèrent devant ses pas comme celles de la patrie, et pour lui la science eut aussi des rigueurs. S'il quitta Paris sans emporter le titre dont il avait été jugé digne, il lui resta du moins une incontestable érudition et l'amour des études sérieuses ; et si, comme il est permis de le penser, l'éclat des triomphes académiques ne lui fut pas indifférent, ses vœux furent satisfaits dans la suite. Après vingt années de proscription (1320), blanchi par l'âge, entouré de la double majesté de la renommée et du malheur, on le voit soutenant dans l'église Sainte-Hélène, à Vérone, en présence d'un auditoire admirateur, une thèse *de duobus elementis aquæ et terræ*. Un an plus tard, quand à Ravenne furent célébrées ses funérailles, Guido Novello, seigneur de Polenta, son dernier protecteur, fit placer une couronne de laurier sur son cercueil (2). — Dante avait donc vécu, pour ainsi dire, une troisième vie qui fut vouée aux labeurs scientifiques, et qui eut aussi ses phases inégales, ses jours tristes et sereins. Les passions politiques et les affections du cœur n'avaient pas suffi à l'envahir tout entier : il restait en lui une large place inaccessible au tumulte des opinions et aux séductions des sens, où son intelligence se retirait comme en un

1 Boccace, *Vita di Dante*. Jean de Serravalle, évêque d'Imola, dans son commentaire cité par Tiraboschi, t. V.
(2) *Memorie per la Vita di Dante*.

sanctuaire, et rendait à la vérité un culte exclusif. Et ce culte ne se renfermait pas dans les bornes d'un seul ordre de connaissances : il embrassait la vérité absolue et complète. Universalité du savoir, élévation du point de vue, ne sont-ce pas là les deux éléments constitutifs de l'esprit philosophique?

IV. Ainsi se rencontrèrent en la personne de Dante, ainsi se développèrent ces trois facultés qui, réunies dans une certaine proportion, composent le génie, l'intelligence pour percevoir, l'imagination pour idéaliser, la volonté pour réaliser. Il resterait à dire par quels mystérieux liens elles se rattachèrent entre elles et se confondirent en une parfaite unité : comment trois destinées pesèrent sur une seule tête qu'elles purent faire plier, mais qu'elles n'écrasèrent pas.—Au lieu que l'éducation ordinaire, en donnant à chacune de nos facultés une culture séparée et souvent exclusive, les divise et les affaiblit, Dante, génie indépendant et fier, avait laissé les siennes croître et se jouer ensemble, s'emprunter mutuellement leurs ressources et quelquefois échanger leurs rôles de manière à reproduire d'intéressants contrastes. Tantôt c'est l'homme d'État qui s'adresse dans la langue des sages ou dans celle des Muses aux princes et aux peuples restés sourds à la voix de leurs conseillers habituels (1). Tantôt c'est le poëte qui n'a point perdu dans les occupations austères de la science le sens délicat des beautés de la nature, la promptitude

---

(1) *De Monarchiâ. Purgatorio*, vi. *Paradiso*, vi, etc.

des émotions généreuses, une crédulité naïve qui provoque le sourire : il s'incline avec amour devant les classiques vertus de Caton, il a foi aux boucliers que Numa vit tomber du ciel et aux oies du Capitole (1). Mais surtout c'est le philosophe qui se retrouve apportant une gravité religieuse à l'accomplissement de son œuvre poétique, attendant l'inspiration dans le recueillement de l'étude, cachant une docte réminiscence ou la conclusion d'un long raisonnement sous ses images les plus hardies, prêt à rendre raison de chaque vers échappé à sa plume : ses scrupules sont allés jusqu'à vouloir expliquer *ex professo*, par une rigoureuse analyse logique, les sonnets et les ballades où sa jeune verve s'était d'abord essayée (2). — Fort de cette force véritable, qui n'est point la roideur, qui est souple parce qu'elle est vivante, Dante savait se prêter au devoir et au besoin, et ramener ensuite toutes choses à ses persévérantes préoccupations. Il n'avait jamais estimé que le culte des lettres fût un sacerdoce exempt des charges publiques : il ne déroba point ses moments à la patrie pour s'en faire d'égoïstes loisirs. Son éloquence, ailleurs peu prodigue d'elle-même, se répandait sans regret dans les conseils de la cité, comme ses sueurs et son sang sous les drapeaux. C'était cette ambition de se multiplier en quelque sorte pour le bien général, ordinairement confié à des mains inhabiles, qui le faisait

---

1 *Purgatorio*, i. *Convito*, iv, 5, 28 : « O sacratissimo petto di Catone, chi presumerà di te parlare? » *De Monarchiâ*, ii.

(2) *Vita nuova*, passim. Lionardo Aretino. *Vita di Dante*.

s'écrier un jour, hésitant s'il accepterait une mission diplomatique : « Qui donc ira, si je reste; et qui restera, si je vais (1)? » Il sut obéir aussi aux douces exigences de la société privée. L'amitié le trouvait fidèle à ses rendez-vous : son front mélancolique s'éclaircissait dans la compagnie des femmes et des jeunes gens, on y vantait la grâce de ses manières et la courtoisie de ses discours. Comme il ne se renfermait point dans un orgueilleux mystère, il ne se retranchait pas non plus dans le domaine où il était sûr de régner : il ne dédaignait pas de cultiver les arts comme la musique et le dessin, où il pouvait trouver des maîtres (2). Cependant une tempérance rare, une présence d'esprit qui saisissait au passage les plus fugitives occasions de savoir, une attention à qui rien ne pouvait arracher sa proie, une mémoire enfin qui ne connaissait pas la douloureuse nécessité de rapprendre, lui permettait de poursuivre ses travaux de prédilection, et faisait que le temps semblait lui mesurer des heures moins avares. Ainsi on le vit dans la rue principale de Sienne, penché sur un livre, rester impassible pendant toute la durée d'une fête publique dont il ne s'aperçut pas (3). — Mais, comme il faut toujours que la nature humaine trahisse par quelque endroit la blessure originelle dont

---

(1) Boccace, *Vita di Dante* : « S' io sto chi và? e s' io vo chi stà? »
(2) *Ibid.* Villani a bien dit quelque part en parlant de lui (*Storia*, l. IX, c. cxxxiv) : « Filosofo mal grazioso. » Mais il est à croire qu'il représente les mauvais moments du poëte, ceux par exemple qu'il lui fallait passer parmi les courtisans et les bouffons à la cour de quelques seigneurs. Voyez aussi *Memorie per la Vita di Dante*.
(3) Boccace, *ibid.*

elle est atteinte, les belles qualités de Dante se déshonorèrent quelquefois par leurs excès. Au milieu des luttes civiles, sa haine de l'iniquité devint une colère aveugle qui ne sut plus pardonner même à l'erreur. Alors, dit-on, dans l'égarement de ses pensées, il allait jetant des pierres aux femmes et aux enfants qu'il entendait calomnier son parti. Alors, dans une discussion philosophique, prévoyant les objections de ses adversaires. « Ce n'est point avec des arguments, disait-il, « c'est avec le couteau qu'il faut répondre à ces bru« tales doctrines (1). » En même temps son extrême sensibilité, quoique protégée par le souvenir de Béatrix, résistait mal aux séductions de la beauté : le recueil de ses compositions lyriques a gardé la trace de ses affections passagères, qu'il essaya vainement de voiler à demi par d'ingénieuses interprétations (2). Enfin l'étude même, qui est le refuge de tant d'âmes péniblement tentées, eut des piéges pour lui. La connaissance de soi-même, si recommandée par la sagesse ancienne, n'est pas sans danger pour les grands hommes, elle les expose à partager d'avance l'admiration de la postérité. Les amis de Dante ont regretté qu'il ne leur eût pas abandonné tout le soin de sa gloire : on souffre à le voir empressé pour des honneurs qui n'étaient pas dignes de lui. Il est impossible de méconnaître dans ses

(1) Boccace, ibid. Convito, iv, 14 : « Risponder si verrebbe non colle parole, mà col coltello a tanta bestialità. »
(2) Canzoni, passim. Convito, ii. Dionisi a soutenu gravement l'hypothèse qui fait des amours de Dante autant d'allégories, et de Gentucca une simple figure du parti Blanc.

écrits un savoir quelquefois inopportun qui sollicite l'applaudissement par la surprise et des locutions volontairement obscures qui humilient la simplicité du lecteur. Ces fautes portent leur peine avec elles : car, en rendant l'auteur moins accessible, elles le privent aussi quelquefois de cette louange familière et préférée qui se recueille sur les lèvres de la foule (1). — Toutefois ces faiblesses, pour se faire oublier, ont un secret merveilleux : le repentir. Au treizième siècle on connaissait peu l'art, aujourd'hui si commun, de légitimer le vice par de complaisantes doctrines. On venait, tôt ou tard, demander à la religion l'expiation et la grâce dont elle est l'immortelle dispensatrice. Ainsi fit le poëte : et, dans un de ses plus beaux chants, il se représenta lui-même « les yeux baissés, comme l'enfant « qui reconnaît ses torts ; » confessant à la face des siècles rassemblés les égarements de sa jeunesse (2). Plus tard il laissa pour dernier testament cet hymne à la Vierge, où il offrait les larmes de son cœur comme rançon des mauvais jours qu'il avait vécu. Il voulut revêtir sur sa couche funèbre l'habit de Saint-François (3). Le reste est le secret de Dieu, qui seul put juger ce caractère, un des plus grands qui soient sortis de ses mains pour se déployer ici-bas. — Les contem-

---

(1) *Inferno*, xxxiv, 30. *Purgatorio*, ii, 1, etc., etc.
(2) *Purgatorio*, xxx, 36; xxxi, 12, 22, etc. Voyez aussi *ibid.*, xxxiv, 14. Il se reconnaît enclin à l'orgueil, *ibid.*, xiii, 43; à la colère, xv *in fine*.
(3) Voyez le sonnet « O madre di virtute. » Voyez aussi *Memorie per la Vita di Dante.*

porains eux-mêmes ne le comprirent point. Leur étonnement s'exprima par de fabuleux récits, et Dante eut sa légende. On racontait le songe prophétique envoyé à sa mère à la veille de sa naissance; on affirmait la réalité de ses voyages dans le royaume des morts; on devait à un double miracle l'intégrité de son poëme deux fois perdu ; plusieurs jours après avoir quitté la terre, il avait apparu, couronné d'une auréole lumineuse (1). Et s'il ne fut pas permis de lui faire partager l'encens des saints, celui des poëtes ne lui a jamais manqué.

Aux diverses vicissitudes politiques, poétiques, scientifiques par lesquelles Dante passa, correspondent trois sortes d'ouvrages où se révéla son infatigable activité · 1° le traité de *Monarchiâ*, théorie savante de la constitution du saint-empire, qui, rattachant l'organisation de l'Europe chrétienne aux traditions de l'ancien empire romain, allait enfin chercher les dernières origines du pouvoir et de la société dans la profondeur des desseins providentiels; 2° les *Rime* ou compositions lyriques; la *Vita nuova*, confession naïve de la jeunesse de l'auteur, et les deux livres de *Vulgari Eloquentiâ*, ébauche des travaux philologiques par lesquels il sut faire de la langue vulgaire, jusque-là dédaignée, un instrument digne de servir les plus belles inspirations; 3° enfin le *Convito* ou Banquet, où il se propose de mettre à la portée du grand nombre le pain trop rare de la science, et répand avec une bienveillante et libre expansion les

(1) Boccace, *Vita*. — Benvenuto da Imola, *Præfatio ad Divin. Comœd.*

idées philosophiques qu'il rassembla dans le commerce des sages de l'antiquité et des docteurs modernes (1). Toutefois ce n'étaient là que des préludes ou des épisodes. L'unité du génie devait se reproduire dans une œuvre unique : la Divine Comédie fut conçue.

V. Le cadre de la Divine Comédie devait être emprunté aux habitudes de l'époque, aux exemples des anciens, ou plutôt au passé tout entier de la poésie.—La poésie, dans son plus noble essor, est une intuition de l'infini : c'est Dieu aperçu dans la création, l'immuable destination de l'homme présentée au milieu des vicissitudes de l'histoire. C'est pourquoi elle apparaît à son origine revêtue d'un caractère sacerdotal, se mêlant à la prière et à l'enseignement religieux : c'est pourquoi, dans les temps même de décadence, le merveilleux demeure un des préceptes de l'art poétique. Aussi, dès le paganisme, les grandes compositions orientales, comme le Mahabarata; les cycles grecs, comme ceux d'Hercule, de Thésée, d'Orphée, d'Ulysse, de Psyché; les épopées latines de Virgile, de Lucain, de Stace, de Silius Italicus; et enfin ces ouvrages qu'on peut nommer des poëmes philosophiques, la République de Platon et celle de Cicéron, eurent leurs voyages aux cieux, leurs descentes aux enfers, leurs nécromancies, leurs morts ressuscités ou apparus pour raconter les mystères de la

(1) Il faudrait y joindre ses Églogues latines, publiées par Dionisi, et sa thèse de *Duobus Elementis*, imprimée deux fois à Venise en 1508 et 1708. Ces opuscules n'ont pas été compris dans l'édition de Zatta.

vie future. Le christianisme dut favoriser encore davantage l'intervention des choses surnaturelles dans la littérature qui se forma sous ses auspices. Les visions qui remplissent l'Ancien et le Nouveau Testament inspirèrent les premières légendes : les martyrs furent visités dans leurs prisons par des visions prophétiques ; * les anachorètes de la Thébaïde et les moines du mont Athos avaient des récits qui trouvèrent des échos dans les monastères d'Irlande et dans les cellules du mont Cassin. Les Troubadours provençaux, les Trouvères de France, les Meisterstænger d'Allemagne, et les derniers Skaldes scandinaves, s'emparèrent des données fournies par les Hagiographes, et y ajoutèrent le charme du rhythme et du chant. Rien n'était plus célèbre au treizième siècle que les songes de sainte Perpétue et de saint Cyprien, le pèlerinage de saint Macaire Romain au paradis terrestre, le ravissement du jeune Albéric, le purgatoire de saint Patrick, et les courses miraculeuses de saint Brendan. — Ainsi de nombreux exemples et toutes les habitudes littéraires contemporaines s'accordaient avec la foi, qui nous montre les régions éternelles comme la patrie de l'âme, comme le lieu naturel de la pensée. Dante le comprit; et, franchissant les limites de l'espace et du temps pour entrer dans le triple royaume dont la mort ouvre les portes, il plaça de prime abord la scène de son poëme dans l'infini (1).

(1) Sur les antécédents poétiques de la *Divine Comédie*, il existe une intéressante mais trop courte dissertation de Foscolo. *Edinburg Review*, tom. XXX.

Là, il se trouvait au rendez-vous des générations, jouissant du même horizon qui sera celui du jugement universel, et qui embrassera toutes les familles du genre humain. Il assistait à la solution définitive de l'énigme des révolutions. Il jugeait les peuples et les chefs des peuples; il était à la place de celui qui un jour cessera d'être patient, puisant à son gré au trésor des récompenses et des peines. Il avait l'occasion de dérouler avec la magnificence de l'épopée ses théories politiques, et d'exercer, avec cette verge de la satire que les prophètes n'ont pas dédaigné de manier, ses impitoyables vengeances (1). — Là, comme un voyageur attendu à l'arrivée, il rencontrait Béatrix, qui l'avait précédé de quelques jours; il la voyait telle qu'il se l'était faite dans ses plus beaux rêves; il la possédait dans son triomphe. Ce triomphe céleste avait peut-être été l'idée primitive et génératrice de la Divine Comédie, conçue comme une élégie où viendraient se réfléchir les mélancolies et les consolations d'un pieux amour (2). — Enfin, toutes choses lui apparaissaient dans leur juste point de vue; il dominait la création, dont nul recoin obscur ne pouvait lui échapper; il était convié à faire voir la prodigieuse variété de ses connaissances et la profondeur de ses aperçus; il pouvait, poëte didactique, ébaucher le système entier d'une admirable philosophie.

(1) Psaumes, passim. Isaïe, X, xliv, 12, etc.
(2) Dante, *Vita nuova*, in fine : « Apparve a me una mirabil visione nella quale io vidi cose che mi fecero proporre di non dir più di questa benedetta (Beatrice) in fino a tanto che io non potessi più degnamente trattar di lei. »

Or la philosophie, avec l'austérité de ses formes savantes, ne pouvait occuper qu'un espace restreint, et ne s'unissait point heureusement aux autres éléments du poëme : il fallait un moyen à l'aide duquel elle se transformât et se répandît par une fusion intime sur tous les points de l'ensemble. Ce moyen fut le symbolisme, procédé philosophique, puisqu'il repose sur la loi incontestable de l'association des idées, et éminemment poétique d'ailleurs ; car, pendant que la prose place immédiatement sous le signe de la parole la pensée proposée, la poésie y place des images qui sont elles-mêmes les signes d'une pensée plus haute. Mais l'image destinée à servir ainsi de moyen terme entre la parole et la pensée ne doit point être choisie au hasard; encore moins doit-elle être composée de traits fantastiques capricieusement réunis. Il faut que cette image soit prise dans l'ordre des réalités, qu'elle offre une fidèle analogie avec l'idée qu'elle représente ; qu'on y trouve, selon l'énergie originelle de ce mot, un symbole (σύμβολον), c'est-à-dire un rapprochement. Les rapprochements de ce genre sont nombreux dans la nature: le chant des oiseaux est le signe du jour, et la fleur nouvelle celui de la saison ; l'ombre d'un roseau sur le sable mesure la hauteur du soleil dans les cieux. Les poëtes des anciens âges avaient le sentiment de ces universelles harmonies : toute chose leur apparaissait environnée de ses rapports ; pour eux toute comparaison était sérieuse : ils professaient comme croyances positives les mythes auxquels ils donnaient d'ingénieuses

interprétations. Il en est de même dans l'Écriture sainte : chaque événement y a tout ensemble une existence réelle et une signification figurative : chacun de ses plus illustres personnages y remplit un rôle historique et une fonction prophétique en même temps. Le génie de Dante, nourri des traditions de la Bible, devait procéder ainsi. Les personnages qu'il met en scène sont réels dans sa pensée et significatifs dans son intention ; ce sont des idées incarnées, des figures vivantes (1). Les actes qu'il leur fait accomplir expriment les rapports des idées au nom desquelles ils agissent. Enfin toute sa Divine Comédie est pénétrée d'un enseignement allégorique qui en est la vie intérieure. Lui-même le déclare dans la dédicace du Paradis à Can grande della Scala. « Il faut savoir que le sens de cet ouvrage n'est
« point simple, mais multiple. Le premier sens est
« celui qui se montre sous la lettre, le second est celui
« qui se cache sous les choses énoncées par la lettre ;
« le premier se nomme littéral, le second allégorique
« ou moral. — D'après ces considérations, il est évi-
« dent que le sujet doit être double, afin de se prêter
« alternativement aux deux sens indiqués. — Le sujet
« de l'ouvrage littéralement compris est l'état des âmes

---

(1) Ainsi Rachel et Lia, Marie et Marthe, représentent pour lui la contemplation et l'action (*Purgatorio*, XXVII, 33 ; *Convito*, IV, 17). Ainsi Pierre, Jacques et Jean, figurent la Foi, l'Espérance et la Charité (*Paradiso*, XXIV-XXV). Ainsi, même dans ses écrits en prose, dans le *Convito*, par exemple, il aime à rendre sa pensée plus sensible en prenant pour types certains personnages poétiques ; et il emprunte à Stace, Virgile, Ovide et Lucain, quatre héros pour résumer en eux les qualités des quatre âges de la vie (*Convito*, XXV-XXVIII.)

« après la mort, car tel est le point sur lequel le poëme
« roule dans tout son cours. Au sens de l'allégorie, le
« poëte traite de l'enfer de ce monde, où nous voya-
« geons comme des pèlerins, avec le pouvoir de mériter
« et de démériter ; et le sujet est l'homme, en tant que
« par ses mérites et ses démérites il est soumis à la
« justice divine, rémunératrice ou vengeresse. — Le
« genre de philosophie auquel l'auteur s'est attaché est
« la philosophie morale, ou l'éthique, car le but qu'il
« s'est proposé est la pratique et non point la spécula-
« tion oisive ; et si, dans quelque passage, il semble
« spéculer, c'est dans un but d'application, selon ce
« que dit le philosophe (Aristote), au deuxième livre de
« la Métaphysique : Les praticiens se livrent quelque-
« fois à la spéculation, mais d'une façon passagère, et
« dans un intérêt d'application prochaine (1). »

Héritier des traditions paternelles, Giacopo di Dante
développe plus clairement encore cette intention morale du poëme dans la préface du commentaire qu'il
entreprit, et dont sa piété filiale garantit l'exactitude :

(1) Epist. Dedicat. ad Can. grand.
Ad evidentiam itaque dicendorum sciendum est quod istius operis non
est simplex sensus : imo dici potest polysensuum, hoc est plurium sensuum,
Nam primus sensus est qui habetur per litteram; alius est qui habetur per
significata per litteram ; et primus dicitur litteralis, secundus vero allego-
ricus sive moralis. His visis, manifestum est quod duplex oportet esse subjectum circa quod currant alterni sensus. Et ideo videndum est de subjecto
hujus operis prout ad litteram accipitur; deinde de subjecto prout allegorice
sentiatur. Est ergo subjectum totius operis litteraliter accepti status ani-
marum post mortem simpliciter sumptus. Nam de illo et circa illum totius
operis versatur processus. Si vero accipiatur allegorice ex istis verbis colli-
gere potes quod secundum allegoricum sensum poeta agit de inferno isto
in quo peregrinando ut viatores mereri et demereri possumus.

« L'œuvre entière se divise en trois parties, dont la pre-
« mière se nomme Enfer; la seconde, Purgatoire; la
« troisième et dernière, Paradis. J'en expliquerai
« d'avance et d'une façon générale le caractère allégo-
« rique, en disant que le dessein principal de l'auteur
« est de montrer sous des couleurs figuratives les trois
« manières d'être de la race humaine. Dans la pre-
« mière partie, il considère le vice, qu'il appelle Enfer,
« pour faire comprendre que le vice est opposé à la
« vertu comme son contraire ; de même que le lieu
« déterminé pour le châtiment se nomme enfer à cause
« de sa profondeur, opposée à la hauteur du ciel. La
« deuxième partie a pour sujet le passage du vice à la
« vertu, qu'il nomme Purgatoire, pour montrer la
« transmutation de l'âme qui se purge de ses fautes
« dans le temps, car le temps est le milieu dans lequel
« toute transmutation s'opère. La troisième et dernière
« partie est celle où il envisage les hommes parfaits, et
« il l'appelle Paradis, pour exprimer la hauteur de
« leurs vertus et la grandeur de leur félicité, deux
« conditions hors desquelles on ne saurait reconnaître
« le souverain bien. C'est ainsi que l'auteur procède
« dans les trois parties du poëme, marchant toujours,
« à travers les figures dont il s'environne, vers la fin
« qu'il s'est proposée. » Les plus anciens commentateurs adoptent et reproduisent cette explication (1).

(1) Giacopo di Dante n'a compris dans son commentaire que la première
partie de la *Divine Comédie*. Toutefois ce commentaire, précieux par les
renseignements biographiques qui s'y pourraient rencontrer, mériterait

VI. Avant d'aller plus loin, il est temps de jeter un regard en arrière. Nous avons vu comment le mouve-

d'être mis à la lumière. Nous en avons recueilli la préface, intéressante à plus d'un titre, dans le manuscrit qui se trouve à la Bibliothèque du Roi ; il porte le n° 7765.

« Acciochè 'l frutto universale novellamente dato al mondo per lo illustre filosofo e poeta Dante Alighieri, Fiorentino, con più agevolezza si possa per coloro in cui il lume naturale alquanto risplende, senza scientifica riprensione, Giacopo suo figliuolo dimostrare intendo del suo profondo e autentico intendimento... Che principalmente si divide in tre parti. Delle quali la prima figuratamente Inferno si chiama, la seconda Purgatorio, la terza ultima Paradiso..... delle quali generalmente la allegorica qualità..... per questo poema dichiarerò..... dicendo che 'l principio alla 'ntenzione del presente autore è di dimostrare sotto allegorico colore le tre qualità della umana generazione. Delle quali la prima considera di Vizio ne' mortali, chiamandolo Inferno, a dimostrare che 'l mortal vizio opposito all' altezza della virtù siccome al suo contrario sia. Onde chiaramente s'intende che il luogo determinato da lui è detto Inferno per lo basso luogo rimoto del cielo. La seconda considera di quelli che si partono da' Vizii con procedere nella Virtù, chiamandola Purgatorio a dimostrare la passione dell'animo che si purga nel tempo, ch' è 'l mezzo dell'uno operare all'altro... La terza ultima considera degli uomini perfetti, chiamandola Paradiso, a dimostrare la beatitudine loro e l'altezza dell'animo congiunta colla felicità, senza la quale non si discerne il sommo bene. E così figurando per le parti sopradette come conviensi sua intenzione procede. »

Un manuscrit d'une grande beauté, placé sous le n° 7002, renferme la Divine Comédie, précédée des préfaces de Benvenuto d'Imola, et accompagnée du commentaire de Giacopo della Lana, les deux plus anciens interprètes qui aient entrepris une explication complète du poëme : les extraits suivants se rapportent à la question qui nous occupe.

Benvenuto d'Imola : « Materia sive subjectum hujus libri est status animæ humanæ tam vivente corpore quam a corpore separatæ. Qui status universaliter est triplex sicut auctor facit tres partes de toto opere. Quædam enim anima est cum peccatis ; et illa, dum vivit cum corpore, est mortua moraliter loquendo, et sic est in Inferno morali : dum est separata a corpore est in Inferno essentiali, si obstinata insanabiliter moriatur. Alia anima est quæ recedit a vitiis : ista dum est in corpore, est in Purgatorio morali, seu in actu pœnitentiæ in quo purgat sua peccata : separata vero est in Purgatorio essentiali. Alia anima est quæ in perfecto habitu virtutis, et jam vivens in corpore est quodammodo in Paradiso, quia est in quadam felicitate quantum est possibile in hac vita miseriæ : separata autem est in Paradiso cælesti, ubi est vera et perfecta felicitas, ubi fruitur visione Dei. »

Giacopo della Lana : « E perchè 'l autore nostro Dante considera la vita

ment général de transition qui s'accomplit au milieu de la société européenne, du treizième au quatorzième siècle, devait se faire sentir dans la marche de l'esprit humain; comment la philosophie, parvenue au plus haut point de sa période scolastique, eut besoin de se populariser et de s'éterniser par les chants d'un poëte; comment elle rencontra celui qu'elle attendait parmi les élèves de cette vieille école italienne, où le culte du vrai ne fut jamais séparé du culte du beau et du bien, comment enfin les vicissitudes de la vie de Dante développèrent en lui le triple sens moral, esthétique et intellectuel. Ce triple germe, grandissant sous une opiniâtre culture, devait porter son plus beau fruit, la Divine Comédie; et celle-ci, ouverte par l'analyse, devait laisser échapper de son enveloppe brillante et par-

umana essere di tre condizioni, come è la vita di viziosi, e la vita di penitenti, e la vita di virtuosi, per tanto di questo suo libro ne fà tre parti, cioè lo Inferno, e 'l Purgatorio, e 'l Paradiso. »

On peut sans doute objecter à ces témoignages réunis l'exemple de Tasse, qui, lui aussi, voulut opposer aux fictions de la Jérusalem délivrée un sens allégorique, repoussé justement par ses admirateurs. Mais cette arrière-pensée de Tasse, caprice de son dernier âge, ne saurait se comparer aux habitudes persévérantes qui dominèrent le poëte du treizième siècle, qui se trahissent dans les premiers écrits de sa jeunesse (*Vita nuova*), s'énoncent sans détour dans ceux de sa maturité (*Convito*), et qui affectent de se rappeler elles-mêmes plusieurs fois dans le cours du poëme (*Inferno*, IX; *Purgat.*, VIII), comme pour prévenir par une heureuse sollicitude toutes les hésitations des lecteurs futurs.

Nous ne finirons point sans réparer un oubli qui serait une injustice. Lorsque nous supposions les intentions poétiques de Dante à peu près complétement méconnues jusqu'ici par la critique française, nous ne connaissions point la dissertation de feu M. Bach sur l'état des âmes après la mort, d'après Dante et saint Thomas, ni le chapitre intéressant que M. Delécluze a consacré à Dante considéré comme poëte philosophe. (*Florence et ses vicissitudes*, t. II.)

fumée les semences philosophiques qu'elle contient. Ainsi nous avons assisté à la naissance d'un grand homme. Il nous est apparu tel qu'une de ces divinités aux deux visages, que les Romains adoraient, regardant d'une part le passé, dont il est le représentant, d'autre part l'avenir, dont il est le précurseur. C'est un naturel généreux, qui rend plus qu'il n'a reçu. Il résume une époque et un pays, et c'est là, pour parler le langage scolastique, la matière dont il se compose ; mais il les résume dans une personnalité puissante, et c'est la forme qui le constitue. Nous avons observé de près la formation d'un de ces livres qui sont immortels ; leur durée est celle de l'humanité même, qu'ils ne cessent pas d'intéresser, parce qu'ils expriment toute une phase de ses révolutions, parce qu'ils se rattachent à tout ce qu'il y a de pensées et d'affections immuables en elle. En signalant quelques-unes des origines de la Divine Comédie, nous les avons vues se perdre dans les dernières profondeurs de l'histoire ; mais il est surtout facile d'y reconnaître l'expression de toutes les préoccupations politiques, littéraires, scientifiques, de la société contemporaine. Enfin, dans cette œuvre principale et dans les autres écrits qui en sont le complément, nous avons aperçu la présence d'une vaste philosophie, dont l'exposition détaillée va nous occuper désormais, et dont nous pouvons déterminer d'avance les caractères généraux d'après les faits corrélatifs qui ont été l'objet de nos recherches préliminaires. Elle sera éclectique dans ses doctrines, comme le furent les plus illustres doctrines d'alors; poétique par sa forme et morale dans sa direction, comme il le fallait pour obéir aux habitudes nationales; elle sera, comme l'esprit de son auteur, hardie dans son essor, encyclopédique dans l'étendue qu'elle embrasse. Car une doctrine philosophique peut se comparer à une fontaine : le génie de celui qui la professe est comme le bassin où elle est contenue, et dont elle prend la configuration; les circonstances de temps et de lieu ressemblent à l'atmosphère environnante dont elle subit la température, et dont les vents rident sa surface.

DEUXIÈME PARTIE

EXPOSITION DES DOCTRINES PHILOSOPHIQUES DE DANTE.

CHAPITRE PREMIER

PROLÉGOMÈNES.

Au seuil de toute doctrine philosophique se rencontre une question inévitable : c'est la définition même de la philosophie. La définir, c'est déterminer la place qu'elle occupe dans l'ordre de nos connaissances, les rapports qu'elle soutient avec celles qui semblent les plus voisines, les parties dont elle se compose, la méthode qu'elle suit.

I

Dante croyait à cette maxime répandue parmi les sages de tous les temps, et surtout chère aux poëtes : qu'il existe une harmonie préétablie entre les œuvres de Dieu et les conceptions humaines, et que l'homme est un abrégé de l'univers. Il ne refusait pas toute confiance aux spéculations de l'astrologie, qui cherchait à développer cette idée en constatant de nombreuses correspondances entre les phases des révolutions célestes et celles de la vie terrestre. Comme dans le système de Ptolémée neuf cieux superposés environnaient la terre, versant la lumière sur les choses sensibles, exerçant des influences diverses sur la génération des êtres, sur les tempéraments, sur les caractères, les passions et les autres phénomènes du monde moral, ainsi, selon le système encyclopédique de Dante, neuf sciences enveloppent l'esprit humain, illuminant les choses intelligibles, répandant la fécondité et la variété dans le monde de la pensée. Aux sept cieux des sept planètes répondent, par des analogies qu'il serait trop long de rapporter, les sept arts du *trivium* et du *quadrivium*. La huitième sphère, avec ses étoiles brillantes et sa voie lactée, ses deux pôles visible et invisible, ses deux mouvements, rappelle la physique et la métaphysique se confondant ensemble, malgré leurs clartés inégales et leurs tendances différentes. Le ciel cristallin, ou premier mobile qui entraîne tous les autres, ressemble à la morale, d'où part l'impulsion motrice de toutes les autres sphères intellectuelles. Et de même qu'au-dessus de ces orbes matériels s'étend le ciel empyrée, pure lumière, immuable en son repos, de même, par delà toutes les sciences profanes, se trouve la théologie, où la vérité repose dans une radieuse et pacifique évidence. La physique, la métaphysique et la morale sont donc les derniers degrés de l'échelle scientifique auxquels nos forces naturelles puissent atteindre : on les réunit sous le nom de philosophie (1). La philosophie, dans le sens étendu de son étymologie, est plus encore : c'est une affection sainte, un amour sacré dont l'objet est la sagesse. Et, comme nulle part la sagesse et l'amour n'existent plus parfaitement unis qu'en Dieu même, il est permis de dire que la philosophie est de l'essence divine, qu'elle est l'éternelle pensée, l'éternelle complaisance réfléchie sur elle-même, la fille, la sœur, l'épouse du souverain empereur de l'univers (2).

II

Cette notion de la philosophie va achever de prendre corps; et, mise en face de la théologie, elle laissera mieux voir ce qui l'en rapproche et ce qui l'en distingue.

---

(1) *Convito*, tratt. II, 14. — Dico che per cielo intendo la scienza, e per li cieli le scienze, per tre similitudini che i cieli hanno colle scienze, massimamente per l'ordine e numero in che paiono convenire. — La prima si è la revoluzione dell' uno e dell' altro intorno a un suo immobile, che ciascuno cielo mobile si volge intorno al suo centro; e così ciascuna scienza si muove intorno al suo suggetto. — La seconda similitudine si è lo illuminare dell' uno e dell' altro. Chè ciascuno cielo illumina le cose visibili; e così ciascuna scienza illumina le intelligibili Et la terza similitudine si è lo inducere perfezione nelle disposte cose, etc., etc.

(2) *Convito*, tratt. II, 16; III, 12, 14, 15. — Filosofia è uno amoroso uso di sapienza; il quale massimamente è in Dio, perocchè in lui è somma sapienza e sommo amore... Sposa dello imperadore del cielo, e non solamente sposa, ma suora e figlia dilettissima. — Cf. Hugo à S. Victore, *Eruditionis didascalicæ*, l. I, III; II, I.

Au milieu du chemin de la vie, dans une forêt solitaire, ténébreuse, où l'a fait s'égarer l'ivresse de ses sens, au pied d'une montagne dont trois monstres lui disputent l'accès, le poëte s'effraye : la reine des cieux l'a vu et s'en émeut ; elle avertit la bienheureuse Lucie, qui s'adresse à Béatrix : Béatrix descend du ciel, et Virgile, invité par elle, sort des enfers ; et tous deux sauveront le poëte errant, en le conduisant tour à tour à travers les régions éternelles (1). Les principaux traits de ce récit sont historiques : les égarements de Dante ; son culte de prédilection pour la Vierge mère et pour sainte Lucie, autrefois si chère à la piété italienne ; la part qu'il avait faite à Béatrix dans ses affections, et à Virgile dans ses études. Mais les réalités sont aussi des figures : le poëte, c'est l'image la plus complète de l'humanité avec ses instincts sublimes et ses inénarrables faiblesses ; la Vierge Marie, si tendrement miséricordieuse, représente la clémence divine. L'exemple des hagiographes contemporains, accoutumés à chercher dans les noms des saints de mystérieuses vertus, autorisait à faire agir sous le nom de Lucie la grâce illuminante (2). Mais surtout Béatrix, qui, par un heureux ascendant, avait dominé l'âme de Dante, qui l'avait dégagé de la foule des esprits vulgaires, qui, plus tard, en mourant, l'avait entraîné par la pensée dans le séjour des élus, qui lui était apparue comme un rayon de la beauté divine ; Béatrix ne devait plus être

(1) *Inferno*, I et II. *Convito*, IV, 24. La selva erronea di questa vita.
(2) C'est l'interprétation de tous les commentateurs.

pour lui une simple fille des hommes, mais une intelligence inspiratrice, une dixième Muse, la Muse qui, dans ce temps, dominait toutes les autres, la théologie (1). Enfin Virgile, considéré à cette époque sous un aspect qui ne nous est pas familier, d'une part, à cause de sa quatrième églogue, comme l'un des précurseurs de la vérité religieuse au milieu du monde païen; d'une autre part, à cause des exagérations de ses commentateurs, comme le dépositaire de toutes les connaissances de l'antiquité (2); Virgile était, aux yeux de Dante, le maître de toute science humaine, c'est-à-dire de la philosophie (3). Ainsi, dans les relations de ces deux per-

(1) Passages où Béatrix est prise pour symbole de la théologie :
Inferno, II, 26, 35. *Purgatorio*, VI, 16; XVIII, 16.

        O donna di virtu sola per cui
        L'umana specie eccede ogni contento
        Da quel ciel ch'a minori i cerchi sui!
        . . . Beatrice, lode di Dio vera.
        . . . . Quella
        Che lume fia tra 'l vero e l'intelletto.
        . . . Da indi in là l'aspetta
        Pure a Beatrice, ch' è opra di fede.

Voyez aussi *Purgatorio*, XVIII, 34; XXX, 11; XXXI, 12, 37, 41; XXXII, 32; XXXIII, 49. *Paradiso*, I, 19, 24; IV, 22, 39; XVIII, 6; XXVIII, 1; XXXI, 28.

(2) Voyez le fragment d'un commentaire de Bernard de Chartres, sur les six premiers livres de l'*Énéide*, à la suite des écrits d'Abailard, publiés par M. Cousin.

(3) Virgile représente la philosophie :
Inferno, I, 30; IV, 25; VII, 1; XI, 13. *Purgatorio*, VI, 10; XVIII, 1, 16.

     . . . . . Famoso saggio
     O tu ch'onori ogni scienza ed arte.
     . . . Quel savio gentil che tutto seppe.
     O sol, che sani ogni visita turbata.
     O Luce mia. . . . .
     L' alto dottore. . . . .
     . . . Quanto ragion qui vede
     Dir ti poss' io. . . . .

Explication du sens prophétique de la 4ᵉ églogue. *Purgatorio*, XXII, 70.

sonnages poétiques, il faudra reconnaître celles des deux ordres d'idées qui se personnifient en eux.

Or il en est des divisions de la science comme de celles qu'on trouve dans la nature : c'est une chaîne dont chaque anneau ne se ferme qu'après qu'un autre s'y est enlacé. Il y a une théologie naturelle qui est du domaine des études philosophiques ; il y a des études philosophiques dont la théologie emprunte le secours. Ou plutôt la philosophie a deux parties : l'une est la préface, l'autre le commentaire de la théologie ; l'une est l'anticipation, l'autre le développement de la foi par la raison. Dans l'histoire de l'homme comme dans celle de l'humanité, la foi est le fait primitif. Elle descend par la parole dans les ténèbres de notre ignorance, elle y réveille la raison, et la fait passer de la puissance à l'acte ; elle la soutient ensuite dans sa marche chancelante par une action insensible et continue ; puis, quand la raison est arrivée au terme de sa carrière naturelle, la foi, se rendant visible, reçoit d'elle, avec ses hommages, ses notions acquises et ses procédés accoutumés. Ainsi, par un concours admirable, s'accomplit l'éducation de l'intelligence. C'est selon cette conception plus large de la philosophie que s'expliquent d'une manière satisfaisante les deux rôles de Virgile et de Béatrix. On comprend pourquoi Béatrix, revêtue de l'autorité de la foi, descend dans la nuit infernale afin d'en faire sortir Virgile, qui représente la raison. On comprend les fonctions du sage païen, soit qu'il pénètre dans les profondeurs des enfers ou qu'il gravisse les sommités du purgatoire; soit qu'il s'arrête à l'entrée des régions célestes; soit que les secrets du monde matériel et de la vie morale lui semblent familiers; soit qu'il reconnaisse et propose les problèmes d'un ordre supérieur, qu'il en décline ordinairement la solution, ou qu'il ne puisse s'empêcher de la laisser entrevoir quelquefois. On sait pourquoi la vierge chrétienne exerce une secrète et constante assistance, jusqu'à ce qu'elle apparaisse dans tout son éclat sur les derniers confins de la terre et du ciel; et pourquoi, s'élevant à travers l'espace, se rapprochant toujours de la Divinité, elle ne dédaigne pas d'interrompre ses contemplations, et de résoudre les questions proposées par celui qui la précéda. Enfin, on conçoit cette association merveilleuse de Virgile et de Béatrix pour conduire le poëte, c'est-à-dire l'homme, à la paix, à la liberté, à la santé spirituelle, qui est le principe de l'immortalité future (1).

III

En même temps que les rapports extérieurs de la philosophie se font ainsi reconnaître, sa constitution intérieure se détermine. On a déjà vu qu'elle comprend la physique, la métaphysique et la morale : et, en effet, les enseignements des deux personnages allégoriques embrassent l'homme, la nature, et les êtres qui sont au delà. Dans cette énumération, la logique est laissée à

(1) *Inferno*, II, 17. *Purgatorio*, I, 18; VII, 8; XXI, 19; XXIII, 44; XXVII, 46; XXX, 17. *Paradiso*, II, 21; XXXI, 29.

l'écart. Il semble que le hardi poëte la dédaigne ; il s'élève contre ces questions oiseuses où l'école aime à se jouer : « Quel est le nombre des moteurs des cieux? si le nécessaire et le contingent étant donnés dans la majeure et la mineure, le nécessaire peut se trouver dans la conséquence? s'il faut admettre l'existence d'un premier mouvement? si dans un demi-cercle on peut inscrire un triangle autre qu'un rectangle (1)? Il apprécie librement la valeur des formules de raisonnement où la plupart de ses contemporains mettaient une confiance illimitée : il distingue l'enchaînement des vérités d'avec celui des termes qui en sont les signes; et, si le vrai se rencontre dans la conclusion du syllogisme, il s'y rencontre, selon lui, par accident, et parce qu'il était présent tout d'abord sous les paroles des prémisses (2). Il laisse l'art de raisonner, relégué sous le nom de dialectique, au second degré du *trivium* : et il le compare, suivant le système d'analogies précédemment indiqué, à la deuxième planète, Mercure; parce que Mercure est le plus petit des astres, et celui qui se voile le plus complètement sous les rayons du soleil, comme la dialectique est, de toutes les sciences, celle qui est réduite aux plus étroites proportions, et qui se dérobe le plus volontiers sous les voiles spécieux du sophisme (3). En-

(1) *Paradiso*, xiii, 33.
(2) *De Monarchiâ*, lib. II, 40. Si ex syllogismis verum quodammodo concluditur, hoc est per accidens in quantum illud verum importatur per voces illationis. Per se enim verum numquam sequitur ex falsis. Signa tamen veri bene sequuntur ex signis quae sunt signa falsi.
(3) *Convito*, tr. ii, cap. xiv. E'l cielo di Mercurio si può comparare alla dialettica per due propietà; che Mercurio è la più piccola stella del cielo,

fin, par une amère ironie, il fait de cette science celle des esprits pervers, et du diable un logicien (1). Cependant les sages préceptes qui doivent modérer les labeurs de la pensée ne lui ont point échappé ; mais il les rassemble avec l'étude des phénomènes intellectuels d'où ils dérivent, avec la psychologie tout entière, sous la dénomination de Morale. En effet, le point de vue pratique est celui auquel toutes ses tendances le ramènent. La morale, à ses yeux, est l'ordonnatrice de l'entendement humain, elle en règle l'économie ; elle y prépare la place, elle y ménage l'accès des autres sciences, qui ne sauraient exister sans elle ; de même que la justice légale, ordonnatrice des cités, y protége la culture des arts utiles (2). Et, comme c'est dans la morale que se révèle l'excellence de la philosophie, c'est d'elle aussi qu'en résulte la beauté : car la beauté c'est l'harmonie, et la plus complète harmonie d'ici-bas est celle des vertus. Du plaisir qu'on éprouve à les connaître résulte le désir de les pratiquer ; et ce désir refoule les passions, brise les habitudes vicieuses, et

---

che la quantità del suo diametro non è più che di 232 miglia : l'altra propietà si è che più và velata de' raggi del sole, che null' altra stella. E queste due propietadi sono nella dialettica; che la dialettica è minore in suo corpo che null' altra scienza, e và più velata che null' altra scienza, in quanto procede con più sofistici e probabili argomenti più che altra. — Cf. Saint Bernard, *Serm. II, in Pentecost.*

(1) *Inferno*, xxvii, 41.

. . . . Forse
Tu non pensavi ch'io loico fossi.

(2) *Convito*, ii, cap. xv. Cessando la morale filosofia, le altre scienze sarebbeno celate alcun tempo; e non sarebbe generazione nè vita di felicità.

produit la félicité intérieure, qui accompagne toujours l'exercice légitime de l'activité de l'âme (1). De là ces dispositions humbles et courageuses du véritable sage ; de là cette docilité, cette simplicité qu'il requerra de son disciple, cette horreur de toute souillure, et cette lutte avec la volupté, dont il découvrira la secrète corruption (2). De là les vérités morales considérées comme le plus bel héritage que laissèrent au monde ceux qui, par le raisonnement, descendirent au fond des choses (3). De là cette maxime enfin, que certaines notions demeurent inabordables au génie, jusqu'à ce qu'il ait passé par les flammes de l'amour (4).

IV

Ces idées sur le point de départ et le but de la philosophie devaient influer sur le choix d'une méthode. Si dans la législation de l'intelligence l'initiative appartient à Dieu ; s'il agit par la grâce, et que son premier ouvrage en nous soit la foi ; ce n'est donc point dans un doute méthodique artificiel que la raison trouvera la condition de son progrès. Toutes vérités lui ont été implicitement données par la voie d'un enseignement supérieur ; elle n'a plus qu'à les dégager de la confusion, de l'erreur et de l'incertitude : elle ne cherche pas,

---

(1) *Convito*, III. 15. È da sapare che la moralita è bellezza della filosofia la quale risulta dell'ordine delle virtù, etc.
(2) *Inferno*, II, 15. *Purgatorio*, I, 32 : II, 3 ; XIX, 10.
(3) *Ibid.*, XVIII, 25.
(4) *Paradiso*, VII, 20. — Cf. S. Bernard, *Sermo de Deo diligendo*.

elle constate ; elle ne se propose pas des problèmes à résoudre, mais des théorèmes à démontrer ; ses conclusions sont des réminiscences : elle procède par synthèse. D'une autre part, si le génie du poëte méprise les allures d'une logique ordinaire, s'il passe sans efforts de l'étude du monde surnaturel à celle de la nature, et de l'étude de la nature à celle de l'humanité, c'est que ces divers ordres d'idées lui paraissent corrélatifs. L'homme en particulier est vraiment pour lui un microcosme, un résumé de la création et une image du Créateur ; chaque instant de sa vie devient le résultat de ses jours écoulés et l'ombre de son existence future. Dès lors, toute la science ne semble plus qu'une suite d'équations hardies et de rapides déductions ; tout s'y explique par voie de rapprochement, de comparaison : les êtres y sont considérés dans leur réalité vivante et concrète, et l'abstraction ne se montre plus qu'à de lointains intervalles. Enfin, puisque l'utilité pratique est le terme de toutes ses recherches; puisqu'il y a empressement, impatience d'agir ; puisque l'étude elle-même est présentée comme une obligation morale, et la science comme un devoir ; il ne faudra pas s'étonner si toutes les connaissances obtenues viennent se classer sous la notion du bien et du mal. Il y aura un ensemble de doctrines qui comprendra le mal d'abord, puis le mal en lutte ou en rapport avec le bien ; enfin le bien lui-même, dans l'homme, dans la société, dans la vie à venir, dans les êtres extérieurs aux influences desquels la nature humaine est soumise. Le monde invisible sera pris pour théâtre principal de ces explorations, parce que là seulement les problèmes du monde visible ont leur solution définitive ; là se contemplent face à face les substances et les causes admises ici-bas sur la foi de leurs phénomènes et de leurs effets. Ainsi les conceptions savantes de la raison entreront comme d'elles-mêmes dans le cadre poétique donné par la tradition religieuse : Enfer, Purgatoire et Paradis (1).

Une semblable méthode pourrait offrir au premier aspect toutes les apparences du paralogisme : car, si elle fait du travail intellectuel un précepte, d'où ressortira la preuve d'un tel précepte, sinon de ce travail même ? Elle monte et redescend à travers la suite des êtres, elle conclut du temps à l'éternité, comme du fond de l'éternité elle aperçoit les choses du temps. Elle accepte *à priori* le dogme de la vie future, elle en fait le point d'appui de cette étude tout entière, d'où elle devrait le déduire *à posteriori*. Il y a donc cercle à l'origine de la pensée de Dante ; mais il n'y a pas cercle vicieux, mais il y a un cercle pareil à toutes les origines : à celle de la certitude en logique, à celle des devoirs en morale, à celle des pouvoirs en politique, en littérature, à celle de la parole ; parce qu'à toutes les origines se rencontre Celui qui est le commencement et la fin, Alpha et Oméga, le cercle dont le centre est partout et la circonférence nulle part.

(1) Gravina, *Ragion poetica*, lib. II, 1, 13.

CHAPITRE II

LE MAL.

Au moment d'entrer dans la région du mal, l'âme se sent pénétrée de terreur ; elle hésite en présence de sa faiblesse. Elle comprend tout ce qu'il y a de triste ou de redoutable dans cette initiation aux mystères de la perversité humaine, et que c'est tout à la fois un privilège et une épreuve réservés à ceux qu'attend une grande et rare destinée (1). Elle s'arrêterait donc si deux réflexions ne venaient la secourir, en lui rappelant l'impossibilité de sortir de ses propres égarements, si ce n'est par cette issue, et l'assistance divine assurée à l'exécution d'un dessein divinement inspiré (2). C'est pour ceux qui, déjà morts à la vérité et à la justice, abordent cette science du mal et descendent dans ses profondeurs entraînés par une coupable avidité, c'est pour ceux-là seulement qu'il est écrit sur la porte, en sombres caractères : « Vous qui entrez, laissez toute espérance (3). »

(1) *Inferno*, ii, 4.
(2) *Ibid.*, i, 58. *Purgatorio*, i, 21; xxx, 46.—Cf. Virgil. *Æneid.*, vi, 130.
(3) *Inferno*, iii, 40, 3.

Le mal n'est pas seulement l'absence, c'est la privation du bien. Le bien est la perfection. La perfection absolue est l'être porté à sa plus haute puissance : c'est Dieu. Dieu appelle les créatures à se rapprocher de lui selon les proportions diverses, selon la diversité même des forces dont il les doua : c'est la mesure de leur perfection relative. Leur résistance à cet attrait divin, le détournement de leurs tendances naturelles, c'est ce qui contitue leur perversité. Ce fait, aisément reconnaissable dans l'homme isolé, se représente sur une plus grande échelle dans l'histoire des sociétés, grandit encore en se reproduisant hors des conditions de la vie terrestre, se résume enfin d'une manière souveraine en des êtres plus qu'humains.

I

1. Comme la vérité est le bien suprême de l'intelligence (1), le mal intellectuel est l'ignorance et l'erreur. L'ignorance et l'erreur varient comme leurs causes ; de ces causes, les unes sont au dedans de l'homme, les autres au dehors.

La première classe se divise en quatre catégories. Il y a d'abord les défauts du corps, dont il faut distinguer deux espèces : les désordres de l'organisme, qui dérivent des sources mystérieuses de la génération ; et les altérations du cerveau, déterminées par des faits accidentels. De là le mutisme et la surdité, la frénésie et

(1) *Inferno*, III, 6.

l'aliénation mentale (1). — Viennent ensuite les infirmités natives et universelles de l'âme : faiblesse des sens, faiblesse de la raison. Si le témoignage de la vue ou de l'ouïe sur les qualités sensibles qui sont de leur ressort trompe rarement, les sensations multiples qu'un seul objet fait naître, et qu'il faut rassembler, ne se combinent pas toujours avec justesse (2). D'ailleurs, la sphère des sens est restreinte ; et, si la raison s'y renferme, elle se fait des ailes bien courtes. Mais, encore qu'elle prenne tout son essor, elle arrive à des limites qu'il lui est interdit de franchir : au terme de sa route laborieuse, elle voit s'ouvrir devant elle la voie infinie des mystères, qui monte et s'élève de toute la hauteur des cieux (3). — Il est une autre sorte d'infirmités moins générales, mais plus graves, parce qu'elles sont volontaires : la jactance, la pusillanimité, la légèreté. La jactance fait que beaucoup présument de leurs forces,

(1) *Convito*, I, 1. Veramente da questa nobilissima perfezione, molti sono privati per molte cagioni che dentro del' uomo, o di fuori da esso, lo rimuovono dall'abito di scienza, etc. *Ibid.*, IV, 15.

(2) *Convito*, IV, 8. Conciossia cosa chè'l sensuale parere, secondo la mia mente, sia molte volte falsissimo, massimamente nelli sensibili communi, là dove il senso è spesse volte ingannato. — *Purgatorio*, XXIX, 16.

L'obietto comun che'l senso inganna.

Cf. Aristot. *De Animâ*, II, 6.
(3) *Paradiso*, II, 19.

. . . . . Dietro a' sensi
Vedi che la ragione ha corte l'ali.

Purgatorio, XXXIII, 30.

E vedi vostra via dalla divina
Distar cotanto, quanto si discorda
Da terra 'l ciel, che più alto festina.

jusqu'au point de prendre leurs conceptions personnelles pour mesure de toutes choses ; dédaignent d'apprendre, d'écouter, d'interroger ; rêvent sans sommeil, et s'en vont philosophant par des sentiers téméraires que chacun se fraye à son gré, s'isolant pour être vu (1). La pusillanimité fait qu'un grand nombre croient la science au-dessus de la portée de l'homme : incapables de la chercher eux-mêmes, insouciants des recherches d'autrui, obstinés dans leur inertie comme des animaux ombrageux, ils demeurent ensevelis dans l'aveuglement d'une vie grossière, parce qu'ils ont désespéré de la vérité (2). La légèreté entraîne ces imaginations trop promptes, qui toujours vont au delà des bornes logiques, concluent avant d'avoir raisonné, volent d'une conclusion à l'autre, nient ou affirment sans distinction, et pensent être subtiles parce qu'elles sont superficielles (3). — Enfin, si l'on veut pénétrer jusqu'aux derniers replis de la corruption humaine, on rencontre les vices du cœur, ennemis des bonnes pensées ; on

---

(1) *Convito*, IV, 15. Secondo la malizia dell' anima tre orribili infermitadi nella mente degli uomini ho vedute, etc. — Cf. Hugo à S. Victore. *Eruditionis didascalicæ*, lib. V, 9.

Paradiso, XXIX, 27.

  Laggiù non dormendo si sogna...
  Voi non andate già per un sentiero
  Filosofando : tanto vi trasporta
  L'amor dell' apparenza e 'l suo pensiero.

Cf. S. Thomas, *Contra Gent.*, I, 5.
(2) *Convito*, ibid. *Inferno*, II, 15.
(3) *Convito*, ibid. *Paradiso*, XIII, 39.

  E quegli è tra gli stolti bene abbasso
  Che senza distinzione afferma o niega.

aperçoit de honteuses jouissances qui fascinent l'âme jusqu'à lui faire tenir pour vil tout ce qui n'est pas elles : l'intelligence se laisse voir captive dans les chaînes de la sensibilité révoltée (1).

La seconde classe, où se rangent les obstacles extérieurs, peut se diviser aussi en deux catégories distinctes. — Il y faut compter premièrement la nécessité de la vie domestique et civile, la difficulté des temps et des lieux, l'absence des moyens d'étude, des conseils et des exemples, les opinions vulgaires (2). Mais au delà de ces circonstances, matérielles pour ainsi dire, et faciles à reconnaître, qui nous dérobent la vérité, se cachent d'autres ennemis, perfides, insaisissables ; esprits jaloux d'une science qu'ils ont perdue, envieux de faire partager à d'autres les ténèbres qui sont leur apanage. L'action de ces puissances étrangères et mauvaises explique seule ces faits involontaires, inévitables, qu'on ne saurait considérer comme providentiels, puisqu'ils ont toujours quelque chose de funeste, et qu'on nomme tentations. La tentation, dans l'ordre logique, prend deux formes. Elle suscite sur le chemin de nos recherches des fantômes qui nous semblent le fermer, des craintes, des tristesses qui ne se raisonnent point, un

---

(1) *Convito*, I, 1. L'anima si fa seguitatrice di viziose dilettazioni, nelle quali riceve tanto inganno che per quelle ogni cosa tiene a vile. — Cf. Saint Bonaventure, *Compendium theologiæ*, III, 5. Saint Thomas, prima secundæ, q. 85, art. 3.

(2) *Convito*, I, 1; IV, 8. *Paradiso*, XIII, 40.

. . . . . Più volte piega
L'opinion corrente il falsa parte.

découragement douloureux qui, nous ramenant sur nos pas, nous ferait rentrer dans la nuit honteuse de l'ignorance. Ou bien, si elle ne peut détruire le désir de savoir qui est en nous, elle cherche à l'égarer par des apparences mensongères, elle nous engage dans une direction dont le terme est l'erreur (1).

Or la fin de ces diverses maladies de l'entendement, c'est la mort; car la vie est la manière d'être des êtres vivants : végétative dans les plantes, sensitive chez les animaux, chez l'homme elle est essentiellement rationnelle. Et comme les choses empruntent leur nom de ce qu'elles ont d'essentiel, vivre, pour l'homme, c'est raisonner ; et se départir du légitime usage de la raison, c'est mourir (2). Et si quelqu'un dit: « Comment peut-on appeler mort celui qu'on voit encore agir ? » il faut répondre que l'homme est mort, et que la bête est restée (3).

2. La perfection de la volonté consiste dans la vertu.

(1) *Inferno,* VIII, 28; XXIII, 47. Au chant IX (terz. 18), les Furies menacent Dante de l'apparition de la Méduse; et lui-même nous avertit du sens allégorique qu'il donne à ce mythe (terz. 21). Giacopo di Dante achève la pensée de son père, en expliquant, dans son commentaire inédit, les trois Gorgones par trois sortes de peur, dont la dernière et la plus terrible, représentée par Méduse, pétrifie en quelque façon les facultés de l'âme, et les frappe quelquefois d'une éternelle immobilité. — Au reste, ce passage offre un souvenir irrécusable de la nécyomancie de l'Odyssée, lib. XI, vers. 633.

(2) *Convito,* IV, 7. E perciocchè vivere è per molti modi ; e le cose si deono denominare dalla più nobile parte; manifesto è che vivere negli animali è sentire... Vivere nell' uomo è ragione usare. Dunque se vivere è l'essere dell' uomo, e così da quello uso partire è partire da essere, e così è essere morto.

(3) *Ibid.* Potrebbe alcuno dire : Come è morto e va? Rispondo che è morto uomo ed è rimaso bestia. *Ibid.,* II, 8, asino vive.

Le mal moral est donc le vice: le vice est la disposition de notre vouloir, contraire au vouloir divin.

Il y a trois dispositions que le ciel ne veut pas : l'incontinence, la malice et la brutalité (1). — Sous le nom d'incontinence se placent la luxure et la gourmandise, qui asservissent la raison aux appétits de la chair ; l'avarice et la prodigalité, issues toutes deux d'un usage déréglé des biens temporels ; la colère, et cette mélancolie coupable qui énerve l'âme et la retient dans une paresseuse inaction. — La malice est plus odieuse : la fin qu'elle se propose est l'injustice ; les moyens dont elle use sont la violence et la fraude. On peut exercer la violence contre trois sortes de personnes : Dieu, soi-même et le prochain ; et de deux manières, selon qu'on les attaque dans leur existence ou dans les choses qui leur appartiennent (2). La violence qui porte atteinte au prochain se résout en meurtre et brigandage ; celle qu'on tourne contre soi-même se traduit en suicide ou en dissipation ; celle qui s'adresse à la Divinité s'annonce

---

(1) *Inferno*, xi, 27.
> Non ti rimembra di quelle parole
> Con le quai la tua etica pertratta
> Le tre disposizion che 'l ciel non vuole :
> Incontinenza, malizia, e la matta
> Bestialitade ?...

Cf. Aristot, *Eth.*, lib. VII, cap. 1.

(2) *Inferno*, xi, 8.
> D'ogni malizia, ch'odio in cielo acquista
> Ingiuria è il fine, e ogni fin cotale
> O con forza, o con frode altrui contrista...
> A Dio, a se, al prossimo si puone
> Far forza, dico in se, ed in loro cose...

Cf. Cicer., *de Officiis*, i, 12. S. Bonaventure, *Compendium*, iii. 6.

soit par le blasphème qui est un déicide moral, soit par des actions lubriques qui outragent la nature, soit par l'usure enfin, qui implique le mépris de l'industrie, fille de la nature comme la nature est fille de Dieu (1). La fraude, encore plus criminelle, parce que nulle autre créature n'en donne l'exemple à l'homme, peut s'employer contre ceux avec lesquels on n'est uni que par le lien général de l'humanité, ou ceux dont la confiance est captivée par les liens plus étroits de la parenté, de la nationalité, de la bienfaisance, de la subordination légale : alors, parvenue à son degré le plus odieux, la fraude s'appelle trahison. — Enfin on a déjà vu l'homme, par l'abdication de sa raison, descendre au rang de la brute. Or n'est-ce pas abdiquer que renoncer à l'empire de soi pour subir l'esclavage des passions ? Comme donc, en dehors des limites ordinaires de la nature humaine, il est un point sublime où la vertu devient héroïsme, il est aussi un point infime où le vice devient brutalité. Tel est le sens de la fable de Circé, si célèbre dans la poésie antique. Mais l'enchanteresse devenue invisible n'a pas cessé d'être présente, ou du moins, avec d'autres apparences, ses transformations magiques ne cessent pas de s'accomplir. Sous des figures derrière lesquelles une âme pensante semble devoir habiter, se

---

(1) *Inferno*, xi, 55.

    Filosofia, mi disse, a chi l'intende
    Nota non pure in una parte
    Come natura lo suo corso prende
    Dal divino 'ntelletto e da sua arte, etc.

Cf. Aristot., *Phys.*, 1.

développent les instincts vils et méchants des animaux: il n'est pas besoin de pénétrer bien avant dans les mœurs des peuples pour y reconnaître ces types hideux: les habitudes immondes du porc, l'humeur colère du chien, la perfidie du renard (1).

Des effets du vice, si l'on remonte aux causes, on rencontre une nouvelle et peut-être plus savante division. L'amour, principe nécessaire de toute activité, peut errer dans son objet, en s'écartant vers le mal; il peut errer aussi dans l'excès ou l'insuffisance de son énergie, en demeurant dirigé vers le bien.—Or, comme l'amour ne saurait cesser de tendre à la conservation de l'être en qui il réside, nul ne peut se haïr soi-même; et, comme on ne saurait concevoir aucun être entièrement détaché de l'éternelle essence d'où tout émane, la haine de Dieu est aussi une heureuse impossibilité. Il ne reste donc à aimer d'autre mal que celui du prochain, et cet amour corrompu se forme de trois manières dans le limon du cœur. Tantôt c'est l'espérance de s'élever qui lui fait souhaiter l'abaissement d'autrui; tantôt c'est la crainte de perdre puissance, honneur ou renom, qui le fait s'attrister des succès d'un autre; ou bien encore c'est la blessure laissée dans l'âme par une

---

(1) *Purgatorio*, xi, 53.
>   Ond' hanno si mutata lor natura
>   Gli abitator della misera valle
>   Che par che Circe gli avesse in pastura, etc.

Cf. Cicer., *de Officiis*, i, 12.—Surtout Boëce, *de Consolatione*, lib. IV, pros. 3. — Ricardus à Sancto Victore, *de Eruditione Interioris hominis*, lib. III, cap. ii.

offense imméritée. Orgueil, envie, colère, voilà les trois modes de l'amour du mal. — L'amour pressent confusément l'existence d'un bien véritable, dans lequel il trouverait le repos ; il s'efforce d'y atteindre : si l'effort est insuffisant, la paresse est son nom. — Enfin il est d'autres biens qui ne font pas le bonheur : richesses, plaisirs sensuels, jouissances qui laissent toujours la rougeur au front : l'amour qui s'y abandonne sans réserve devient coupable ; il est avarice, gourmandise et luxure. Or, comme ces sept vices capitaux descendent d'un même principe, c'est à eux aussi que se rattache par une funeste généalogie la foule des vices subalternes (1).

Mais, encore que rien ne soit plus libre que l'amour, son premier mouvement ne lui appartient pas. Ce mouvement, quand il est mauvais, se nomme concupis-

(1) *Purgatorio*, xvii, 52.

> (L'amore) puote errar per male obbietto,
> O per troppo, o per poco di vigore.
> . . . . 'L mal che s'ama è del prossimo, e desso
> Amor nasce in tre modi in vostro limo...
> Ciascun confusamente un bene apprende
> Nel qual si quieti l'animo, e desira...
> Se lento amore in lui veder vi tira
> O a lui acquistar, questa cornice
> Dopo giusto penter ve ne martira...
> Altro ben è che non fà l'uom felice...
> L'amor ch' ad esso troppo s'abbandona
> Di sovra noi si piange per tre cerchi.

Cette classification des péchés capitaux, différente de celle communément reçue et aussi de celle de saint Thomas, prima secundæ, q. 84, a. 7, se retrouve dans saint Bonaventure, *Compendium*, iii, 14. — Hugo à Sancto Victore, *Allegoriæ in Matthæum*, 3, 4, 5.— Saint Grégoire, *Moralium*, xxxi, 51 ; — et, avec de légères différences, Cassien, *de Institut. cœnob.*, lib. V, cap. i.

cence, et l'on en distingue trois sortes : la concupiscence des sens, qui est la volupté; la concupiscence de l'esprit, qui est l'ambition; et la dernière, qui tient de l'une et de l'autre, parce qu'elle a pour objet les moyens de les satisfaire, la cupidité. Ce sont là les trois monstres menaçants que l'homme rencontre à mesure qu'il s'enfonce dans la forêt de la vie. La volupté, pareille à la panthère légère et lascive, et qui ne cesse pas de fasciner les regards qu'une fois elle a captivés; l'ambition, qu'on peut comparer au lion superbe; la cupidité, semblable à la louve, dont la maigreur accuse les insatiables désirs : c'est elle qui fait les plus nombreuses victimes. Mais ces bêtes redoutables ne sont point originaires du monde qu'elles ravagent; filles de l'enfer, l'envie leur en ouvrit les portes (1); ou plutôt, pour parler un langage plus rigoureux, la concupiscence est encore un de ces faits impersonnels, universels, constants, dont la présence annonce un pouvoir étranger. Ce pouvoir s'exerce à des degrés inégaux, d'abord comme simple inspiration contre laquelle la résistance est facile; puis, comme préoccupation dominante après que la volonté s'y est abandonnée. Et lorsque enfin la volonté s'est laissé conduire aux derniers abîmes du vice,

---

(1) *Inferno*, I, 11, 15, 17, 52, 57.

Ed una lupa, che di tutte brame
    Sembiava carca, con la sua magrezza,
E molte genti fe' già viver grame.
    . . . . 'nferno
Là onde 'nvidia prima dipartilla.

Voyez aussi *Paradiso*, XX, 1.

elle semble en quelque sorte y périr : la vie morale expire avant que la vie physique ait accompli sa dernière heure; on peut dire que l'âme est déjà ensevelie dans la prison infernale à laquelle elle s'est condamnée. Le corps où elle résidait est désormais comme possédé d'une autre âme, d'une autre vie, d'une autre volonté sataniques. Ce n'est pas seulement la mort, c'est une damnation anticipée; à la place de l'homme, ce n'est plus un animal qui reste, c'est un démon (1).

II

La multiplication de l'individu dans l'espace forme la société, et l'évolution de la société dans le temps est l'objet de l'histoire. Les mêmes faits qui viennent d'être étudiés au cœur de la personne humaine doivent donc se retrouver sur la scène historique, mais avec des proportions plus vastes. Le mal de l'intelligence et celui de la volonté, l'erreur et le vice, s'y sont reproduits, l'une dans les doctrines philosophiques et religieuses, l'autre dans le gouvernement temporel et spirituel des nations.

---

(1) *Purgatorio*, xiv, 49.

. . . . L'amo
Dell' antiquo avversario a se vi tira.

Inferno, xxvii, 59; xxxiii, 43.

. . . . . Tosto che l'anima trade
Come fec' io il corpo suo l'è tolto
Da un dimonio che poscia il governa.

Cf. S. Thomas, p. sect., q. 114, a. 1. — S. Bonaventure, *Serm. in feriam* iv *Pentecostes*.

1. Les égarements du genre humain commencent au sortir de son berceau et dans ce trouble qu'avait fait en lui le péché du premier père. Alors, déchu du bonheur de converser ici-bas face à face avec la Divinité, l'homme la chercha dans les astres du firmament, dont il ressentait les influences en même temps qu'il admirait l'éclat de leurs feux. C'est pourquoi les noms de Jupiter et de Mercure, de Mars et de Vénus, furent salués par des vœux et des sacrifices. C'est l'origine de l'idolâtrie, la première erreur des premiers peuples (1). Plus tard, le besoin de la vérité absente s'empara de quelques nobles intelligences. Après les sept illustres Grecs, qui reçurent le titre de sages, un autre se rencontre, Pythagore, qui, plus pénétré du sentiment de l'infirmité humaine, se fait appeler *Ami de la sagesse*. Les écoles se forment, et la philosophie est née (2). Ces efforts ne demeurent pas sans résultat, mais ils viennent échouer au pied des questions qu'il importait le plus de franchir. La souveraine raison attend pour se révéler l'avènement du Fils de Marie (3). Dieu, méconnu du plus grand nombre, ne reçoit point de ceux

(1) *Paradiso*, iv, 21; viii, 1.
  Solea creder lo mondo in suo periclo
  Che la bella Ciprigna in folle amore
  Raggiasse, volta nel terzo epiciclo.
 Perchè non pure a lei faceano onore
 Di sacrifici e di votivo grido
  Le genti antiche nell'antico errore
Ma dione onoravano e Cupido...

(2) *Convito*, t. III, 11.
(3) *Purgatorio*, iii, 15.
 State contenti, umane gente al quia :

à qui il se laisse entrevoir les hommages qui lui sont dus (1). Tandis que cette obscurité générale couvre toutes les écoles, plusieurs s'entourent encore de ténèbres qui leur sont propres. Il serait long d'énumérer toutes leurs aberrations : depuis Parménide et ces présomptueux éléatiques qui s'enfoncent dans les profondeurs du raisonnement sans savoir où ils vont, jusqu'à Épicure et ses sectateurs, qui font mourir l'esprit avec le corps (2); depuis Pythagore, qui fait descendre les âmes à travers tous les degrés de la création, jusqu'à Platon qui les voit remonter aux étoiles dont elles sont émanées (3). Le monde moderne n'a point voulu laisser à l'ancien monde le triste privilége de croire et d'enseigner le faux : le faux y a son expression théologique dans l'hérésie, son expression philosophique dans de nombreux systèmes. Les grands citoyens des républi-

> Che se potuto aveste veder tutto
> Mestier non era partorir Maria.
> E disiar vedeste senza frutto
> Tai, che sarebbe lor disio quetato
> Ch'eternamente è dato lor per lutto
> Dico d'Aristotile e di Plato
> E di molti altri...

(1) *Inferno*, IV, 15, 43. *Purgatorio*, VII, 9.
(2) *Inferno*, X, 5.

> Con Epicuro tutti i suoi seguaci
> Che l'anima col corpo morta fanno.

Ibid., XII, 14. *Paradiso*, XIII, 42.

> Parmenide, Melisso, Brisso e molti
> I quali andavano e non sapan dove.

(3) *Convito*, IV, 21. *Paradiso*, IV, 8.

> Ancor di dubitar ti dà cagione
> Parer tornarsi l'anime alle stelle
> Secondo la sentenza di Platone, etc.

ques chrétiennes, les souverains du saint-empire et les cardinaux même qui leur servaient de conseillers, ont professé des dogmes impies (1). La foule, désertant les arts qu'on nomme libéraux, parce que le culte en est désintéressé, s'empresse, ignorante et sordide, aux leçons des décrétalistes, ou à la suite des médecins, qui lui montrent le chemin de la fortune (2). L'Écriture et les Pères demeurent ensevelis dans leur poussière. La fable, la spéculation audacieuse, s'insinuent jusque dans la chaire sacrée, et sollicitent pour salaire l'étonnement stupide ou le rire sacrilège d'un auditoire digne d'elles (3).

2. Mais, si affligeants que soient aux regards du poète philosophe les écarts de la raison publique, il en trouve du moins la cause avec une sorte de consolation dans la fragilité de la nature déchue : il réserve toutes ses tristesses et toutes ses colères pour déplorer la corruption des mœurs, dont il reconnaît l'origine dans la corruption des lois et des pouvoirs. Il voit les pasteurs des peuples conduire leurs troupeaux à des pâturages grossiers, où ils oublient la justice dont ils avaient faim (4). Il compte le petit nombre de bons rois, et les agitations des cités populaires, et les déchirements intestins, et les flots de sang versés (5). Et comme si sa parole mise au défi était vaincue par ces sinistres spectacles, il em-

(1) *Inferno*, x, 8, 40.
(2) *Convito*, iv, 11. *Paradiso*, ix, 1, 5; xi, 2; xii, 28.
(3) *Paradiso*, xxix, 28.
(4) *Purgatorio*, xvi, 34.
(5) *Inferno*, xii, 36.

prunte le langage des prophètes de l'un et de l'autre Testament. — Le gouvernement des nations, considéré dans ses altérations successives, est comparable à la vision de Daniel. C'est la statue gigantesque d'un vieillard à la tête d'or, à la poitrine et aux bras d'argent, au tronc de cuivre, aux jambes de fer, aux pieds d'argile. Debout dans un antre du mont Ida, il tourne le dos à l'Égypte et regarde Rome. Chacune des parties qui le composent, la tête exceptée, est sillonnée d'une fente qui distille des larmes; et ces larmes réunies, se faisant une issue à travers les parois de la grotte, vont former dans l'intérieur de la terre les quatre fleuves infernaux. — La statue, c'est la monarchie telle que les mauvais princes l'ont faite; l'Égypte est l'image des institutions du passé, Rome est le type des temps nouveaux. La succession des métaux représente celle des empires, des formes politiques, des âges qui vont dégénérant. Les blessures du corps social sont vraiment des sources de crimes et de douleurs, dont le débordement doit remplir l'enfer (1). La décadence religieuse ne se présente pas sous de moins funestes aspects. La cour ro-

---

(1) *Inferno*, xiv, 51.

<pre>
In mezzo 'l mar siede un paese guasto...
Dentro dal monte sta dritto un gran veglio
Che tien volte le spalle inver Damiata
E Roma guarda siccome suo speglio.
La sua testa è di fin oro formata, etc.
</pre>

L'interprétation que nous donnons de cette allégorie a été proposée par Costa dans son commentaire de la *Divine Comédie*. Nous avons cru pouvoir l'admettre, quand nous avons trouvé le songe de Nabuchodonosor expliqué d'une manière presque identique dans Richard de Saint-Victor, *de Erudit. int. hom.*, l. I, cap. I. Mais nos derniers doutes se sont

maine est devenue pareille à cette femme que vit l'Évangéliste prophète, assise au bord des eaux et se prostituant aux rois. Jadis le pontife son époux, fidèle aux règles de la vertu, sut contenir la bête aux sept têtes et aux dix cornes, le péché, qui aujourd'hui n'a plus de frein (1). L'or et l'argent sont érigés en idoles, qui ne manquent pas de prêtres. Les clefs apostoliques se sont changées en armoiries; on les a vues sur des drapeaux qui combattaient contre des croyants. La guerre se fait aujourd'hui en retirant aux populations chrétiennes le pain spirituel que le Père céleste a préparé pour tous (2). Sachent pourtant ceux qu'affligent ces scandales attendre l'heure providentielle qui doit y mettre fin. Le schisme déchire et ne guérit pas; et ceux-là se préparent d'éternels remords, qui profitent des nuits sombres de l'Église pour semer l'ivraie dans son champ (3). — Mais la dépravation des deux puissances

---

dissipés lorsque nous avons rencontré, dans le commentaire manuscrit de Giacopo di Dante, la glose qui suit :

« Da considerare è che questo vecchio significa e figura tutta l'etade, e 'l corso del mondo, e tutto lo 'mperio e la vita degl' imperatori e de' princip dal cominciamento del regno di Saturno infino a questi tempi... Vuol l'autore dimostrare come lo 'mperio essendo tra li pagani e nelle parti d'Oriente fù transportato tra gli Greci... poi fù transportato lo 'mperio dagli Greci nelli Romani; e però dice l'autore che questo vecchio volge il dorso inver Damiata la quale è in Oriente, e guata Roma cioè verso Occidente. »

(1) *Inferno*, xix, 36.

Di voi pastor s'accorse il Vangelista, etc.

C'est encore au commentateur Costa que nous empruntons l'explication de ce passage difficile. — Cf. Ricard. à S. Victore, *sup. Apocalyps.*

(2) *Inferno*, xix, 38. *Paradiso*, ix, 44; xxvii, 41; xvii, 15.

(3) *Inferno*, xxviii, 12. Voyez, pour des explications plus complètes et qui corrigeront l'amertume des reproches précédents, IIIe partie, ch. v.

ecclésiastique et séculière est moins périlleuse encore que leur confusion. La crosse et l'épée se sont unies dans des mains violentes; le respect mutuel s'est perdu dans un rapprochement forcé (1). Si l'ordre est le souverain bien de la société, la confusion, le désordre est pour elle la dernière expression du mal.

III

Jusqu'ici le mal ne s'est révélé que d'une manière doublement imparfaite, limité dans l'homme par la liberté, qui ne périt jamais entièrement; dans la société, par les protestations toujours retentissantes de la conscience publique. Il faut le voir maintenant dégagé des obstacles que lui opposent le retour possible et la présence simultanée du bien; il faut le voir dans une condition d'isolement, d'immutabilité. La cité des méchants, invisible en ce monde où elle est confondue avec la cité de Dieu, va devenir visible dans le monde des morts.

1. La tradition populaire, inspirée peut-être par les phénomènes volcaniques, a placé l'enfer dans les entrailles du globe terrestre. La science antique représentait ce lieu comme le plus bas de l'univers et le plus éloigné de l'Empyrée : il était naturel d'y reléguer les

(1) *Purgatorio*, xvi.

. . . . . È giunta la spada
Col pasturale, e l'uno e l'altro insieme
Per viva forza mal convien che vada;
Perocchè giunti, l'un l'altro non teme.

âmes que le péché éloigne pour toujours du séjour de la Divinité (1). Toutefois l'enfer garde encore les vestiges de l'omniprésence divine. La puissance, l'intelligence et l'amour le préparèrent dès le commencement : l'amour lui-même, car il est juste que des douleurs éternelles soient le partage de ceux qui méprisèrent l'éternel amour (2) !

Si l'enfer est l'accomplissement de l'œuvre de réprobation dont l'ébauche est déjà tracée sur la terre, les principaux traits doivent se trouver communs, et les mêmes divisions convenir. Les réprouvés de l'autre vie se rangeront donc dans les mêmes catégories que les pécheurs de la vie présente. Neuf cercles creusent l'abîme, se resserrant à mesure qu'ils s'enfoncent. Le premier reçoit dans sa large circonférence ces hommes qui ne furent jamais vivants, qui passèrent ici-bas sans infamie et sans gloire, neutres entre Dieu et ses ennemis, et qui ne furent que pour eux-mêmes. Au-dessous d'eux se presse la foule de ceux qui coulèrent hors du christianisme des jours irréprochables, mais à qui manqua la connaissance de la vérité, ou le courage de la servir.

(1) *Inferno*, passim. Cette opinion fut aussi celle du moyen âge. — Cf. Hugo à saint Victor, *Erudit. diduscal.*, 1, 5. — Saint Bonaventure, *Compendium Theologiæ*, vii, 21.
(2) *Ibid.*, iii, 2.
> Giustizia mosse 'l mio alto fattore
> Fecemi la divina Potestate
> La somma sapienza, e 'l primo Amore.

Ibid., 22. *Paradiso*, xv, 4.
> Ben è che senza termine si doglia
> Chi, per amor di cosa che non dura,
> Eternalmente, quell' Amor si spoglia.

L'absence d'un bonheur infini auquel ils aspirent sans espoir jette un voile de tristesse sur leur destinée, qui n'est du reste ni sans consolation, ni sans honneur. Les quatre cercles qui suivent contiennent les victimes de l'incontinence ; sur les confins de l'incontinence et de la malice est châtiée l'hérésie, qui tient de l'une et de l'autre. Le septième cercle, subdivisé en trois zones, renferme ceux qui furent violents. Le huitième est sillonné par dix larges fosses où la fraude est punie. Dans le neuvième gémissent les traîtres (1).

2. C'est dans cet espace que va se développer l'appareil des douleurs physiques, intellectuelles, morales. La douleur, issue du péché, garde son caractère primitif, et demeure un mal quand elle n'est pas expiatoire. — Mais la souffrance physique suppose l'existence des sens, qui semblent à leur tour ne se point concevoir séparés de leurs organes. Ainsi, avant que la résurrection générale ait rendu aux réprouvés la chair en laquelle il se corrompirent autrefois, des corps provisoires leur sont donnés : ombres, si on les compare aux membres vivants qu'ils remplacent, et pourtant réalités visibles ; ne déplaçant pas les objets étrangers qu'ils rencontrent, et dérobant l'aspect de ceux devant lesquels ils s'interposent ; vanités en eux-mêmes, mais donnant prise aux tortures. Ils perdent quelquefois la forme humaine pour en revêtir de plus sinistres, ramper sous des figures de serpents, se ramifier sous une

---

(1) *Inferno*, passim ; mais surtout xi, 8.
Figliuol mio, dentro da cotesti sassi, etc.

écorce trompeuse, s'agiter en tourbillons de flammes (1).
Dès lors, tout ce qu'il y a de plus terrible dans la nature, tout ce qu'a pu inventer de plus affreux l'imagination des hommes, tout ce qu'a dû se réserver d'inénarrables rigueurs la vengeance divine, se réunit pour des supplices dont chacun représente, symbole infernal, le vice auquel il correspond. Ces souffrances s'accroîtront encore lorsque les tombeaux ouverts auront rendu les morts à une vie qui ne finira point. Car plus un être est complet, plus complétement s'exercent ses fonctions : plus l'union de l'âme et du corps se resserre, plus vive doit devenir la sensibilité qui en résulte (2).

Maintenant, comment dire la peine des intelligences? La mémoire leur reste du passé ; mais la mémoire du crime, sans repentir, n'est qu'un malheur de plus (3). Le

---

(1) *Inferno*, vi, 6, 12; xvii, 29, 33; xii, 27; xix, 15, 43; xxiii, 13; xxiv, 8; xxxii, 27, etc.

> Graffia gli spiriti, gli scuoia, ed isquadra...
> . . . . Ponevan le piante
> Sopra lor vanità che par persona...
> Con le braccie m'avvinse e mi sostenne.
> . . . . . Passeggiando tra le teste
> Forte percossi 'l piè nel viso aduna...
> Disse a'compagni. Siete voi accorti
> Che quel di dietro muove ciò ch'ei tocca ?
> Così non soglion fare i piè' de' morti.

S. Augustin (*de Civit. Dei*, xxi, 10) semble exprimer un doute sur le point de savoir si les damnés ont des corps.

(2) *Ibid.*, vi, 40.

> . . . . . Ritorna a la tua scienza
> Che vuol quanto la cosa è più perfetta,
> Più senta 'l bene, e così la doglienza.

Cette maxime est empruntée à saint Augustin, qui la tient d'Aristote.

(3) *Ibib.*, x, 16, 26; xv, 19, etc. — Cf. S. Thomæ, *Summa theol.* p. i, q. 89, art. 6.

présent leur est inconnu, bien que souvent l'avenir se découvre à leurs regards : pareils à ces vieillards dont la vue affaiblie aperçoit les choses éloignées, et ne saurait les saisir lorsqu'elles s'approchent. Mais cette clarté prophétique, seul reflet qui tombe jusqu'à eux de la lumière éternelle, s'éclipsera lorsque, les temps étant finis, se fermeront les portes de l'avenir. Alors en eux toute connaissance sera morte (1). Les notions mêmes qui y subsistent encore à l'heure présente, confuses, ténébreuses, n'y sont point à l'état de science, bien moins à l'état de philosophie; car la philosophie se compose de savoir et d'amour, et là tout amour s'éteint. Les esprits infernaux sont donc privés de la contemplation de cette chose si belle, qui est la béatitude de l'entendement, et dont la privation est pleine d'amertume et de tristesse (2).

L'absence de l'amour, c'est le dernier supplice des volontés coupables. De là cette haine mutuelle qui les fait s'entre-maudire (3), cette haine d'elles-mêmes qui les presse comme l'éperon, et les fait se précipiter au-

---

(1) *Inferno*, vi, 22; xv, 21; xxviii, 26; x, 35.

E' par che voi veggiate, se ben odo,
Dinanzi quel che 'l tempo seco adduce,
E nel presente tenete altro modo.
Noi veggiam come quei, ch' a mala luce
Le cose, disse, che ne son lontano :
Cotanto ancor ne splende 'l sommo Duce, etc.

Cf. S. Thomas, *loc. cit.*, art. 8.

(2) *Convito*, iii, 13. Le intelligenzie che sono in esilio della superna patria filosofare non possono; perocchè amore in loro è tutto spento, e a filosofare è necessario amore, perchè si vede che dello aspetto di questa bellissima son private; e perocchè essa è beatitudine dello 'ntelletto, la sua privazione è amarissima e piena d'ogni tristizia.

(3) *Inferno*, passim.

devant des tourments (1), cette haine de la Divinité qu'elles bravent au milieu de leurs peines (2). De là ce blasphème éternel contre le Créateur, contre le genre humain, contre le lieu, le temps, les auteurs de leur naissance; et ce désir du néant, qui ne s'exaucera jamais (3). Leurs passions de ce monde les ont accompagnées : avides comme autrefois de louanges, de voluptés et de vengeances, elles ne cessent pas de mériter des châtiments qu'elles ne cesseront pas de subir (4); et ces douleurs, qui tiennent de l'infini par leur durée, en tiennent aussi par leur intensité, puisque toutes procèdent de la perte du souverain bien, c'est-à-dire de Dieu.

IV

Nous avons reconnu, dans les erreurs et les transgressions de la vie, l'origine des châtiments qui suivent la mort. Le mal s'est trahi tour à tour comme cause et comme effet, sous sa forme volontaire et sous sa forme pénale. En dehors de cette alternative de la mort et de la vie, il est des êtres en qui se réunissent plus étroitement la cause et l'effet, la malice et la peine; qui dominent l'humanité coupable, coupables avant elle; provocateurs de ses fautes en ce monde, exécuteurs de ses supplices dans l'autre, types achevés de la perversité : ce sont les démons.

(1) *Ibid.*, iii, 40.
(2) *Ibid.*, xiv, 18; xxv, 1.
(3) *Ibid.*, iii, 34.
(4) *Inferno*, v, 26; xxxi, 26. — Cf. S. Thomas, 2ᵃ, 2ᵃᵉ, q. 15, art. 3, *Summa contra gentes*, xv, 92-95.

Il semble qu'en tombant des hauteurs du monde spirituel, où ils étaient au premier rang, ces anges déchus aient subi la honte d'une transformation matérielle, et que des corps aussi leur aient été donnés (1). En même temps on leur attribue un empire presque souverain sur la nature. Les tempêtes leur obéissent, la foudre et les eaux s'assemblent à leur gré (2); ils assouvissent quelquefois leur vengeance sur les restes des morts, quand les âmes leur échappent. A cette intervention surnaturelle se rattachent les coupables entreprises de la magie. Mais ils exercent une action plus générale et plus constante sur les destinées humaines : la tentation est leur ouvrage. Nous les avons vus couvrir de piéges les chemins périlleux de la science ; nous les avons vus ouvrir aux trois concupiscences les portes de l'enfer. Pareils à des pêcheurs qui ne se fatiguent jamais, ils cachent sous de perfides appâts l'hameçon qui attire les volontés flottantes (3). Ils poursuivent leur proie jusqu'au delà du tombeau : ils ne craignent pas de la disputer aux anges et de renouveler ainsi leurs combats des anciens jours (4).

Le châtiment est leur second ministère. Ils règnent sur le peuple perdu dans les régions infernales, dont chacune est placée sous les auspices de quelques-uns d'entre eux. Ainsi, dans le vestibule, parmi la foule des

---

(1) *Inferno*, passim. Surtout xii, xvii, xxxi. — Cf. S. Augustin, *de Civitate Dei*, IX, cap. xviii; et *Sup. Genesim*.
(2) *Purgatorio*, v, 37. — Cf. S. Thomas, p. q. 110, art. 3.
(3) Voyez ci-dessus, p. 163.
(4) *Inferno*, xxvii, 38. *Purgatorio*, v, 56.

égoïstes, se trouvent ces anges ingrats qui, au temps de la révolte des cieux, restèrent neutres (1). Ainsi, par une réminiscence de la poésie païenne, que la théologie ne condamnait pas, Caron, Minos, Cerbère, Plutus, Phlégias, les Furies, les Centaures, les Harpies, Géryon, Cacus, les Géants, transformés en démons, sont établis les gardiens d'autant de zones successives (2) D'innombrables légions sont répandues, soit sur les remparts de la cité douloureuse, soit dans ses diverses parties, et se jouent parmi les terribles spectacles qui s'y donnent (3). — Mais ces légions sont les esclaves d'un seul maître. Celui-là est le premier-né, et jadis le plus beau, des esprits : aujourd'hui c'est le Mauvais Vouloir, qui ne cherche que du mal, celui de qui toute douleur procède, l'antique ennemi de l'humanité (4). Divinité de triste et mensongère parodie, empereur du royaume des souffrances : il a son trône de glace en un point qui est tout ensemble le milieu et le fond de l'abîme : autour de lui s'échelonnent les neuf hiérarchies de la réprobation ; sur lui repose tout le système de l'iniquité (5). Le péché et la douleur, qui sont pour

(1) *Inferno*, III, 13.
(2) *Ibid.*, III, V, VI, VIII, IX, XII, XIII, XVII, XXV, XXXI, XXXIV. — Cf. Virgile, *Eneid.*, VI. — Cf. S. Thomas, 2ᵃ, 2ᵃᵉ, q. 94.
(3) *Ibid.*, VIII, 28, XXI. — Cf. S. Thomas, 1ᵃ, q. 63, art. 9.
(4) *Ibid.*, XXXIV, 6.
(5) *Purgatorio*, XIV, 49; *Inferno*, XXXIV.

> Lo 'mperador del doloroso regno
>   Da mezzo 'l petto uscia fuor della ghiaccia
> O quanto parve a me gran meraviglia
>   Quando vidi tre facce alla sua testa ;
>   L'una dinanzi, e quella era vermiglia !
>   E la destra parea tra bianca e gialla

les âmes ce que la pesanteur est pour le corps, l'ont précipité au lieu qui est le centre même de la terre, où tendent tous les corps graves. La gravitation générale l'enveloppe, pèse sur lui, le presse de toutes parts : son crime fut de vouloir attirer à lui toute créature ; son supplice est d'être accablé sous le poids de la création (1).

> La sinistra a vedere era tal quali
> Vengon di là, ove 'l Nilo s'avvalla.

Dans ce hardi portrait que Dante trace de Lucifer, on ne peut s'empêcher de remarquer les trois visages qu'il lui attribue, et qui rappellent la triple Hécate de la mythologie ancienne. Toutefois une intention plus profonde semble se révéler dans les trois couleurs qu'il donne à cette triple figure, et qui s'opposent aux trois couleurs des cercles mystérieux où l'on verra plus loin se représenter la divine Trinité. Le commentaire de Giacopo di Dante offre sur ce point une explication symbolique, dont l'originalité nous a paru digne d'intérêt.

« Queste tre faccie significano le tre impotenzie che ha Lucifero, da cui nasce ogni male, e sono contrarie alle tre parte che ha Iddio. La prima parte che ha Iddio si è prudenza per la quale provvede e coordina ogni cosa : contra questa ha Lucifero ignoranza, cioè che niuna cosa conosce e discerne ; e questo significa la faccia nera. La seconda parte che ha Iddio si è amore lo quale gli fece fare tutto il mondo e reggere e mantenere ; contra questo ha Lucifero odio e invidia per la quale tutto il mondo corrompe a mal fare ; e questo significa la faccia rossa. La terza cosa che ha Iddio si è la potenzia colla quale l'eterne cose e tutte quelle del mondo governa come a lui piace e siccome vuole ragione e giustizia : contra questa si ha Lucifero debilezza e impotenzia, cioè che non può fare niente..., e questo significa la faccia tra bianca e gialla. »

(1) *Inferno*, xxxiv, 2, 7, 10, 50.

> E s' io divenni allora travagliato,
> La gente grossa il pensi, che non vede
> Qual era il punto, ch'avea passato.

Paradiso, xxix, 18.

> . . . . . Colui che tu vedesti
> Da tutti i pesi del mondo costretto.

Cf. S. Bonaventure, *Compendium*, II, 25. — S. Thomas, 1ª, q. 64 ; art. 4.

CHAPITRE III

LE MAL ET LE BIEN DANS LEUR RAPPROCHEMENT ET DANS LEUR CULTE.

Le mal en toute son horreur, et le bien dans toute sa pureté, ne sauraient se découvrir qu'à leur origine et à leur terme, situés l'un et l'autre au delà de l'horizon du temps. Mais tous deux se sont donné rendez-vous dans le temps comme sur un terrain libre, et c'est là qu'ils se rencontrent, tantôt opposés, tantôt confondus. Il convient d'étudier les circonstances et les effets de cette rencontre, soit dans les vicissitudes de la vie individuelle ou sociale, soit dans cette prorogation de la vie où d'efficaces expiations s'accomplissent; soit dans la nature, qui est le théâtre de tous les faits temporels, et qui se ressent toujours en quelque manière de leur passage.

I

1. C'est ici le lieu de faire connaître l'intime constitution de l'homme, sujet commun de tous les phénomènes heureux ou funestes, instrument alternatif du

bien et du mal. Ici il n'est permis de reculer devant aucun secret, ni ceux de la génération, ni ceux de l'union de l'âme et du corps, ni ceux de leur mutuelle séparation.

Trois pouvoirs concourent à l'œuvre de la génération. D'abord, les astres exercent la puissance de leur rayonnement sur la matière, et dégagent, des éléments combinés en des conditions favorables, les principes vitaux qui animent les plantes et les bêtes. Ensuite, il y a dans l'homme une puissance d'assimilation qui se communique aux aliments digérés, se distribue avec le sang dans tous les membres, et va répandre la fécondité au dehors. Enfin, la femme porte en elle une puissance de complexion qui dispose la matière destinée à recevoir le bienfait de la naissance. — Les veines altérées n'absorbent pas dans le travail de la nutrition tout le sang qui leur est donné. Une portion de ce liquide alimentaire, épurée, séjourne dans le cœur, s'y imprègne plus profondément d'une énergie assimilatrice ; il fermente, en descend par des canaux où son élaboration s'achève ; et, à l'heure où s'accomplit le mystère conjugal, le sang du père, actif et organisateur, va féconder le sang passif et docile recélé dans le sein de la mère. Là se façonnent les éléments du corps futur, jusqu'à ce qu'une préparation suffisante les fasse se prêter à l'influence céleste qui produit en eux la vie. Cette vie, végétale d'abord, mais progressive, se développe par son propre exercice ; elle fait passer l'organisme de l'état de plante à celui de zoophyte, pour parvenir ensuite à la complète animalité. Là se borne l'action des pouvoirs de la nature : la mère qui donne la matière, le père qui donne la forme, les astres d'où vient le principe vital. — Pour faire franchir à la créature l'intervalle qui sépare l'animalité de l'humanité, il faut recourir à Celui qui est le premier moteur. Aussitôt donc que l'organisation du cerveau est arrivée à son terme, Dieu jette un regard plein d'amour sur le grand ouvrage qui vient de s'achever, et le touche d'un souffle puissant. Le souffle divin attire à soi le principe d'activité qu'il rencontre dans le corps de l'enfant : des deux il se fait une seule substance, une seule âme, qui vit, qui sent et qui agit sur elle-même (1).

L'âme est donc unique en son essence, car l'exercice d'une de ses facultés à un certain degré d'intensité suffit pour l'absorber tout entière (2). En elle et distinctes entre elles, unies toutefois et se supposant mutuelle-

---

(1) *Convito*, IX, 21. E però dico che quando l'umano seme cade nel suo recettacolo, esso porta seco la vertù dell'anima generativa, e la vertù del cielo. E la vertù degli elementi legata, cioè la complessione, matura e dispone la materia alla vertù formativa la quale diede l'anima generante, e la vertù formativa prepara gli organi alla vertù celestiale, che produce della potenzia del seme l'anima in vita; la quale incontanente prodotta, riceve della vertù del Motore del cielo lo intelletto possibile.

Cette doctrine est plus développée dans le célèbre passage, *Purgatorio*, XXV, 15 :

    Sangue perfetto che mai non si beve, etc.

Cf. Aristote, *de Generat. animal.*, II. 5. S. Thomas, 1ª, q. 119, art. 2. — S. Bonaventure, *Compendium*, II, 52.

(2) *Purgatorio*, IV, 2.

    Quando per dilettanze, ovver per doglie
    Che alcuna virtù nostra comprenda,
    L'anima bene ad essa si raccoglie.

ment, existent trois puissances, végétative, animale, rationnelle : on peut les comparer dans leur ensemble au pentagone, qui se compose de trois triangles superposés (1). L'âme, présente dans les membres, dans tous les atomes de poussière vivante dont ils sont formés, s'y révèle par l'exercice même de leurs fonctions. Elle est unie au corps comme la cause l'est à l'effet, l'acte à la puissance, la forme à la matière (2). On la nomme Forme Substantielle, parce que seule elle fait que l'homme soit, et que sa seule retraite fait perdre à ce merveilleux composé son existence et son nom (3). Elle a son siège dans le sang (4); néanmoins elle fait du cerveau comme un trésor où elle dépose les images qu'elle veut retenir. C'est la face qu'elle choisit pour se manifester au dehors : là elle travaille, elle façonne la chair, pour la rendre transparente aux clartés inté-

> Par ch' a nulla potenzia più attenda.
> E questo è contra quello error, che crede
> Ch' un anima sovr'altra in noi s'accenda, etc.

Cf. S. Thomas, 1ᵃ, q. 76, art. 3. L'argument est littéralement le même.
(1) *Purgatorio*, xxv, 26.

> . . . . . Vive e sente, e se in se rigira.

Convito, II, 8; IV, 7. Le potenzie dell'anima stanno sopra sè come la figura del quadrangolo sta sopra lo triangolo e lo pentagono sta sopra lo quadrangolo. — Cf. Aristot., *de Anima*, II, 3; III, 12. S. Thomas, 1ᵃ. q. 78. S. Bonaventure, *Compendium*, II, 52.
(2) *Inferno*, xxvii, 25. — *Paradiso*, II, 45.

> Mentre ch'io forma fui d'ossa e di polpe.

Convito, III, 1. — Cf. Aristot., *de Anima*, II, 1. — S. Thomas, 1ᵃ, q. 75, 1.
(3) *Purgatorio*, xviii, 17. — Cf. S. Thomas, 1ᵃ, q. 76, 4.
(4) *Ibid.*, v, 26.

> . . . . . 'L sangue in sul quale io sedea

rieures de la pensée ; elle dessine les traits avec une infinie délicatesse, elle crée la physionomie, elle fait les derniers efforts pour orner et embellir les deux endroits par où surtout elle se révèle : les yeux et la bouche. On pourrait les appeler les deux balcons où la reine qui habite l'édifice humain se montre souvent, quoique voilée (1). Enfin ses ministres sont les esprits animaux, vapeurs qui se forment dans le cœur et se répandent par tous les membres, fluides subtils qui entretiennent les communications de l'organe cérébral avec les organes des sens (2). — Mais la reine peut devenir esclave. Il est des défauts de complexion qui s'opposent au libre développement de l'âme : il est des naturels sombres et grossiers, où pénètre mal le rayon de Dieu (3). Les révolutions du ciel et des saisons obtiennent aussi, par l'intermédiaire des dispositions physiques qu'elles produisent, une influence incontestable sur les facultés morales. Et de même qu'aux quatre âges de la vie correspondent pour le corps quatre tempéraments qui résultent de la combinaison de l'humide, du chaud, du sec et du froid; de même l'âme passe par quatre phases, dont chacune a son caractère distinct,

(1) *Purgatorio*, xxxiii, 27. *Paradiso*, i, 8. *Convito*, iii, 8. Quelle massinamente adorna (l'anima) e quivi pone lo intento tutto a far bello se puote... Li quali due luoghi per bella similitudine si possono appellare balconi della donna che nello edificio del corpo abita, cioè l'anima; per che quivi, avvegnachè quasi velata, si dimostra, *ibid.*, 9. — Cf. Brunetto Latini, *Trésor*, l. I, cap. xv, et surtout S. Bonaventure, *Compendium*, ii, 57-59, où se retrouvent de curieuses anticipations de Lavater et de Gall.
(2) *Convito*, ii, 2, 14; iii, 9. *Vita nuova*, 5, 6. *Paradiso*, xxvi, 24.
(3) *Ibid.*, iv, 20.

ses charmes et ses tristesses, ses vices plus familiers et ses vertus de prédilection (1).

La mort interrompt cette harmonie. — Mais entre toutes les opinions brutales répandues parmi les hommes, la plus insensée, la plus vile, la plus dangereuse, est celle qui nie l'existence d'une autre vie (2). Elle trouve sa condamnation dans la doctrine des plus illustres écoles, de tous les poëtes de l'antiquité, de toutes les religions du monde, de toutes les sociétés qui vivent soumises à des lois; dans cet espoir d'une autre vie que la nature a déposé au fond de toutes les âmes, et qui ne saurait être mensonger sans accuser une contradiction impossible au sein du plus parfait ouvrage de la création; dans l'expérience des songes et des visions, où nous sommes en rapport avec des êtres immortels; enfin dans les dogmes de la foi chrétienne, dont la certitude l'emporte sur toute autre, parce qu'elle émane de celui-là même qui nous départ l'immortalité. — Quand donc l'âme se détache de sa chair défaillante, elle emporte avec elle toutes les facultés divines et humaines qui lui appartinrent : les premières, c'est-à-dire la mémoire, l'intelligence et la volonté, devenues plus actives; les secondes, c'est-à-dire toutes celles qui se réunissent sous le nom de sensibilité, momentanément

---

(1) *Convito*, iv, 2, 25-28. — Cf. Albert. Magn., *Metaurorum*, iv. — Ægidius Columna, *de Regimine princip.*, l. I. part. I. cap. vi.

(2) *Convito*, ii, 9. Dico che di tutte le bestialità quella è stoltissima, vilissima e dannosissima che crede, dopo questa vita, altra vita non essere, perchocché se noi rivolgiamo tutte le scritture, si de' filosofi come degli altri savii scrittori, tutti concordano in questo, che in noi sia parte alcuna perpetuale, etc... Ancora n'accerta la dottrina veracissima di Cristo...

inertes. Son mérite ou son démérite, comme une force qui l'entraîne, détermine le séjour de châtiment, d'expiation ou de récompense qu'elle occupera. Aussitôt parvenue au lieu qui lui est assigné, elle exerce autour d'elle dans l'air ambiant la puissance informante dont elle est douée. Et, comme l'atmosphère humide se colore des rayons qui s'y réfléchissent, ainsi l'air subit la forme nouvelle qui lui est imprimée; il en résulte un corps subtil, où chaque sens a son organe, chaque pensée son expression extérieure; où l'âme recouvre les fonctions de sa vie animale, et révèle sa présence par la parole, par le sourire ou par les larmes (1). C'est là ce que désignaient les anciens par ces ombres dont ils peuplaient le royaume de la mort : c'est l'opinion de plusieurs philosophes plus récents, qui ne conçoivent pas la possibilité des souffrances et des jouissances hors d'une enveloppe corporelle (2). — Mais l'ombre doit se

(1) *Purgatorio*, xxv. 27.

> Solvesi della carne ed in virtute
> Seco ne porta e l'umano, e 'l divino :
> L'altre potenzie tutte quante mute
> Memoria, intelligenzia, e voluntade,
> In atto molto più che prima acute...
> Tosto che luogo là la circonscrive
> La virtù formativa raggia intorno,
> Così e quanto nelle membre vive ..
> Così l'aer vicin quivi si mette
> In quella forma, che in lui suggella
> Virtualmente l'alma, che ristette...
> Perocchè quindi ha poscia sua paruta,
> E chiamat' ombra : e quindi organa poi
> Ciascun sentire, insino alla veduta...

(2) *Convito*, II, 9. E dico corporeo e incorporeo per le diverse opinioni ch'io trovo di ciò. — Cf. S. Augustin, *Epist.*, 13, 159, 162, où il repousse comme téméraire cette opinion, tout en laissant subsister le doute. —

dissiper un jour devant la réalité, et ces corps fugitifs faire place à ceux qui, ranimés, sortiront du tombeau ; car, si la corruptibilité est la loi commune des créatures, elle l'est de celles seulement qui sont l'ouvrage d'autres êtres créés : ainsi périssent les choses que produit le concours de la matière première et de l'influence astrale; mais ainsi ne périssent point celles qui sortent immédiatement des mains du Créateur. L'Éternel ne communique pas une vie tarissable : l'humanité est son œuvre; l'humanité tout entière, âme et corps, fut formée de ses mains, animée de son souffle, au sixième jour du monde : au dernier jour, tout entière, corps et âme, elle revivra (1).

2. Une analyse détaillée nous fera pénétrer plus avant dans la connaissance de nous-mêmes.

Parmi les phénomènes intellectuels, les premiers, qu'on peut appeler élémentaires, sont les sensations; et, entre celles-ci, les plus compliquées sont celles de la vue. Les objets eux-mêmes ne viennent point réelle-

---

Voyez aussi Origène et saint Irénée, cités par Brucker (*Hist. crit. Phil., in Platone*), comme ayant admis l'existence d'un corps subtil qui accompagnait l'âme après la mort. On la retrouve avec de curieux développements dans les fragments du commentaire de Proclus sur le Xe livre de la République de Platon, publiés par le cardinal Maï. — *Auctores classici*, 1. Voyez aussi la Thèse sur Proclus par M. Berger.

(1) *Paradiso*, vii, 25-49.

    Ciò che da lei senza mezzo distilla
      Non ha poi fine, etc.
    E quinci puoi argomentare ancora
      Vostra resurrezion, se tu ripensi
    Come l'umana carne fessi allora,
    Che li primi parenti entrambo fensi.

Cf. S. Bonaventure, *Compendium*, i, 4.

ment visiter l'œil : ce sont leurs formes qui se transmettent par une sorte d'impulsion à travers l'air diaphane; elles vont s'arrêter dans le liquide de la pupille, où elles se réfléchissent comme en un miroir. Là elles sont accueillies par les esprits animaux affectés au service de la vision, qui les transmettent à leur tour et les représentent au cerveau : et c'est ainsi que nous voyons. Toute sensation s'accomplit de la sorte par une communication de l'objet au cerveau à travers un ou plusieurs milieux continus (1). La partie antérieure du viscère cérébral est la source commune de la sensibilité. Là réside ce sens commun, où toutes les impressions reçues par les organes se ramènent et se comparent. Toutefois la prédominance de l'une de ces impressions efface les autres : l'âme, retenue par le charme d'un spectacle qui enchante les yeux, ne s'aperçoit pas de la fuite du temps, que l'horloge fidèle annonce à l'oreille (2). La sensibilité se prolonge en quelque manière par le secours de l'imagination. Et néanmoins l'imagination, affranchie des influences de la terre, peut s'éclairer d'une clarté céleste. Souvent elle nous ravit hors de nous-mêmes jusqu'à rester sourds au bruit de mille trompettes qui sonneraient à nos côtés (3). —

(1) *Convito*, III, 9. Description détaillée du phénomène de la sensation.
(2) *Purgatorio*, IV, 3.
  E però quando s'ode cosa o vede
  Che tenga forte a se l'anima volta
  Vassene 'l tempo, e l'uom non se n'avvede, etc.
(3) *Purgatorio*, XVII, 9.
  O immaginativa che ne rube
  Tal volta sì di fuor, ch'uom non s'accorge

Enfin les sensations n'indiquent au premier abord que des qualités sensibles, et cependant elles manifestent certaines dispositions de l'objet d'où elles émanent; elles sont accompagnées d'un sentiment d'utilité ou de péril. Il y a donc une faculté qui s'empare d'elles, qui dégage et saisit les rapports implicitement perçus, et les propose aux opérations de l'entendement : on l'appelle, en ramenant à sa valeur primitive un nom depuis longtemps dénaturé, Appréhension (1). Ainsi le fait sensible est l'élément nécessaire de toute notion intelligible. Cette initiative des sens dans les opérations de l'esprit humain est une des fatalités de notre nature, la cause principale de notre faiblesse; c'est en même temps (chose merveilleuse) la condition de notre perfectionnement rationnel, et par conséquent de notre grandeur (2).

L'imagination et l'appréhension marquent deux points de transition entre la passivité et l'activité. Au-dessus de cette première et basse région de l'âme, trou-

Perchè d'intorno suonin mille tube
Chi muove te se 'l senso non ti porge?
Muove ti lume, che nel ciel s'informa.

(1) *Purgatorio*, XVIII, 8.

Vostra apprensiva da esser verace
Tragge intenzione, e dentro a voi lo spiega
Si che l'anima ad essa volger face.

(2) *Paradiso*, IV, 14.

. . . . Vostro ingegno
. . . Solo da sensato apprende
Ciò, che fa poscia d'intelletto degno.

Cf. pour tout ce paragraphe, Aristot., *de Anima*, II, 7; III, 3, 4. 8. — S. Thomas, 1ᵖ, q. 78, 4; q. 84, 5, 6. — Boëce, lib. V, metr. 4. — S. Bonaventure, *Compendium*, II, 45.

blée par des apparitions importunes et souvent mensongères, s'élève la région supérieure, où tout est spontané, pur et radieux. Les anciens l'appelèrent *Mens* : par elle l'homme se distingue des animaux (1). On y peut découvrir diverses facultés : celle qui constitue la science, celle qui conseille, celle qui invente et celle qui juge. On peut aussi opposer entre eux l'intellect, qui marche hardiment à la recherche de l'inconnu ; et la mémoire, qui revient sur les traces laissées par lui, sans pouvoir toujours les suivre jusqu'au bout (2). On peut encore distinguer l'intellect actif et l'intellect passif. L'intellect actif élabore et combine les perceptions reçues ; il les élève à l'état de notions, et combine les notions à leur tour. La pensée se pense elle-même, toutefois elle s'ignore à sa naissance (3) : c'est par un travail prolongé qu'elle prend connaissance et possession de soi ; l'activité, portée à son degré le plus haut, devient réflexion. L'intellect passif contient en puissance les formes universelles, telles qu'elles existent en acte dans la pensée divine. C'est par lui que toutes choses peuvent être comprises ; il demeure donc nécessairement indéterminé, susceptible de mo-

---

(1) *Convito*, III, 2... Solamente dell' uomo e delle divine sussistenzie questa mente si predica... Cf. Boëce, lib. I, pros. 4.
(2) *Convito*, ibid. *Inferno*, II, 3. *Paradiso*, I, 3.

  Nostro intelletto si profonda tanto
  Che retro la memoria non può ire.

Cf. Aristot., *de Animâ*, III, 3, 4.
(3) *Paradiso*, x, 12.

  Non m'accors' io se non com' uom s'accorge
  Anzi 'l primo pensier, del suo venire.

difications diverses, et on l'appelle aussi l'intellect possible (1).

Il faut reconnaître encore dans l'esprit humain d'autres éléments qui offrent un caractère passif. On y aperçoit des idées premières dont on ne saurait expliquer l'origine, des vérités évidentes qui se croient sans se démontrer (2). Et, si l'on refuse de les avouer innées, du moins est-on contraint d'admettre comme telles les facultés qui composent le fond de notre être (3). Il y a donc des principes qui ne nous viennent point du dehors, et que nous ne nous sommes point donnés. Il y a une création intérieure continuelle qui annonce la présence invisible de la Divinité (4). Par en haut comme par en bas, par la raison comme par les sens,

---

(1) *Purgatorio*, xxv, 21. Allusion à une erreur d'Averrhoës.

> Sì che per sua dottrina fè disgiunto
> Dall' anima il possibile intelletto.

Convito, iv, 21. Cf. Aristot., *de Animâ*, iii, 5, 6; et pour la réfutation d'Averrhoës, S. Thomas, *Sum. c. Gent.*, ii, 73; et les deux écrits d'Albert le Grand et de S. Thomas, *Contra Averrhoïstas*.

(2) *Purgatorio*, xviii, 19.

> Però là onde vegna lo 'ntelletto
> Delle prime notizie, uomo non sape, etc.

Cf. Aristot., *Anal.*, post., i, 31.
Paradiso, ii, 15.

> . . . . . Per se noto,
> A guisa del ver primo, che l'uom crede.

Cf. Aristot., *de Animâ*, iii, 9. *Topic.*, i, 1.

(3) *Purgatorio*, xviii, 21.

> Innata v' è la virtù che consiglia.

(4) *Convito*, iv, 21. In questa cotale anima è la virtù sua propria, e la intellettuale, e la divina. — Cf. Platon, — Cicéron, *de Senectute*, 21. — *Lib. de Causis*, 3. Omnis anima nobilis habet tres operationes... operatio animalis, intellectualis et divina.

l'homme touche à ce qui n'est pas lui, et trouve des limites qui resserrent son indépendance.

Ces faits constatés serviront à marquer la route qui conduira de l'ignorance et de l'erreur à la science véritable. Le premier acte d'une étude consciencieuse sera de fixer les bornes où elle doit s'arrêter et au delà desquelles il serait téméraire de vouloir poursuivre la raison des choses. Le second sera d'abdiquer les préjugés antérieurement admis; car ceux qui n'ont rien appris parviennent à des habitudes vraiment philosophiques, plus facilement que d'autres qui avec de longs enseignements ont reçu beaucoup d'opinions fausses (1). — Ces conditions préliminaires étant remplies, il est permis de commencer des recherches efficaces. Le sage puisera d'abord aux sources de l'observation, puis il s'avancera lentement dans les voies du raisonnement; il portera du plomb à ses pieds : jamais il ne franchira, sans chercher l'appui d'une distinction secourable, les deux pas difficiles de l'affirmation et de la négation (2). Il ne se laissera pas retenir par les distractions qu'il rencontrera sur son chemin : si des

---

(1) *De Monarchiâ*, lib. I. Facilius et perfectius veniunt ad habitum philosophicæ veritatis qui nihil unquam audiverunt, quam qui audiverunt per tempora et falsis opinionibus imbuti sunt... *Paradiso*, xiii, 41.
(2) *Paradiso*, ii, 32.

    Esperienza. . . . .
    Ch' esser suol fonte a' rivi di vostre arte.

Ibid., xiii, 38.

    E questo ti fia sempre piombo a' piedi,
      Per farti muover lento com'uom lasso,
      Ed al si ed al no che tu non vedi...

pensées nouvelles viennent en quelque sorte croiser les pensées premières, elles se retardent mutuellement dans leur marche et s'éloignent du but (1). Trois mots résument ces préceptes : expérience, prudence, persévérance. — On entre par là dans cette calme possession du vrai qui constitue la certitude. La certitude repose sur des bases différentes, selon les divers ordres de connaissances où elle se rencontre. Elle est dans le témoignage des sens, lorsqu'il porte sur les objets propres à chacun d'eux; elle est dans ces axiomes indémontrables déjà indiqués naguère; elle est dans le consentement unanime des hommes sur les questions du domaine de la raison : car l'hypothèse d'une déception universelle, qui envelopperait le genre humain dans un invincible aveuglement, serait un blasphème horrible à prononcer (2). Toutefois, au pied des vérités connues éclosent toujours de nouveaux doutes, comme au pied des arbres poussent de nouveaux rejetons. La certitude reste toujours entourée de ténèbres humaines. La seule lumière qui n'ait pas d'ombre est celle de la foi (3).

(1) *Purgatorio*, v, 6.
> Che sempre l'uom in cui pensier rampolla
> Sovra pensier, da se dilunga il segno,
> Perchè la fuga l'un dell'altro insolla.

Cf. Hugo à S. Victore, *Instit. Monast.*, IV.

(2) *Convito*, IV, 8; II, 9. Chè se tutti fossero ingannati, seguiterebbe una impossibilità, che pure a ritraere sarebbe orribile. Cf. Aristot., *Topic.*, lib. I, cap. I. S. Thomas, prima. q. 85, art. 6.

(3) *Paradiso*, IV, 44. — *Convito*, II, 9; IV, 15. La cristiana sentenza è di maggior vigore, ed è rompitrice d'ogni calunnia, mercè della somna luce del cielo, che quella allumina.

5. Dans l'ordre moral, les premiers faits qui se rencontrent sont encore du nombre de ceux où l'âme se montre passive ; c'est pourquoi on les nomme Passions. Il serait long de les énumérer ; mais toutes se ramènent à des dispositions antérieures qu'on appelle appétits. Il y a trois sortes d'appétits. Le premier, naturel, qui n'a point conscience de soi, et qui est la tendance irrésistible de tous les êtres physiques à la satisfaction de leurs besoins ; le second, sensitif, qui a son mobile externe dans les choses sensibles, et qui est concupiscible ou irascible tour à tour ; le troisième, intellectuel, dont l'objet n'est appréciable qu'à la pensée. Ces appétits eux-mêmes peuvent se réduire à un seul principe commun, l'amour (1). Depuis le Créateur jusqu'à la plus humble des créatures, rien n'échappe à cette grande loi (2). — Les corps simples tendent par l'attraction, qui est une sorte d'amour, au point de l'espace qui leur fut destiné. Les corps composés ont une sympathie, un amour du même genre que le précédent pour les lieux où ils se formèrent : ils y acquièrent la plénitude de leur développement, ils en tirent toutes leurs vertus. Les plantes manifestent déjà une préférence, un amour plus marqué pour les climats, les expositions, les terrains plus favorables à leur com-

---

(1) *Convito*, iv, 21, 26. — Cf. S. Thom s, 1ª, 2ᵉ, q. 26, 1.
(2) *Purgatorio*, xvii, 31.

    Nè Creator, nè creatura mai
    . . . . . Fu sanz' amore,
    O naturale o d'animo e tu 'l sai.

Cf. Platon, *Banquet*. — Boëce, lib. III, pr. 2 ; lib. IV, met. 6.

plexion. Les animaux donnent des signes d'un attachement plus vif, d'un amour aisément reconnaissable qui les rapproche entre eux, et quelquefois les rapproche de l'homme. L'homme enfin est doué d'un amour qui lui est propre pour les choses honnêtes et parfaites; ou plutôt, comme sa nature tient à la fois de la simplicité et de l'immensité de la nature divine, l'homme réunit en lui tous ces genres d'amour. De même que les corps simples, il cède à l'attraction, qui agit sur lui par la pesanteur; il emprunte aux corps composés la sympathie qu'il ressent pour le lieu de sa naissance; ainsi que les plantes, il a des préférences pour les aliments favorables à sa santé; à l'exemple des animaux, il s'attache aux apparences qui flattent les sens; enfin, et c'est là sa prérogative humaine, ou pour mieux dire angélique, il aime la vérité et la vertu (1). Or les trois premières sortes d'amour sont l'œuvre de la nécessité; dans les deux dernières seulement, qui émanent des sens et de l'intelligence, l'être moral se retrouve. C'est là qu'une étude plus attentive fera découvrir le point où l'existence passive finit, où l'activité commence.

Aussitôt qu'un objet capable de plaire se présente, il nous réveille par une sensation de plaisir. La faculté qu'on nomme appréhension entre en exercice, elle per-

(1) *Convito*, III, 5. Onde è da sapere che ciascuna cosa come detto è di sopra, ha suo speciale amore, come le corpora simplici hanno amore naturato in sè al loro luogo propio, e però la terra sempre discende al centro, etc. Gli uomini hanno lor propio amore, alle perfette e oneste cose, e perocchè l'uomo (avvegnachè una sola sustanza sia tutta sua forma) per la sua nobiltà ha in se della natura divina, tutti questi amori puote avere e tutti gli ha.

çoit le rapport de l'objet avec nos besoins, elle le développe jusqu'à faire que l'âme se retourne vers lui et s'y incline : cette inclination est l'amour ; et le plaisir nouveau dont cette modification est accompagnée nous la rend chère et en même temps durable. Puis l'âme ébranlée entre en mouvement : ce mouvement spirituel est le désir, ce désir ne trouve de repos que dans la jouissance, c'est-à-dire dans la possession de l'objet aimé (1). Tel est le fait universel, tel est, pour parler le langage de l'école, la matière de l'amour, toujours bonne en elle-même, car c'est l'ouvrage d'une disposition spécifique, naturelle, qui ne se révèle que par ses effets, et dont le premier acte, instantané et irréfléchi, n'est digne ni de louange ni de blâme (2). — Mais

(1) *Purgatorio*, xviii, 7-11.

> L'animo ch'è creato ad amor presto
> Ad ogni cosa è mobile che piace,
> Tosto che dal piacere in atto è desto...
> E se rivolto in ver di lei si piega,
> Quel piegare è amor, quello è natura
> Che per piacer di nuovo in voi si lega.
> Cosi l'animo preso entra 'n disire
> Ch'è moto spiritale, e mai non posa
> Fin che la cosa amata il fà gioire.

Cf. Aristot., *de Animâ*, iii. — S. Thomas, 1ª, 2ᵃᵉ, q. 26, 2.

(2) *Purgatorio*, xviii, 17-20.

> Ogni forma sustanzial che setta
> E da materia ed è con lei unita,
> Specifica virtude ha in se colletta,
> La qual sanza operar non è sentita...
> . . . . . E questa prima voglia
> Merto di lode e di biasmo non cape.

Ibid., 13.

> . . . . . Forse appar la sua matera
> Sempre esser buona, ma non ciascun segno
> È buono, ancor che buona sia la cera.

l'amour devient vertueux ou coupable, selon le choix qu'il fait entre les choses qui le sollicitent. Avant que l'âme revêtît les formes corporelles sous lesquelles elle devait devenir enfant, Dieu la regarda avec complaisance. Heureux lui-même, il lui communiqua l'impulsion qui la fait revenir à lui en cherchant le bonheur ; il ne cesse de l'attirer encore, en faisant luire devant elle les rayons de son éternelle clarté. Elle, à son tour, ne saurait pas plus s'empêcher de l'aimer qu'elle ne saurait se haïr elle-même (1). Si elle participe plus que tout être terrestre à la nature divine, et s'il est de la nature divine de vouloir exister, l'âme aussi veut exister, elle le veut de toute l'énergie qui est en elle, et comme son existence tout entière dépend de Dieu, elle veut naturellement lui être unie, pour assurer son existence (2). Puis, les attributs de Dieu se réfléchissant dans les qualités et les vertus humaines, quand l'âme les découvre dans une autre âme sa pareille, elle s'y unit spirituellement, elle l'aime aussi (3). Enfin la création tout entière lui apparaît comme le champ qui

(1) *Purgatorio*, xvi, 29.

> Esce di mano a lui che la vagheggia,
> Prima che sia, a guisa di fanciulla
> Che piangendo e ridendo pargoleggia,
> L'anima simplicetta che sa nulla,
> Salvo, che mossa da lieto fattore
> Volentier torna a ciò che la trastulla.

(2) *Convito*, iii, 2. L'anima umana più riceve della natura divina. E perocchè naturalissimo è in Dio volere essere, l'anima umana esser vuole naturalmente... e perocchè il suo essere dipende da Dio naturalmente d:ri e vuole con Dio essere unita... Platon, *Phèdre*. — Saint Thomas, 1ª, 2ª, q. 10, 1.

(3) *Convito*, iii, 2.

garde les traces de l'éternel cultivateur, et chaque créature comme digne d'être aimée selon la mesure du bien qu'il a produit en elle (1). Telle est la forme légitime de l'amour : elle consiste dans cette juste proportion de nos affections, qui les fait se porter d'abord vers le bien suprême, et se mesurer elles-mêmes pour les biens inférieurs (2). — L'amour peut prendre des formes moins pures. L'âme ignorante, aux premières et plus viles jouissances qu'elle rencontre, s'y trompe, et les poursuit avec une ardeur téméraire (3). D'autres fois elle se ralentit dans la recherche du bien véritable, ou, plus malheureuse encore, elle se détourne vers le mal. On a déjà vu comment de ces trois sortes d'aberrations dérivent les sept iniquités capitales (4). — Il est donc vrai de dire que l'amour est la semence commune de la justice et du péché (5). Comment énumérer tous les fruits bons ou mauvais qu'il portera? La jalousie, le soin de la conservation de l'objet aimé, le zèle de sa gloire, enfin l'union avec lui, l'union qui assimile deux

---

(1) *Paradiso*, xxvi, 22. — Cf. Hugo à S. Victore, *adnotationes in Ecclesiastem*.
(2) *Purgatorio*, xvii, 53.

    Mentre ch' egli è ne' primi ben diretto,
    E ne' secondi se stesso misura,
    Esser non può cagion di mal diletto.

(3) *Purgatorio*, xvi, 51.
(4) Voyez ci-dessus, ch. ii.
(5) *Purgatorio*, xvii, 55.

    . . . . . Esser conviene
    Amor sementa in voi d'ogni virtute,
    E d'ogni operazion che merta pene.

Cf. Platon, *Banquet*. — S. Augustin : « Boni aut mali mores sunt boni aut mali amores. »

êtres entre eux et les confond en un (1)? Comment décrire l'action bienfaisante, régénératrice, d'une tendresse chaste? Comment expliquer la contagion réciproque des affections sensuelles (2)? En opérant dans le secret des cœurs de si étonnantes révolutions, l'amour, quelque passif qu'il soit à son origine, se montre actif en ses résultats.

Mais, si cette activité ne se détermine qu'en présence des sollicitations du monde extérieur, peut-on dire qu'elle soit libre? — Une opinion commune et trompeuse attribue tous nos actes à des astres, comme si le ciel entraînait tous les êtres dans une direction nécessaire. Le ciel exerce sans doute une sorte d'initiative sur la plupart des mouvements de notre sensibilité; mais cette initiative peut rencontrer en nous une résistance qui, laborieuse d'abord, devient invincible après avoir fidèlement combattu (3). Une puissance plus grande, celle de Dieu, agit sur nous sans nous contraindre. En nous il a créé cette

---

(1) *Purgatorio*, xxx, 13.
Convito, iii, 2; iv, 1... Onde Pittagora dice : Nell' amistà si fa uno di più. Cf. Cicer., *de Officiis*, i, 16. — S. Thomas, 1ª, 2ᵃᵉ, q. 28, 1.
(2) *Inferno*, v, 34. — *Purgatorio*, xxx, 41; xxxi, 8. — *Convito*, iii, 8. *Vita nuova*, passim. — Cf. Platon, *Banquet*, *Phèdre*.
(3) *Purgatorio*, xvi, 25.

    Voi che vivete ogni cagion recate
      Pur suso al cielo, si come se tutto
      Movesse seco di necessitate...
    Lo cielo i vostri movimenti inizia,
      Non dico tutti, ma posto ch' io 'l dica
      Lume v'è dato a bene ed a malizia,
    E libero voler che, se fatica
      Nelle prime battaglie del ciel dura,
      Poi vince tutto, se ben si notrica.

Cf. Platon. *Timée*. — S. Thomas, 1ª, q. 83, 1; 1ª, 2ᵃᵉ, q. 9, 5.

partie meilleure de nous-mêmes, qui n'est point soumise aux influences du ciel. Il nous a départi la volonté libre : et ce don, le plus excellent, le plus digne de sa bonté, le plus précieux à ses regards, toutes les créatures intelligentes, et elles seules, l'ont reçu (1). La volonté ne saurait fléchir que par sa propre détermination; pareille à la flamme, que les efforts répétés d'une force étrangère ne peuvent contraindre à descendre, contre l'essor naturel qui la fait monter. Souvent, il est vrai, la volonté semble céder à la violence; mais c'est encore en vertu de son choix, c'est un mal qu'elle subit par la crainte d'un mal plus grand (2). Il est encore vrai que les mouvements instinctifs échappent à son empire, et que souvent, malgré elle, le sourire et les larmes trahissent les plus secrètes pensées (3). Mais, hors de ces circonstances, elle demeure souveraine dans son élection : placée en présence de deux objets qui exer-

1) *Purgatorio*, xvi, 27.

    A maggior forza ed a miglior natura
    Liberi soggiacete, e quella cria
    La mente in voi, che 'l ciel non ha in sua cura.

Ibid., xviii, 23. — *Paradiso*, v, 7.

    Lo maggior don che Dio per sua larghezza
    Fesse creando, ed alla sua bontate
    Più conformato, e quel che più apprezza,
  Fu della volontà la libertate
    Di che le creature intelligenti
    E tutte e sole furo e son dotate.

Cf. Aristot., *Ethic.*, iii, 5. — Boëce, l. V, pr. 2. — S. Thomas, prima, q. 59, 3.

(2) *Paradiso*, iv, 26-34.

(3) *Purgatorio*, xxi, 40.

    Ma non può tutto la virtù che vuole, etc.

ceraient sur elle un égal attrait, elle demeurerait éternellement indécise (1) ; il faut donc admettre avec la volonté une faculté qui la conseille, et qui veille, comme dit le poëte, sur le seuil de l'assentiment, pour accueillir ou rejeter les affections bonnes ou mauvaises (2). Ainsi, en supposant qu'une nécessité fatale préside en nous à la naissance de l'amour, en nous aussi est une puissance capable de contenir ses débordements.

Or le conseil qui assiste à nos décisions, c'est le discernement. C'est lui qui saisit les différences des actes en tant qu'ils sont coordonnés à une fin ; on peut l'appeler l'œil de l'âme, et le plus beau rameau qui surgisse de la racine de la raison (3). C'est par lui que l'ordre moral se rattache à l'ordre intellectuel : la volonté ne peut en effet agir sans le concours de l'entendement ; mais ce concours ne saurait être parfait sans une parfaite égalité des deux puissances, qui ne se rencontre point dans notre nature déchue (4). Le discernement, quand il s'applique à la distinction du bien

---

(1) *Paradiso*, iv, 1.
> Intra duo cibi distanti e moventi
> D'un modo, prima si morria di fame
> Che liber' uomo l'un recasse a' denti.

(2) *Purgatorio*, xviii, 21.
> . . . . . La virtù che consiglia
> E dell' assenso de tener la soglia.

Cf. S. Thomas, 1ª, 2ᵃᵉ, q. 14, 2.

(3) *Convito*, ii, 3 ; iv, 8. Lo più bel ramo che dalla radice razionale consurga, si è la discrezione. Che conoscere l'ordine d'una cosa ad altra propio atto di ragione. — Cf. S. Thomas, *Prolog. in Ethic. Aristot.*

(4) *Paradiso*, v, 2; vii, 20; xv, 27.

et du mal, reçoit le nom de conscience, et alors aussi on y sent quelque chose de passif, d'étranger à la personnalité humaine. Pour le méchant, il y a là un ver rongeur qui ne lui laisse pas de repos; une écume qu'il voudrait vainement rejeter loin de lui : pour l'homme de bien, le sentiment de son innocence est comme une armure solide, ou comme un compagnon fidèle dont la présence le rassure au milieu des dangers (1).

Ici encore il importe de presser les observations qui viennent d'être recueillies, et d'en déduire les conséquences pratiques. L'antagonisme du vice et de la vertu était le sujet d'une fable qui fut chère aux poëtes et aux philosophes de l'antiquité, comme symbole et comme leçon. Le poëte italien s'en empare et la rajeunit. — Deux femmes lui ont apparu. L'une était pâle, difforme et bègue; mais le regard arrêté sur elle semblait lui rendre la beauté, la couleur et la voix : elle chantait, et, sirène harmonieuse, elle captivait déjà les oreilles imprudentes. L'autre se montrait à son tour simple et vénérable; elle jetait un superbe regard sur sa rivale, et faisant déchirer ses vêtements, la laissait voir atteinte d'une infecte corruption. De ces femmes, l'une était la Volupté, l'autre la Sagesse (2).

Mais la lutte est facile à qui n'est point tombé; pour

(1) *Inferno*, xxviii, 39.— *Purgatorio*, xiii, 30.— Cf. Platon, *Republ.*, passim. — Cicer. : Mea mihi conscientia pluris quam omnium sermo. — S. Thomas, 1ª, q. 79, 13; 1ª, 2æ, q. 94, 1.
(2) *Purgatorio*, xix, 10.
Mi venne in sogno una femmina balba, etc.

la contempler dans tout son intérêt, il la faut saisir en son moment douteux, à ce point où, longtemps retenue dans le sombre empire du vice, l'âme en sort par une heureuse délivrance, et s'efforce de rentrer dans le domaine de la vertu. Le poëte s'est plu à décrire sous un voile allégorique, dont il est facile de percer le tissu (1), ce pèlerinage satisfactoire, cette route frayée par la miséricorde, qui conduit de la cité des méchants à la cité de Dieu. — L'homme, en son retour vers le bien, peut être arrêté par des obstacles de plus d'un genre. Le premier est l'isolement ; c'est le sort de celui qui, par sa chute, s'est détaché de la société religieuse, seule capable de lui offrir le point d'appui nécessaire pour se relever. Ensuite vient la négligence, qui fait retarder jusqu'aux derniers moments les soupirs salutaires ; puis la mort, qui arrive inattendue, et qui interrompt de stériles regrets ; et, d'un autre côté, la multitude des préoccupations temporelles, qui ne laissent aux intérêts spirituels qu'une place étroite et disputée. Toutefois, ces obstacles réunis ne sauraient légitimer le désespoir. Jusqu'au dernier soir de la vie, la tige de l'espérance est encore verte ; la fleur du repentir y peut éclore (2). Trois conditions premières forment comme les trois

(1) *Purgatorio*, viii, 7.
> Aguzza qui lettor, ben gli occhi al vero
> Che 'l velo è ora ben tanto sottile,
> Certo, che 'l trapassar dentro è leggiero.

(2) *Purgatorio*, iii, 46 ; iv, 58 ; v, 19 ; vii, 51.
> . . . . . Sì non si perde
> Che non possa tornar l'eterno amore
> Mentre che la speranza ha fior del verde.

degrés qui conduisent au seuil de l'expiation. Il faut une conscience fidèle et qui réfléchisse dans sa transparence les fautes passées ; il faut une douleur puissante qui fende et calcine la dureté du cœur ; il faut une résolution sévère de satisfaire à la justice éternelle par un châtiment spontané. Mais le coupable ne saurait être juge de sa propre sincérité, arbitre de la mesure de pleurs qu'il doit répandre, seul exécuteur des peines qu'il encourut. De là, la nécessité d'un ministère extérieur, d'un tribunal des âmes, dont le juge, réunissant en ses mains les deux clefs de la science et de l'autorité, puisse ouvrir et fermer, selon le mérite, la porte de la réconciliation (1). Cette porte livre l'entrée d'une carrière humiliante et laborieuse, mais où la fatigue diminue et l'ignominie s'efface, avec le nombre de pas qui restent à faire pour arriver au terme. Malheur aussi à qui regarderait en arrière ! pour lui s'évanouirait le fruit des épreuves accomplies (2). — Celui qui voudra marcher jusqu'au bout dans la voie s'appliquera d'abord à la méditation des exemples que l'histoire profane et l'Écriture sainte lui fourniront, des vices auxquels il se livra et des vertus contraires. Ainsi envisagés en des types vivants où ils eurent leur plus

(1) *Purgatorio*, IX, 43.

> Vidi una porta, e tre gradi di sotto.
> Per gire ad essa di color diversi,
> Ed un portier ch' ancor non facea motto, etc.

Cf. S. Grégoire, *Homilia*, XVI, *in Ezechielem*. S. Bonaventure, *Compendium*, VI, 25.

(2) *Purgatorio*, IX, 38, 44.

> . . . . . Di fuor torna chi 'n dietro si guata.

complète expression, le vice et la vertu ne sauraient se comparer sans déterminer une préférence énergique (1). Dès lors on se portera sans retard à pratiquer les actes contraires à ceux dont on voudra détruire en soi la trace. L'habitude détruira par une force égale les dispositions perverses formées par l'habitude, et, seconde nature elle-même, elle neutralisera les tendances mauvaises de la nature (2). Ces efforts et les résistances qu'ils rencontreront conduisent à l'emploi de la souffrance volontaire comme moyen de réprimer, ou, pour parler le langage ascétique, de mortifier, d'anéantir les appétits déréglés. L'image de Dieu, qui remplissait l'âme innocente, a disparu devant le péché ; elle a laissé à sa place un vide que la douleur réparatrice peut seule combler (3). Toutefois les ressources réunies que la science la plus profonde du cœur humain peut mettre au service du plus austère courage seraient encore insuffisantes. Il est de secrètes horreurs qui reviennent troubler la mémoire. Le démon de la crainte se glisse encore à travers les sentiers de la pénitence (4). D'ailleurs,

(1) *Purgatorio,* passim, xiii, 15.
(2) *Purgatorio,* passim. *Convito,* iii, 8 : Questa differenza è intra le passioni connaturali e le consuetudinarie, che le consuetudinarie, per buona consuetudine del tutto vanno via... Ma le connaturali... del tutto non sene vanno quanto al primo movimento ; ma vannosene bene del tutto quanto a durazione, perocchè la consuetudine è equabile alla natura... — Cf. Aristot., *Ethic.*, ii, 1.
(3) *Purgatorio,* xix, 31. — *Paradiso,* vii, 28.
   Ed in sua dignità mai non rinviene.
   Se non riempie dove colpa vota
   Contra mal dilettar con giuste pene.
Cf. S. Bonaventure, *Compendium.* vii, 2.
(4) *Purgatorio,* viii, 31.

l'œuvre de la régénération morale est une seconde création, elle ne s'aurait s'accomplir sans l'intervention divine. On la sollicitera par la prière; la prière fait violence à la Toute-Puissance même, parce que la Toute-Puissance s'est fait une douce loi de se laisser vaincre par l'amour, pour vaincre à son tour par la bonté (1). Enfin, au terme de la carrière expiatoire comme au commencement, pour en sortir comme pour y entrer, il faudra se soumettre encore à une autorité religieuse, et subir ces mêmes conditions sans lesquelles Dieu ne traite pas avec nous : l'aveu pour l'oubli, les larmes pour la consolation, et la honte pour la réhabilitation définitive (2). La réhabilitation replace l'homme sur le haut degré qu'il occupait d'abord ; elle le refait tel qu'il était au sortir des mains du Créateur ; elle lui reconstruit dans les joies de sa conscience une sorte d'Éden moral, une béatitude la plus grande qui se puisse goûter sur la terre. Cette béatitude terrestre consiste dans l'exercice vertueux des facultés humaines, dans une activité constante qui se rend témoignage de la légitimité de ses actes (3). Néanmoins telle n'est

---

(1) *Purgatorio*, ix, 28 ; ix, 1, etc., etc.
Purgatorio, vi, 10. — *Paradiso*, xx, 33.

> Regnum cœlorum violenza pate
> Da caldo amore, e da viva speranza,
> Che vince la divina volontate,
> Non a guisa che l'uomo all' uom sovranza :
> Ma vince lei, perchè vuole esser vinta ;
> E vinta vince con sua beninanza.

Cf. Boëce, l. V, pros. 6.
(2) *Purgatorio*, xxx, 1, etc. — Cf. S. Thomas, 3ª, q. 84-90.
(3) *Purgatorio*, xxvii et suiv. *De Monarchia*, iii... Beatitudinem hujus

pas la dernière limite qui ait été mise au bonheur de l'homme ; ou plutôt la raison l'avait posée là, la révélation l'a portée plus loin (1).

II

Le même drame qui vient de se dénouer dans l'individu va se représenter dans l'histoire, avec d'autres péripéties et sous des formes plus solennelles. Le poëte a contemplé, au milieu d'une vision magnifique (2), les destinées religieuses, par conséquent les destinées intellectuelles et morales du genre humain.

La scène s'ouvre dans le paradis terrestre, lieu de délices ineffables, prémices des complaisances de Dieu, séjour de cet âge d'or dont le souvenir imparfait charmait encore les rêves des anciens. Mais, en présence des merveilles récentes de la création et de l'universelle obéissance que la terre et le ciel rendaient à leur auteur, une femme seule, et qui naguère n'était pas encore, ne voulut pas souffrir le voile d'heureuse ignorance qui couvrait ses yeux. L'homme fut son complice : banni, il échangea des joies sans amertume contre les maux et les pleurs. Toutefois un autre âge d'or devait

vitæ que in operatione propriæ virtutis consistit, et per terrestrem paradisum figuratur...
Convito, IV, 17. Felicità è operazione secondo virtù, in vita perfetta.— Cf. Aristot., *Ethic.*, 1, 8.

(1) *Convito*, IV, 22. — Cf. Platon, *Epinomis*, *Republ.*, VI.
(2) *Purgatorio*, XXIX-XXXIII.

refleurir, et la race déchue rentrer dans son héritage (1).
— Ce retour triomphal est figuré par le miraculeux cortége qui vient prendre possession de l'Éden retrouvé. Au milieu des pompes de l'Apocalypse, précédé des vingt-quatre vieillards qui sont les écrivains de l'ancienne loi, entouré des quatre animaux prophétiques, image des quatre évangélistes, et suivi de sept autres personnages, où l'on reconnaît les auteurs des autres livres de la loi nouvelle (2), le Christ s'avance sous les traits d'un griffon, dont le corps terrestre et les ailes aériennes rappellent l'union hypostatique des deux natures humaine et divine (3). Il conduit un char, emblème de l'Église, sur lequel une vierge se tient debout, parée de vêtements symboliques ; c'est la Théologie (4) : à sa droite trois nymphes, et quatre à sa gauche, représentent les Vertus théologales et cardinales, marchant d'un pas harmonieux. Au son des hymnes que répètent les anges, le cortége s'avance et se dirige vers l'arbre de la science du bien et du mal,

(1) *Purgatorio*, xxix, 9.

. . . Là dove ubbidia la terra e 'l cielo
Femmina sola e pur testè formata
Non sofferse di star sotto alcun velo.

Paradiso, xxvi, 39. — Cf. Hugo à S. Victore, *Erudit. theolog.*, i, 6. — S. Bonaventure, *Compendium*, ii, 63.

(2) *Purgatorio*, xxix, 28, 31, 45. — Cf. Richard à S. Victore, *super Apocalypsim*.

(3) *Purgatorio*, ibid., 56. — Cf. S. Bonaventure, *in Psalm.*, 90 ; *in Lucam*, xiii, 34.

(4) *Purgatorio*, xxx, 11.

Sovra candido vel, cinta d'oliva
Donna m'apparve, sotto verde manto,
Vestida di color di fiamma viva.

devenu, selon une belle tradition, l'arbre de salut, la croix rédemptrice (1). Le char y demeure attaché, et, tandis que la vierge glorieuse, avec ses sept compagnes, demeure pour veiller sur lui, le griffon s'éloigne avec les vieillards : le Christ abandonnant la terre, laissant l'Église sous la garde de la science et de la vertu (2). — Mais voilà qu'un aigle tombe comme la foudre sur l'arbre, dont il arrache l'écorce, et sur le char, qui fléchit sous son poids. Voici venir un renard qui s'insinue au dedans ; voici qu'une portion en est arrachée par un dragon qui sort de la terre entr'ouverte. Il est aisé de reconnaître jusqu'ici les persécutions impériales qui ébranlèrent l'Église, l'hérésie qui la désola et les schismes qui la déchirèrent. — Et déjà l'aigle avait reparu, moins menaçant, non moins funeste ; il avait secoué ses plumes sur le char sacré, qui tout à coup subit une monstrueuse transformation. Sur ses diverses parties sept têtes armées de dix cornes s'élèvent ; une prostituée s'assied au milieu, un géant se tient debout à ses côtés, échangeant avec elle d'impures caresses, qu'il interrompt pour la flageller cruellement. Puis, détachant le char métarmophosé, il l'emmène, et se perd avec lui dans les profondeurs de la

---

(1) *Purgatorio*, xxxii, 15. — Cf. S Bonaventure, *Serm.*, 1, *de Invent. S. Crucis.*

Il y a aussi dans cette allégorie un souvenir de l'arbre de la vision de Daniel, qui est encore une image de la croix. S. Bonaventure, *Compendium*, iv, 21.

(2) *Purgatorio*, xxxii, 17-30.

> Sola sedeasi in su la terra vera
> Come guardia lasciata li del plaustro.

forêt. N'est-ce point encore là l'Église, enrichie par les largesses des princes devenus ses protecteurs, tristement défigurée, enfantant dans sa corruption les sept péchés capitaux, dominée par des pontifes adultères ? N'est-ce point la cour romaine échangeant avec le pouvoir temporel des flatteries coupables, que suivront de cruelles injures ; et le saint-siége enfin, arraché du pied de la croix du Vatican, pour être transféré dans une contrée lointaine, au bord des fleuves étrangers (1)? Toutefois ces maux ne seront pas sans terme ni sans vengeance. On ne touche pas impunément à l'arbre qui perdit et qui sauva le monde ; et, si l'Église a été faite militante ici-bas, c'est avec la possibilité des revers passagers, mais avec l'assurance de la dernière victoire (2).

III

En poursuivant ce genre d'induction qui doit nous devenir familier, et qui conclut des faits variés du monde visible aux invariables lois du monde invisible, nous sommes conduits par la pensée dans ces lieux où les expiations, commencées ici-bas au milieu de beaucoup de trouble et d'interruptions, s'achèvent sous une règle inaltérable. En même temps que les âmes s'y pu-

---

(1) *Purgatorio*, xxxii, 37-53. — Nous rappelons encore que nous n'acquiesçons pas à la sévérité de ces jugements dictés par la colère, écrits dans la douleur.

(2) *Purgatorio*, xxxii, 15; xxxiii, 12. — Cf. S. Bonaventure, *in Psalm.*, 1; *in Lucam*, xiii, 19. L'Église militante est figurée par le paradis terrestre.

rifient des souillures de la terre, elles sont initiées aux félicités du ciel. Et les peines, si rigoureuses qu'elles soient dans leur intensité, trouvent un adoucissement incomparable dans la certitude de leur fin.

1. On peut se représenter le Purgatoire comme une montagne dont les racines plongent dans l'Océan et dont la cime touche au ciel. Conique en sa structure, elle se divise en neuf parties. La première est une sorte de vestibule dont les habitants expient par un délai proportionné les obstacles que rencontra leur tardive pénitence. Ensuite se succèdent sept zones concentriques, superposées, toujours plus étroites à mesure qu'elles s'élèvent, et dans lesquelles se purifient les sept principaux vices, les sept formes coupables de l'amour. Au sommet enfin et au terme des épreuves, le paradis terrestre étend ses ombrages déserts, sous lesquels seulement les âmes régénérées vont boire à deux sources l'oubli de leurs fautes et le souvenir de leurs mérites (1).

2. Ceux qui peuplent ces régions mélancoliques s'y montrent revêtus des corps subtils dont on a déjà expliqué la formation ; corps inpalpables, échappant à qui les veut embrasser, n'interceptant point la lumière, et toutefois organisés pour que la souffrance soit possible au dedans et visible au dehors (2). C'est pourquoi des peines matérielles leur sont préparées, toutes mesurées

(1) *Purgatorio*, passim.
(2) *Purgatorio*, II, 27.

O ombre vane, fuor che nell' aspetto!

aux fautes qu'elles réparent : les fardeaux énormes qui courbent les épaules des superbes ; le cilice et la cécité des envieux ; la fumée où sont enveloppés ceux qui se livrèrent à la colère; la course incessante des paresseux; l'ignominieuse posture des avares couchés sur la terre, dont ils aimèrent trop les trésors; la faim, qui amaigrit le visage des gourmands ; et la flamme, d'où les voluptueux sortiront purs. A ces peines se joignent les autres moyens pénitentiaires dont l'ascétisme chrétien fait déjà l'essai en cette vie : la méditation, la prière et l'aveu (1).

5. Dans cette condition sévère que la mort leur a faite, les justes souffrants ont conservé les souvenirs de leur vie passée; et, si la science du présent leur manque, une opinion respectable, parce qu'elle est populaire, leur attribue la connaissance de l'avenir. Ils se retrouvent donc avec leurs facultés, leurs inclinations, leurs affections d'autrefois, hormis ce qu'il pourrait s'y rencontrer de pervers (2). Pour eux les rivalités terrestres ont disparu avec les distinctions terrestres dont elles furent les conséquences. S'ils gardent quelque intérêt aux cho-

   Tre volte dietro a lei le mani avvinsi
   Tre volte mi tornai con esse al petto.

Purgatorio, v, 9.

   Quando s'accorser, ch' io non dava loco
   Per lo mio corpo al trapassar de' raggi,
   Mutar lor canto in o lungo e roco.

Ibid., xxi, 49; xxv, 35; xxvi, 4.
(1) *Purgatorio*, passim. — Cf. Bonaventure, *Compendium*, vii, 2, 5. — Cf. Boëce, lib. IV, pros. 4.
(2) *Purgatorio*, ii, 56; viii, 42; xiv, 24, 33.

ses d'ici-bas, c'est par un commerce mutuel de compassion et de prières. Initiés à tous les mystères de la douleur, ils demandent que le ciel nous les épargne; et, de notre côté, nos oraisons et nos œuvres pieuses montent vers Dieu qu'elles fléchissent, pour redescendre en bénédictions sur ces justes dont elles abrègent la pénitence (1). Toutefois la conscience, qui fut mise dans l'homme pour contenir l'impatience de ses désirs, justifie à leurs yeux les rigueurs qu'ils endurent; elle leur fait accepter et presque chérir ces maux réparateurs (2). La pensée de l'accomplissement des décrets éternels, la certitude de l'heureuse impossibilité où ils sont de pécher désormais, l'espérance du glorieux héritage dont la possession ne saurait être différée pour eux au delà du dernier jour du monde, l'amour enfin qui ne les quitte pas; puis aussi les cantiques fraternels chantés ensemble; les textes sacrés répétés en de fréquents entretiens; la paix des journées sans nuages, les nuits passées sous la garde des anges (3); l'union de l'Église qui souffre avec celle qui combat et celle qui triomphe : c'est assez de consolations pour attendre l'heure de la délivrance.—Alors l'âme surprendra tout à coup en elle le sentiment de sa pureté recouvrée et de sa liberté reconquise : elle en voudra faire l'épreuve,

(1) *Purgatorio*, vii, 46; xix, 45; xi, 7; iii, 48; iv, 46; v, 25, etc. — Cf. S. Bonaventure, *Compendium*, vii, 4.
(2) *Purgatorio*, xxi, 27; xxvi, 5; xix, 26.
(3) *Purgatorio*, viii, 9. — Cf. S. Bonaventure, *Compendium*, vii, 3. *In magist. sent.*, lib. IV. Dist. 20, p. 1, q. 3. Les anges et les démons résents en purgatoire.

elle se trouvera joyeuse de l'avoir voulu; et, tandis que le mont sacré tremblera, et que d'innombrables acclamations se feront entendre, elle montera, portée par la seule volonté, vers les sphères du bonheur éternel (1).

IV

Après avoir accompagné l'humanité dans toutes les phases de cette existence mêlée de biens et de maux qu'elle traverse, il faut connaître le milieu où elles s'accomplissent. Car, si l'homme réfléchit en soi la nature comme une image raccourcie mais vivante, il laisse à son tour dans la nature comme un reflet de lui-même, plus pâle et moins animé, mais plus vaste. Ce sont deux foyers qui se renvoient les rayons lumineux : le premier les concentre, le second les disperse.

1. L'imperfection des connaissances contemporaines réduisait à un petit nombre les explications vraiment scientifiques des faits qui se succèdent dans la nature. La pluie, la foudre, les volcans, le flux et le reflux de la mer (2), tous les spectacles qui, par leur grandeur

---

(1) *Purgatorio*, xxi, 25.
> . . . . . Quando alcuna anima monda
> Si sente sì che surga, o che si muova
> Per salir su....
> Della mondizia il sol velar fa prova,
> Che tutta libera a mutar convento
> L'anima sorprende, e di voler le giova.

(2) *Purgatorio*, v, 38. — *Paradiso*, viii, 25 ; xvi, 28.
> E come 'l volger del ciel della luna
> Cuopre ed iscuopre i liti sanza posa...

Paradiso, xxiii, 21.

ou par leur fréquent retour, appellent une attention plus active, donnaient lieu à des hypothèses inégalement satisfaisantes, rarement unies par un lien logique, et ne formant pas entre elles un corps de doctrines. — Au contraire, l'ensemble des phénomènes physiques, le plan, les rapports, l'action réciproque des grands corps de la création, le système du monde enfin, se prêtaient aisément aux aperçus généraux, aux déductions de l'analogie, aux pressentiments d'une haute métaphysique, aux raisonnements qui s'appuient sur la considération des causes finales. La philosophie se retrouvait là dans son domaine.

2. Une cosmographie inexacte, mais universellement admise, fixait les dimensions du globe terrestre, et lui donnait 6,500 milles de diamètre, par conséquent 20,400 de circonférence(1). — La configuration de ce globe n'était guère mieux connue. Jérusalem, centre moral de l'humanité, était considérée aussi comme le centre géographique du continent consacré à l'habitation des hommes(2). Des sources de l'Èbre aux bouches du Gange, des extrémités de la Norvége à celle de l'Éthiopie, la terre habitée remplissait presque un hémisphère (3) : la mer embrassait l'autre ; et néanmoins une pensée prophétique faisait rêver au delà des colonnes d'Hercule des régions lointaines, protégées contre l'audace des navigateurs par une terreur supersti-

(1) *Convito*, II. 7, *in fine*.
(2) *Purgatorio*, XXVII, 1 ; II. 4.
(3) *Ibid*. — *Inferno*, XXXIV. 42.

tieuse qu'entretenaient de vieilles légendes (1). Restées en dehors de l'exploration savante, ces contrées antipodes devenaient le domaine et l'asile des imaginations mystiques. Il était naturel d'y marquer le site, désormais inaccessible, du paradis terrestre. Il était beau d'opposer le lieu où le premier père naquit pour perdre sa race à cet autre lieu sacré où le Fils de l'homme mourut pour la sauver. Ainsi la montagne d'Éden et la montagne de Jérusalem étaient comme les deux pôles du monde, et soutenaient l'axe sur lequel s'accomplissent ses révolutions. Il était convenable aussi de repeupler, en y plaçant les peines du purgatoire, réparatrices du péché, cette terre primitive devenue déserte par le péché même. Dès lors il convenait de la représenter, ainsi qu'on l'a fait, comme un cône élevé, divisé en plusieurs zones, au pied duquel expirent toutes les tempêtes qui pourraient interrompre le calme de la pénitence; tandis que le faîte se perd dans la région de l'air pur, où la pesanteur cesse d'exercer son pouvoir, et d'où il est facile de s'enlever aux cieux (2). — Au

(1) *Inferno*, xxvi, 27. — *Paradiso*, xxvii, 28.
(2) *Purgatorio*, iv, 25; xxi, 20.

> . . . . . Immagina Sion
> Con questo monte in su la terra stare,
> Si ch' amendue hann' un solo orizon.
> E diversi emisperi...
> Libero è qui da ogni alterazione.
> Di quel che il cielo in se da se riceve
> Esserci puote, e non d'altra cagione.
> Perchè non pioggia, non grando, non neve,
> Non rugiada, non brina più su cade, etc.

Paradiso, i, 51. — Cf. sur la position géographique et météorologique du Paradis terrestre, Bède, cité par S. Thomas, 1ᵃ, q. 102, 1. S. Jean

contraire, sous le sol que foulent nos pas s'ouvrent les gouffres de l'enfer. Au fond se trouve le point où tendent tous les corps (1). Là, nous avons vu l'esprit du mal résider dans un noyau de glace. Un vide semblable traverse dans sa profondeur l'autre moitié du globe. Ces abîmes souterrains attestent d'antiques bouleversements, antérieurs sans doute à l'espèce humaine, et pourtant conservés dans sa mémoire. Peut-être, quand l'ange mauvais tomba du ciel, la terre, qui occupait l'autre hémisphère, témoin de cette chute, s'effraya, et se fit de la mer comme un voile ; puis, fuyant sous le poids du réprouvé, elle creusa ces vides intérieurs, se réfugia vers notre hémisphère, et forma le continent où nous vivons (2).

3. Les études astronomiques étaient déjà plus mûres. Du moins les révolutions apparentes qui changent l'aspect de la voûte céleste se trouvaient décrites dans les livres de Ptolémée. Les observateurs arabes avaient découvert plusieurs constellations voisines du pôle antarctique (3). Quelques faits particuliers, tels que les

Damascène, cité par S. Bonaventure, *Compendium*, II, 64 ; et Isidore, *Etymol.*, XIV. 4.

(1) Voyez ci-dessus, p. 175.
(2) *Inferno*, XXXIX, 41.

> Da questa parte cadde giù dal cielo ;
> E la terra, che pria di quà si spor e.
> Per paura di lui fe' del mar velo,
> E venne all' emisperio nostro : forse
> Per fuggir lui, lasciò qui il luogo voto
> Quella, ch' appar di là, è su ricorse.

(3) *Purgatorio*, I, 8 ; VIII, 28.

> Io mi volsi a man destra e posi mente

éclipses, les taches de la lune, la voie lactée, avaient inspiré d'heureuses explications (1). En méconnaissant la place qui appartient au soleil dans le système planétaire, on ne pouvait s'empêcher de pressentir la grandeur de son volume et l'importance de ses fonctions : il était salué le père de l'humanité, le premier ministre de la nature ; on voyait en lui l'image de Dieu (2). Ce n'était pas non plus sans une impression de religieuse crainte qu'on avait contemplé les orbes innombrables suspendus dans l'immensité. — Ce qu'on n'accordait pas encore aux astres en distance et en dimensions, on le leur rendait en influences. Ils présidaient à la génération des êtres : c'était d'eux qu'émanait la vie répandue dans toutes les familles des plantes et dans toutes les tribus des animaux (3). Comme un sceau empreint la cire docile, de même leur vertu marquait d'un caractère ineffaçable les âmes des hommes au jour de la naissance ; ils continuaient d'intervenir dans ces mouvements instinctifs qui précèdent l'exer-

All' altro polo, e vidi quattro stelle, etc.
Cf. M. Biagioli, commentaire sur ce passage.
(1 *Paradiso*, II, 21; XIV, 34. — *Convito*, II, 14, 15. — Diverses notions astronomiques, *Inferno*, XXVI, 45; *Purgatorio*, IV, 21; XV, 2. — *Paradiso*, I, 13; XXVII, 27. — Cf. Aristot., *de Cœlo et Mundo*, passim.
2) *Paradiso*, X, 10-18; XV, 26.
    Lo ministro maggior della natura.
    Che del valor del cielo il mondo imprenta.
Ibid., XXVII, 46. — Cf. Platon, *Timée*, *Répub.*, VI. — Aristot., *Physic*, II, 1.
3) *Purgatorio*, XXXII, 18. — *Paradiso*, VIII, 47.
    L'anima d'ogni bruto e delle piante
    Di complession potenziata tira
    Lo raggio e 'l moto delle luci sante.

cice de la volonté : ainsi leur revenait une partie des honneurs du génie, et du mérite des actions bonnes ou mauvaises. Il fallait une sorte de hardiesse pour borner ainsi leur empire et réserver le terrain de la liberté. La témérité n'allait pas jusqu'à nier la valeur des horoscopes, ou à contester la part des mouvements célestes dans les événements qui agitent la terre (1). — On sait déjà quels étaient, dans les opinions de ce temps, l'ordre et le nombre des cieux. Aux huit sphères des planètes et des étoiles fixes, le besoin d'expliquer la rotation universelle d'orient en occident avait fait ajouter un neuvième ciel, appelé le premier mobile (2). Celui-ci, à son tour, était supposé recevoir son mouvement de l'attraction qu'exerçait sur tous ses points le ciel empyrée enveloppant l'univers, séjour de la Divinité, rempli de lumière, d'ardeur et d'amour (3). L'amour, c'est le dernier mot du système du monde : c'est lui qui fait cette harmonie des sphères, si célèbre dans les doctrines de l'antiquité, et qui se résoudra dans les lois mathématiques de la science moderne (4).

(1) *Inferno*, xv, 19. — *Purgatorio*, xvi, 25 ; xx, 5 ; xxx, 37. — *Paradiso*, iv, 20 ; xiii, 54, 44 ; xxii, 37.

    O gloriose stelle, o lume pregno
      Di gran virtù, dal quale i riconosco
    Tutto qual che si sia, in mio ingegno.

Convito, ii, 7. — Cf. Platon, *Timée*. — Aristot., *de Gen.*, ii, 3.
(2) *Paradiso*, xxiii, 38 ; xxvii, 34. — *Convito*, ii, 3, 4. — Cf. S. Thomas 1ª, q. 68, 4.
(3) *Purgatorio*, xxvi, 20. — *Paradiso*, xxx, 14. — Cf. Cicéron, *Somnium Scipionis*. — Platon, *Phèdre*. — S. Thomas, 1ª, q. 66, 2.
(4) *Paradiso*, i, 26. — Cf. Platon, *Rép.*, x. — Cicero, *Somnium Scipionis*. — Platon, *Banquet*. — Boèce, lib. II, pros, 5.

4. Mais l'objet de cet amour immense et multiforme, Celui qui meut continuellement les mondes en les attirant à soi, celui-là n'est autre que Dieu même (1). Il a mis sa ressemblance dans l'ordre admirable qui est la forme de la création; il a laissé son vestige dans les êtres qui la composent, en leur donnant, selon leur degré de perfection, un instinct qui les fait contribuer pour une part proportionnelle à l'ordre général. Ainsi une impulsion puissante fait courir chaque créature dans une direction déterminée à travers la grande mer de l'existence, dilate le feu, condense la terre, fait battre les cœurs, éveille les esprits (2). Ainsi la nature peut être considérée comme un art divin qu'exerce l'artiste éternel. L'art se peut considérer sous trois rapports : dans la pensée de l'artiste, dans l'instrument dont il se sert, dans la matière qu'il façonne. De même la nature est d'abord dans la pensée de Dieu, elle est Dieu lui-même, et, sous ce point de vue, elle est invio-

(1) *Paradiso*, I, 25.

. . . . . . Amor che 't ciel governi
. . . . . . La rota, che tu sempiterni
Desiderato, a se mi fece atteso
Con l'armonia, che temperi e discerni.

Cf. Aristot., *Métaphys.*, XII. — Boèce, lib. I, metr. 5. — S. Thomas, 1ª, q. 2, art. 3.

(2) *Paradiso*, I, 35.

. . . . . Le cose tutte quante
Hanno ordine tra loro; e questo è forma
Che l'universo a Dio fa simigliante...
Onde si muovono a diversi porti
Per lo gran mar dell' essere, e ciascuna
Con instinto a lei dato che la porti.

Ibid., VIII, 4. — La grande *mer de l'existence* est une expression de S. Jean Damascène. — Cf. S. Thomas, 1ª, q. 5, 3.

lable, irréprochable, indéfectible. Elle est ensuite dans le ciel comme dans l'instrument au moyen duquel la bonté suprême se reproduit au dehors; et, comme cet instrument est parfait, la nature est aussi sans défaut. Elle est enfin dans la matière façonnée ; et c'est là seulement que l'action divine et de l'influence céleste rencontrent un principe radical d'imperfection qu'elles peuvent corriger, mais non détruire : c'est là seulement que se retrouve dans la nature l'antagonisme du bien et du mal (1).

(1) *Paradiso*, I, 1; x, 4; xxxi, 8; viii, 59. — *Inferno*, xi, 53. — *De Monarchia*, 11 : Quemadmodum ars in triplici gradu invenitur, in mente scilicet artificis, in organo, et in materia formata per artem; sic et naturam possumus intueri. Est enim natura in mente primi Motoris, qui Deus est; deinde in cœlo tanquam in organo : quo mediante similitudo bonitatis æternæ in fluctuantem materiam explicatur. Et quemadmodum perfecto existente artifice, atque optime se habente organo, si contingat peccatum in forma artis, materiæ tantum imputandum est; sic, etc... — Cf. Platon, *Théæte*, *Timée*. — Chalcidius, *in Timæum*, 4, 599, 408. *De Causis*, 20 : « Diversificantur bonitates et dona ex concursu recipientis... » *Ibid.*, 24. Et, comme les grandes pensées se perpétuent chez les grands esprits, voyez, dans les *Élévations* sur les Mystères, de Bossuet, l'élévation 7e, seconde semaine : *De la Fécondité des arts*.

CHAPITRE IV.

LE BIEN.

Déjà plusieurs fois, dans le cours de ces recherches, le bien s'est laissé entrevoir sous l'ombre et le nuage. Il est temps de le contempler face à face, et d'aller à lui en s'élevant du connu à l'inconnu : de l'homme à la société, de la vie mortelle à l'immortalité, des créatures renfermées dans les conditions de la matière et du temps aux êtres supérieurs qui en furent toujours affranchis.

I

1. Le bien pour l'homme, c'est ce qu'il doit être, c'est la fin dernière de son existence. Cette fin peut être considérée tour à tour comme extérieure, puisqu'on y tend ; et comme intérieure, puisqu'un moment vient qu'on y touche. Le bien aperçu au dehors, à la possession duquel on s'efforce d'atteindre, est le bonheur : le bien conçu au dedans, et qu'on réalise en soi, s'appelle perfection.

La fin de l'homme lui est manifestée par un instinct que la bonté divine déposa dans lui comme un germe, obscur dans le principe, et facile à confondre avec les appétits vulgaires des animaux (1). Il perçoit d'abord l'existence d'une chose inconnue à laquelle il aspire, en laquelle seule ses désirs se reposeront. Puis il la cherche : entre les êtres dont il est environné, il se distingue et se préfère lui-même. Ensuite, distinguant en soi plusieurs parties, il préfère celle qui est la plus noble, c'est-à-dire l'âme : et, comme il est naturel de se complaire dans la jouissance de la chose aimée, il se complaît surtout dans l'usage des facultés dont son âme est pourvue (2). Il apprend donc qu'il n'est pas né pour la vie grossière des brutes, mais pour aimer et connaître (3). Or, si les deux principales facultés de l'âme sont l'intelligence et la volonté, il faut lui attribuer deux sortes de fonctions : les unes spéculatives, et les autres pratiques. Dès lors il y a pour l'homme deux destinées ici-bas : l'une active, où il s'efforce d'opérer lui-même ; l'autre contemplative, où il considère

---

(1) *Convito*, iv, 22. Della divina bontà in noi seminata e infusa del principio della nostra generazione, nasce un rampollo che li Greci chiamano *hormen*, cioè appetito d'animo naturale, etc.

(2) *Purgatorio*, xvii, 43. — *Convito*, iv, 22. Dico adunque che dal principio se stesso ama, avvegnachè indistintamente; poi viene distinguendo... e conoscendo in se diverse parti, quelle che in lui sono più nobili più ama... Dunque se la mente si diletta sempre nell' uso della cosa amata... L'uso del nostro animo è massimamente dilettoso a noi. — Cf. Platon, *Banquet*, *Phèdre*. — S. Thomas, 1ᵃ, 2ᵃᵉ, q. 10, art. 1.

(3) *Inferno*, xxvi, 40.

    Considerate la vostra semenza :
    Fatti non foste a viver come bruti,
    Ma per seguir virtute e conoscenza.

les opérations de Dieu et de la nature. Ces deux destinées, figurées dans l'Ancien Testament par Lia et Rachel, dans le Nouveau par Marthe et Marie, sont représentées dans le poëme par Mathilde, la grande comtesse, infatigable alliée de Grégoire VII, et par Béatrix, la sainte inspirée (1). La vie active, en développant la volonté de l'homme, le conduit à un premier degré de perfection, et la conscience qu'il a de cette perfection obtenue lui donne une première mesure de bonheur. Mais la vie contemplative est la meilleure part, puisqu'elle consiste dans l'exercice de la faculté la plus excellente, l'intelligence. Or l'intelligence ne saurait parvenir ici-bas à son exercice le plus complet, qui est de contempler l'être souverainement intelligible, Dieu. Donc la fin vraiment dernière, la perfection, le bonheur, dignes de ce nom, ne s'obtiennent pas en ce monde. Les trois femmes qui allèrent visiter le Sauveur au sépulcre ne l'y trouvèrent pas, mais à sa place un ange qui leur dit : Il n'est point ici; vous le verrez ailleurs. De même trois écoles, celles d'Épicure, de Zénon et d'Aristote, vont chercher dans ce tombeau terrestre que nous habitons le souverain bien qu'elles n'y trouvent point. Mais le sentiment intérieur, qui vient d'en haut comme un messager divin, nous fait savoir qu'en une autre vie ce bien nous attend (2).

(1) *Purgatorio*, xxvii, 55; xxviii, 15; xxx. 11. — *Convito*, iv, 17; ii, 5, etc. — Cf. Aristot., *Ethic.*, i, 6; x, 8; vii, 14. — Lia et Rachel. Richard de Saint-Victor, *de Præpar. ad contempl.*, 1.

(2) *Convito*, iv, 22. Per queste tre donne si possono intendere le tre sette della vita attiva, cioè gli Epicurei, gli Stoici, e gli Peripatetici, che

Ainsi l'instinct confus dont nous avions signalé la naissance n'est autre chose que l'amour du bien, que la soif innée et perpétuelle d'une félicité sans bornes. Il neutralise en nous la puissance des lois de la nature, qui nous retiennent enchaînés sur la terre ; il nous entraîne dans une sphère plus haute et plus pure; il nous fait sortir des conditions ordinaires de l'humanité, et, pour exprimer en un mot nouveau la nouvelle existence à laquelle il nous initie, il nous *transhumane* (1). Nous ne sommes que des insectes défectueux ; mais un jour, notre formation s'achevant, des ailes nous seront données pour voler vers le bien suprême. Nous ne sommes que des vers ; mais de ces vers des papillons doivent sortir, qui seront des anges (2).

2. Si la science est la souveraine béatitude de l'in-

---

vanno al Monimento, cioè al mondo presente ch' è ricettacolo di corruttibili cose, e domandano il Salvatore, cioè la beatitudine, e non la trovano; ma un giovane trovano in bianchi vestimenti, il quale... è questa nostra nobità che da Dio viene... e Dice a ciascuna di queste sette, cioè a qualunque va cercando Beatitudine nella vitta attiva, che non è qui... — Cf. Platon, *Epinomis*. — S. Thomas, 1ᵃ, 2ᵃᵉ, q. 3, art. 8.

1) *Paradiso*, IV, 42; XXXIII, 10. — *Ibid.*, II, 7 et 1, 24.

> La concreata e perpetua sete
> Del deiforme regno cen' portava
> Veloci quasi come 'l ciel vedete...
> *Trasumunar* significar per verba
> Non si poria. . . . .

Cf. Boëce, lib. IV, metr. 1.— S. Bonaventure, *Itin. mentis ad Deum*.

(2) *Purgatorio*, x, 42.

> Non v'accorgete voi, che noi siam vermi
> Nati a formar l'angelica farfalla
> Che vola alla giustizia senza schermi?
> Di che l'animo vostro in alto galla,
> Poi siete quasi entomata in diffetto,
> E come in cui formazion falla?

telligence, elle ne saurait manquer d'attirer tous les hommes, en suscitant chez eux le besoin insatiable de connaître; et, d'un autre côté, elle doit satisfaire ce besoin, en se répandant sans jamais tarir, se donnant en partage sans se diviser. Elle ne peut donc se laisser acquérir qu'à la condition de se faire communiquer au dehors ; ainsi elle donne lieu à deux sortes d'exercices de la pensée : l'étude et l'enseignement(1). Or l'étude et l'enseignement, pour parvenir à leur but, ont besoin d'une direction que seule peut leur donner une longue habitude. Les habitudes qui dirigent la pensée prennent le nom de vertus intellectuelles. Elles ont leur récompense dans la possession de la vérité, où elles conduisent; et plus ces vérités sont sublimes, plus la possession en est douce et précieuse. Ainsi les notions rares et incertaines qu'on peut avoir des choses invisibles répandent plus de joie dans l'esprit humain, que les connaissances nombreuses et certaines qui s'obtiennent par les sens (2). — Nous avons dit ailleurs les découragements et les illusions qui semblent nous dérober l'accès des vérités philosophiques. Il ne faut pas oublier l'assistance merveilleuse qui nous fait triom-

(1) *Paradiso*, ii, 4.
> Voi altri pochi, che drizzaste 'l collo.
> Per tempo al pan degli angeli del quale
> Vivesi qui, ma non s' en vien satollo...

Convito, i, 1. — Cf. Aristote, *Métaphys.*, 1. S. Denys l'Aréopagite, *de Cœlesti Hierarchiâ*, vii.

(2) *Convito*, iv, 17; ii, 3. Quello tanto che l'umana ragione vede, ha più dilettazione, che 'l molto e 'l certo delle cose, delle quali si giudica per lo senso.— Cf. Vertus intellectuelles, Aristot., *Ethic.*, ii, 1; vi passim.

plier de ces obstacles : les clartés soudaines qui illuminent l'entendement obscurci, les inspirations qui raniment l'imagination épuisée, et cette puissance qui se manifeste en quelques-uns, inattendue, impersonnelle, irrésistible, et que les hommes ont cru descendue du ciel, puisqu'ils l'ont appelée du nom de génie (1).

5. Au besoin de connaître correspond le besoin d'aimer. Ou plutôt le même germe d'amour qui, par une sage culture intellectuelle, se tourne vers le vrai, entouré d'une culture morale, se dirigera vers ce qui est bon (2). Une initiative providentielle s'exerce à notre insu dans nous-mêmes : elle s'annonce par des dispositions heureuses qui varient avec les âges de la vie. L'adolescence a pour elle l'obéissance et la douceur, la modestie et la beauté : la modestie, qui comprend l'humilité, la pudeur et la honte; la beauté, qui consiste dans la proportion et dans la santé de toutes les parties du corps, dans leur fidélité à rendre les impressions de l'âme, à subir ses impulsions. Les ornements de la jeunesse sont : la tendresse, la courtoisie, la loyauté, la tempérance et la force. On peut dire que ces deux dernières sont le frein et l'éperon dont la raison se sert pour gouverner l'appétit, ainsi que l'écuyer gouverne un cheval généreux. La vieillesse est l'époque où les acquisitions laborieuses des années écoulées doivent se communiquer : c'est l'heure où la rose s'ouvre et répand ses parfums. Les qualités qui lui sont

(1) Voyez ci-dessus, *Paradiso*, XXII, 37. — *Inferno*, IX, 22, etc.
2) *Convito*, IV, 22. — Cicéron, *Tuscul.*, III.

propres sont : la prudence, la justice, la bienfaisance
et l'affabilité. Enfin le dernier âge se repose dans l'attente pieuse et sereine de la mort, dans un retour reconnaissant sur les jours passés, dans une affectueuse aspiration vers Dieu, qui est proche (1). — Jusqu'ici nous n'avons constaté que de simples dispositions qui peuvent se rencontrer innées dans l'âme. Mais, d'une part, quand elles ne s'y trouvent pas déposées comme une semence, elles peuvent être greffées par l'éducation (2). D'un autre côté, la volonté coopère à leur floraison et à leur fructification définitive. Par des actes répétés, elle les fait passer de l'état de simples dispositions à l'état d'habitudes. Or une habitude volontaire qui fait choisir le milieu entre les vices opposés, c'est en quoi consiste la vertu (3). On peut compter onze vertus morales : le courage, la tempérance, la libéralité, la magnificence, la magnanimité, l'amour modéré des charges publiques, la mansuétude, l'affabilité, la véracité, l'aménité, la justice enfin (4).

On peut encore, s'attachant à une classification plus célèbre, distinguer les vertus cardinales et les vertus théologales. Les premières sont au nombre de quatre :

---

(1) *Convito*, IV, 24-28. L'ordine debito delle nostre membra rende un piacere non so di che armonia mirabile..... L'appetito conviene esser cavalcato dalla ragione... la quale guida quello col freno e con isproni.... Conviensi aprir l'uomo quasi com' una rosa che più chiusa stare non può.
(2) *Convito*, IV, 21, 22. Se di sua naturale radice uomo non acquista sementa, bene la può avere per via d'insettazione.
(3) *Convito*, IV, 17. Cf. Aristot., *Ethic.*, II, 6. — S. Thomas, prima secundæ, q. 154, art. 5.
(4) *Ibid*. Cf. Aristot., *Ethic*, III, 6; IV passim.

la prudence, la tempérance, la force et la justice. Elles ont leur racine dans la nature, et leur salaire dans le bonheur d'ici-bas. Elles existèrent donc parmi les hommes de tous les temps ; avant-courrières de la révélation, préparant les voies devant elles (1). Les trois autres vertus, inconnues de ceux que la révélation ne visita pas, descendirent du ciel avec elle, destinées à y retourner un jour. Ce sont la foi, l'espérance et la charité (2). La foi peut se définir : la substance des choses qu'il faut espérer, l'argument des vérités invisibles : substance, car elles n'ont pour nous, en ce monde, d'autre réalité que celle que notre croyance leur prête; argument, car ces croyances deviennent les prémisses essentielles de tout syllogisme ultérieur (3). L'espérance est l'attente certaine de la rémunération future, fondée sur la connaissance de la bonté divine et sur la conscience des mérites acquis (4). Enfin vient la charité,

1) *Purgatorio*, XXIX, 44.

 . . . . . Quattro facen festa
 In porpora vestite dietro dal modo
 D'una di lor, ch' avea tre occhi in testa.

Paradiso, X, XIV, XVIII, XXI, passim. *De Monarchiâ*, III. *Convito*, IV, 22. — Cf. Platon, *Lois*, I. — Cicéron, *de Officiis*, 1.

(2) *Purgatorio*, XXIX, 41 ; XXXI, 37. *De Monarchiâ*, III. — Cf. sur les sept vertus, Hugo à S. Victore, *Sermo* 59, et S. Thomas, prima secundæ, q. 61-62.

(3) *Paradiso*, XXIV, 22.

 Fede è sustanzia di cose sperate,
 Ed argomento delle non parventi...
 Che l'esser lor v'è in sola credenza...
 E da questa credenza si conviene
 Sillogizzar. . . . .

Cf. S. Thomas, prima secundæ, q. 4, 1.

4 Speme, diss'io, è uno attender certo

l'amour de ce bien ineffable que le raisonnement philosophique et l'autorité sacrée s'accordent à faire reconnaître comme l'objet nécessaire de nos affections ; de ce bien vivant qui court lui-même au-devant de l'amour, comme la lumière court au-devant du corps capable de la réfléchir ; qui se multiplie par le partage, qui se donne avec d'autant plus d'effusion qu'il est recherché avec plus d'ardeur, et se fait plus aimer quand un plus grand nombre l'aime (1). Mais cet amour, le seul qui sans jalousie soit aussi sans déception, et l'espérance et la foi qui l'accompagnent, vertus divines, ne sont point les étincelles d'une flamme ordinaire : ce sont de purs rayons immédiatement venus de Celui qui est le soleil des âmes, qui les éclaire et les échauffe

    Della gloria futura, il quale produce
    Grazia divina e precedente merto.

Paradiso, xxv, 23. — Cf. S. Thomas, prima secundæ, q. 62, 4.

(1) *Paradiso*, xxvi, 9.

  . . . . . Per filosofici argomenti
  E per autorità che quinci scende
  Cotale amor convien ch' 'n me s' imprenti.
  Che 'l Bene, in quanto ben, come s' intende
  Così accende amore, e tanto maggio
  Quanto più di bontate in sè comprende...

Purgatorio, xiv, 29 ; xv, 23.

  Quello infinito ed ineffabil bene
  Che lassù è, così corre ad amore,
  Com 'a lucido corpo raggio viene.
  Tanto si dà quanto truova d'ardore,
  Sì che quantunque carità si stende
  Cresce sovr' essa l' Eterno valore.
  E quanta gente più lassù s' intende,
  Più v' è da bene amare e più vi s' ama,
  E come sperchio l'uno a l' altro rende.

Cf. S. Bernard, *de Deo diligendo*. — S. Thomas, secunda secundæ, q. 23, q. 45, 2.

ici-bas, en attendant qu'il les attire plus près de lui et qu'il les enveloppe de ses splendeurs. Cette action surnaturelle et gratuite, génératrice et rémunératrice de la vertu, qu'il faut bien avouer, si l'on a examiné sérieusement les phénomènes mystérieux du monde moral, est un mystère elle-même : on l'appelle la Grâce (1).

II

1. Au commencement des choses, toute l'espèce était contenue dans un seul homme : et les perfections qui viennent d'être décrites se trouvaient réunies dans le premier père, type du genre humain dont il devait être l'auteur. Aussi la toute-puissance qui le créa voulut-elle épancher en lui tout ce que peut contenir de science une âme en un vaisseau de chair. La pensée exubérante avait besoin de se produire au dehors : il lui fallait une expression saisissable à l'esprit, transmissible par les sens. Cette nécessité engendra le langage. Et le langage primitif créé avec la première âme fut parfait comme elle : il désigna tous les êtres, non par des termes arbitraires, mais par des mots qui portaient avec eux leur définition (2). — Mais, après la chute, la science et la langue primitives se perdirent ensemble : les idiomes,

---

1 *Purgatorio*, XVIII, 52. — *Paradiso*, X, 29; XXVIII, 57.

Lo raggio della grazia, onde s'accende
Vero amore, e che poi cresce amando, etc., etc.

S. Thomas, prima secundæ, q. 110, 1.

(2) *Paradiso*, XIII, 18.

Io credi che nel petto, onde la costa

abandonnés aux caprices des races diverses, varièrent et se renouvelèrent ainsi que les feuillages des forêts. Seulement, comme la première parole, racine de la langue originelle, avait été un élan vers Dieu et le nom de Dieu même (*El*), ainsi la racine des langues déchues est un soupir, une interjection de douleur (*Heu !*) (1). — Nous avons vu se multiplier aussi les systèmes et les écoles, sans rien de commun que leur insuffisance. La plénitude de la science ne pouvait se retrouver que dans un nouvel homme : elle habita la poitrine sacrée qui fut ouverte sur le Calvaire par la lance d'un soldat (2). De là elle devait se répandre parmi ces sages du sanctuaire, pères et docteurs de l'Église dans cette école catholique, où devaient se rencontrer et se succéder tant de nobles esprits. Tels furent Denys l'Aréopagite, celui qui, avec des yeux mortels, pénétra le plus avant dans les choses célestes ; Boëce, qui, à la veille du martyre, dévoilait et consolait tout ensemble les douleurs recélées sous les illusions du monde ; Isidore, Bède, Raban le Maure, Anselme, Bernard, Pierre Damien ; et Pierre Lombard, qui se trou-

Si trasse, per formar la bella guancia
Il cui palato a tutto 'l mondo costa...
Quantunque alla natura umana lece
Aver di lume, tutto fosse infuso...

Cf. S. Bonaventure, *Compendium*, II, 62. — Dante au *Paradiso*, XVI, 42-44, suppose l'origine naturelle du langage et l'extinction de la langue primitive. Au contraire, dans le livre *de Vulgari Eloquentiâ*, il enseigne que la première langue fut créée avec l'homme, et que ce fut l'hébreu. lib. I, 5-5.

(1) *Paradiso*, XXVI, 45. *De Vulgari Eloquentiâ*, lib. I, 4.
(2) *Paradiso*, XIII, 14.

vait heureux, disait-il, de jeter ses sentences, comme le denier de la veuve, dans le trésor du temple ; Hugues et Richard de Saint-Victor, qui, dans leurs contemplations, se montraient plus que des hommes. Tels furent encore, en des temps plus rapprochés, Pierre l'Espagnol et Albert le Grand ; et Bonaventure, qui porta, dans les fonctions d'un ministère actif, la haute préoccupation de la sagesse chrétienne ; et Thomas d'Aquin, dont le nom est au-dessus même de la louange (1).

2. La Providence n'a pas moins fait pour le règne de la justice que pour celui de la vérité. — Le droit est une des formes du bien ; et, comme le bien réside en Dieu même, et que Dieu veut par-dessus tout la permanence de son être, il veut le droit. Et, parce que tout ce qui est voulu de lui fait une même chose avec sa volonté, il faut conclure que le droit, dans son essence, est la volonté divine. Dans sa réalisation temporelle ici-bas, le droit est la conformité des faits contingents avec cette volonté immuable. Enfin, si l'on accepte le mot dans sa signification la plus restreinte, le droit est l'ensemble des relations réelles et personnelles de l'homme à l'homme, à l'observation desquelles est attaché le maintien de l'ordre social (2).

(1) *Paradiso*, x, 34-45 ; xii, 45-47.
(2) *De Monarchiâ*, ii. Jus cum sit bonum in mente Dei est. Et cum omne quod in mente Dei est, sit Deus, et Deus maxime seipsum velit, sequitur quod jus a Deo, prout in Deo est sit volitum : et cum volitum et voluntas in Deo sit idem, sequitur ulterius quod divina voluntas sit ipsum jus... Et jus in rebus nihil est aliud quam similitudo divinæ voluntatis... Jus est realis et personalis hominis ad hominem proportio quæ servata servat societatem. — Cf. S. Thomas, prima secundæ, q. 91, 1.

L'homme, en effet, a été placé aux confins des deux mondes, comme l'horizon qui sépare deux hémisphères : le monde des êtres corruptibles et celui de l'incorruptibilité (1). Coordonné dans un rapport nécessaire avec ces deux mondes, il a donc une double mission. L'une est de réaliser toute la somme de bien-être possible en cette vie ; on y parvient par l'accomplissement des préceptes de la philosophie, par la pratique des vertus intellectuelles et morales. L'autre est d'atteindre à la béatitude éternelle ; et l'on y arrive par une adhésion docile aux enseignements de la révélation, par l'exercice des vertus théologiques (2). Toutefois cette admirable économie serait bientôt troublée par les passions rebelles, si un frein ne les contenait, si une main ne les dirigeait, si des circonstances extérieures ne les modifiaient : le frein, c'est la loi ; la main, l'autorité ; les circonstances extérieures, la société. Aux deux missions de l'homme correspondent deux sortes de loi, d'autorité, de société ; l'une temporelle, l'autre spirituelle : il en faut considérer de plus près l'organisation (3).

L'unité du genre humain est un fait placé par toutes

---

(1) *De Monarchiâ*, III. — Cf. *de Causis*, 2. — S. Bonaventure, *Serm*. 1, *in Hexamer*.
(2) *De Monarchiâ*, III.
(3) *Ibid.*, *Purgatorio*, XXI.

    Onde convenne legge per fren porre :
      Convenne regge aver, che discernesse
      Della vera cittade almen la torre...
    Le leggi son, mà chi pon mano ad esse?

Convito. IV, 9. — Cf. S. Thomas, *prima secundae*, q. 95, 1.

les croyances antiques et modernes hors du domaine de la controverse (1). Il n'y a donc pour le genre humain qu'une seule et commune destination terrestre, qui est celle de chaque homme en particulier. C'est de réduire en acte toute la puissance d'intelligence dont il est doué, en se proposant pour objet principal la spéculation, pour objet secondaire la pratique. Telle est la fin suprême de la civilisation tout entière (2). D'un autre côté, si l'homme est nécessairement sociable, si le besoin de vivre en société groupe les individus en familles, les familles en cités, les cités en nations : le même besoin rapproche les nations entre elles. Ce rapprochement, abandonné aux ambitions des princes et aux caprices de la fortune, devient collision : c'est l'origine de la guerre ; et la guerre accuse à la fois l'absence et l'importance d'un ordre légal qui réunisse pacifiquement les nations pour en former une société universelle (3). La forme inévitable d'une société ainsi conçue sera l'unité ; car l'unité constitue l'essence divine à l'image de laquelle la nature humaine fut faite ; elle est la loi qui préside au gouvernement du monde ; elle est la condition de l'existence, de la perfection, de

---

(1) *Convito,* IV, 15.
(2) *De Monarchiâ,* I... Proprium opus humani generis totaliter accepti est actuare semper totam potentiam intellectus possibilis, per prius ad speculandum et secundario propter hoc ad operandum per suam extensionem...
(3) *Paradiso,* VIII, 40.

. . . . Sarebbe il peggio
Per l' uomo in terra, se non fosse cive.

Convito, IV, 4. — Cf. Aristot., *Politic.*, I, 2, 5

l'harmonie : car encore il faut qu'une seule volonté gouverne pour procurer l'unanimité, par conséquent l'accord et la paix parmi ceux qui obéissent. Élevée à un degré de puissance qui ne laisse plus de place aux désirs ni aux passions, cette volonté unique serait contrainte d'être juste, et contraindrait à son tour celles qui deviendraient perverses. Les rivalités des princes et des peuples s'évanouissant dès lors, une sécurité générale s'établirait, à la faveur de laquelle se développerait l'activité intellectuelle et morale des esprits. Ces inductions du raisonnement, confirmées par l'autorité de l'antiquité savante, d'Aristote et d'Homère, sont encore appuyées des témoignages de l'Écriture sainte. N'en est-ce pas assez pour conclure que la monarchie universelle, c'est-à-dire la domination d'un seul sur les hommes et sur les choses dans l'ordre du temps, est nécessaire au bien-être du monde (1)?

Mais quel sera le chef de cette monarchie, et qui pourra réclamer le droit de l'imposer aux hommes? En reconnaissant le droit comme la volonté divine, et les pensées invisibles de Dieu comme traduites en caractères visibles dans ses œuvres, il ne restera qu'à chercher par toute l'histoire les signes d'une vocation providentielle qui ait conduit une race privilégiée à l'empire

---

(1) *Convito*, iv, 4. Perchè manifestamente veder si può che a perfezione dell' universale religione della umana spezie, conviene essere uno quasi nocchiere, che considerando le diverse condizioni del mondo, e li diversi e necessarii uffici ordinando, abbia del tutto universale e irrepugnabile ufficio di comandare. E questo ufficio è per eccellenzia Imperio chiamato... *De Monarchiâ*, lib. I tout entier. — S. Thomas, *de Regim. Princip.*, lib. I, cap. i, 2.

de la terre (1). Des signes prodigieux se rencontrent dans l'histoire du peuple romain ; car il en est des peuples comme des hommes, dont les uns naissent esclaves et les autres rois. Si le pouvoir appartient à la noblesse, et si la noblesse à son origine se confond avec l'héroïsme, quel peuple fut plus héroïque et put vanter une série de plus mâles vertus, depuis les Torquatus, les Cincinnatus, les Décius et les Camille, jusqu'aux Scipion, aux Caton, aux Pompée ? Si la droiture des intentions, la solennité des déclarations, la modération dans la victoire, la sagesse dans le gouvernement, légitiment les conquêtes, où ces conditions se trouvèrent-elles réunies avec plus d'éclat ? S'il est besoin de prodiges, les faits de ce genre ne manquent point dans les annales de la cité pour qui des boucliers pleuvaient du ciel, pour qui des oiseaux veillaient quand dormaient ses défenseurs. S'il y a un jugement de Dieu dans le sort des concours et des combats, Rome concourut pour l'empire des nations avec l'Assyrie, l'Égypte, la Perse et la Grèce ; elle les laissa bien loin derrière elle : elle combattit comme en duel judiciaire contre Carthage, les Espagnes, les Gaules et la Germanie, et elle remporta l'honneur du champ clos. Enfin, s'il faut une sanction plus auguste encore, Celui qui était l'attente de la terre et qui attendait lui-même pour paraître que la terre fût prête, Celui qui venait offrir une satisfaction légitime pour les iniquités de tous les temps, et

---

(1) *De Monarchiâ*, lib. II, *in princ.* — *Convito*, IV, 4.

qui ne pouvait l'accomplir qu'en subissant un châtiment légal ; le Fils de Dieu vint à l'heure où la terre se reposait dans une soumission générale à la puissance romaine : il accepta la condamnation, l'autorité d'un juge romain, délégué d'un César. Comme un César avait été le ministre des vengeances divines sur la personne de l'Homme-Dieu, un autre le fut de celles qui éclatèrent sur le peuple déicide (1). De Césars en Césars la vocation souveraine devait passer jusqu'à Constantin, et de Justinien retourner à Charlemagne : et la monarchie universelle, régénérée par le christianisme, recevant avec un nouveau nom une nouvelle existence, allait devenir le Saint-Empire romain (2).

Or le saint-empire fondé pour le bien-être temporel

---

(1) *Paradiso*, vi, 12-52.

> Vedi quanta virtù l'ha fatto degno
> Di riverenza, e cominciò dall'ora
> Che Pallante morì per dargli regno...
> Onde Torquato e Quinzio, che dal cirro
> Negletto fu nomato, e Deci e Fabi
> Ebber la fama che volentier mirro...
> . . . . . La viva giustizia . . . .
> Gli concedette. . . . .
> Gloria di far vendetta alla sua ira...
> Poscia con Tito a far vendetta corse
> Della vendetta del peccato antico.

Convito, iv, 4. E perocchè più dolce natura signoreggiando, e più forte in sostenendo, e più sottile in acquistando nè fu, nè fia che quella della gente latina... Iddio l'elesse a quello ufficio, etc., *Ibid.*, cap. v. *De Monarchiâ*, lib. II tout entier. — Cf. S. Thomas, *de Regim. Princip.*, iii, 4 et suiv.

(2) *Paradiso*, vi, 1-4 ; 31 :

> E quando 'l dente longobardo morse
> La santa Chiesa, sotto alle sue ali
> Carlo Magno vincendo la soccorse.

Purgator., vi, 31.

des hommes, ayant sa raison d'être dans les nécessités sociales, qui, à leur tour, ont leur raison dans les lois correspondantes de la nature physique, remonte ainsi sans intermédiaire à l'Auteur même de la nature. Il a sa place dans le plan de la création, il s'est réalisé par une série d'actes providentiels, il relève de Dieu seul (1).

L'autorité monarchique, dans sa suprême indépendance, a pourtant des limites. L'ordre social n'existe que dans l'intérêt du genre humain : ceux qui obéissent à la loi n'ont point été créés pour le bon plaisir du législateur : le législateur au contraire a été fait pour leur besoin. C'est un axiome incontestable que le monarque est considéré comme le serviteur de tous (2). Dès lors, la puissance publique cesse d'être au service d'un petit nombre d'hommes, de ceux qui prétendent supériorité à titre de noblesse. C'est ce titre qu'il faut discuter. — La noblesse, à les entendre, consiste en une longue suite de riches aïeux. Mais on ne saurait reconnaître un droit dans ces richesses triplement méprisables par les misères attachées à leur possession, les périls de leur accroissement, l'iniquité de leur origine.

1) *De Monarchiâ*, lib. III. Cumque dispositio mundi hujus dispositionem inhærentem cœlorum circumlationi sequatur, necesse est, ad hoc ut utilia documenta libertatis et pacis commodè applicentur, ista dispensari ab illo curatore qui totalem cœlorum dispositionem præsentialiter intueatur. Hic autem est solus Ille qui hanc præordinavit... Quod si ita est, solus elegit Deus, solus ipse confirmat.

2) *Ibid.*, II. Secundum legem viventes non ad legislatorem ordinantur, sed magis ille ad hos... Monarcha minister omnium procul dubio habendus est. — Cf. S. Thomas, prima secundæ, q. 96, 4.

Cette iniquité, à son tour, est manifeste ; soit que les richesses viennent d'un hasard aveugle, ou qu'elles aient été le prix de manœuvres coupables; soit qu'elles procèdent de travaux intéressés et par conséquent exclusifs de toute pensée généreuse, ou qu'elles dérivent du cours ordinaire des successions. Car l'ordre des successions légales ne saurait se concilier avec l'ordre légitime de la raison, qui ne voudrait appeler à l'hérédité des biens que l'héritier des vertus (1). D'un autre côté, si le droit des nobles est dans la longue suite des générations qu'ils invoquent, la raison et la foi reconduisant toutes les générations aux pieds d'un premier père, il faut qu'en lui ait été anoblie toute sa descendance, ou qu'en lui elle ait été frappée d'une perpétuelle roture. Ainsi, l'existence d'une aristocratie héréditaire suppose l'inégalité, la multiplicité primitive des races humaines : elle attente donc au dogme chrétien (2). — La noblesse véritable est pour tous les êtres la perfection qu'ils peuvent atteindre dans les bornes de leur nature : pour l'homme en particulier, c'est cet ensemble d'heureuses dispositions dont la main de Dieu déposa le germe en lui, et qui, cultivées par une volonté laborieuse, deviennent des ornements, des talents,

---

(1) *Canzone*, 3, lib. IV. — *Convito*, iv, 11, 12, 13. Cosi fosse piaciuto a Dio... che chi non creda della bontà perdesse il retaggio dell' avere!... — Cf. sur les Richesses, Cicéron, *Paradox.*, 1. — Boëce, lib. II, metr. 2, 5.

(2) *Convito*, iv, 14, 15. Cf. S. Thomas, *De Erudit. Princip.*, i, 4. — S. Bonaventure, *Serm.* iii, *Domin.* 12 *post Pentecost.*; *Serm.* i, *de S. Martino.*

des vertus (1). Celui de qui elles émanent les varie selon la variété même des fonctions nécessaires à la vie sociale : il donne la parole aux uns pour le conseil, aux autres l'énergie pour le commandement, à d'autres le courage aveugle pour l'exécution : de là l'inégalité parmi les hommes. Dieu imprime donc en nous les qualités qu'il lui plaît par le moyen des influences célestes, qui agissent sous sa main comme un sceau pour marquer la cire de notre nature. Ces influences, qui visitent, sans les distinguer, les maisons glorieuses ou obscures, corrigent les effets des lois de la génération, qui ferait revivre l'image parfaite du père dans ses enfants ; elles interrompent la succession des caractères dans les familles, elles y devraient aussi interrompre la successibilité aux honneurs publics (2). Il a fallu que l'homme ne trouvât point en lui-même des mérites héréditaires, afin qu'il cherchât à s'en faire de nouveaux par le travail, et que par la prière il les demandât (3). Il faudrait aussi que les fonctions fussent personnelles comme les vocations : il faudrait accorder la nature et la fortune, si souvent contraires dans leurs

(1 *Convito*, iv, 16, 19, 20. *De Monarchiâ*, ii. — Cf. S. Bonaventure, loc. cit.
(2) *Paradiso*, viii, 41.

E può egli esser, se giù non si vive
Diversamente per diversi ufici?
Noi se 'l maestro vostro ben vi scrive
. . . . . Dunque esser diverso
Convien de' vostri effetti le radici,
Perch' un nasce Solone, ed altro Serse.

Cf. Aristot., *Politic.*, i, 5, 6.
(3) *Purgatorio*, vii, 41.

libéralités. A la solution de ce problème est attachée la prospérité du monde 1. — On ne saurait nier toutefois la persévérance des mêmes vertus dans un petit nombre d'illustres familles. Mais alors c'est l'assemblage des qualités de chacun qui fait l'illustration de tous. La noblesse est comme un manteau que les ciseaux du temps auraient bientôt raccourci, si chaque génération n'y ajoutait quelque chose 2.

La société temporelle conçue de la sorte ne saurait se réaliser complètement ici-bas. Mais le poëte a trouvé le type de ses conceptions dans un monde meilleur. Le ciel s'est ouvert devant lui : il a contemplé les âmes des justes qui jadis furent assis sur des trônes destructibles, réunies maintenant dans une royauté sans fin. Il les a vues formant de leurs splendeurs, groupées ensemble, ces mots écrits en lettres de feu comme la loi fondamentale des cités politiques : *Diligite justitiam, qui judicatis terram*. Puis la lettre M reste seule et couronnée d'une auréole flamboyante, initiale et symbole de la Monarchie. Et une dernière transformation fait apparaître à sa place l'aigle, l'oiseau de Dieu, l'emblème du saint-empire romain 3.

1 *Purgat.*, xi, 41.

Parallèlement à la monarchie universelle, où sont réglés les intérêts terrestres, s'élève l'Église universelle, où s'accomplissent les destinées religieuses de l'humanité. L'Église ne saurait prétendre suzeraineté sur l'Empire; elle n'eut aucune part à son établissement, aucun titre légal ne l'autorise à en revendiquer l'hommage. Elle ne peut se faire un royaume en ce monde sans agir contre sa constitution même, en agissant contre l'exemple du Christ, où elle trouve le type immuable de sa conduite. Un autre empire lui appartient, bien plus digne d'elle, celui de l'éternité ; elle est dépositaire des enseignements divins, qui surpassent toutes les œuvres de la raison ; elle est enrichie de grâces qui font germer les vertus étrangères à la nature : catholique, elle embrasse plus de nations que nulle société séculière n'en rassembla jamais. Elle est monarchique aussi : car, au milieu d'une telle multitude et d'une si grande variété d'hommes, l'harmonie serait constamment troublée par l'impétuosité des volontés individuelles, sans l'intervention modératrice et directrice du souverain Pontifical (1). C'est pour préparer un siège à ce pontifical nécessaire que Dieu mit la

---

(1) *De Monarchiâ*, III... Has igitur conclusiones et media... humana cupiditas prosterneret, nisi homines tanquam equi, sua bestialitate vagantes, in chamo et fræno compescerentur in via. Propter quod opus fuit homini duplici directivo... Scilicet summo Pontifice, qui secundum revelata humanum genus perduceret ad vitam æternam; et imperatore, qui secundum philosophica documenta genus humanum ad temporalem finem dirigeret...

Paradiso, v, 26.

Avete 'l vecchio e 'l nuovo Testamento

main à la fondation de Rome et de la puissance romaine (1). Voilà pourquoi la cité de Romulus fut faite un lieu saint, et les pierres de ses murs, dignes de respect, et le sol sur lequel elle est assise, digne de plus d'honneur que les hommes ne sauraient le dire (2). C'est sur l'horizon des sept collines que durant tant de siècles se levèrent les deux soleils : le soleil impérial, qui éclairait les routes de la vie, et le soleil de la papauté, qui illuminait le chemin du ciel. On a vu ces deux astres, sortis de leur orbite, se heurter l'un contre l'autre, et l'on a cru à leur éclipse (3). On a vu les combats qui attendent ici-bas la milice du Christ, et le désordre introduit dans ses rangs, malgré les efforts de son chef immortel pour la rallier autour de lui (4). La cité de Dieu ne saurait donc attendre non plus sa réalisation complète sous les lois du temps. La véritable

<blockquote>
E 'l Pastor della Chiesa, che vi guida :
Questo vi basti a vostro salvamento.
</blockquote>

S. Thomas, prima secundæ. q. 112, 2.

(1) *Inferno*, II, 8.

<blockquote>
La quale, e 'l quale (a voler dir lo vero)
Fur stabiliti per lo loco santo,
U' siede il successor del maggior Piero.
</blockquote>

(2) *Convito*, IV, 5. Perchè più chiedere non si dee a vedere che spezial nascimento e spezial processo da Dio pensato e ordinato fosse quello della santa città. E certo sono di ferma opinione, che le pietre che nelle mura sue stanno siano degne di reverenzia; e 'l suolo dov' ella siede sia degno oltre che per li uomini è predicato e provato.

(3) *Purgatorio*, XVI, 36.

<blockquote>
Soleva Roma, che 'l buon mondo feo,
Duo soli aver, che l' una e l' altra strada
Faccan vedere e del mondo e di Deo.
L' un l' altro ha spento. . . . .
</blockquote>

(4) *Paradiso*, XII, 13.

Rome, dit le poëte, est celle dont le Christ est Romain ; la société typique est celle dont le Christ est le supérieur visible. Qui veut comprendre les vicissitudes de l'Église dans ses luttes présentes la doit considérer d'avance dans son triomphe (1).

III

1. Au delà des sphères célestes où se poursuivent les révolutions des astres, au delà du neuvième ciel qui enveloppe tous les autres dans son immense tourbillon, se trouve le ciel empyrée, pure lumière, lumière intellectuelle pleine d'amour, amour du bien véritable, source de toute joie, joie qui surpasse toute douceur (2). Ce lieu est le séjour commun des âmes épurées par les épreuves de la vie ou par les expiations qui la suivent. Si quelquefois on se les représente à des hauteurs inégales dans les orbes innombrables qui peuplent le firmament, cette image, mesurée à la faiblesse de l'esprit humain, n'a d'autre objet que de faire comprendre l'inégalité de leur récompense proportionnée à l'iné-

---

1 *Purgatorio*, xxxii, 54.
. . . Quella Roma, onde Cristo è Romano.
Ibid., xxvi, 42.
. . . . chiostro
Nel quale è Cristo abbate del collegio.

2 *Paradiso*, xxx, 13.
. . . . . . al ciel ch' è pura luce :
Luce intellettual piena d' amore,
Amor di vero ben pien di letizia,
Letizia, che trascende ogni dolzore. .

galité de leurs mérites. Elles-mêmes sentent la justice de cette proportion, et la conscience qu'elles en ont devient un élément constitutif de leur félicité. Car l'amour qui les rend heureuses fait entrer leurs volontés dans le cercle de la volonté divine, où elles se perdent comme les eaux dans l'Océan. Ainsi, en des conditions différentes, chacune rencontre le terme de ses désirs, c'est-à-dire la somme de bonheur dont elle est capable : et de la variété même des bienfaits résulte un concert admirable à la louange du Rémunérateur (1).

2. Selon la loi qui s'accomplit dans les trois royaumes du monde invisible, et qui supplée à l'absence temporaire des corps, les âmes bienheureuses revêtent des formes sensibles. Mais ces formes resplendissent d'une clarté merveilleuse et toujours mesurée à la grandeur des vertus qu'elle couronne. Ce n'est d'abord qu'un voile de lumière, ce sont des flambeaux ardents, des astres enflammés ; ce qu'il y a de matériel se spiritua-

(1) *Paradiso*, IV, 15 ; III, 24.
>   Frate, la nostra volontà quieta
>   Virtù di carità, che fa volerne
>   Sol quel ch' avemo, e d' altro non ci asseta,
>   Se disiassimo esser più superne,
>   Foran discordi gli nostri disiri
>   Dal voler di colui che qui ne cerne...
>   Anzi è formale ad esso beato esse
>   Tenersi dentro alla divina voglia,
>   Perch' una fansi le nostre voglie stesse...
>   E la sua volontade è nostra pace ;
>   Ella è quel mare al qual tutto si muove
>   Ciò ch' ella cria e che natura face.
>   Chiaro mi fù allora com' ogni dove
>   In cielo è paradiso, etsi la grazia
>   Del sommo ben d' un modo non vi piove.

Convito, III, 15. — *Paradiso*, VI, 39, 41.

lise, pour ainsi dire : ce ne sont plus des ombres, mais des gloires, des vies, des amours (1). — Ici, en effet, les organes ont cessé d'être les serviteurs inévitables de l'intelligence ; la pensée s'échange sans le secours du langage, elle ne connaît plus les obstacles que le temps et l'espace mettaient autrefois à ses explorations, l'avenir est pour elle comme le passé : elle s'abaisse aussi sans effort des hauteurs des cieux jusqu'à l'humble globe qu'elle habita (2). — Dès lors les souvenirs de la terre, et surtout les saintes affections qui s'y étaient formées, ne s'effacent point dans les âmes qui l'ont abandonnée pour un séjour meilleur. Elles laissent tomber sur nous de miséricordieux regards, elles nous servent d'interprètes et de mandataires auprès du Tout-Puissant, qui à son tour en fait ses ministres. Elles sont les canaux par où monte la prière, par où descend la grâce (3).

Mais ce sont là pour ainsi dire les circonstances accessoires de la béatitude : il en faut pénétrer l'essence. — Si la béatitude suppose l'impossibilité de tout désir ultérieur, elle ne peut se rencontrer que dans la perfection et la satisfaction complète des facultés humaines. Or, de ces facultés, la raison est celle qui domine toutes les autres ; la raison ne se rassasie que dans la contemplation de la vérité, et toute vérité repose dans

---

(1 *Paradiso*, III, 8 ; v, 36 ; VIII, 7 ; x, xxi, etc., passim.

2 *Ibid.*, xv, 19, 31. S. Thomas, prima, q. 89, 7, 8. — S. Grégoire, *Moral.*, XII, 13.

(3 *Paradiso*, xiv, 22. Intercession des saints, xxi, 24.

l'entendement divin. La béatitude consiste donc dans la vision de Dieu (1). C'est là, dans ce miroir immense, que les élus découvrent en une seule et immuable perspective tout ce qui fut, est ou doit être, la conception même et le désir, avant la parole qui les manifeste et le fait qui les réalise. Leur vue y plonge à des profondeurs d'autant plus grandes qu'ils méritent davantage (2). L'acte par lequel ils voient est donc la base et comme la matière de leur félicité ; l'acte par lequel ils aiment en est la forme : les décrets éternels en se faisant connaître se font accepter et accomplir (3). Comme l'intuition appartient à l'entendement, la délectation appartient à la volonté : ainsi, connaissance et amour, la béatitude est l'état de l'homme élevé à sa plus haute puissance. A un autre point de vue, la béatitude est Dieu même se donnant en possession. L'homme et Dieu, le sujet et l'objet, se touchent, mais ne se confondent pas ; le fini subsiste distinct en présence de l'infini.

(1) *Paradiso*, xxviii, 56.

> Quinci si può veder come si fonda
> L'esser beato nell' atto che vede,
> Non in quel ch' ama, che poscia seconda,
> E del vedere è misura mercede...

Convito, iii, 15. *Epist. dedic. ad Can. Grand.*, in fine. — Cf. S. Thomas, prima secundæ, q. 3. 4.

(2) Vision en Dieu, viii, 51 ; ix, 21, 25 ; xi, 7 ; xv, 21 ; xvi, 50 ; xxix, 3. — Connaissance de l'avenir, passim, mais surtout xvii, 5 :

> . . . . Come veggion le terrene menti
> Non capere in triangolo du' ottusi
> Cosi vedi le cose contingenti,
> Anzi che sieno in sè, mirando il punto
> A cui tutti li tempi son presenti.

Cf. Cicéron, *Somnium Scipionis*.

(3) *Paradiso*, iii, 27, ci-dessus.

5. Un jour viendra pourtant interrompre dans son heureuse uniformité l'existence des saints. Ce sera celui où ils reprendront leur vêtement de chair. Leur personne rétablie ainsi dans sa primitive intégrité sera plus agréable au Créateur : en retour il leur mesurera sa grâce avec plus d'abondance. La clarté de leur vision s'en accroîtra, en même temps croîtra l'ardeur intérieure qu'elle allume, en même temps l'irradiation extérieure qui en doit résulter. Comme le charbon dans la flamme, ainsi les corps ressuscités apparaîtront dans leurs auréoles (1). Alors, les conviés de l'immortalité ayant pris leurs places, commencera la fête sans lendemain.

Le poëte a réuni, pour la retracer, les plus ravissantes et les plus suaves couleurs. Il a vu au milieu de l'empyrée un immense réservoir de lumière s'étendre en forme circulaire, et réfléchir les splendeurs de la gloire divine ; alentour, des trônes brillants s'élèvent en amphithéâtre, où sont assis, couverts de blancs vêtements, les rangs pressés des bienheureux. C'est comme une rose blanche aux feuilles innombrables qui s'épa-

---

(1) *Paradiso*, xiv, 15.

 Come la carne gloriosa e santa
  Fia rivestita, la nostra persona
  Più grata fia per esser tutta quanta.
 Perchè s' accrescerà ciò che ne dona
  Di gratuito lume il sommo bene,
  Lume ch' a lui veder ne condiziona :
Onde la vision crescer conviene,
  Crescer l' ardore, che di quella s' accende,
  Crescer lo raggio, che da esso viene, etc.

Cf. S. Augustin, *de Civ. Dei.* — S. Thomas, *Contr. Gent.*, iv, 79. — S. Bonaventure, *Compendium*, vii, 28, 29.

nouit : l'allégresse et la louange sont les parfums qui
s'échappent de son calice. Des anges aux ailes d'or descendent, pareils à des essaims d'abeilles, dans cette
grande fleur, et remontent vers le Soleil éternel, sans
que leur foule en intercepte les rayons. Seul, en effet,
il satisfait et captive les contemplations et les affections
de ces millions d'esprits, astre que jamais aucun nuage
ne voila, sans coucher et sans hiver, affranchi des lois
de la création que lui-même a fixées (1).

IV

1. En accompagnant la nature humaine jusqu'à ces
hauteurs où elle se transfigure, on est conduit à reconnaître une nature supérieure ; et, si l'on admet que
les œuvres de Dieu ne puissent être vaincues en magnificence par l'imagination de l'homme, il suffit de concevoir des myriades de créatures spirituelles possibles,
pour conclure qu'elles sont (2). Aussi leur existence et
leurs fonctions furent-elles pressenties par les hommes
de tous les temps, quoique imparfaitement démontrées,
comme l'éclat du jour qui fait sentir sa présence à des
yeux encore fermés. Les païens les nommèrent dieux ;
Platon les appela Idées, dans le langage ordinaire des

1 *Paradiso*, xxx, 55; xxxi, passim.

> O isplendor di Dio, per cu' io vidi
> L' alto trionfo del regno verace,
> Dammi virtù a dir com' io lo vidi!
> Lume è lassù, etc. . . . .

2 *Convito*, ii, 5.

chrétiens, ce sont les Anges : les philosophes leur donnent plutôt le nom d'Intelligences (1). La foi a déchiré le voile qui nous séparait de ces créatures excellentes. — Semées dans l'univers avec lequel elles naquirent, parce qu'elles y devaient maintenir l'ordre et la vie, leur nombre est grand comme leur perfection (2). Leur entendement, immobile dans la vision constante de la vérité, ne connaît point ces alternatives d'oubli et de réminiscence qui nous sont propres. La grâce illuminante que mérita leur fidélité au jour de la tentation confirme pour jamais leur volonté, qui ne cesse pas d'être libre dans l'habitude de la justice (3). En elles donc la puissance ne se distingue point de l'acte ; l'acte pur constitue leur manière d'être ; elles sont intelligence, elles sont amour (4). — Inégales néanmoins

---

(1) *Convito*, ibid. E chiamale Plato idee, ch' è tanto a dire quanto forme e nature universali. — Cf. Brucker, *Hist. critic.*, in Platone.
(2) *Paradiso*, xxix, 13, 44. — Cf. S. Dionys. Areopagit., *de Cœlesti Hierarch.*, xiv.
(3) *Ibid.*, xxix, 20-26.

    Perchè le viste lor furo esaltate
      Con grazia illuminante, e con lor merto,
      Sì ch' hanno piena e ferma volontate.
    Queste sustanzie, poichè fur gioconde
      Della faccia di Dio, non volser viso
      Da essa, da cui nulla si nasconde.
    Però non hanno vedere interciso
      Da nuovo obbietto, e però non bisogna
      Rimemorar per concetto diviso.

Ibid., xxi, 25.

    . . . . . Libero amore in questa corte
      Basta a seguir la Provvidenza eterna

Cf. S. Dionys. Areop., *de Divin. nomin.*, iv.
(4) *Paradiso*, xxix, 11.

    . . . . . . Quei furon cima

entre elles, elles se divisent en trois hiérarchies, dont chacune se subdivise en trois ordres. A chaque hiérarchie est attribuée la contemplation spéciale de l'une des trois personnes de la sainte Trinité ; à chaque ordre un point de vue différent, chaque personne divine pouvant être considérée en elle-même ou dans ses rapports avec les deux autres (1). A ces attributions contemplatives correspond un ministère actif. Les neuf chœurs des anges (car ce nombre neuf, carré de trois, a une mystérieuse signification) (2) sont les moteurs des neufs sphères des cieux : ils leur communiquent une vitesse proportionnée aux ardeurs dont eux-mêmes sont embrasés : ils interviennent par là dans tous les phénomènes du monde physique (3). Mais leur action s'exerce de préférence dans le monde moral. C'est d'eux que relèvent, et c'est sur le modèle de leurs hiérarchies que se construisent les neuf degrés des sciences humaines (4). C'est par leurs soins que les semences

Nel mondo, in che puro alto fu produtto.
Paradiso, XXIII, 35.

(1) *Paradiso*, XXVIII, 9-32. *Convito*. II, 6... E dè potissima ragione della loro speculazione, è il numero in che sono le Gerarchie, e quello in che sono gli Ordini. Che conciossia che la Maestà divina sia in tre persone che hanno una sustanza, di loro si può triplicemente contemplare... e ciascuna persona nella divina Trinità triplicemente considerare... — Cf. S. Dionys., *de Cœlesti Hierarch.*, VI-IX. — S. Thomas, prima, q. 108.

(2) *Vita nuova*, passim. Dante retrouve ce nombre dans les plus touchantes circonstances de sa jeunesse : neuf ans et dix-huit ans furent les deux époques qui le rapprochèrent de Béatrix : quand il la perdit, il touchait à sa vingt-septième année. — Cf. Hugo à S. Victor, *Erudit. didascal.*, II, 5.

(3) *Paradiso*, II, 42; VIII, 13, 29; IX, 21, etc. *Convito*, II, 5. — Cf. Platon, *Épinomis, Timée.* — S. Thomas, q. 110, art. 1.

(4) *Convito*, II, 14, 15. — Cf. S. Bonaventure, *Serm.* XXII, in *Hexamer.*

de vertus sont déposées et se développent dans les âmes. Si dans les joies du Paradis ils se confondent avec les bienheureux, ils se montrent en Purgatoire juges, gardiens, consolateurs des justes souffrants. Leurs apparitions redoutables éclairent les ténèbres de l'Enfer lorsqu'ils vont châtier l'audace des démons. Ils rencontrent les mêmes ennemis et les combattent avec des chances plus égales sur la terre, où le salut et la perte des âmes font le sujet de leurs querelles (1). — Les intérêts même passagers de la vie ne sont point abandonnés à ce hasard que suppose notre ignorance. Celui qui crée des esprits pour mouvoir les cieux, et faire luire sur tous les points du globe une égale lumière, établit aussi une intelligence dispensatrice des splendeurs temporelles qui fit passer les biens de ce monde de famille en famille et de nations en nations, en dépit des précautions et des prévisions humaines. Elle pourvoit, juge et gouverne avec la même sagesse que les autres esprits ses pareils; heureuse comme eux, elle roule la sphère qui lui est donnée, et se complaît dans ce mouvement. Elle n'entend pas les blasphèmes de ceux qui devraient la louer, et qui l'injurient du nom de Fortune (2). — Ainsi tous les lieux et tous les

---

(1) *Paradiso*, XXXI, passim. — *Purgatorio*, VIII, 52; IX, 26 et passim. — *Inferno*, IX, 29. — *Purgatorio*, V, 56. — Cf. S. Thomas, prima, q. 112.

(2) *Inferno*, VII, 25-52.

> Quest' è colei ch' è tanto posta in croce
> Pur da color, che le dovrian dar lode,
> Dandole biasmo a torto e mala voce.
> Ma ella s'è beata, e ciò non ode;

êtres et toutes les circonstances de leur existence, et la vie et la mort, toutes choses ont leurs anges représentants de l'omniprésence divine.

2. Un pas reste à faire, et le pèlerinage intellectuel qu'on avait entrepris touche à son terme. Mais ce pas est immense : des dernières hauteurs du fini jusqu'à l'infini, des plus sublimes créatures jusqu'à leur auteur, il y a un abîme ; et ce n'est pas trop, ce n'est pas encore assez, des forces réunies de la raison et de la foi pour le franchir.

Les mondes que nous avons parcourus annoncent l'art admirable qui les fit être. Jusque sur les portes de l'Enfer nous avons vu l'empreinte de la puissance, de la sagesse et de l'amour. Le ciel, en poursuivant sur nos têtes le cours de ses révolutions, nous montre ses beautés éternelles, comme pour nous convier à reconnaître l'ouvrier qui les façonna. Le mouvement universel qui entraîne le firmament suppose un premier moteur immobile qui agit sur la matière par une attraction morale [1]. D'ailleurs, étant donné le plus obscur des êtres de la nature, il faut qu'il ait reçu l'existence de quelque autre ; et celui-ci la tiendra à son tour de lui-même ou d'autrui. S'il existe de lui-même, il est le premier principe ; sinon, il faut remonter plus haut et multiplier indéfiniment les causes efficientes, ou bien arriver à un principe primordial, seul être qu'on puisse concevoir comme nécessaire, parce que de lui seul, médiatement ou immédiatement, émanent toutes les existences. Dieu se fait donc connaître par des preuves physiques et métaphysiques ; il s'est manifesté plus complétement en répandant la rosée céleste de l'inspiration sur les prophètes, les évangélistes et les apôtres (1). — Unique dans sa substance, la Puissance, la Sagesse et l'Amour prennent en lui une triple personnalité, en sorte que le singulier et le pluriel lui appartiennent dans les langues des hommes (2). Il est esprit, il est le centre indivisible où convergent tous les lieux et tous les temps (3). Il est le cercle qui circonscrit le monde, et que rien ne circonscrit (4). Immense, éter-

(1) *Paradiso.* XXIV. 14.

. . . . Io credo in uno Dio
Solo ed eterno, che tutto 'l ciel muove,
Ben moto, con amore e con disio ;
Ed a tal creder non ho io pruove
Fisice e metafisice ; ma dalmi
Anche la verità che quinci piove...

Epist. ad Can. Grand. Omne quod est haud habet esse a se aut ab aliis. Sed constat quod habere esse a se non convenit nisi uni, scilicet primo, seu principio, qui Deus est. Si ergo accipiatur ultimum in universo, manifestum est quod id habet esse ab aliquo : et illud a quo habet, habet a se vel ab aliquo. Si a se, sic est primum ; si ab aliquo... esset sic procedere in infinitum in causis agentibus : aut erit devenire ad primum, qui Deus est... — Cf. Aristot., *Metaph.,* III.

(2) *Inferno,* III, 2. — *Paradiso,* XIV. *Ibid.* XXIV. 47.

Che soffera congiunto sono ed este.

(3) *Paradiso.* XXIX. 4.

Ove s'appunta ogni ubi ed ogni quando.

(4) *Purgatorio,* XI. 1. *Paradiso,* XIV. 10.

Non circoncritto e tutto circonscrive.

— Cf. S. Bonaventure, *Compendium,* I. 17.

nel, immuable, il est la vérité première, hors de laquelle il n'y a que ténèbres [1]. Dans sa pensée, toutes les créatures se trouvent prévues et coordonnées à leur fin. Les faits même contingents s'y reflètent d'avance, sans devenir par là nécessaires. Ainsi le regard du spectateur placé sur le rivage suit la course du navire sur les eaux, et ne la dirige pas [2]. Il est aussi la bonté sans bornes; et, comme souverain bien [3], il est l'invariable objet de sa propre volonté, qui devient dès lors la source et la mesure de toute justice. Mais cette justice a des profondeurs où ne saurait atteindre la courte portée de notre raison, comme le fond de la mer que sonde en vain l'œil impuissant du nautonier [4]. Enfin tous ses attributs, élevés au même degré de perfection souveraine, se maintiennent dans un équilibre indestruc-

---

1 *Paradiso*, IV, 52; XIX, 22; XXXIII, 15. — Cf. S. Thomas, prima, q. 16, 5. — Aristot., *Metaph.*, XII.

2 *Paradiso*, XVII, 15.

> La contingenza che fuor del quaderno
> Della vostra materia non si stende,
> Tutta è dipinta nel cospetto eterno.
> Necessità però quindi non prende,
> Se non come dal viso in che si specchia
> Nave che per corrente giù discende.

— Cf. Boèce, lib. V, pros. 4, 6. — S. Bonaventure, *Compendium*, I, 51.

3 *Paradiso*, XXVI, 6; *Convito*, IV, 12. — Cf. Platon, *Rep.*, VI. — S. Thomas, prima, q. 6, 4.

4 *Paradiso*, XIX, 29.

> La prima volontà, ch'è per sè buona,
> Da sè, ch'è sommo ben, mai non si mosse.
> Cotanto è giusto quanto a lei consuona.

Inferno, XX, 10. — *Paradiso*, IV, 25; XIX, 20; XXXII, 17. — *Convito*, IV, 22. Dionys. Areop., *de Div. nomin.* — S. Thomas, prima, q. 21.

tible ; en sorte qu'empruntant l'idiome des nombres il est permis de définir Dieu la Première Équation (1).

Ce Dieu, qui se suffisait à lui-même dans la solitude de son essence, devait créer, non pour accroître son bonheur, mais pour que sa gloire, resplendissant dans ses œuvres, se rendît à elle-même témoignage (2). Au sein de l'éternité, en dehors de tous les temps, sans autres lois que son propre vouloir, Celui qui est triple et un entra en action, la Puissance exécuta ce que la Sagesse avait préparé, et l'Amour infini s'ouvrit et se manifesta en de nouveaux amours. Et l'on ne saurait dire qu'avant de créer il demeurait oisif ; car ces mots, avant, après, sont bannis du langage des choses divines. La forme et la matière, isolées et réunies, s'élancèrent en même temps, comme d'un seul arc une triple flèche, des profondeurs de la pensée productrice ; et avec les substances mêmes fut créé l'ordre qui leur convenait. Celles qui sont formes pures, comme les anges, occupèrent le sommet du monde ; la matière, abandonnée à elle même, occupa les régions infimes : au milieu, la matière et la forme s'entrelacèrent d'un indissoluble lien (3). Les choses créées sont la splen-

---

(1) *Paradiso* xv, 25.
  Come la Prima Egualità v' apparse.
— Cf. Platon, *Phédon*.
(2) *Paradiso*, x, 1 ; vii, 22.
(3) *Paradiso*, xxix, 5.
  Non per avere aè s di bene acquisto,
  Ch' esser non può, ma perchè suo splendore
  Potesse risplendendo dir sussisto ;
  In sua eternità, di tempo fuore,

deur de l'idée immuable que le Père engendre et qu'il aime sans fin : idée, raison, Verbe, lumière qui, sans se détacher de celui qui la fait luire, sans sortir de sa propre unité, rayonne de créatures en créatures, de causes en effets, jusqu'à ne plus produire que des phénomènes contingents et passagers : c'est une clarté qui se répète de miroir en miroir, pâlissant à mesure qu'elle s'éloigne (1). Ainsi dans toute chose il y a un élément idéal et incorruptible ; mais, dans toutes celles qui naquirent sujettes à la destruction, il y a aussi un élément périssable et grossier. La matière qui est en elles présente des dispositions et subit des influences diverses qui la

> Fuor d' ogni altro comprender com' ei piacque
> S' aperse in novi amori l' eterno amore.
> Nè prima quasi torpente si giacque
> Perchè nè prima nè poscia procedette
> Lo discorrer di Dio sovra quest' acque, etc.

— Cf. Platon, *Timée.* — S. Thomas, prima, q. 44, 4.
(1) *Paradiso,* I, 1 ; XIII, 19.

> Ciò che non muore e ciò che può morire
> Non è che lo splendor di quella *Idea*
> Che partorisce amando il nostro Sire;
> Che quella viva luce che sì mea
> Del suo lucente, che non si disuna
> Da lui, nè dall' amor, che 'n lor s' intrea,
> Per sua bontate il suo raggiare aduna
> Quasi specchiato in nove sussistenze,
> Eternalmente rimanendosi una.
> Quindi discende all' ultime potenze
> Giù d' atto in atto, tanto divenendo,
> Che più non fa che brevi contingenze.

Ibid., VIII, 35.

> E non pur le *nature provvedute*
> Son nella mente ch' è da sè perfetta,
> Ma esse insieme con la lor salute, etc.

Convito. — Cf. Platon, *Parmenid., Rep.,* VI, VII. — Boëce, l. III, metr. 9. — S. Thomas, prima, q. 32, 1.

rendent plus ou moins diaphane à la lumière divine, qui la font se prêter plus ou moins fidèlement au sceau dont elle doit recevoir l'empreinte. Aussi l'empreinte est toujours obscurcie ou tronquée (1). Et cette imperfection est nécessaire ; car Celui dont le compas décrivit les extrémités de l'univers ne pouvait pas ouvrir un cercle assez grand pour que son Verbe s'y contînt. La nature est un espace trop étroit pour renfermer le bien infini, qui est à lui-même sa mesure ; elle ne saurait suffire à réaliser tous les desseins de l'artiste inépuisable (2). — Enfin, s'il est difficile de comprendre la création des corps par un Dieu pur esprit, il faut prendre garde que l'effet peut être contenu éminemment dans la cause, et que le caractère de cause, c'est-à-dire de force spontanée, ne convient qu'à un être spirituel : et qu'en ce sens on a dit avec raison : Toute intelligence est pleine de formes (3).

Entre ces œuvres innombrables, il en est peu en qui Dieu ait mis plus de complaisance que dans l'homme,

(1) *Paradiso*, XIII, 25.
> La cera di costoro e chi la duce
> Non sta d' un modo, e però sotto 'l segno
> Ideale più e men traluce.

Convito, III, 6. *Epist. ad Can. Grand.* Causa secunda ex eo quod recipit a prima influit super causatum, ad modum recipientis et respicientis radium... Cum virtus sequatur essentiam cujus est virtus, si essentia sit intellectiva, est tota et unius quod causat : et sic, quemadmodum priusquam deveniret, erat ad causam ipsius esse, sic nunc essentiæ et virtutis. Propter quod patet quod omnis essentia et virtus procedit a prima. — Cf Dionys. Areop., *de Cœl. Hierar.*, IV.

(2) *Paradiso*, XIX, 14. *Epist. ad Can. Grand.*

(3) *Paradiso*, XXXIII, 29. — Cf. *de Causis*, 9. « Omnis intelligentia plena est formis. »

dont l'âme libre et immortelle gardait ses traits plus ressemblants, et sollicitait plus vivement sa prédilection. Le péché, en défigurant cette ressemblance, dégrada l'homme du rang qu'il tenait dans les affections de son Auteur. Il n'y pouvait rentrer que par deux voies : par une réparation laborieuse qui vînt de lui-même, ou par une réhabilitation gratuite octroyée de Dieu. Mais l'homme ne pouvait descendre aussi bas par l'humilité de son obéissance, qu'il avait prétendu monter haut par la hardiesse de sa révolte : il demeurait fatalement incapable de satisfaire. Il fallait donc que Dieu lui-même agît en sa faveur ou en faisant miséricorde, ou en faisant tout ensemble miséricorde et justice. Il préféra le second moyen, où se manifestait mieux l'union de ses perfections infinies : l'œuvre est d'autant plus chère aux yeux de l'ouvrier, qu'il y reconnaît plus fidèlement sa main. Ce fut chose plus généreuse de se livrer et de subir la peine pour rendre à l'humanité la force de se relever, que de lui remettre sans mérite la peine encourue. Par l'acte seul de son amour immense, le Verbe unit à lui notre nature malade, déchue, proscrite. Cette humiliation donna à la justice inflexible une victime digne d'elle. Jamais, depuis le premier jour jusqu'à la dernière nuit du monde, jamais on ne vit, on ne verra s'accomplir un si profond et si magnifique dessein (1).

(1) *Paradiso*, vii, 24-40.
  Nè tra l' ultima notte, e 'l primo die
  Si alto e si magnifico processo

Mais la rédemption ne s'achève que par le perfectionnement successif des générations qui traversent la terre, et par leur couronnement dans la gloire. C'est l'objet de cette Providence particulière qui ne cesse pas d'être incompréhensible, soit qu'elle prédestine les élus, soit qu'elle les dote de dons inégaux, soit qu'elle fasse servir le mal au triomphe du bien, soit qu'inébranlable en ses arrêts elle se laisse néanmoins toucher par la prière et par le mérite de la vertu (1), soit qu'elle-même attire à soi nos intelligences et nos volontés, dont elle veut concentrer tous les efforts. Car l'alpha est en même temps l'oméga : le Dieu qui s'est révélé comme Créateur s'est engagé comme Rémunérateur : il est la cause, il sera la fin (2).

Ici le poëte semblait devoir s'arrêter, infidèle à son procédé systématique, où chaque série de conceptions se réfléchit dans une vision correspondante : il semblait que l'image ne pouvait plus qu'appesantir la pensée. Mais le génie accepta le défi ; et jamais peut-être, ni avant, ni depuis, l'expression poétique ne s'éleva à une pureté plus parfaite avec une plus audacieuse énergie. — Le ciel était ouvert : un point lumineux apparut, qui rayonnait d'une clarté insoutenable à l'œil. De

O per l' una, o per l' altro fue o fie.
Chè più largo fu Dio a dar sè stesso
In far l' uomo sufficiente a rilevarsi,
Che s' egli avesse sol da sè dimesso.

— Cf. S. Bonaventure, *Compendium*, IV, 6.

(1) *Paradiso*, XX, 45 ; XXI, 52 ; XXXII, 22. *Purgatorio*, VI, 41. *Paradiso*, IX, 36 ; XX, 55.

(2) *Paradiso*, I, 5 ; IV, 42 ; XXXIII, 16. — Cf. Boëce, lib. III, pros. 10.

toutes les étoiles, celle qui d'ici-bas nous paraît la moindre semblerait pareille à la lune, comparée à ce point indivisible. Environ à la même distance où l'auréole aux sept couleurs se forme à l'entour de l'astre dont elle réfléchit les rayons, autour de ce point immobile, un cercle de feu tournait si rapide, qu'il surpassait en vitesse la rotation des cieux. D'autres cercles concentriques entouraient celui-ci jusqu'au nombre de neuf, toujours plus vastes dans leurs dimensions, mais moins prompts dans leur course, moins purs dans leur éclat. Or, comme à ce spectacle le poëte demeurait suspendu entre l'étonnement et le doute, il lui fut dit : « De ce point dépend le ciel et toute nature. » C'était Dieu. Et, dans ces cercles qui mutuellement s'attiraient vers leur centre, il reconnut les neuf ordres de créatures spirituelles, qui, entraînées par l'amour, entraînent elles-mêmes le monde entier : c'étaient les anges (1). Puis, quand sa vue miraculeusement affermie put pénétrer le point qui l'avait éblouie d'abord, il y vit ras-

(1) Un punto vidi, che raggiava lume
　　　Acuto sì, che 'l viso, ch' egli affuoca,
　　　Chiuder conviensi per lo forte acume.
　　E quale stella par quinci più poca
　　　Parrebbe luna locata con esso,
　　　Come stella con stella si colloca.
　　Forse cotanto, quanto pare appresso
　　　Halo cigner la luce che 'l dipigne,
　　　Quando 'l vapor che 'l porta più è spesso,
　　Distante intorno al Punto un cerchio d' igne
　　　Si girava. . . . .
　　　. . . . . Da quel punto
　　Depende il cielo e tutta la natura.

Paradiso, xxviii, 6. — Cf. S. Dionys. Areop., *de Cœlest. Hierarch.* — S. Bonaventure, *Compendium*, ii, 15. — Aristot., *Metaph.*, xii.

semblé en un seul faisceau, et réduit à l'état d'une simple lumière, tout ce qui se déploie dans l'univers, substance, mode, accident : c'étaient les idées typiques de la création. Dans le même point, à une profondeur plus grande, trois cercles se montrèrent à lui, égaux en mesure, divers en couleurs ; et le second était comme la splendeur du premier, et le troisième comme une vapeur émanée des deux autres. Ainsi se manifestait la Trinité. Le deuxième cercle, attentivement considéré, sans perdre sa couleur primitive, semblait se peindre d'une effigie humaine, symbole de l'Incarnation du Verbe (1). Et, tandis qu'il cherchait à comprendre ce prodigieux spectacle, le poëte ressentit la joie d'avoir compris ; il se sentit devenu tel, qu'il lui était impossible de détourner les yeux de ce point où tout le bonheur auquel le désir humain peut aspirer était réuni ;

(1) *Paradiso*, xxxiii, 29.
  Nel suo profondo vidi che s'interna
   Legato con amore in un volume
   Ciò che per l'universo si squaderna :
  Sustanzia, ed accidente, e lor costume,
   Tutti conflati insieme per tal modo,
   Che ciò ch'io dico, è un simplice lume...
  Nella profonda e chiara sussistenza
   Dell' alto lume parvemi tre giri
   Di tre colori e d'una continenza :
  E l'un dall'altro come Iri da Iri
   Parea riflesso, e 'l terzo parea fuoco.
   Che quinci e quindi igualmente si spiri...
  Quella circulazion che sì concetta
   Pareva in te, come lume riflesso,
   Dagli occhi miei alquanto circospetta.
  Dentro da sè del suo colore stesso
   Mi parve pinta della nostra effige :
   Perchè 'l mio viso in lei tutto era messo.
— Cf. Platon, *Timée, Epinomis*. — S. Bonaventure, *Compendium*, 1, 25.
— S. Thomas, prima, q. 15.

et sa volonté doucement attirée entrait dans l'harmonieux mouvement de l'ordre universel. L'œuvre de la sanctification lui devenait sensible. Tous les mystères lui étaient dévoilés dans une intuition immédiate. C'était une pensée sans effort, et qui par conséquent excluait le raisonnement et le souvenir ; c'était un état de l'intelligence qui n'a pas de nom parmi les hommes ; c'était une complète participation à cette philosophie, la seule véritable, qui est celle des saints et des anges, qui est en Dieu-même, amour infini d'une sagesse infinie (1).

(1) *Paradiso*, xxxiii, 49. — *Convito*, iii, 13. E cosi si vede come questa donna (Filosofia) è primeramente di Dio, secondamente delle altre intelligenze separate, per continuo sguardare...

TROISIÈME PARTIE

CHAPITRE PREMIER.

APPRÉCIATION DE LA PHILOSOPHIE DE DANTE. — ANALOGIE AVEC LES DOCTRINES ORIENTALES.

L'homme ne saurait apercevoir l'ordre qui règne dans la création sans éprouver quelque chose de la joie d'un fils qui retrouverait la trace de son père. C'est pourquoi les notions les plus abstraites l'intéressent, par cela seul qu'elles se rapportent à d'autres connaissances qui aboutissent à Dieu : car l'intérêt n'est en nous que le sentiment des rapports. Les productions mêmes de l'esprit humain n'ont de prix à nos yeux qu'à la condition de se lier entre elles dans nos souvenirs. Un système sans analogies serait aussi sans valeur. — Mais, loin qu'il en soit ainsi, toutes les conceptions des philosophes sont dominées par un certain nombre de problèmes principaux, qui n'ont aussi qu'un certain nombre de réponses possibles ; ces réponses, nécessairement répétées, deviennent des points de ralliement autour desquels les penseurs de tous les temps se rangent en écoles, et comme autant de caractères qui servent à classer chaque doctrine, et qu'il y faut reconnaître pour la définir. D'ailleurs, toute doctrine recueille inévitablement les travaux des âges antérieurs, qui lui servent de prémisses ; elle en doit tirer des conséquences qui seront prémisses à leur tour pour les temps futurs ; et c'est là ce qui lui donne rang d'effet et de cause, ce qui fait son importance historique. Enfin, en même temps qu'une doctrine se place de la sorte, à titre de filiation et de paternité, dans quelqu'une de ces grandes familles d'idées qui subsistent dans l'histoire, tantôt rivales, tantôt alliées, toujours vivantes, elle participe à cette portion de vérité qui est en elles et qui les fait vivre : il devient facile dès lors de pénétrer jusque dans son essence, pour savoir ce qu'elle renferme de vrai. Ainsi, quand nous aurons comparé la philosophie de Dante à celle qui régna dans les écoles illustres de l'Orient et de la Grèce, du moyen âge et des derniers temps, nous l'aurons d'abord classée, en la ramenant à des types connus ; nous aurons constaté ce qu'elle emprunta et ce qu'elle transmit, son origine et sa portée ; on pourra sans peine prononcer sur la justesse de ses maximes, en y retrouvant celles d'autres systèmes déjà jugés. Cette appréciation historique en sa forme sera donc critique au fond ; le point de droit et le point de fait se confondront ensemble. Ils achèveront de n'en faire plus qu'un, indivisible à nos yeux, quand nous arriverons à la question suprême, celle d'orthodoxie, où, la philosophie de Dante étant mesurée à une règle infaillible, de sa conformité dépendra pour nous sa légitimité.

1. Deux voies ouvertes, l'une au midi, l'autre au nord, pouvaient conduire Dante aux sources du vieil Orient : c'étaient les relations alors fréquentes de l'Europe avec les Sarrasins et les Mongols. On a déjà vu comment, au milieu du choc de la chrétienté et de l'islamisme en Espagne et en Palestine, les sciences, placées sous une sauvegarde hospitalière, avaient passé d'un camp à l'autre, et formé une active correspondance qui de Bagdad et de Cordoue s'étendait dans toutes les contrées catholiques, et surtout en Italie. Les traductions d'Avicenne, d'Algazel, d'Averrhoës, circulant dans toutes les mains, n'avaient pu manquer de tomber dans celles de Dante ; des citations répétées en font foi dans ses écrits (1). Une connaissance exacte des doctrines musulmanes se reconnaît particulièrement dans le jugement qu'il en porte. Tandis que la plupart de ses contemporains tenaient les disciples de l'Alcoran pour des païens, et *Mahom* pour une idole, il considère l'islamisme comme une secte arienne, et

---

(1) *Convito*, II, 14. — Avicenne, *de Intellig.*, IV ; Algazel, *Logic. et phil.* I, 4.
Ibid., III, 4. — Avicenne, *de Animâ*, III, 5.
Ibid., IV, 15. — Averrhoës, *in Aristot., de Animâ*, III.
Ibid., IV, 21. — Avicenne, *de Animâ, Aphorism.*, 38 ; Algazel, II, 5.
Ibid., III, 2, 6, 7 ; IV, 21, etc. *Epist. ad Can. Grand.* — *Lib. de Causis.*

Mahomet comme le chef du plus grand schisme qui ait désolé l'Église, châtié à son tour par les divisions de ses adeptes sous les bannières ennemies d'Omar et d'Ali (1). Or ces mêmes Sarrasins, derniers héritiers du synchrétisme alexandrin, initiés d'ailleurs aux rêveries du Sufisme persan, touchaient ainsi par deux côtés à l'antique sagesse indienne, qui paraît avoir répandu des émanations fécondes sur la Perse et l'Égypte. Elle se retrouvait aussi avec ses dogmes fondamentaux dans la religion de Bouddha, qui, chassée de la Péninsule hindostane après des luttes sanglantes, avait envahi l'Asie septentrionale, et entraîné sous ses lois les hordes mongoles éparses entre l'Atlaï et le Caucase. Ces peuples s'ébranlèrent; de redoutables irruptions, vers le milieu du treizième siècle, désolèrent les contrées slaves et germaniques. Plus tard, la politique savante du saint-siége les arrêta, des rapports pacifiques s'établirent entre les princes chrétiens et les petits-fils de Gengis-Kan. Les ambassadeurs du bouddhisme parurent dans la capitale et au rendez-vous de la catholicité, à Rome, et au deuxième concile de Lyon : en retour, Rome et la France envoyèrent à leurs nouveaux alliés des missionnaires chargés de leur porter la foi avec la paix. L'industrie eut aussi ses missions aventureuses. Les routes tracées par Plan-Carpin et Rubriquis furent suivies par des marchands vénitiens; de nombreuses

---

(1) *Inferno*, xxviii, 11. *Ibid.*, xvii, 6. Allusion au commerce de l'Europe avec les Turcs. *Convito*, ii, 9. Les croyances des Sarrasins citées en témoignage de l'immortalité de l'âme.

relations de voyages, écrites ou verbales, se répandirent; et dans cet âge, préoccupé plus que le nôtre des intérêts de la vie future, les opinions théologiques des Mongols ne durent point rester inconnues à la curiosité des savants européens. Dante surtout, avide de savoir, toujours en quête de traditions et de doctrines qui pussent trouver place dans l'ensemble de sa vaste composition poétique; lui qui d'ailleurs avait dû plus d'une fois rencontrer, à la cour des princes, les députés tartares, n'avait pu manquer de s'enquérir de leurs croyances. Il les rappelle aussi, il les cite en témoignage de ses propres assertions (1). Un double commerce le mettait donc, à son insu, en relation avec les prêtres philosophes des rives du Gange. Et, si l'on se souvient que leur science si vantée dans l'antiquité avait été consultée plusieurs fois par les sages de la Grèce, et qu'elle avait laissé des traces même dans les écrits de quelques Pères de l'Église, on devra peut-être apercevoir là un troisième moyen de communication.

2. De remarquables analogies se rencontrent d'abord entre les opinions indiennes et celles du poëte florentin, sur la figure extérieure de la terre et sur les mystères recélés dans ses entrailles. Les brahmes représentent le mont Mérou comme le pivot du monde : à ses pieds rayonnent toutes les contrées habitées par les hommes et les génies ; au sommet est fixée la demeure terrestre des dieux. Ainsi la montagne du Purgatoire,

(1) Allusion à l'industrie des Tartares, *Inferno*, xvii, 6. — Leur foi à l'immortalité de l'âme, *Convito*, ii, 9.

décrite dans la *Divine Comédie*, fut le centre du continent primitivement destiné à l'habitation de l'homme; elle est couronnée par les délicieux ombrages du Paradis terrestre (1). Le sombre empire d'Yama, comme le royaume de Satan, est creusé dans les profondeurs souterraines, composé de plusieurs cercles qui descendent l'un au-dessous de l'autre en d'interminables abîmes, et dont le nombre, diversement rapporté par les mythologues, est souvent de neuf ou d'un multiple de neuf. Les tortures s'y rencontrent pareilles et affectées aux mêmes crimes : ténèbres, sables enflammés, océans de sang où les tyrans sont plongés, régions brûlantes auxquelles succèdent des régions glaciales (2).

Au delà de ces points de contact superficiels, on découvre des rapports plus intimes. Telle est l'opinion singulière de Dante, d'après laquelle les âmes, détachées par la mort du corps qu'elles habitaient, sont revêtues d'un corps aérien. Cette hypothèse, plusieurs fois renouvelée dans la philosophie chrétienne, et empruntée au paganisme, ne se trouve nulle part avec des développements plus complets et des traits de ressemblance plus constants que dans les systèmes de l'Inde. « Si l'âme, y est-il dit, a pratiqué la vertu et rarement le vice, revêtue d'un corps qu'elle emprunte aux cinq éléments, elle savoure les délices du paradis. — Mais,

---

(1) B. Bergmann, *Esquisses du système religieux des Mongols*, dans son *Voyage chez les Kalmouks*. — Guigniaut, *Symboliq.*, t. I. — Dante, *Purgatorio*, passim.

(2) *Ibid.*, et *Lois de Manou*, l. IV, sl. 87 ; xii, sl. 40, 76. — Dante, *Inferno*, passim.

si elle s'est fréquemment adonnée au mal et rarement au bien, elle prend un autre corps, à la formation duquel concourent les cinq éléments subtils, et qui est destiné aux tortures de l'enfer. — Lorsque les âmes ont goûté les joies ou subi les peines qui leur furent réservées, les particules élémentaires se séparent, et rentrent dans les éléments d'où elles étaient sorties (1). »

D'autres fois la rencontre a lieu, mais c'est une lutte; les idées orientales se représentent à la pensée du poëte chrétien, mais pour être combattues. Ainsi l'une des plus graves erreurs de la théologie brahmanique, et qui tient de près au panthéisme, est celle qui suppose dans l'homme l'existence de deux âmes distinctes : l'une individuelle, constituant la personnalité de chacun, mais restreinte aussi à la connaissance des faits et des individualités; l'autre par qui s'acquiert la connaissance des vérités universelles, raison immuable, âme du monde, Dieu même. D'où il suit que le but de la science, étant de ramener sans cesse le particulier au général, est aussi de confondre l'âme individuelle avec l'âme infinie, et de perdre la personne de l'homme dans l'immensité divine. Cette théorie, reproduite par Averrhoës, avait fait éclat au milieu des disputes scolastiques; c'était une de ces semences de corruption que l'école antichrétienne de Frédéric II s'était empressée de recueillir et de propager. Elle avait appelé la sollicitude particulière des docteurs catholiques; Dante se joignit

(1) *Lois de Manou*, xii, 16-21. — Dante, *Purgatorio*, xxv, 27, *Convito*, ii, 9.

à eux pour l'attaquer, et pour maintenir l'unité, l'indivisibilité, et par conséquent aussi la dignité de l'esprit humain (1).

Mais les deux doctrines qui viennent de se combattre se rapprochent de nouveau, avec des circonstances plus favorables, et d'autant plus frappantes, qu'ici les intermédiaires nous échappent. Nous avons reconnu que le mal et le bien, isolés ou mis aux prises, formaient les trois grandes catégories où venaient se coordonner les conceptions de Dante ; qu'il avait pensé, en décrivant l'enfer, le purgatoire et le ciel, peindre sous des couleurs allégoriques les trois qualités, les trois manières d'être de l'humanité, savoir : le vice; la passion, qui est la lutte de la vertu et du vice; la vertu enfin. Or voici ce qu'enseignent les livres écrits à des époques immémoriales, dans les écoles brahmaniques d'Ellore et de Bénarès : « L'âme de l'homme a trois qualités : la bonté, la passion et l'obscurité.—Le signe

---

(1) *Lois de Manou*, VI, 65; XII, 14-18. — Que le sage réfléchisse avec l'application d'esprit la plus exclusive sur l'essence subtile et indestructible de l'Ame Suprême, et sur son existence dans les corps des êtres les plus élevés et les plus bas. — De la substance de l'Ame Suprême s'échappent, comme les étincelles du feu, d'innombrables principes vitaux qui communiquent sans cesse le mouvement aux créatures..., etc. — Colebrooke, *Essai sur la philosophie des Hindous*, traduction de Pauthier, p. 56. *Oupnek-hat*, passim. L'âme individuelle se nomme *Djiv-atma*; l'âme universelle, *Param atma* (racin. *Djiv*, vivre; *Para*, souverain). — Les dangers de la doctrine panthéiste, répandue par toute la chrétienté avec les écrits d'Averrhoës, éveillèrent le zèle des docteurs : il faut voir la vivacité de cette polémique dans les nombreux traités de ce temps *contra Averrhoistas*, particulièrement dans ceux d'Albert le Grand et de saint Thomas d'Aquin. Dante ne pouvait manquer de prendre part à une si éclatante controverse : c'est au XXV° chant du *Purgatoire* que vient à son tour la thèse chrétienne contre les averrhoïstes.

distinctif de la bonté est la science; celui de l'obscurité est l'ignorance; celui de la passion consiste dans le désir et l'aversion.—A la qualité de bonté appartiennent l'étude des livres saints, la dévotion austère, la science religieuse, la pureté, l'accomplissement des devoirs, et la méditation de l'Ame Suprême. — N'agir que dans l'espoir d'une récompense, se laisser aller au gré des sens, s'abandonner au découragement, ce sont les marques de la qualité de passion. — La cupidité, l'indolence, l'athéisme, l'omission des actes prescrits : à ces signes s'annonce la qualité d'obscurité. » Cette triple division ne se borne pas aux phénomènes de la vie morale, elle s'étend à la création tout entière, dont l'homme est l'image. « Les trois qualités accompagnent tous les êtres. » C'est par elles qu'on distingue sur la terre les génies, les hommes et les innombrables tribus des animaux et des plantes. Bien plus, elles débordent les limites de notre séjour passager ; elles embrassent et se partagent les trois mondes : à la bonté appartient le monde des dieux, à la passion est livré celui des hommes, et l'obscurité règne dans celui des démons.—Les sectes indiennes se sont multipliées à l'infini ; dans toutes, la distinction des trois qualités est demeurée comme un principe qui donne sa forme à tout l'enseignement théologique (1).

(1) Manou, XII, 12 et suiv., 26, 39. — Dante, *Epist. ad Can. Grand.* Et surtout la préface du commentaire de son fils, citée plus haut.

CHAPITRE II

RAPPORTS DE LA PHILOSOPHIE DE DANTE AVEC LES ÉCOLES DE L'ANTIQUITÉ. — PLATON ET ARISTOTE. — IDÉALISME ET SENSUALISME.

1. Toutefois l'Asie ne pouvait être encore pour Dante, comme elle l'est pour nous, qu'une contrée voilée des ombres du mystère. C'était sur l'horizon de la Grèce qu'il voyait se lever pour la première fois la lumière de la philosophie dans toute sa splendeur. Il assistait à ses phases principales, qu'il trouvait décrites dans plusieurs ouvrages excellents de l'antiquité, mais surtout dans ceux du premier et du plus parfait historien de la science, Aristote (1). Sans doute la traduction de la Morale par Brunetto Latini, son maître, l'avait familiarisé de bonne heure avec le Stagirite. Plus tard, deux versions complètes et de nombreux commentaires lui avaient permis non-seulement de pénétrer dans l'immense édifice de la doctrine péripatéticienne, mais encore d'en sonder scrupuleusement toutes les parties (2).

(1) C'est en effet d'après Aristote que Dante a coutume de rapporter les opinions des philosophes plus anciens. Il emprunte beaucoup aussi aux exposés historiques de Cicéron. Voyez *Convito*, passim.

(2) *Convito*, II, 15. Il cite deux traductions d'Aristote, l'ancienne et la nouvelle. — Saint Thomas fait aussi cette distinction. — *Convito*, IV, 8, citation du prologue de saint Thomas sur l'Éthique.

Ces explorations fécondes n'étaient pas sans résultat ; et dans le *Convito* seul on trouve, outre les simples allusions, soixante et dix citations expresses de la Métaphysique, de la Physique, du Traité de l'âme, de l'Éthique, de la Politique, des différents écrits dont se compose l'Organon, et de plusieurs autres moins célèbres. Ces réminiscences sont en même temps comme des autorités à l'ombre desquelles Dante s'abrite : il leur donne autant d'empire sur ses convictions que de place dans sa mémoire. Aristote est nommé par lui des noms les plus beaux : le docteur de la raison, le sage pour qui la nature eut le moins de secrets, le maître de ceux qui savent. La société temporelle, selon lui, pour se préparer de longs siècles de prospérité, aurait assez de se soumettre aux deux puissances philosophique et politique, Aristote et l'Empereur. Après avoir exalté si haut les successeurs des Césars, il leur donne pour collègue au gouvernement du monde le précepteur d'Alexandre ; il le fait asseoir, seul immortel, sur le trône où les princes ne font que passer. Il va plus loin, et, rappelant les erreurs des philosophes des premiers temps, qui poursuivirent de leurs recherches le souverain bien, fin dernière de l'existence humaine, il montre cette vérité entrevue par Socrate et Platon, mais dégagée de toutes les obscurités qui l'entouraient encore, par les soins d'Aristote. Et, comme la direction des moyens appartient à celui qui connaît la fin, comme les nautoniers se reposent sur la foi du pilote, ainsi ceux qui flottent sur la mer orageuse de la vie doivent s'abandonner à la conduite du guide inspiré que le Ciel leur envoya. Ainsi toutes les destinées de la science sont renfermées dans la doctrine péripatéticienne. Souverainement digne de foi et d'obéissance, consacrée par une adoption universelle, elle acquiert un caractère religieux : on peut la proclamer catholique (1).

Après cette reconnaissance authentique d'une suzeraineté devant laquelle toute intelligence était obligée de plier, il semble que la fidélité promise dut être gardée. On s'étonne donc au premier abord d'entendre de graves témoins mettre Dante, vassal infidèle, dans des rangs contraires, et le représenter comme un des plus illustres disciples de Platon (2). Cependant nous venons d'apercevoir Platon compté parmi les précurseurs de l'aristotélisme, et assuré d'une haute prééminence sur les chefs des autres écoles. Souvent encore Dante le mentionne avec honneur et comme un homme excellent ; il se prévaut de son exemple ; s'il le combat, c'est après de respectueux préliminaires ; s'il le condamne, il s'empresse d'indiquer une justification possible (3).

(1) *Convito*, I, 9; III, 5; IV, 2, 17, 27. — *Inferno*, IV, 44. — *Convito*, IV, 6. Voir le chapitre entier. — Dante reconnaît pourtant l'insuffisance d'Aristote sur plusieurs points de théologie et d'astronomie. *Convito*, II, 3, 5; IV, 15, 22.

(2) Marsile Ficin, apud *Clarorum Virorum Theodori Prodomi*, etc. *Epistolas* ex Codd. MSS. *collegii Romani*, Romæ, 1754. — Brucker, *Hist. critic. philosop.* Per. III, pars I, lib. I, cap. I. — *Memorie per la vita di Dante*, etc.

(3) *Convito*, II, 5, 14; III, 9; IV, 15. — *Paradiso*, IV, 8-19. — *Epist. ad Can. Grand...* Multa namque per intellectum videmus quibus signa vocalia desunt, quod satis Plato insinuat in suis libris per assumptionem metaphorismorum. Multa namque vidit per lumen intellectuale, quæ sermone proprio nequit exprimere.

On ne saurait douter qu'il ne connût le Timée, dont on avait à son époque deux commentaires principaux : l'un de Chalcidius, employé avec faveur dans l'enseignement scolastique ; l'autre, de saint Thomas d'Aquin, dont nous devons déplorer la perte. Mais surtout Cicéron, Boëce, saint Augustin, et quelques autres docteurs chrétiens dont les écrits sont encore tout pénétrés des parfums de l'Académie, durent exercer sur lui une action irrésistible, et l'attirer peut-être, prosélyte involontaire, aux idées platoniciennes (1).

Dès lors il y a lieu d'examiner quels éléments les deux grandes écoles grecques peuvent revendiquer dans la philosophie de Dante.

2. Plusieurs traits généraux nous avaient paru d'avance devoir caractériser le génie philosophique du poëte italien : l'étude de son œuvre nous les a rendus aisément reconnaissables. C'est une pensée hardie et naturellement métaphysicienne qui se place tout d'abord dans le monde invisible, au-dessus du temps et de la terre ; une expression métaphorique, non par caprice, mais par système, et qui s'empare de toutes les images de la création, parce que toutes sont des reflets des vérités éternelles qu'elle veut manifester ; une aspiration profonde vers deux choses ici-bas absentes, mais qui s'y peuvent reproduire au moins en partie : la perfection et la félicité. — Mais ce triple essor vers le vrai, le bien et le beau, n'est-ce pas ce qui fait l'hon-

(1) Boëce, *de Consolatione*, lib. I, pros. 5; lib. III, pros. 9; lib. V, pros. 5. — S. Augustin, *de Civit. Dei*, lib. VIII, *Confess.* VII, 9 et *passim*.

neur principal du génie de Platon? Lui aussi abandonne le monde des phénomènes et des apparences, la caverne où se dessinent de pâles ombres, pour aller contempler les réalités absolues au grand jour de la métaphysique (1). Habitué à ne plus apercevoir dans les choses visibles qu'une représentation des conceptions divines, il ne voyait dans la nature qu'un magnifique langage parlé par le Très-Haut ; il essayait de le parler à son tour, et son style s'ornait de ces couleurs admirables qui font l'envie des poëtes. Et cependant il dédaigne de se perdre dans des spéculations oiseuses, ou de s'oublier au bruit flatteur de ses propres discours; sa parole appelle des résultats positifs et des réformes salutaires : toute science pour lui se résout dans la science du bien. C'est l'objet annoncé de toutes ses leçons : et ses disciples, surpris de l'entendre disserter, sous ce titre, de la géométrie et de l'astronomie, de la gymnastique et de la musique, le comprendront enfin quand de ces notions variées il dégagera les lois qui doivent présider au perfectionnement et au bonheur des hommes (2). Des facultés si uniformément assorties de part et d'autre donnent déjà lieu de s'attendre à une singulière ressemblance dans leurs productions.

(1) Cousin, *Cours d'histoire de la philosophie*, tome I, leçon 7ᵉ. — Platon, *République*, liv. VII. — En citant dans les notes les Dialogues de Platon, nous n'entendons point supposer que Dante ait textuellement, immédiatement connu les passages indiqués : il s'agit d'établir des analogies, et non pas des réminiscences.
(2) Platon, *République*, vi : Ἡ τοῦ ἀγαθοῦ ἰδέα μέγιστον μάθημα. — Voyez aussi le fragment d'Aristoxène rapporté par M. Ravaisson : *Essai sur la métaphysique d'Aristote*, page 71.

Entre toutes les conjectures par lesquelles les philosophes grecs tentèrent de s'élever jusqu'à la connaissance de la Divinité, aucunes ne s'étaient rencontrées plus heureusement que celles de Platon, si incomplètes qu'elles fussent, avec les révélations du christianisme : elles avaient obtenu le suffrage de ses plus graves apologistes ; Dante n'avait pas le droit d'être plus sévère. Le Dieu que le disciple de Socrate adore est démontré non-seulement par les forces mécaniques de la nature, mais par l'ordre général qui y domine. Il se conçoit donc non-seulement comme puissant, mais aussi comme intelligent et bon (1) : il est incorporel, il est l'égalité première, le beau absolu, l'un absolu, celui qui ne connaît ni changement ni repentir (2). Roi de la cité du monde, il ne se confond point avec le monde (3) ; il demeure indépendant et solitaire, suffisant lui-même à sa béatitude. Toutefois, à la lueur de quelques expressions qui trahissent peut-être le secret de l'enseignement ésotérique, on croit apercevoir, dans cette notion de l'unité divine, un vestige du dogme de la Trinité; soit que le fondateur de l'Académie, dans ses voyages, eût été initié aux mystères des Hébreux, soit plutôt qu'il eût recueilli les débris épars des traditions primitives (4). Quoi qu'il en soit, on ne saurait contester

(1) Platon, *Lois* x ; *République*, vi.
(2) Platon, *Phædon* : Αὐτὸ τὸ ἴσον, αὐτὸ τὸ καλὸν, αὐτὸ ἕκαστον, ὃ ἐστι τὸ ὄν, μήποτε μεταβολὴν καὶ ἀντινοῦν ἐνδέχεται. — Cf. Dante, *Paradiso*, xv, 25.
(3) Idem, *Politicus*.
(4) *Timée, passim*.

l'importance de sa théorie sur le Verbe, dont il ignora sans doute la génération éternelle et l'incarnation future, mais qu'il reconnut comme l'ordonnateur de la nature, comme l'illuminateur de la raison. C'est là le nœud de la célèbre doctrine platonicienne des idées; c'est là aussi que l'imitation de Dante semble s'être attachée d'abord.

A l'origine des choses, telle que le philosophe grec la découvre, apparaît la bonté infinie, inaccessible à l'avarice et à la jalousie, et qui voulut s'entourer d'ouvrages bons et parfaits, s'il se pouvait, comme elle-même (1). Ces ouvrages ne pouvaient s'accomplir sans un modèle préexistant, dessein formé d'avance, parole que l'artiste profère en lui-même pour se guider en son travail, et qui n'est autre que sa raison même appliquée à un objet déterminé (2). On peut l'appeler aussi une idée universelle (3). Cette idée, en tant qu'elle correspond aux différentes classes d'êtres que l'univers embrasse, se divise en autant d'idées distinctes. Les idées jouissent d'une réalité suprême, soit qu'elles demeurent de simples attributs de l'entendement divin, soit qu'elles s'en détachent comme des émanations vivantes. Immatérielles et immuables, elles prêtent leur essence à tout ce qui se passe et qui se voit ; c'est par

---

(1) *Timée* : Ἀγαθὸς ἦν, ἀγαθῷ δὲ οὐδεὶς περὶ οὐδενὸς οὐδέποτε ἐγγίγνεται φθόνος. Τούτου δ' ἐκτὸς; ὢν πάντα ὅτι μάλιστα ἐβουλήθη γενέσθαι παραπλήσια αὐτῷ. — Dante, *Paradiso*, xxix, 5.

(2) *Timée* : Τοιούτῳ τινὶ προσχρώμενος παραδείγματι, τὴν ἰδέαν αὐτοῦ καὶ δύναμιν ἀπεργάζεται... et *plurib. aliis loc.* — Cf. *Paradiso*, x, 1; xiii, 19.

(3) Plutarque, *de Placitis philosophorum*.

une constante participation à l'idée qui est le type de leur espèce, que les individus subsistent (1). Mais, à côté de cet élément de vie et de perfection, il y a dans les individus un élément de corruption nécessaire : l'ouvrage ne réalise jamais le dessein primitif dans son intégrité. Il en faut chercher la cause dans une force aveugle et fatale, dans ce réceptacle de toutes les existences que nous nommons matière, que Platon suppose incréée, et par conséquent invincible dans sa résistance (2).— Or, en remplaçant le rôle d'ordonnateur par celui de créateur, ne retrouve-t-on pas ici toutes les conceptions de Dante sur le commencement des choses : les motifs qui déterminent l'action du Tout-Puissant ; l'idée qu'engendre le maître suprême, se réfléchissant à tous les degrés du monde, et soutenant par une énergie intérieure les plus humbles créatures, et la source de l'imperfection placée dans la matière, cire rebelle qui se dérobe à l'empreinte imposée, ou plutôt réservoir insuffisant pour contenir tout ce que pourrait enfanter la fécondité infinie? — Ce dernier trait est surtout remarquable, en ce que la conclusion

---

(1) *Timée; République*, x; *Parménide* : Τῶν εἰδῶν ἕκαστον ᾖ τούτων νόημα, καὶ οὐδαμοῦ αὐτῷ προσήκῃ ἐγγεγνῆσθαι ἀλλόθι ἢ ἐν ψυχῇ; — Τὰ μὲν εἴδη ταῦτα ὥσπερ παραδείγματα ἑστάναι ἐν τῇ φύσει. Τὰ δ' ἄλλα τούτοις ἐοικέναι, καὶ εἶναι ὁμοιώματα. *Phædon* : Ὧν ἐόντων ἔχει τὴν ἐπωνυμίαν τὰ ὀνομαζόμενα. Cf. *Paradiso*, xiii, 53. — *Convito*, iii, 6.

(2) *Théætet* : Τήνδε θνητὴν φύσιν καὶ τόνδε τόπον (τὰ κακὰ) περιπολεῖ ἐξ ἀνάγκης. *Timée* : Νοῦ δὲ ἀνάγκης ἄρχοντος, τῷ πείθειν αὐτήν, τῶν γιγνομένων, ΤΑ ΠΛΕΙΣΤΑ ἐπὶ τὸ βέλτιον ἄγειν... πλανωμένης εἶδος αἰτίας. — Cf Chalcidii, *Comment. ad hanc locum*, p. 599. Voyez aussi le savant commentaire de M. Martin sur le Timée.— Dante, Cf. *Paradiso*, xiii, 25. *Convito*. iii, 6. *De Monarchia*, 11.

est acceptée sans les prémisses, et que la matière est supposée cause du mal, quoique dépouillée de sa prétendue éternité.

En passant de l'ordre physique à l'ordre moral, les idées se présentent sous un autre aspect : elles président à l'origine des connaissances. La Raison Suprême, de qui procèdent tous les êtres, se révèle aussi à toutes les intelligences, d'abord aux génies supérieurs, à l'homme ensuite : elle est comme un rayon qui effleure les hauteurs de l'âme : elle y fait luire les notions générales, faites à l'image des idées éternelles dont elles empruntent le nom. Ces notions, dans leur ensemble, constituent la raison individuelle ; elles fournissent l'élément scientifique, invariable, des connaissances humaines : l'autre élément, incertain et fugitif, se puise dans les témoignages des sens (1).— Si tels sont les enseignements de l'Académie, pouvaient-ils trouver une reproduction plus fidèle que cette philosophie poétique, où toute lumière ruisselle du sein de la Divinité pour éclairer les contemplations des esprits bienheureux, pour répandre encore un dernier crépuscule autour des tristes habitants de l'enfer ? Les vivants n'en sont point privés : ils trouvent aussi dans le secret de leur âme une puissance qui vient d'en haut, qui règne en souveraine, et qui ne permet pas de méconnaître la vérité.

La moitié de nos destinées est de connaître, l'autre

(1) *Alcibiade, Timée; République*, v, x, etc.— Cf. *Purgatorio*, xxviii, 19, 21. *Paradiso*, ii, 15. *Convito*, iii, 2; iv, 21.

moitié est d'agir. Le principe de l'activité est l'amour : l'amour remplit de sa présence l'univers entier, il en meut les ressorts et les fait concourir à un admirable concert (1). Mais c'est dans l'homme surtout que se montre son influence. Il le réveille par l'attrait, le met en mouvement par la vue de l'objet proposé, et ne le laisse reposer que dans l'union. L'union ne saurait être stérile : elle n'engendre pas seulement des créatures périssables, mais quelquefois des découvertes inespérées, des chefs-d'œuvre d'art, des actions généreuses (2). Ainsi, multiforme et flexible, l'amour ne saurait être appelé bon ou mauvais en lui-même ; il tire son mérite de la fin où il nous dirige. Une inclination innée nous entraîne aux voluptés grossières : un essor plus heureux, que l'étude et l'éducation favorisent, nous conduit à la vertu. Cet amour est le seul que l'âme du vrai philosophe connaisse : à la vue de la beauté, elle n'éprouve point d'impurs désirs (3) ; le beau n'est pour elle que la splendeur du vrai, l'ombre d'un idéal invisible vers lequel elle voudrait voler ; l'admiration lui rend les ailes que dans sa captivité terres-

---

(1) *Banquet : Discours d'Eryximachus.* — Plus loin, Socrate se vante de ne savoir autre chose que l'amour, τὰ ἐρωτικά.

(2) *Banquet : Discours d'Aristophane :* Ἐκ δυεῖν εἰς γενέσθαι. — *Discours d'Agathon :* Πᾶς γοῦν ποιητὴς γίγνεται, κἂν ἄμουσος ᾖ τὸ πρίν, οὗ ἂν Ἔρως ἅψηται. — Cf. *Convito*, III, 3 ; IV, 1. *Purgatorio*, XVIII, 7 ; XXIV, 19.

(3) *Banquet : Discours de Socrate :* Οὐχ ἁπλοῦν ἐστιν ὅπερ ἐξ ἀρχῆς ἐλέχθη, οὔτε καλὸν εἶναι αὐτὸ καθ' αὑτὸ, οὔτε αἰσχρόν. — Cf. *Purgatorio*, XVIII, 13. La mystérieuse tendresse de Dante pour Béatrix est le premier exemple moderne de cet amour que Pétrarque a chanté, et qui a reçu le nom mérité d'amour platonique.

tre elle avait perdues (1). — En retraçant ces lignes, la plume hésite ; elle ne sait si les souvenirs qui la guident sont ceux du Phèdre et du Banquet, ou bien ceux de la Divine Comédie et du Convito.

Les analogies vont se multiplier à mesure que se presseront les conséquences. Cet instinct sublime qui conduit à la vertu se divise en approchant de son terme; la vertu unique en son essence revêt quatre formes principales : la prudence, la tempérance, la force et la justice, classification devenue célèbre (2). Mais la vertu implique la fuite du mal : et le courage de fuir, le premier dont on ait besoin dans le combat de la vie, ne vient que du ciel (3). Elle implique de même un effort pour l'accomplissement du bien, et c'est au ciel aussi que cet effort doit aboutir. Tout homme ressent en lui-même un vague désir, dont l'objet encore indéterminé est ce qu'il appelle du nom de bien. Or, entre les choses qui semblent satisfaire ses désirs, les unes ne lui laissent qu'une joie courte et incomplète; les autres seules sont capables de lui promettre une durable félicité. Il faut donc distinguer entre les biens humains ou secondaires, qui sont les qualités du corps et les faveurs de la fortune, et le bien souverain, qui est la perfection telle qu'elle peut s'obtenir par la science et la

(1) *Phèdre.* — Cf. *Paradiso, passim.*
(2) *Lois,* 1. Ἡγεμονοῦν ἐστιν ἀγαθὸν ἡ φρόνησις· δεύτερον δὲ... σώφρον ψυχῆς ἕξις· ἐκ δὲ τούτων μετ' ἀνδρείας κραθέντων τρίτον ἂν εἴη δικαιοσύνη· τέταρτον δὲ ἀνδρεία. — Cf. *Paradiso, passim.* *Purgatorio,* xxix, 44. **De Monarchiâ,** iii.
(3) *Alcibiade* 1. Σ. Οἶσθα οὖν πῶς ἀποφευξῇ τοῦτο; — A. Πῶς χρὴ λέγειν; — Σ. Ὅτι ἐὰν θεὸς ἐθέλῃ. — Cf. *Paradiso,* x, 29; xxviii, 37.

vertu, telle qu'elle existe, suprême et incomparable en Dieu même (1). Dieu est donc celui de qui descendent, à qui remontent tous les biens inférieurs, celui qu'appellent tous les désirs ou plutôt tous les souvenirs de l'âme. Car un temps fut où elle le contempla face à face; elle jouissait de lui avant d'habiter la terre : elle ne peut se rapprocher de lui qu'en s'élevant, en devenant libre et pure, semblable à lui, et agréable à ses yeux par cette ressemblance (2). Mais une si grande destinée ne saurait s'achever dans les étroites limites de la vie présente. Il faut donc qu'au delà du tombeau s'ouvre la perspective radieuse de l'immortalité, pour être le refuge de nos espérances déçues, le terme de nos vœux insatiables, la rémunération de nos mérites restés sans récompense ici-bas (3). — A ces hauteurs extrêmes, où le regard ne peut plus les suivre, le cygne des jardins d'Académus et l'aigle de Florence planent

---

(1) *Banquet : Discours de Socrate, République*, vi. Ὁ δὲ διώκει μὲν ἅπασα ψυχή, καὶ τούτου ἕνεκα πάντα πράττει, ἀπομαντευομένη τί εἶναι, ἀποροῦσα δὲ καὶ οὐκ ἔχουσα λαβεῖν ἱκανῶς τί ποτ' ἐστιν. — *Lois*, 1. Διπλᾶ δὲ ἀγαθά ἐστι τὰ μὲν ἀνθρώπινα, τὰ δὲ θεῖα· ἤρτηται δ' ἐκ τῶν θείων θάτερα. *Philèbe; République*, vi. Τοῦτο τοίνυν τὴν τοῦ ἀγαθοῦ ἰδέαν φάθι εἶναι, αἰτίαν δ' ἐπιστήμης οὖσαν καὶ ἀληθείας. — Cf. *Purgatorio*, xvi, 31 ; xviii, 55; xviii, 7; *Paradiso*, xvi, 6; *Convito*, iii, 2; iv, 12

(2) *Theœtet* : Πειρᾶσθαι χρὴ ἐνθένδε ἐκεῖσε φεύγειν ὅτι τάχιστα· φυγὴ δὲ ὁμοίωσις θεῷ κατὰ τὸ δυνατόν. *Phèdre*, passim; *Minos*; *Banquet, Discours de Socrate.* — Cf. *Purgatorio*, xvi, 29. *Paradiso*, vii, 24.

(3) Οὐ φῆμι εἶναι δυνατὸν ἀνθρώποις μακαρίοις καὶ εὐδαίμοσι γενέσθαι πλὴν ὀλίγων μέχριπερ ἂν ζῶμεν... καλὴ δὲ ἐλπὶς τελευτήσαντι τυχεῖν ἁπάντων, ὧν ἕνεκα τις προθυμοῖτ' ἄν... *Epinomis.* — Cf. *Convito*, iv, 22. On pourrait encore signaler d'autres analogies de détail : la fameuse comparaison de la Raison et des Sens avec l'écuyer et les chevaux (*Phèdre;* — *Convito*, iv, 26). — Le soleil considéré comme image de Dieu (*République*, vi, *Paradiso*, passim).

encore de concert et vont se perdre dans les mêmes splendeurs.

Dieu reconnu *à priori*, pour expliquer le monde ; les idées, pour faire comprendre les réalités ; la raison, pour dominer l'expérience ; la vie future, pour régler la vie présente : les vérités intelligibles devançant dans l'ordre logique les vérités expérimentales, ne sont-ce pas tous les traits de l'idéalisme ?

5. N'oublions point cependant que Dante, en acceptant un si grand nombre de dogmes platoniciens sur Dieu, la nature et l'humanité, ne pensait pas trahir la loi de son premier maître, Aristote. Si libre en effet que soit la muse dans son allure, il est impossible de ne pas apercevoir qu'elle traîne au pied les restes d'une chaîne, dorée sans doute, mais qui sous l'or laisse deviner le fer ; insignes d'une servitude qui vient de finir. Nous voulons parler de ces termes techniques étonnés de se trouver alignés en strophes harmonieuses, de ces classifications symétriques où la pensée se range avec une parfaite exactitude, mais où l'enthousiasme n'entre pas : de la terminologie enfin et de la méthode, dont jamais Dante, malgré ses efforts, ne s'affranchit entièrement. On y reconnaît sans peine l'empreinte puissante du Stagirite, le premier qui ait créé la langue de la science, et qui lui ait fait à la fois un lexique et une syntaxe, en lui donnant la définition et la division pour principes constitutifs.

Rien ne tient plus intimement au langage que les notions abstraites, qui s'évanouiraient en son absence, et qui semblent au premier abord n'avoir hors de lui nulle réalité. L'ontologie n'est point seulement dans les mots, mais elle n'est pas non plus sans les mots. Dante ne recourait aux expressions d'Aristote que pour conserver la tradition de ses idées ontologiques ; il gardait le fil, afin de pénétrer à son gré dans le labyrinthe. De là ces considérations profondes sur l'essence et la cause, cette distinction souvent répétée de la substance et de l'accident, de la nécessité et de la contingence, de la puissance et de l'acte, de la matière et de la forme. Ces abstractions ne sont point dénuées de valeur : le genre est réellement dans l'espèce, l'espèce dans l'individu; elles forment comme la trame subtile sur laquelle viennent se dessiner toutes les réalités vivantes. Ainsi l'a prononcé le maître, ainsi l'entend le disciple (1).

Dès lors, il ne faudra pas s'étonner si l'un et l'autre réduisent la physique entière au jeu de trois principes : la matière, la forme et la privation. De l'opposition de ces deux dernières résulte le mouvement ; et le mouvement, dans sa variété et sa multiplicité, produit et explique les phénomènes du monde visible. Depuis les molécules élémentaires jusqu'aux organisations animées, tout se meut ou par impulsion, ou par spontanéité : les révolutions des astres et la génération des animaux en sont les deux plus remarquables exemples. Toutefois l'astronomie et la physiologie étaient représentées dans l'antiquité par deux hommes, Ptolémée et

---

(1) Voyez Ravaisson, *Essai sur la métaphysique d'Aristote*, t. I, p. 154. — Cf. *Paradiso*, xxix, 18, 12; xxviii. 29.

Galien, dont les aperçus, plus étendus et plus exacts, satisfaisaient mieux la curiosité de Dante (1). Sa confiance au Stagirite, ébranlée sur ces deux points, demeurait intacte sur les questions vraiment philosophiques : celles qui touchent à la constitution, aux facultés, à la destination de l'homme.

L'homme, tel que la doctrine péripatéticienne le définit, est un composé qui a pour matière le corps, et l'âme pour forme. Mais, comme la forme ne peut subsister qu'empreinte dans la matière, l'âme, bien que différente du corps, ne saurait se conserver hors de lui (2). Ces déductions, qui viennent menacer le dogme de l'immortalité, sont corrigées par la perspicacité du philosophe italien : l'âme lui apparaît encore comme l'acte constitutif, la manière d'être essentielle de la nature humaine ; mais il la conçoit séparable, et la fait survivre séparée. Analysant ensuite les puissances qui sont en elle, ainsi qu'Aristote, il en constate trois principales : végétative, sensitive, rationnelle; il en explique l'unité et la superposition ; et, pour se faire comprendre, il emprunte à la géométrie les mêmes similitudes (3). S'il décrit les opérations des sens, et particulièrement celles de la vue, il suit tous les traits ébauchés par Aristote, faisant arriver la figure de l'objet à l'œil

---

(1) *Physic.*, i, 1; iii, 1; iv, 11. — *De Cœlo*, i, ii, iv. — *De Generat. animal*, ii, 3. — Cf. *Purgatorio*, xxv, 13; *Inferno*, xi, 54; *Convito*, iii, 11; iv, 2, 9; ii, 3, 4; iii, 9; iv, 14; iv, 21.

(2) *De Animâ*, ii, 1, 2. Οὐκ ἔστιν ἡ ψυχὴ χωριστὴ τοῦ σώματος... δοκεῖ μήτε ἄνευ σώματος εἶναι, μήτε σῶμά τι ψυχή. — Cf. *Inferno*, xxvii, 25.

(3) *De Animâ*, ii, 3; iii, 12. — Cf. *Convito*, iv, 7.

par le milieu diaphane, et de l'œil au cerveau par l'impression communiquée (1). Mais nulle part il ne se montre plus scrupuleux imitateur que dans l'exploration des régions supérieures de la pensée, quand il caractérise l'appréhension, l'imagination, la mémoire (2); quand il distingue l'intellect actif et l'intellect passif (3); quand il aperçoit des principes immuables que l'expérience n'a point donnés, et qui se soutiennent d'eux-mêmes (4). Ainsi toute connaissance suppose deux conditions accomplies : des faits perçus au dehors, une vérité générale révélée au dedans. En sorte que, la sensibilité étant le foyer des choses visibles, l'intelligence celui des choses intelligibles, l'âme, en qui elles se réunissent, est l'abrégé de l'univers (5).

Si le fondateur du Lycée avait consacré ses méditations les plus laborieuses au développement de la logique, et si ce fut là sa première gloire dans l'opinion commune de la postérité, la morale avait plusieurs fois aussi appelé ses recherches, elles formaient son plus beau titre à l'admiration de Dante (6). Il y trouvait le

---

(1) *De Animâ*, ii, 7. Τὸ μὲν χρῶμα κινεῖ τὸ διαφανὲς οἷον τὸν ἀέρα· ὑπὸ τούτου δὲ συνεχοῦς ὄντος κινεῖται τὸ αἰσθητήριον. — Cf. *Convito*, iii, 9.

(2) *De Animâ*, iii, 3, 4. — Cf. *Purgatorio*, iv, 5; xvii, 9; xviii, 8. *Paradiso*, i, 3, etc.

(3) *De Animâ*, iii, 6. Ἔστιν ὁ μὲν τοιοῦτος νοῦς τῷ πάντα γίνεσθαι, ὁ δὲ τῷ πάντα ποιεῖν. — Cf. *Purgatorio*, xxv, 22, *Convito*, iv, 21.

(4) *Analytic. poster.*, 1, 31, Τόδε καθόλου καὶ ἐπὶ πᾶσιν ἀδύνατον αἰσθάνεσθαι. *Topic.*, i, 1. Ἔστι γὰρ ἀληθῆ μὲν καὶ πρῶτα, δ' ἑαυτῶν ἔχοντα τὴν πίστιν. *De Animâ*, ii, 8. — Cf. *Purgatorio*, xviii, 19. *Paradiso*, ii, 15; iv, 21.

(5) *De Animâ*, iii, 9. Ἡ ψυχὴ τὰ ὄντα πῶς ἐστι πάντα. Ὁ νοῦς εἶδος εἰδῶν, καὶ ἡ αἴσθησις εἶδος αἰσθητῶν. Ibid., iii, 5. — Cf. *Convito*, passim.

(6) Voyez ci-dessus, p. 277.

phénomène de l'amour observé dans tous ses détails avec une délicatesse à laquelle rien n'échappe, mais considéré spécialement sous cette forme qu'on appelle l'amitié : les circonstances dans lesquelles ce sentiment prend naissance, les proportions qu'il exige entre ceux qu'il unit, le véritable égoïsme qui se cache à sa racine, les fruits bienfaisants qu'il peut porter : rien n'était omis (1). Les autres éléments de la moralité humaine avaient aussi leur place dans cette belle analyse : le plaisir et le rapport d'excitation mutuelle qui lie le plaisir avec l'action, et la liberté qui demeure constante au milieu d'eux et qui souvent les sépare, résistant à la jouissance, allant au-devant de la douleur ; le vice, et sa division en trois catégories : intempérance, malice et brutalité (2); les vertus intellectuelles et morales, formant pour ainsi dire deux familles (3) ; deux vies aussi entre lesquelles l'homme a le choix, celle de la contemplation et celle de la pratique, la première plus noble, la seconde plus facile (4). Avec ces données, il était permis de résoudre le problème du bonheur. Les avantages de la santé, de la force, de la richesse, y entraient comme conditions essentielles, mais insuffisantes : le bien véritable auquel tous les autres devaient

---

(1) *Ethic.*, vIII, *passim*, IX, 4. Ἔστι γὰρ ὁ φίλος ἄλλος οὗτος. — Cf. *Convito*, III, 2.

(2) *Ethic.*, III, 5 ; X, 5. — Cf. *Purgatorio*, X, XII, 7. — *Paradiso*, V, 7. — *Ethic.*, VII, 1. Τῶν περὶ τὰ ἤθη φευκτέων τρία ἐστιν εἴδη· κακία, ἀκρασία, θηριότης. — Cf. *Inferno*, XI, 27.

(3) *Ethic.*, III, 1. Διττῆς δὲ τῆς ἀρετῆς οὔσης, τῆς μὲν διανοητικῆς, τῆς δὲ ἠθικῆς... κ. τ. λ. — Cf. *Convito*, IV, 17.

(4) *Ethic.*, X, 7. — Cf. *Purgatorio*, XXVII, 33. *Convito*, IV, 22.

se coordonner, c'était l'activité de l'âme exercée dans les limites de la vertu. Et cette activité vertueuse, quand elle s'applique aux paisibles fonctions de la vie contemplative, donne la plus pleine mesure de béatitude que l'humanité puisse obtenir (1).

Enfin, parvenu au sommet de la hiérarchie des êtres, Aristote rassemble les principaux résultats qu'il a recueillis dans sa marche laborieuse : l'idée de cause, qui appartient à l'ordre des abstractions ; le mouvement, qui se voit répandu dans l'univers ; la réflexion et le bonheur, qui sont le privilége de l'homme. De ces résultats combinés il dégage la notion de Dieu. Les forces mécaniques des corps supposent un moteur qui les mette en action, immobile lui-même, et, par conséquent, immatériel (2). Il est donc forme pure, acte sans fin. Mais cet acte ne saurait être que celui de la contemplation, laquelle est aussi souverainement heureuse. Dieu donc peut se définir : Une pensée qui se pense elle-même éternellement, autour de laquelle gravitent le ciel et la nature (3). — Les lacunes et les erreurs d'une semblable théorie se trahissent sans peine : elle suppose l'éternité, non-seulement de la matière, mais du monde ; elle ne laisse au premier moteur ni providence, ni liberté, ni personnalité (4); elle ne peut

(1) *Ethic.*, I, 8. Τὸ ἀνθρώπινον ἀγαθὸν ψυχῆς ἐνέργεια ἐστι κατ' ἀρετήν... ἔτι δὲ ἐν βίῳ τελείῳ. — Cf. *Convito*, IV, 17, 22. — *De Monarchiâ*, III.
(2) *Metaph.*, XIV, 8. — Cf. *Paradiso*, I, 25; XXIV, 44.
(3) *Metaph.*, XII. Αὑτὸν ἄρα νοεῖ εἴπερ ἐστὶ τὸ κράτιστον... Ἐκ τοιαύτης ἄρα ἀρχῆς ἤρτηται ὁ οὐρανὸς καὶ ἡ φύσις. — Cf. *Convito*, III, 2. *Paradiso*, XXVIII, 14.
(4) Brucker, *Hist. critic.*, in *Aristotele*. — Cicéron, *de Nat. Deor.* I, 13.

donc être admise qu'avec de nombreuses restrictions, et le poëte philosophe ne l'a pas oublié ; mais il lui doit des vues profondes et des formules rigoureuses.

Or les points que nous venons de parcourir composent dans leur ensemble ce qu'on appelle, improprement peut-être, le sensualisme péripatéticien, qui fait de l'expérience acquise par les sens la base nécessaire, mais non pas unique, de toute science.

4. Il reste à déterminer comment se concilient dans la pensée de Dante les enseignements rivaux de l'Académie et du Lycée, et par quel prodige nouveau, aux accents de la lyre, des querelles séculaires se sont suspendues :

. . . Tenuitque inhians tria Cerberus ora.

Platon, dans l'histoire de l'esprit humain, représente l'idéalisme, et par conséquent la synthèse ; il s'adresse surtout aux âmes douées de cette merveilleuse puissance d'intuition qu'on appelle aussi enthousiasme. Comme ces âmes d'élite sont rares et ne se succèdent qu'à des intervalles irréguliers, les traditions platoniciennes ont pu s'interrompre ; d'ailleurs, n'étant point rassemblées par le lien d'une méthode sévère, elles étaient exposées à se disperser et à se laisser absorber en d'autres doctrines. Aristote, au contraire, représente le sensualisme, et par conséquent l'analyse. Son œuvre est à la portée de tous les esprits laborieux ; et, comme tous les jours il en naît de pareils, elle a pu se conserver par leurs soins, et se transmettre comme un héritage entre des mains connues : enfin les opinions dont elle se compose, fortement réduites en système, devaient demeurer inséparables et garder leur commune indépendance. Le génie poétique aurait donc conduit Dante aux pieds de Platon : mais il n'avait d'accès immédiat auprès de ce grand homme que par un petit nombre d'écrits mal interprétés. D'un autre côté, il en retrouva les plus excellentes conceptions, modifiées, épurées, dans la théologie chrétienne; il les recueillait avec un pieux respect, sans savoir les ramener à leur origine et nommer leur auteur. Au contraire, dès qu'il franchit le seuil de l'école, il y vit immuablement assise l'autorité du Stagirite; il reçut ses leçons par des interprètes sans doute, mais qui se donnaient pour tels et n'aspiraient qu'au mérite de la fidélité : il dut s'incliner devant tant d'honneurs, et subir une influence à laquelle rien ne résistait. Il y avait place en lui pour toutes les admirations justes, parce qu'elles ne sont jamais incompatibles. Sans doute le disciple de Socrate et le précepteur d'Alexandre ont rempli l'histoire du bruit de leurs controverses; et l'on ne saurait nier que l'entraînement de leurs préoccupations dominantes ne les ait conduits à de graves dissentiments. Mais rien aussi n'est en apparence plus opposé que l'analyse et la synthèse qui se personnifient en eux; et cependant rien ne s'accorde mieux dans l'harmonie générale de la science. Ils se placent aux deux points de vue contraires, et, pour ainsi dire, aux deux pôles du monde intellectuel; mais un axe commun les réunit, et ils jouissent du même horizon; leurs dogmes, réduits à des expressions plus modérées, se complètent et se soutiennent mutuellement. Il serait même permis de dire que les *idées*, qui sont la clef de voûte de l'édifice académicien, touchent de près aux *formes* péripapéticiennes. L'ἰδέα, dans ces dialogues, où elle est magnifiquement célébrée, prend souvent le nom d'Εἶδος; elle devient *forma* en se traduisant en latin (1). Si l'idée est à la fois type et cause, la forme est aussi tout ensemble l'élément par lequel les choses sont connues, et celui par lequel elles subsistent. Il n'est pas prouvé que Platon ait assigné aux idées une existence distincte des objets qui y participent, et de l'entendement divin en qui elles résident (2). Aristote reconnaît la présence de ses formes dans les objets qu'elles modifient et dans l'esprit qui les abstrait (3). Dante semble avoir compris ces analogies, quand il s'efforce de rapprocher par des emprunts alternatifs les deux philosophes grecs (4). Son intention conciliatrice s'annonce d'une manière plus claire encore lorsqu'il les fait apparaître tous deux dans les champs Élysées, placés à l'entrée de son Enfer, et qu'il les montre, l'un entouré d'hommages comme le maître de ceux qui savent, l'autre assis à ses côtés et partageant avec lui la royauté de l'intelligence (5).

Il avait donc rencontré, peut-être à la faveur de la

(1) Cicéron, traduction du *Timée*.
(2) Cousin, *Cours d'histoire de la philosophie*, t. I, p. 7.
(3) Idem, Ibid. Aristote, *de Animâ*, III, 5.
(4) Voyez surtout *Convito*, VI, 6.
(5) *Inferno*, IV, 44.

distance, cette position propice tant cherchée par les éclectiques alexandrins, où l'on voit s'intersectionner pour ainsi dire les deux lignes diverses de l'idéalisme et du sensualisme. Du reste, ses relations avec la philosophie ancienne paraissent s'être restreintes dans les limites que nous venons de tracer. S'il combat l'épicuréisme, c'est surtout celui qui régnait à son époque; et il ne connaît qu'imparfaitement par les livres de Sénèque la morale stoïcienne, qu'il exalta sans mesure en la personne de Caton (1).

(1) *Convito*, IV, 28. *Purgatorio*, I.

CHAPITRE III

RAPPORTS DE LA PHILOSOPHIE DE DANTE AVEC LES ÉCOLES DU MOYEN AGE. — SAINT BONAVENTURE ET SAINT THOMAS D'AQUIN. — MYSTICISME ET DOGMATISME (1).

1. L'âge qui vit éclore la *Divine Comédie* n'avait pas assisté à cette restauration générale du paganisme qui devait bientôt après s'opérer dans les lettres et dans les arts. L'étude des chefs-d'œuvre de l'antiquité se faisait avec ardeur; mais on n'affectait pas encore pour eux une vénération exclusive, d'autant moins coûteuse à l'orgueil humain qu'elle s'adresse à des objets plus éloignés, et bien compensée d'ailleurs par le mépris des contemporains et des ancêtres. Les plus savants professeurs de Paris et de Bologne, les artistes les plus vantés de Pise et de Florence, savaient profiter des modèles classiques sans déserter les sources de l'inspiration chrétienne : la lampe de leurs veilles éclairait souvent les pages de l'Écriture sainte et des Pères. Souvent leur piété venait chercher des méditations plus se-

(1) Il faut se souvenir que saint Bonaventure et saint Thomas ne sont point les chefs exclusifs de deux écoles rivales, mais seulement les propagateurs de deux méthodes philosophiques distinctes, et néanmoins aisément conciliables.

reines au pied de l'autel ou dans la solitude des monastères; et quelquefois aussi, hommes simples et bons, ils aimaient à se mêler aux réunions populaires, où les légendes et les chants traditionnels leur révélaient des vérités et des beautés qu'ils n'eussent pas trouvées ailleurs.

Le commerce journalier qu'entretenait Dante avec les écrivains de la Grèce et de Rome ne l'avait point détaché d'une communion plus intime avec les docteurs du christianisme. Il les voyait, se donnant la main depuis les Catacombes jusqu'à lui, former une longue et double chaîne. D'un côté, l'école grecque et orientale, dont il avait connu par saint Denis l'Aréopagite les savantes contemplations; de l'autre, l'école latine occidentale, qu'il avait suivie dans toutes ses phases; saint Augustin, Boëce et saint Grégoire le Grand, qui appartiennent encore à la littérature romaine; saint Martin de Braga, Isidore de Séville, Bède et Rabanus Maurus, hommes des temps barbares; saint Anselme, saint Bernard, Pierre Lombard, Hugues et Richard de Saint-Victor, qui inaugurent les travaux du moyen âge (1). Tous il les rappelle avec louange, et maintes fois il les cite ou nommément ou par allusion. Parmi ceux au milieu desquels sa vie se passa, il paraît en avoir distingué plusieurs qui ont survécu au grand naufrage du temps : Égidius Colonna, Pierre l'Espagnol, et ce Sigier dont les leçons hardies émurent les écoles de la rue du

---

(1) *Paradiso*, x. xii. passim. *Epist. ad Can. Grand. Convito*, passim.

Fouarre (1). Mais il est remarquable qu'il garde un silence absolu sur Raymond Lulle, Duns Scott et Occam, qui ouvrent, au commencement du quatorzième siècle, une nouvelle ère scolastique. C'est donc le treizième, avec sa grandeur calme et majestueuse, avec cette alliance qui se fit alors des quatre puissances de la pensée : l'érudition, l'expérience, le raisonnement, l'intuition, c'est là ce qu'on doit trouver reproduit dans la philosophie de Dante. On a pu juger de l'immensité de ses lectures et de ses études par les innombrables réminiscences qu'on découvre dans ses écrits ; il suivait ainsi l'exemple d'Albert le Grand, dont il paraît avoir consulté à plusieurs reprises les vastes répertoires. Bien qu'il soit demeuré étranger aux travaux de Roger Bacon, les descriptions et les comparaisons astronomiques ou météorologiques qu'il ramène souvent avec une sorte de faveur, les observations qu'il propose, la thèse qu'il soutint « sur les deux éléments du feu et de l'eau, » le montrent initié aux sciences expérimentales. Néanmoins les recherches érudites et l'exploration de la nature ne suffisaient pas à l'énergie infatigable de son esprit : il trouvait un champ plus large et plus libre dans les spéculations dont saint Thomas d'Aquin et saint Bonaventure avaient ouvert la route. Entre ces deux hommes illustres se partageaient toutes les sympathies du philosophe poëte. Ils avaient assez vécu pour le laisser témoin du deuil qui accompagna leur

(1) *Paradiso*, x, xii.

mort. Il rencontrait dans le monde savant leur mémoire toute récente et toute-puissante, leurs enseignements et leurs vertus confondus encore en un même et vivant souvenir, et, par conséquent, le respect qu'ils inspiraient encore plein d'amour. Aussi traitait-il quelquefois avec eux comme avec de nobles mais bienveillants amis, citant à l'appui de ses opinions, avec une familiarité sublime, *le bon frère* Thomas (1). Et cependant il devançait, il dépassait même par son jugement philosophique l'apothéose solennelle que l'autorité religieuse devait lui décerner un jour ; il plaçait dans une des plus belles sphères de son Paradis les deux anges de l'école; il les représentait dominant dans une souveraineté fraternelle la multitude bienheureuse des docteurs de l'Église.

Ainsi les doctrines de Dante ne peuvent manquer d'offrir la trace de l'ascendant qu'avaient pris sur lui les deux principaux maîtres de son époque, représentants eux-mêmes de tout ce qu'il y avait eu de plus sage et de plus pur dans la scolastique antérieure.

2. Et d'abord la plupart des penchants secrets qui attiraient Dante aux doctrines de Platon devaient l'incliner aussi vers saint Bonaventure et vers les autres mystiques plus anciens, comme les moines de Saint-Victor, saint Bernard et saint Denis l'Aréopagite. Il y avait une singulière affinité entre le séraphique franciscain et le chef de l'Académie. Parmi tous les philo-

(1) *Convito*, iv, 30. Il buon fra Tommaso.

sophes de l'antiquité, il n'en citait aucun avec plus de
prédilection. Il le défendait avec une sorte de piété
filiale contre ses adversaires (1). Mais, surtout, le mysticisme par des liens nombreux se rattachait à l'idéalisme : le mysticisme, considéré philosophiquement,
n'était que l'idéalisme sous une forme plus élevée et
plus brillante. L'une et l'autre considéraient l'union
avec la Divinité comme le principe des lumières et la
fin des actions de l'homme. L'un avait marqué le lieu
de cette union sublime dans la raison, qu'il montrait
comme une région supérieure à celle des sens : l'autre
croyait la voir s'accomplir dans l'inspiration spontanée,
qu'il plaçait au-dessus de la raison. L'un proposait la
théorie des idées comme une hypothèse à laquelle il
avait foi, il la soutenait avec toute la chaleur d'une conviction profondément recueillie; l'autre sortait de l'extase, brûlant d'amour, impatient de se produire au
dehors avec toute l'autorité de la vertu (2). Dans tous
deux, mais dans le dernier surtout, une grande puissance était donnée au cœur sur l'esprit, et l'imagination avait les clefs du cœur : de là un besoin réel, une
habitude constante des expressions allégoriques et des
allusions légendaires. Contemplatif, ascétique, symbolique : tel fut toujours le mysticisme, et tel est le triple
sceau dont il marqua la philosophie de Dante.

(1) S. Bonaventure. *In Magist. sentent.*, lib. II, d. 1, p. 1, a. 1, q. 1,
— Serm., 1 et 7, *in Hexaemer.:* « Aristoteles incidit in multos errores...
exsecratus est ideas Platonis et perperam. »

(2) Voyez, pour les caractères du mysticisme, Cousin, *Histoire de la
philosophie*, tom. I, l. iv.

La contemplation se propose Dieu même pour objet. Et les mystiques ne pouvaient trouver un moyen plus sûr de confondre la raison individuelle et de lui faire avouer son insuffisance, que de la mettre immédiatement en présence de la nature divine et de ses deux attributs, qui semblent à la fois les plus incontestables et les plus incompatibles, l'immensité et la simplicité. —D'une part, Dieu se révèle comme nécessairement indivisible, par conséquent incapable de se prêter à ces abstractions de qualité et de quantité par lesquelles nous connaissons les créatures ; indéfinissable, parce que toute définition est une analyse qui décompose le sujet défini; incomparable, parce que les termes manquent à la comparaison : en sorte qu'on peut dire, en donnant à ces mots une signification détournée, qu'il est l'infiniment petit, qu'il n'est rien (1). Mais, d'autre part, ce qui est sans étendue se meut aussi sans résistance ; ce qui est insaisissable ne saurait être contenu ; ce qui ne peut se renfermer dans aucune limite réelle ou logique est par là même sans bornes. L'infiniment petit est aussi l'infiniment grand, et l'on peut dire en quelque façon qu'il est tout. En effet, si dans les êtres

---

(1) Dionys. Areop., *de Divin. nomin.*, 9. Οὕτως οὖν ἐπὶ θεοῦ τὸ ΣΜΙ-ΚΡΟΝ ἐκληπτέον, ὡς ἐπὶ πάντα καὶ διὰ πάντων ἀνεμποδίστως χωροῦν καὶ ἐνεργοῦν... τοῦτο τὸ σμικρὸν ἄποσόν ἐστι καὶ ἀπήλικον, ἀκρατές, ἄπειρον, ἀόριστον, περιληπτικὸν πάντων. Id., *ibid.*, *passim*. — S. Bonaventure. *Compendium*, ι, 17. — Cf. *Paradiso*, xiv, 10; xxix, 4. Au reste, les expressions de Denys l'Aréopagite et de ses imitateurs, efforts toujours impuissants du langage humain pour faire comprendre les choses divines, ne peuvent se prendre dans un sens rigoureux, et doivent s'expliquer par la pensée générale des écrivains auxquels elles appartiennent.

immatériels l'essence et la puissance ne peuvent être séparés, la cause première par sa puissance étant partout, partout aussi doit être son essence. C'est la force qui soutient les choses inanimées, la vie de tout ce qui vit, la sagesse de tout ce qui est intelligent. L'unité divine se multiplie donc comme par une série d'émanations; mais elle demeure supérieure, isolée, distincte, et sans communiquer ses perfections incommunicables (1). Au-dessous s'échelonnent, à des degrés divers, toutes les créatures unies ensemble par une influence continue. Les trois hiérarchies des anges, par l'intermédiaire de la triple hiérarchie de l'Église, répandent sur le genre humain la force, la vie et la sagesse; et, divisées en neuf chœurs, elles agissent par les révolutions des neuf sphères célestes jusque sur les plus humbles existences perdues au bord du néant (2). Ces visions magnifiques avaient souvent visité les anachorètes au désert, et les sages du cloître dans leurs méditations; mais, rapides et fugitives, elles avaient passé comme l'éclair. Dante sut les retenir, et faire descendre

---

1) Dionys. Areop., *de Divin. nomin.*, 11. Ἐπειδὴ ὤν ἐστιν ὁ θεὸς ὑπερούσιος· δωρεῖται δὲ τὸ εἶναι τοῖς οὖσι, καὶ παράγει τὰς ὅλας οὐσίας. Πολλαπλασιάζεσθαι λέγεται τὸ ἓν ὄν ἐκεῖνο τῇ ἐξ αὐτοῦ ΠΑΡΑΓΩΓΗ τῶν πολλῶν ὄντων, μένοντος δὲ οὐδὲν ἧττον ἐκείνου καὶ ἑνὸς ἐν τῷ πληθυσμῷ. — *Id.*, *de Cœlest. Hierarch.*, iv. — S. Thomas s'est aussi servi du mot *Emanatio*, et on en a voulu abuser: mais il exclut formellement toute opinion favorable au panthéisme. S. Bonaventure, *Compendium*, 1, 16 : « Ita Deus est in irrationalibus creaturis ut non capiatur ab ipsis. » — Cf. *Epist. ad Can. Grand.*

2) Dionys. Areop., *de Cœlesti Hierarch*, et *de Eccles. Hierarch.*, *passim*. — Cf. *Parad.*, xxviii, xxix, *passim*, ii, 42, etc. *Convito*, ii, 5, etc. Voyez, sur toute cette théologie transcendante, le *Précis de l'histoire de la philosophie*, p. 217.

pour toujours leurs clartés dans le merveilleux édifice de la *Divine Comédie*.

L'ascétisme est l'étude pratique de l'homme, la science de la sanctification. On a pu voir déjà que le poëme italien renfermait un système ascétique complet. Mais on n'en saurait plus douter quand on le rapproche des travaux du même genre, dont le moyen âge ne fut point avare. La fable qui remplit l'enfer, le purgatoire et le paradis, c'est l'homme retiré de la forêt sombre des intérêts et des passions terrestres, et ramené par la considération de soi-même, du monde et de la Divinité, dans les voies du salut. La science chrétienne, comme celle du paganisme, commence par le Γνῶθι σεαυτόν : elle analyse toute l'économie du péché, de la pénitence et de la vertu. Si elle jette ses regards sur le monde extérieur, c'est afin d'y reconnaître des dangers pour nous et de la gloire pour Dieu. Enfin, si elle découvre le Créateur, c'est moins par les efforts de la pensée que par le mérite du désir : les révélations intérieures qui se font alors ne satisfont pas seulement l'entendement, elles ébranlent la volonté, et la conduisent à des progrès sans fin (1). L'œuvre de Dante ainsi réduite à une signification sévère, mais indubitable, ne fait que reproduire les leçons de tous ceux qui professèrent la médecine des âmes, depuis les pères de la Thébaïde, dont Cassien nous a raconté les conférences,

(1) S. Augustin, *de Quantit. Animæ*. — S. Bernard, *de Consideratione de Interiore Domo*. — Ricardus a S. Victore, *de Gratiâ Contempl.* — S. Bonaventure, *Itinerar. mentis ad Deum*. — Cf. *Inferno*, I, 11. *Purgatorio, passim*. XXXIII.

jusqu'à saint Bonaventure, dont les leçons réduisaient en doctrine ce qu'on rapportait des transports et des ravissements de saint François. — C'est à la même école que Dante avait recueilli plusieurs de ses plus intéressants aperçus : les rapports de l'erreur et du vice, de la vertu et du savoir ; l'ordre généalogique des péchés capitaux (1), l'action réciproque du physique et du moral, d'où résultent deux théories parallèles qui expliquent les indices de la physionomie et les effets de la mortification (2). Enfin les analogies se retrouvent encore dans la forme générale de la *Divine Comédie*, qui, en décrivant le pèlerinage de son auteur par les sphères du ciel, séjour d'autant de vertus distinctes, jusqu'aux pieds du Tout-Puissant, rappelle les titres favoris des opuscules de saint Bonaventure : « l'Itinéraire de l'âme vers Dieu ; l'Échelle dorée des vertus ; les Sept Chemins de l'éternité (3). »

En effet, ces pieux contemplatifs, qui semblaient de-

(1) La classification des péchés capitaux, qui implique elle-même la question de l'origine du mal moral, a longtemps varié dans l'enseignement théologique. (Voyez Cassien, *Collatio* v, et S. Thomas, prima secundæ, q. 84.) Elle se retrouve telle que Dante l'a exposée dans S. Grégoire le Grand, *Moral.*, xxxi, 51. — Ugo à S. Victore, *in Matth.*, 3-5. — S. Bonaventure, *Compendium*, iii, 14. — Cf. *Purgatorio*, xvii, 32.

(2) S. Bonaventure, *Compendium*, ii, 57-59. Ces trois chapitres contiennent tous les éléments d'un système physionomique et cranioscopique. Il serait curieux de le rapprocher de ceux de Gall et de Spurzheim (Cf. *Convito*, i, 8, etc). Mais, si la phrénologie veut échapper au fatalisme, elle ne saurait s'empêcher de conduire à la mortification. Si les passions peuvent être contenues dans une juste contrainte, c'est en arrêtant par des moyens hygiéniques, c'est-à-dire par des abstinences, le développement extrême de leurs organes.

(3) S. Bonaventure, *Itinerarium mentis ad Deum. Formula aurea de gradibus virtutum. De* vii *itineribus æternitatis.*

voir s'être irrévocablement dépouillés des faiblesses d'ici-bas, consentaient néanmoins à parer de toutes les grâces de l'expression l'austérité de leurs idées, soit par une miséricordieuse condescendance pour leurs disciples, soit par cet attrait naturel qu'éprouvent ceux qui sont bons pour ce qui est beau. Ils gardaient une affectueuse sympathie pour la création tout entière, qu'ils considéraient non plus dans sa dégradation actuelle, mais dans la pureté primordiale du plan divin. Elle leur paraissait comme un feuillage que le vent de la mort emporte, mais qui jette de l'ombre et de la fraîcheur, et qui atteste aussi la Providence (1). Plus souvent encore ils voyaient en elle une sœur qui, d'une autre manière, exprimait les mêmes pensées qu'eux, et chantait le même amour. C'est pourquoi ils lui empruntaient de fréquentes comparaisons, découvraient de sacrés accords, indiquaient des rapprochements imprévus entre des choses en apparence étrangères, dispersées aux extrémités de l'espace. Ils en usaient de même dans le domaine du temps : les siècles, les événements et les hommes n'étaient pour eux que prophétie et accomplissement, voix qui interrogent et se répondent, figures qui mutuellement se répètent. Les distances s'effaçaient : le passé et l'avenir intervertis se confondaient dans un présent sans fin. De là cette admirable symbolique chrétienne qui embrasse à la fois

---

(1) Ugo à S. Victore, *in Ecclesiast*. « Species rerum visibilium folia sunt quæ modo quidem pulchra apparent, sed cadent subito cum turbo exierit... Dum stant tamen umbram faciunt et habent refrigerium suum. »
— Cf. *Paradiso*, xxvi, 22.

la nature et l'histoire, et lie ensemble toutes les choses visibles, en les prenant pour les ombres de celles qui ne se voient pas (1); langue énergique dont tous les termes sont des réalités, et toutes les paroles des faits significatifs; langue savante et sacrée, qui avait ses traditions et ses règles, et qui se parlait dans le temple; qui se traduisait quelquefois sur la toile et la pierre, par la statuaire et l'architecture. Le poëte l'avait apprise de la bouche des prêtres; et maintenant qu'il la répète à nos oreilles profanes, nous comprenons à peine, et nous considérons comme autant de témérités de son génie ces images qui étaient pour lui autant de souvenirs familiers. Dieu représenté, tantôt comme circonférence et tantôt comme centre, par une mer immense qui enveloppe l'empyrée, ou par un indivisible point autour duquel se meut l'univers (2) : — les créatures comparées à des séries de miroirs, où tombent et se réfléchissent les rayons du soleil incréé (3) : — les divers états de l'âme personnifiés : les vertus théologales par les trois apôtres Pierre, Jacques et Jean; les deux vies active et contemplative, par Marthe et Marie, Lia et Rachel (4) : — les emblèmes de l'aigle et du lion,

---

(1) S. Paul, *Romains*, I, 20. « Invisibilia enim ipsius à creaturâ mundi per ea quæ facta sunt, intellecta conspiciuntur. »

(2) S. Jean Damascène, πέλαγος τῆς οὐσίας. — S. Bonaventure, *Compendium*, II, 15. — *Paradiso*, I, 58; XXVIII, 6.

(3) Dionys. Areopag., *de Divin. nomin.* Εἰκών ἐστι τοῦ θεοῦ ὁ ἄγγελος, φανέρωσις τοῦ ἀφανοῦς φωτός, ἔσοπτρον ἀκροιφνές. — S. Bernard, *de inter. Domo*, XIII. « Præcipuum et principale speculum ad vivendum est animus rationalis inveniens seipsum. » — Cf. *Paradiso*, XIII, 9. *Ep. ad Can. Grand.*

(4) S. Bernard, *de Assumpt. Serm.* III. — Ricardus à S. Victore, *de*

où se reconnaissent les deux natures du Christ ; l'arbre de la croix confondu avec l'arbre du paradis terrestre ; l'Éden, figure de l'Église militante; la statue de Nabuchodonosor, type de la décadence progressive de l'humanité (1). Ce style hardi de la muse florentine, c'est celui dans lequel l'Église, du haut des chaires, apaisait les fiers courages de nos aïeux : c'est celui dans lequel les saint Bernard et les saint Thomas de Cantorbéry ébranlaient les peuples et faisaient trembler les rois.

5. Toutefois, nous l'avons déjà vu, si la science du moyen âge partagea son culte entre saint Bonaventure et saint Thomas, ce dernier, peut-être par son mérite, peut-être par la réputation de supériorité dont jouissait l'ordre de Saint-Dominique, avait obtenu un ascendant plus marqué sur la foule des esprits studieux. Saint Thomas rappelait Aristote par l'universalité de son savoir, par la gravité pesante mais solide de son caractère, par son talent d'analyse et de classification, par l'extrême sobriété de son langage. Son intervention avait assuré l'autorité longtemps contestée du Stagirite, à qui le ramenait, indépendamment de son inclination personnelle, toute cette grande famille de philosophes dogmatiques, Albert, Alexandre de Hales, Jean de Salisbury, dont il était le descendant. En effet, les racines

Præparatione Animæ, I. — S. Bonaventure, *in Lucam*, VIII. « Petrus qui interpretatur agnoscens designat fidem; Jacobus qui luctator, spem : Johannes qui, in quo est gratia, charitatem. — Cf. *Convito*, IV, 22, *Purgatorio*, XXVII. *Paradiso*, XXIV-XXV.

(1) S. Bonaventure, *in Psalm.*, I, 90. — *In Lucam*, 13. — *Sermo de Invent. Crucis.* — Ricardus, *de Erudit. int. hom.*, I, 1. — Cf. *Purgatorio*, XXVII-XXXII, *Inferno*, XIV.

mêmes du dogmatisme scolastique étaient dans l'ontologie et la logique péripatéticiennes. Mais les tiges vigoureuses de la révélation chrétienne, entées sur ces racines, avaient porté des fruits nouveaux : l'aridité primitive du sensualisme y était corrigée par une sève meilleure ; le sentiment religieux y circulait, vivifiant à la fois les conceptions rationnelles et les vérités sensibles. Ils ne pouvaient échapper aux regards de Dante, et les épines qui les entouraient ne suffisaient pas pour arrêter sa robuste main.

La philosophie de saint Thomas et de son école consiste moins dans les principales thèses qu'ils proposent et qui appartiennent à la théologie, que dans les preuves dont elles sont appuyées, l'enchaînement qui les rassemble, les conséquences qui s'y rattachent; toutes choses difficiles à saisir dans un rapide résumé. On peut néanmoins y découvrir une progression constante de l'abstrait au concret, du simple au multiple, laquelle se divise naturellement en quatre séries : science de l'être, science de Dieu, science des esprits, science de l'homme (1).

La science de l'être en général prenait son point de

(1) Cette analyse trop courte est à peu près celle de la *Summa contra Gentes* de Saint Thomas, et la première moitié (prima et prima secundæ) de sa Somme théologique. La métaphysique s'y trouve en quelque sorte dispersée dans la Théodicée, c'est-à-dire qu'avant de prouver la bonté de Dieu, on y traite du bien en général; avant de démontrer sa véracité, on définit le vrai : chacune des qualités abstraites est examinée à l'occasion d'un attribut divin. De même, la pneumatologie s'y mêle quelquefois à l'anthropologie : on s'occupe de l'âme unie au corps avant de la considérer séparée. Cependant l'ordre logique est en général observé avec soin, et les idées se succèdent comme nous l'indiquons.

départ dans ces notions de substance, de forme, de matière, etc., savamment élaborées par les péripatéticiens; mais elle ne s'y arrêtait pas, elle en faisait sortir des notions plus expresses et plus vivantes. L'être, en passant par une suite de déductions rigoureuses, devenait successivement bonté, unité, vérité. Déjà, dans l'atmosphère nébuleuse des abstractions, commençaient à poindre et à se dessiner les attributs divins : l'unité, condition commune de toutes les existences; le vrai, souverain bien des esprits; le bien, terme de toutes les tendances de la nature et de toutes les volontés pensantes, essentiellement distinct du mal, qui n'est pas seulement l'absence du bien, mais qui en est la privation et la perte (1).

Ainsi, entre le panthéisme et le dualisme, s'ouvrait une voie sûre, où la théologie naturelle pouvait entrer. Appuyée à la fois sur les axiomes de causalité et de nécessité, et sur les phénomènes d'observation journalière, elle arrivait à la démonstration de l'existence de Dieu (2). Il semblait difficile d'aller plus loin, l'indivisibilité de Dieu ne permettant pas d'isoler ses perfections pour en faire l'étude successive ; mais, par un retour hardi, cette indivisibilité même était prise pour principe générateur de toutes les perfections qui en dé-

---

(1) *Summa Theologiæ*, prima, q. 11; q. 16, 1. « Verum est terminus intellectus sicut bonum appetitus. — q. 5, 3. Omne ens, in quantum ens, est bonum. — q. 6, 1. Omnia appetendo proprias perfectiones appetunt ipsum Deum, q. 14, 10. Malum non est re,atio pura, sed privatio boni. » — Cf. *Inferno*, III, 6. *Paradiso*, XXVI, 6. *Convito*, IV, 12, 22, etc.

(2) *Summa Theologiæ*, prima, q. 2, 2, 3. — Cf. *Paradiso*, XXIV, 44. *Ep. ad Can. Grand.*

rivaient ensemble : immutabilité, éternité, bonté, justice, béatitude ; et celles-ci étaient considérées comme autant de termes d'une équation continue qui représente toujours, sous des noms différents, l'essence divine tout entière (1). On évitait donc les dangers de l'anthropomorphisme et du polythéisme, qui prêtent à Dieu toutes les infirmités et les incohérences de la personnalité humaine : on approchait en même temps du dogme de la Trinité où se personnifient d'une façon toute mystérieuse le Père, le Verbe et l'Esprit, la puissance, la sagesse et l'amour. Ce mystère, si incompréhensible qu'il soit, se liait avec celui de la création, dont il expliquait le mode et le motif : le motif, car l'amour détermina la Puissance à réaliser ce que la Sagesse avait conçu; le mode, car toutes choses, par cela seul qu'elles existent, qu'elles obéissent à une loi, qu'elles concourent à un ordre déterminé, portent comme un vestige du Père, du Verbe et de l'Esprit. Dans les créatures intelligentes, ce vestige, dont elles ont conscience, est plus reconnaissable et devient image (2).

Parmi ces créatures, celles qui sont détachées de la matière, c'est-à-dire les anges bons et mauvais, et les

(1) *Ibib.*, prima, q. 3, 4. « Deus cum sit primum efficiens et actus purus et ens simpliciter primum, essentiam indistinctam ab esse habet. » Q. 4, 2; q. 13. Et *Summa contra Gentes*, lib. I, passim.

(2) *Summa Theolog.*, prima, q. 44, 4. « Primo agenti non convenit agere propter adquisitionem alicujus finis, sed intendit solum communicare suam perfectionem. » — Cf. *Paradiso*, xxix, 5. — Q. 45, 6, 7. « In rationabilus creaturis est imago Trinitatis, in cæteris vero creaturis est vestigium. » — Cf. *Paradiso*, xxix, 6; xiii, 19; vii, 25.

âmes séparées, quelle que soit leur destinée d'expiation, de châtiment ou de récompense, devenaient l'objet d'une étude spéciale. On ne saurait assez admirer avec quelle audace, par les seules forces du raisonnement, sans le concours des sens et de l'imagination, elle s'attachait à la suite de ces êtres inconnus, les accompagnait à travers toutes les conditions de leur vie incorporelle, déterminait leurs caractères, leurs fonctions, leurs rapports, et s'enfonçait au delà des dernières limites de la certitude, dans la région des probabilités (1).

L'homme, résultat composé de l'âme et du corps, incomplet si l'une de ces deux parties lui manquait, suffisait pour occuper une science entière; nous l'appelons anthropologie, mais elle est plus ancienne que son nom. Elle rencontrait d'abord deux erreurs à détruire : l'une qui tendait à multiplier les âmes dans chaque individu, l'autre à n'en donner qu'une seule, commune à l'espèce (2). Elle s'occupait ensuite d'analyser les faits complexes de l'activité humaine, et de distinguer les diverses puissances qu'ils manifestent. Et tantôt elle en reconnaissait trois, nutritive, sensitive, rationnelle; tantôt elle les divisait en deux, qu'elle appelait appréhensive et appétitive. La puissance appréhensive était l'intellect qu'on voyait, actif et passif tour à tour, s'é-

(1) *Summa Theolog.*: prima, qq. 50-64; 106-114. — *Inferno*, I, 59; et *Purgatorio, Paradiso*, passim.
(2) *Ibid.*, prima, q. 76, 5. « Impossibile est in homine esse plures animas. Apparet per hoc quod una operatio animæ, cum fuerit intensa, impedit aliam. » — Cf. *Purgatorio*, IV, 2, 8.— q. 79, 5. Cf. *Purgatorio*, XXV, 22.

clairer par en haut des rayons de la raison divine, et par en bas de la lumière des sensations (1). La puissance appétitive comprenait l'appétit naturel, qui s'ignore lui-même; l'appétit sensitif, qui est irascible ou concupiscible; l'appétit rationnel, qui est la volonté : à ces trois sortes d'appétits correspondaient les trois sortes d'amour. La volonté, nécessairement astreinte à chercher le bien, c'est-à-dire le bonheur, avait en ce sens reçu de Dieu une impulsion primordiale; mais les moyens de parvenir au terme désiré étaient laissés au libre arbitre, qui ne pouvait être contraint ni par les conseils de la raison, ni par les séductions de la sensibilité, ni par les influences des corps célestes (2). Le libre arbitre, essentiel à toutes les natures intelligentes, exerçait donc son choix, qui était péché ou vertu. L'éloignement du péché, l'acquisition de la vertu, c'était l'œuvre de la vie entière; mais cette œuvre commune à tous devait s'accomplir au sein de la société, par conséquent à l'ombre des lois. La loi éternelle et souveraine résidait dans la raison divine, qui règle les relations des choses et les coordonne à leur fin. De cette source émanait l'autorité des lois humaines, justes et obligatoires, sous la triple réserve de ne pas excéder les bornes du pouvoir, de procurer le bien-être de la commu-

(1) *Ibid.*, prima, q. 78-79. « Ratio superior est quæ intendit æternis conspiciendis. — 12, 12. Naturalis nostra cognitio a sensu principium sumit. » — Cf. *Purgatorio*, xviii, xxv. *Paradiso*, iv, 14.
(2) *Summa Theolog.*, prima, qq. 80-83, 115; prima secundæ, q. 27, 2. « Appetibile movet appetitum faciens quodammodo in eo ejus intentionem, etc.; » passage textuellement traduit, *Purgatorio*, xviii, 8. — Cf. *Ibid.*, xvii, 31. *Convito*, iii, 3.

nauté, de répartir proportionnellement les droits et les charges. Car l'équité politique était la conséquence de la fraternité naturelle, et l'on disait à haute voix que Dieu n'avait pas créé deux Adam, l'un de métal précieux, de qui seraient issus les nobles ; l'autre de boue, père des roturiers (1). Au-dessus des sociétés de la terre, la cité du ciel se montrait comme une consolante perspective. Le dogme de l'immortalité future, et la définition de l'homme telle qu'on l'avait posée d'abord, formaient deux prémisses d'où résultait, conséquence suprême et glorieuse, la résurrection de la chair (2).

— Or, de ces quatre grandes séries de conceptions philosophiques, les deux premières se retrouvent, quoique brisées et confondues, dans l'œuvre de Dante; supposées ou rappelées, présentes partout, elles en sont l'âme. Les deux dernières en constituent pour ainsi dire le corps. Le cadre même du poëme, qu'est-il autre chose qu'une exploration du monde immatériel, où figurent tous ses habitants avec leurs ténèbres et leurs lumières, leurs passions et leurs affections, leur

---

(1) S. Thomas, *de Erud. princ.*, I, 4. « Ab uno omnes originem habemus. Non legitur Deus fecisse unum hominem argenteum ex quo nobiles, unum luteum ex quo ignobiles. » *Summa Theolog.*, prima secundæ, 91-96. Ces principes hardis sont aussi ceux de S. Bonaventure, *Serm.* III; *Domin.* 12, *post Pentecost.* Il est curieux de les trouver longuement développés dans un ouvrage politique écrit par le précepteur de Philippe le Bel, qui en profita mal : B. Ægidii Columnæ, *de Regimine principum*. Voyez surtout l. III, p. II, cap. VIII et XXXIII, deux chapitres fort remarquables sur l'instruction publique et sur les classes moyennes. — Cf. Dante, *de Monarchiâ*, II. — *Convito*, IV, 14, 15. — *Paradiso*, VIII.

(2) *Summa contra Gentes*, lib. IV, 79. — Cf. *Paradiso*, VII, 25-49; XIV, 15. *Inferno*, IV, 40.

ministère providentiel ; depuis le roi des enfers et son peuple de réprouvés jusqu'aux chœurs les plus sublimes des séraphins? Et, d'ailleurs, un retour continuel ne ramène-t-il pas le poëte des apparitions de la vie à venir aux choses de l'existence terrestre? et n'avons-nous pas assez longuement reproduit les traits du système anthropologique qu'il a su renfermer dans le cycle de ses fabuleux pèlerinages?

4. En se plaçant à la fois sous les auspices de saint Bonaventure et de saint Thomas, Dante suivait cet heureux entraînement qui déjà l'avait conduit à subir tour à tour les influences du platonisme et de l'aristotélisme. S'il avait cru à la possibilité d'un rapprochement entre les deux princes des écoles grecques, il le voyait complétement réalisé entre les maîtres les plus vénérés du mysticisme et du dogmatisme. Il les voyait, purs de toutes les rivalités de l'orgueil, encouragés par les habitudes sérieuses et bienveillantes de leur siècle, mettre fin aux vieilles disputes de l'époque, et résoudre par une conciliante décision le fameux problème des universaux, qui représentaient à plusieurs égards les débats des académiciens et des péripatéticiens. Les universaux, les formes ou les idées (car dans la langue de saint Bonaventure et de saint Thomas ces trois termes semblent devenus synonymes), peuvent se considérer en Dieu, dans les choses et dans l'esprit humain. Les idées existent en Dieu comme desseins et comme types, comme principes d'existence et de connaissance. Elles y sont éternelles, elles sont dans l'essence divine de

même que le rameau sur l'arbre, l'abeille dans la fleur, le miel dans le rayon ; et l'on peut dire en quelque sorte qu'elles sont Dieu même (1). Dans les choses, l'idée ou la forme universelle ne se trouve que réduite à l'état d'individu, elle est objectivement inséparable des circonstances matérielles qui l'individualisent ; mais la matière elle-même serait inutile, et l'individu n'existerait pas, sans la forme universelle qui lui donne une manière d'être, et le classe dans une espèce et dans un genre. Enfin, l'esprit humain peut abstraire l'universel, de la matière déterminée où il est contenu ; l'intellect saisit le caractère d'universalité en même temps que la représentation de l'objet individuel frappe les sens (2). Dante, en adhérant à cette théorie, était

(1) *Summa Theolog.*, prima, q. 15. — « Necesse est ponere in mente divina ideas. Cum ideæ a Platone ponerentur principia cognitionis rerum et generationis ipsarum, ad utrumque se habet idea prout in mente divina ponitur... » — S. Bonaventure, *Compendium*, I, 25. « Ideæ sunt formæ principales rerum quæ in mente divina continentur. Idea moraliter loquendo, est multipliciter in Deo ; scilicet sicut ramus in arbore, apis in flore, mel in favo, avicula in nido, quælibet res in sibi propria. »
(2) S. Bonaventure, *in Magist. Sentent.*, 1, d. 5, art. 2, q. 1. « Universale de se non generatur nisi in individuo ; est tamen ipsum universale secundum quod principaliter intenditur a generante. » — S. Thomas, *Opuscul. de Sensu respectu particularium, et intellectu respectu universalium.* Ce morceau, capital pour l'histoire de la philosophie, devrait être plus connu. On peut en juger par le court extrait qui suit :
« Individuatio naturæ communis in rebus materialibus et corporalibus est ex materia corporali sub determinatis dimensionibus contenta. Universale autem est per abstractionem ab ejusmodi materia, et materialibus conditionibus individuantibus. Patet ergo quod similitudo rei quæ recipitur in sensu repræsentat rem secundum quod est singularis, sed recepta in intellectu repræsentat rem secundum rationem naturæ universalis... Ipsa autem natura cui accidit intentio universitatis habet duplex esse : unum quidem materiale, secundum quod est in natura materiali, aliud autem immateriale, secundum quod est in intellectu. Primo quidem modo non

tout ensemble un réaliste sage, qui évitait la multiplication stérile des êtres de raison, et un conceptualiste aux larges vues, qui ne pouvait s'emprisonner dans le cercle étroit des vérités palpables.

Cependant on jugerait mal Dante et ses maîtres, si l'on ne voyait en eux que les continuateurs et les médiateurs des sectes philosophiques du paganisme. Sans doute le christianisme, avec l'inflexibilité de ses dogmes et le respect qu'il professe pour la liberté des opinions humaines, donnait un *criterium* sûr et la faculté d'un vaste choix, deux conditions propices pour fonder un éclectisme véritable. Mais il y a plus : le vice et en même temps l'excuse de la sagesse antique était dans le doute profond qu'elle supposait. Les vérités essentielles, Dieu, le devoir, l'immortalité, ne lui parvenaient qu'à travers les débris de la tradition et les ruines de la conscience, méconnaissables, réduites à l'état de simples conjectures ; il fallait donc qu'elle en fît le sujet de longues, patientes et pénibles recherches ; et ces recherches, appuyées sur un raisonnement faillible, ne conduisaient qu'à des résultats incertains. De là cette défiance d'elles-mêmes qui se trahissait dans les plus belles doctrines, ce besoin de remettre en discussion les principes mal assurés ; le temps et le génie absorbés par un petit nombre de problèmes métaphysiques et moraux ; les questions de détail et les sciences secon-

potest advenire intentio universitatis, quia per materiam individuatur. Advenit ergo universalis intentio secundum quod abstrahitur a materia individuali : non potest autem abstrahi a materia individuali realiter sicut platonici posuerunt. »

daires laissées dans l'oubli. Au contraire, le christianisme reproduisait ces vérités si ardemment poursuivies par les méditations des sages ; il les reproduisait non-seulement dans leur pureté primitive, mais avec une nouvelle énergie, précises, rigoureuses, immuables. Acceptées par la foi, la raison ne pouvait plus en douter sans crime ; connues de tous, nul ne songeait à les rechercher encore : il ne restait donc qu'à étudier leur mutuelle harmonie, à presser leurs développements, à reconnaître les vérités d'un ordre inférieur : la sécurité acquise sur les principes rendait à l'intelligence la liberté nécessaire pour s'occuper des applications, et la sécurité des croyances religieuses permettait d'avancer d'un pas sûr, et sans regarder en arrière, jusque dans les plus lointains sentiers des sciences profanes. Ainsi la philosophie païenne est une philosophie d'investigation, qui se perd en d'interminables généralités dans les prolégomènes d'un système encyclopédique toujours incomplet. La philosophie chrétienne, toute de démonstration, conduisait à des recherches précises, détaillées, fécondes : en dégageant de tous les alliages de l'erreur les deux idées capitales de Dieu et de l'âme, elle a fondé la théodicée et la psychologie; elle a préparé des loisirs à ceux qui voudraient un jour observer la nature, des instructions à ceux qui seraient appelés à réformer les sociétés; elle a vraiment accompli ce que Bacon nommait la grande instauration des connaissances humaines. Si donc les systèmes de l'antiquité semblèrent se continuer à quelques égards dans le dogmatisme et le mysticisme, parmi les réalistes et les conceptualistes, ce fut pour se rapprocher et se ranimer sous l'action conciliante et vivifiante de la foi nouvelle. Les dispositions générales de l'époque favorisaient ce résultat : Dante, disciple fidèle de son époque avant d'en devenir le maître, devait donc être éclectique chrétien.

CHAPITRE IV

ANALOGIE DE LA PHILOSOPHIE DE DANTE AVEC LA PHILOSOPHIE MODERNE.
EMPIRISME ET RATIONALISME.

C'est sans doute un beau spectacle que celui des savantes écoles de l'Asie, de la Grèce et de l'Europe occidentale, environnant le poëte italien de leurs souvenirs et de leur autorité, pareilles à ces ombres illustres avec lesquelles, dès les premiers pas de sa visite aux enfers, il se représente échangeant de mystérieux discours (1). On aime à voir l'exilé évoquer autour de soi, par la magie de son savoir, ce magnifique cortége : on ne se lasse pas d'admirer comment son esprit put saisir et retenir, rassembler et coordonner tant de conceptions, de maximes et de symboles, au milieu des obstacles qui rendaient encore l'étude si laborieuse et si

(1) *Inferno*, IV, 33.
  Da ch' ebber ragionato insieme alquanto,
   Volsersi a me con salutevol cenno,
   E 'l mio maestro sorrise di tanto.
  E più d' onore ancora assai mi fenno,
   Ch' ei si mi fecer della loro schiera,
   Sì ch' i' fui sesto trà cotanto senno.
  Così n' andammo insino alla lumiera,
   Parlando cose che 'l tacere è bello,
   Sì com' era 'l parlar, colà dov' era.

méritoire : on est presque effrayé de contempler ainsi ramassé sur une seule tête le passé intellectuel du moyen âge, et peut-être de l'humanité tout entière. — Cependant il n'y a là que la moitié des devoirs d'un grand homme : il faut qu'il résume le passé avec la force d'une pensée originale, et qu'il devance le présent en préparant l'avenir. Il est comme un de ces voyants que le ciel suscitait autrefois, dépositaires des traditions et des prophéties, pour lier ensemble les âges finis et ceux qui allaient commencer. En réunissant les temps, il les domine, il échappe à l'oubli qui marche à leur suite : c'est par là qu'il devient immortel. — Quelle est donc la gloire personnelle de Dante? quelle est la valeur propre de sa philosophie, ce qui la distingue des doctrines antérieures et la recommande à l'attention de la postérité? Nous essayerons de le dire.

1. Deux génies paraissent dans l'histoire de l'esprit humain : le génie des méthodes et le génie des découvertes. De là deux sortes de grands esprits. Les uns ont signalé des routes et proposé des recherches ; les autres ont trouvé des faits, des lois ou des causes. Ceux-ci ajoutent de nouvelles connaissances à celles de leur temps, qu'ils enrichissent par addition ; ceux-là les fécondent pour plusieurs siècles, et les étendent par voie de multiplication. Comme les sciences particulières ont à constater certaines vérités qui leur sont propres, c'est à leur service que se rencontrent d'ordinaire les auteurs de découvertes ; et, comme la philosophie paraît surtout appelée à conduire les sciences elles-mêmes

dans leur commun effort vers la vérité, c'est à elle qu'appartiennent principalement les maîtres des méthodes. Dans ce nombre il faut compter les noms les plus fameux : Bacon, Descartes, Leibnitz, les trois auteurs du Nouvel organe, du Discours de la méthode, et de l'écrit sur l'Amendement de la philosophie première. Tel fut aussi Dante ; et, quelque lumière qu'il ait pu répandre sur plusieurs points, son mérite éminent est d'avoir agi sur tous les points à la fois, en faisant sortir la philosophie de l'ornière scolastique où elle était engagée, en lui imprimant une direction pratique dont jusque-là rien n'avait égalé la vigueur.

Il est vrai, comme on l'a déjà reconnu, qu'il y eut toujours dans le caractère italien un double penchant pour le beau et le bien, pour la forme poétique et pour l'application morale. Mais ces instincts, timides encore, hésitaient à se satisfaire. Les philosophes cédaient quelquefois aux séductions de la muse ; mais alors ils déposaient le bonnet doctoral : et, quand les poëtes philosophaient, ils jetaient loin d'eux la couronne de laurier. Ou bien on rimait dans le mètre de Virgile des sentences techniques : une idée platonicienne se glissait furtivement sous les stances fugitives d'un sonnet. La langue de la science, on l'a vu, c'était celle d'Aristote. Depuis Charlemagne elle n'avait cessé de régner dans l'école, sévère, emprisonnant la pensée dans ses catégories, et la parole dans ses syllogismes. Les quatre figures et les dix-neuf modes du raisonnement syllogistique étaient les seuls rhythmes qu'elle admît; et la chute monotone des prémisses et de la conséquence formait l'unique harmonie où elle pût se complaire. D'un autre côté, si quelques traités d'économie ou d'éthique étaient sortis de la plume des Italiens, si les docteurs scolastiques avaient beaucoup fait pour le perfectionnement de l'individu, et les sages de l'antiquité, beaucoup pour la prospérité des nations; ces travaux partiels demeuraient sans lien, par conséquent sans force. Dans cette saison du moyen âge, qu'on peut comparer à une ardente adolescence, l'enthousiasme des théories laissait peu de place aux soucis de l'action; et la science, étonnée de ses propres développements, s'oubliait dans la contemplation d'elle-même. Des habitudes si générales et si profondes ne pouvaient être ébranlées par les velléités passagères de quelques esprits d'élite. Il fallait une violente secousse, par conséquent une impulsion hardie, prolongée, étendue, telle que Dante était capable de la donner.

2. Et d'abord, s'il fut contraint de conserver quelques restes de la terminologie et des classifications péripatéticiennes, pour ne pas cesser d'être intelligible aux hommes qui s'y étaient attachés par un long usage, ce furent là les seuls sacrifices qu'il offrit à l'idole qu'on adorait autour de lui sous le nom de logique. Il attaqua son culte en ce qu'il avait de superstitieux. Il contesta l'infaillibilité absolue du syllogisme; la vérité des conclusions lui parut accidentelle, et dépendante de l'exactitude des deux propositions d'où elle ressort (1).

(1) Voyez ci-dessus, seconde partie, chapitre II.

Par là même, il proposait la critique de ces majeures et de ces mineures mensongères qui circulaient dans toutes les écoles, comme autant d'axiomes indubitables et de faits constants. L'étude des mots devait donc céder à celle des choses. Dès lors il fallait faire descendre la dialectique à une place inférieure, étroite, obscure, dans la hiérarchie des connaissances humaines, et révéler les abus introduits à sa suite dans l'enseignement (1). Mais, comme les vices de l'enseignement et de la dialectique remontaient tous ensemble à ceux de la nature humaine, il était nécessaire aussi de combattre ces derniers, soit qu'ils eussent leur origine dans l'esprit ou dans le cœur : présomption, pusillanimité, frivolité, passions orgueilleuses ou sensuelles. On se trouvait face à face avec les causes permanentes des erreurs de tous les temps (2). — Dante se laissa entraîner à ces courageuses conséquences ; et, après les avoir suivies jusqu'au bout, il dut connaître qu'en réprouvant les règles reçues il s'était engagé à en tracer de meilleures. Il le fit, et dicta, non dans un ordre systématique, mais sous l'inspiration libre de son génie, ces maximes courtes et fécondes, où il prescrit d'abord la détermination précise des limites de la raison et l'extirpation de toutes les racines du préjugé ; puis l'observation des faits, la prudence du raisonnement, l'opiniâtreté d'une méditation soutenue ; enfin le discernement des divers modes de certitude propres aux

(1) Voyez ci-dessus, seconde partie, chapitre II.
(2) Voyez ci-dessus, seconde partie, chapitre II.

différents ordres d'idées (1). — Ce n'est point assez pour attribuer au poëte le plan formel et complet d'une révolution intellectuelle ; mais c'est plus qu'il ne faut pour indiquer une tentative remarquable, une pierre d'attente qui, affermie ensuite par les efforts de Gerson, d'Érasme, de Ramus, de Louis Vives, pût servir de point d'appui aux efforts plus heureux du chancelier Bacon. Aussi peu semblables en leur vie politique qu'en leur foi religieuse, le fier proscrit de Florence et le courtisan disgracié de Verulam se rencontrèrent pourtant dans un même partage de malheur et de gloire. Tous deux, condamnés par la société, la jugèrent à leur tour, dénoncèrent les idoles qu'elle adorait, accusèrent ses égarements, et lui annoncèrent les moyens qui devaient la conduire à des résultats scientifiques plus grands que ses espérances. Si le premier des deux fut moins écouté, c'est que le monde, troublé souvent par de fausses alarmes, a depuis longtemps pris le parti de ne répondre qu'au second appel.

Dante devait faire davantage. Comme cet ancien qui, pour confondre les objections des sophistes contre la possibilité du mouvement, marcha devant eux, il montra, par son exemple, qu'il était possible à la philosophie de se mouvoir hors des entraves où jusqu'ici elle avait été renfermée. Il la dépouilla des formes décolorées, roides et souvent fatigantes de la scolastique, pour la revêtir de tout l'éclat de l'épopée, et lui donner les

---

(1) Voyez ci-dessus, seconde partie, chapitre III.

souples et franches allures de la langue populaire. Ainsi il mettait sa révolte légitime sous la protection de l'amour-propre national. Il réalisait son pieux désir de faire que le pain sacré de l'instruction pût être offert à ceux mêmes qui sortiraient de la mamelle (1), à tous ceux que l'humilité de leur rang, la multiplicité de leurs affaires, la faiblesse de leur tempérament moral, éloigneraient du banquet des sages. Mais surtout il établit victorieusement la liberté de la pensée, en lui faisant plier à son gré la parole, à laquelle trop longtemps elle avait obéi. Il prouva l'indépendance réciproque des doctrines et des formes de l'école, et prévint de la sorte le mépris qui pourrait un jour retomber sur les premières, à cause de leur prétendue solidarité avec les secondes. Ainsi repoussait-il à la fois les exagérations du présent et les injustices de la postérité.

L'inspiration qui fait les poëtes les ramène au ciel d'où elle est descendue. Par elle, ils atteignent quelquefois, sans calcul et sans peine, aux dernières hauteurs de la métaphysique. Or, comme toutes les sciences reposent sur des faits variés à l'infini, et s'élèvent par degrés jusqu'à la cause unique et première, on peut dire qu'elles forment entre elles une pyramide, dont la métaphysique est le sommet. Du haut de ce point, où elles se touchent, on embrasse d'un coup d'œil toutes leurs faces : les principes paraissent communs où les phénomènes étaient différents. C'est pourquoi la plu-

(1) *Convito*, I, 1. Voyez aussi la lettre de Fr. Ilario à Uguccione della Faggiuola, qui se trouve dans plusieurs éditions de Dante.

part des grandes découvertes se sont faites, *a priori*, par une intuition soudaine, par la considération des causes finales, par analogie, par des hypothèses que leurs auteurs n'eurent pas le loisir de justifier. C'est pourquoi les mystiques, en raisonnant de Dieu à l'homme, de l'homme à la matière, surprirent souvent en eux le pressentiment de ces lois de nature, dont la révélation complète était réservée aux âges suivants. Celui qui écrivit la Divine Comédie semble avoir éprouvé quelque chose de pareil. Plusieurs commentateurs, entraînés un peu loin par le charme des origines merveilleuses, ont cru retrouver dans ses vers le germe des plus fécondes conceptions de la physiologie : la circulation du sang, la configuration du cerveau, et ses lésions organiques mises en rapport avec l'ordre et la perturbation des facultés de l'âme (1). Mais on ne saurait lui contester d'autres rencontres plus heureuses. Lorsqu'il montre l'universalité des êtres enveloppés, attirés de toutes parts et dilatés en quelque sorte par l'amour, qui leur imprime une rotation sans fin ; l'action et la réaction mutuelle des cieux; la pesanteur, qui contracte le globe terrestre et fait s'y précipiter les corps graves; on dirait qu'il vient d'entrevoir les combinaisons mécaniques des forces qui meuvent le monde, et la loi de l'attraction universelle que Newton lira dans les cieux (2). Le besoin d'une construction symétrique lui fait supposer dans un autre hémisphère des terres

---

(1) Voyez ci-dessus, seconde partie, chapitre III.
(2) Voyez ci-dessus, seconde partie, chapitre III.

inconnues, où touchera Christophe Colomb (1). Ou bien encore ses conjectures le conduiront à soupçonner d'anciens bouleversements qui auraient changé la face du monde, des révolutions antédiluviennes de l'Océan, des foyers profonds qui échaufferaient le sol sous nos pas. Il ne va point toutefois jusqu'à l'hypothèse du feu central, car il donne au globe un noyau de glace, se jouant ainsi, cinq cents ans d'avance, entre les systèmes qu'enfantera la géologie depuis Buffon jusqu'à Cuvier (2).

L'essai d'une réforme logique et l'esquisse d'une nouvelle méthode : la liberté de l'intelligence reconquise et son premier exercice récompensé par la prévision de plusieurs verités desquelles dépendaient tous les progrès des sciences physiques : voilà par quels services Dante s'associa aux progrès de l'empirisme moderne, mais il en sut éviter les aberrations; il laissa loin de lui les routes par où la foule alla plus tard se perdre dans la fange des doctrines matérialistes et des systèmes utilitaires.

3. Une étoile meilleure le dirigeait, ou plutôt il était occupé de soins plus dignes. La religion et la douleur, ces deux bonnes conseillères, lui faisaient porter ses regards, au delà des scènes de la terre et des besoins matériels, vers les choses de la vie future. C'était là qu'il apercevait la raison de l'existence terrestre, la sanction des décrets de la conscience, la réalisation du malheur ou du bonheur contenu d'avance dans nos mé-

(1) Voyez ci-dessus, seconde partie, chapitre III.
(2) Voyez ci-dessus, page 214.

rites et nos démérites, le terme fatal enfin de toutes les actions humaines. La conduite des actions devait dès lors lui sembler le seul emploi raisonnable des connaissances. Non-seulement donc il rattacha aux visions mystérieuses de son poëme toute une théorie ascétique du perfectionnement moral, mais il ramena à celle-ci les études les plus variées, et en apparence les plus étrangères. En se plaçant au point de vue de la mort, il avait conçu le plan d'une philosophie de la vie : il en fit le centre et le lieu de ralliement de toutes ses recherches ultérieures ; il en fit une science universelle. — Or cette sagesse pratique, ce côté positif du savoir, est précisément ce qui distingue les deux célèbres écoles du dix-septième siècle, celle de Descartes, d'où sortirent Nicole, Bossuet et Fénelon; et celle de Leibnitz, où l'esprit germanique devait acquérir la profondeur et la gravité dont il s'enorgueillit.

Mais les pensées de Dante, encore qu'elles se portassent fréquemment du côté de la mort, n'étaient pas accompagnées de cet égoïsme qui souvent se cache sous les dehors de la mélancolie. D'ailleurs, l'extrême largeur de ses vues ne lui permettait point de méconnaître les rapports par lesquels le sort éternel des individus se lie aux vicissitudes temporelles des sociétés. De pieuses sollicitudes le reconduisaient donc au milieu de ces querelles politiques, où les passions de sa jeunesse l'avaient entraîné de bonne heure. Nulle part ses idées ne se développèrent avec plus d'énergie et d'originalité. Tandis qu'autour de lui les glossateurs de Bo-

logne se perdaient dans une minutieuse interprétation
du texte des lois, il remonte hardiment à l'origine divine et humaine du droit, et en rapporte une définition
à laquelle on n'ajoutera jamais. Sans doute il emprunte aux publicistes de son époque plusieurs des arguments sur lesquels il appuie la monarchie du Saint-Empire. Mais l'empire tel qu'il le conçoit n'est plus
celui de Charlemagne, couronnant de sa suzeraineté
universelle les royautés particulières, qui à leur tour
retenaient sous leur allégeance tous les rangs inférieurs
de l'aristocratie féodale. C'est une conception nouvelle,
qui touche à deux grandes choses : d'une part, à l'empire romain primitif, où le prince, revêtu de la puissance tribunitienne, représente dans son triomphe les
plébéiens vainqueurs du patriciat; d'autre part, à la
monarchie française s'élevant par l'alliance des communes sur les ruines de la noblesse. Le dépositaire du
pouvoir, même sous le nom de César et le front ceint
du diadème impérial, n'est aux yeux de Dante que
l'agent immédiat de la multitude, le niveau qui rend
les têtes égales. Entre tous les priviléges, nul ne lui
est plus odieux que celui de la naissance; il ébranle la
féodalité dans sa base, et sa rude polémique, en attaquant l'hérédité des honneurs, n'épargne point l'hérédité des biens. Il avait cherché dans les plus hautes
régions de la théologie morale les principes générateurs d'une philosophie de la société : il en devait
poursuivre impitoyablement les déductions jusqu'aux
plus démocratiques et plus impraticables maximes. Il

avait fait à lui seul tout le chemin que les esprits ont parcouru depuis Machiavel, qui le premier tenta de réduire en formes savantes l'art de gouverner, jusqu'à Leibnitz, Thomasius et Wolf, qui animèrent les notions abstraites de la métaphysique, en les transportant dans le droit public et civil ; et depuis Montesquieu, Beccaria et les encyclopédistes, jusqu'à la révolution sanglante qui tira les dernières conséquences de leurs enseignements. Et naguère encore, quand les disciples de Saint-Simon promettaient *à chacun selon sa capacité, à chaque capacité selon ses œuvres*, ces hardis novateurs ne se rendaient que l'écho des vœux exprimés, dans un jour de mécontentement, par le vieux chantre du moyen âge.

Enfin, les intérêts des peuples, toujours restreints dans certaines bornes d'espace et de durée, n'offraient pas encore une carrière assez vaste à ses méditations. Le catholicisme, au sein duquel il était né, lui avait appris à embrasser dans un même sentiment de fraternité les hommes de tous les temps et de tous les lieux. Cette préoccupation généreuse ne le quitta point au milieu de ses travaux scientifiques, et sa pensée comme son amour s'étendit à l'humanité tout entière. Soit en effet que dans le *Convito* il s'efforce d'environner le dogme de l'immortalité de l'âme de preuves irréfragables, ce sont les croyances unanimes du genre humain qu'il invoque d'abord. Soit qu'il veuille réfuter les orgueilleux préjugés de l'aristocratie héréditaire, c'est au berceau commun de la grande famille qu'il remonte. Si dans le traité *de Monarchiâ* il croit proposer une forme parfaite de gouvernement, il la voudrait voir réalisée sur toute la face du globe pour hâter l'œuvre de la civilisation, qui n'est autre que le développement harmonieux de toutes les intelligences et de toutes les volontés. S'il raconte les conquêtes du peuple romain, il les montre rentrant dans l'économie des desseins providentiels pour la rédemption du monde. La Divine Comédie, à son tour, est vraiment l'ébauche d'une histoire universelle. Au milieu de cette immense galerie de la mort, nulle grande figure n'échappe : Adam et les patriarches, Achille et les héros, Homère et les poëtes, Aristote et les sages ; Alexandre, Brutus et Caton ; Pierre et les apôtres, et les Pères et les saints; et toute la suite de ceux qui portèrent avec opprobre ou avec honneur la couronne ou la tiare, jusqu'à Jean XXII, Philippe le Bel et Henri de Luxembourg. Les révolutions politiques et religieuses sont représentées par des allégories qui se traduisent en de sévères jugements. En même temps que l'on envisage ainsi l'humanité à travers les transformations extérieures qu'elle ne cesse de subir, on la découvre aussi en ce qu'elle a de constant : au milieu de la diversité se révèle l'unité ; au milieu du changement, la permanence. Au fond des zones infernales, sur la voie douloureuse du Purgatoire, dans les splendeurs du Paradis, c'est toujours l'homme qu'on rencontre, déchu, expiant, réhabilité ; et, lorsque à la fin du poëme le dernier voile se lève et laisse contempler la Trinité divine, on aperçoit dans ses profondeurs le Verbe éternel uni à la nature humaine. Celle-ci n'est donc plus seulement, comme disaient les anciens, un microcosme, un abrégé de l'univers : elle remplit l'univers même, elle le dépasse, et se perd dans l'infini. — Il y a là toute une philosophie de l'humanité, qui est en même temps une philosophie de l'histoire. — On sait de quelle faveur jouit encore ce genre d'étude inauguré par l'évêque de Meaux, enrichi par les veilles de Vico, de Herder, de Frédéric Schlegel, et destiné à recueillir les fruits de tous les labeurs qu'une érudition infatigable entreprend autour de nous.

Dante peut donc être compté parmi les plus remarquables précurseurs du rationalisme moderne, pour avoir le premier donné aux sciences philosophiques une direction morale, politique, universelle. Toutefois il n'alla pas aux excès qui se sont vus de nos jours. Il ne divinisa pas l'humanité en la représentant suffisante à soi-même, sans autre lumière que sa raison, sans autre règle que son vouloir. Il ne l'enferma pas non plus dans le cercle vicieux de ses destinées terrestres, comme le font ceux pour qui tous les événements historiques ne sont que les causes et les effets nécessaires d'autres événements passés ou futurs. Il ne plaça l'humanité ni si haut ni si bas. Il vit qu'elle n'est point tout entière dans ce monde, où elle passe, en quelque sorte, par essaims ; il alla tout d'abord la chercher au terme du voyage, où les innombrables pèlerins de la vie sont rassemblés pour toujours. — On a dit que Bossuet, la verge de Moïse à la main, chasse les générations au tombeau. On peut dire que Dante les y attend avec la balance du jugement dernier. Appuyé sur la vérité qu'elles durent croire, et sur la justice qu'elles durent servir, il pèse leurs œuvres au poids de l'éternité. Il leur montre à droite et à gauche la place que leur ont faite leurs crimes ou leurs vertus ; et la multitude, à sa voix, se divise et s'écoule par la porte des enfers ou par les chemins des cieux. — Ainsi, avec la pensée des destinées éternelles, la moralité rentre dans l'histoire ; l'humanité, humiliée sous la loi de la mort, se relève par la loi du devoir ; et, si on lui refuse les honneurs d'une orgueilleuse apothéose, on lui sauve aussi l'opprobre d'un fatalisme brutal.

4. Ainsi les tendances logiques et pratiques du poëte philosophe s'accordaient avec les nôtres, sans se laisser détourner vers les mêmes erreurs. Or il y a dans nous un amour-propre qui nous fait chérir au dehors notre ressemblance, et qui nous fait aussi accepter la supériorité d'autrui comme une consolation, parce qu'elle nous apprend à ne pas désespérer de notre nature. De là ces admirations et ces sympathies universelles qui, dans ces derniers temps, ont rappelé de l'oubli le grand homme dont nous venons d'étudier l'œuvre. « Dante, a « dit M. de Lamartine, semble le poëte de notre épo- « que, car chaque époque adopte et rajeunit tour à tour « quelqu'un de ces génies immortels, qui sont toujours « aussi des hommes de circonstance ; elle s'y réfléchit « elle-même, elle y retrouve sa propre image, et trahit « ainsi sa nature par ses prédilections (1). »

(1) *Discours de réception à l'Académie française.*

CHAPITRE V

ORTHODOXIE DE DANTE.

Après avoir successivement parcouru les principales périodes de l'histoire de la philosophie, pour trouver parmi les systèmes qui s'y produisirent des termes de comparaison avec la doctrine de Dante, il reste à la considérer d'un point de vue supérieur, indépendant, immuable : celui de la foi. — Dante appartient-il par ses convictions à l'orthodoxie catholique ? Ce problème, depuis trois siècles, a suscité de sérieuses discussions.

1. Le protestantisme, à sa naissance, avait senti le besoin de se créer une généalogie qui le rattachât aux temps apostoliques, et justifiât en lui l'accomplissement des promesses d'infaillibilité laissées par le Sauveur à son Église. Aussi alla-t-il remuant les pierres de toutes les ruines et de toutes les sépultures, interrogeant les morts et les institutions éteintes, se faisant une famille des hérésies de tous les temps, cherchant les plus libres et les plus hardis génies du moyen âge, pour invoquer leur paternité. Il était sans doute peu sévère dans le choix des preuves : il lui suffisait de

ORTHODOXIE DE DANTE.

quelques paroles amères tombées de la plume d'un homme célèbre sur les abus contemporains, pour l'admettre immédiatement au catalogue des prétendus témoins de la vérité (1). Dante ne pouvait échapper à ces honneurs posthumes. Sa verve satirique s'était plus d'une fois exercée contre les mœurs du clergé et la politique des souverains pontifes. Plusieurs passages de son poëme, ingénieusement torturés, semblaient, disait-on, contenir des allusions dérisoires aux plus saints mystères de la liturgie catholique (2). Mais surtout on citait le dernier chant du Purgatoire, où se trouve prédit un envoyé du ciel qui châtiera la prostituée assise sur la bête aux sept têtes, aux dix cornes : il est désigné par des chiffres qui forment le mot latin DVX, et qui indiquent peut-être un des capitaines gibelins de la Lombardie ou de la Toscane. Cet envoyé, disait-on, n'était autre que Luther; car ces chiffres donnaient le nombre de cinq cent quinze, lequel, ajoutant mille ans d'un côté et deux ans de l'autre, arrivait à la date de quinze cent dix-sept, qui est l'hégire des réformés (3). Tels

(1) Francowitz (Flaccus Illyricus) : *Catalogus testium veritatis*.
(2) *Purgatorio*, xxxiii, 12.

    Che vendetta di Dio non teme suppe.

L'ineptie ou la malice de quelques commentateurs a pris ce vers pour un blasphème grossier contre le très-saint sacrifice de la messe. On sait maintenant que ce vers fait allusion à la coutume, alors répandue à Florence, de placer du pain et du vin sur le tombeau de ceux qu'on avait fait périr; on pensait conjurer ainsi la vengeance de leurs parents. Du reste, la coutume est d'origine païenne.
(3) *Purgatorio*, xxxiii, 14.

    Ch' io veggio certamente e però 'l narro,
    A darne tempo già stelle propinque

furent les arguments principaux de ceux qui, dès le seizième siècle, tentèrent de populariser en Italie les opinions nouvelles, à l'ombre d'un nom vénéré (1). Le patriotisme italien répondit noblement par l'organe du cardinal Bellarmin; et ce fameux controversiste, qui portait le poids de toutes les querelles religieuses, qui avait la papauté pour cliente, et des rois comme Jacques Ier pour adversaires, ne dédaigna pas de consacrer sa plume à la défense du poëte national (2). Les mêmes questions s'agitèrent en France, avec moins d'éclat sans doute, mais non moins d'érudition, entre Duplessis-Mornay et Coeffeteau (3); et ce fut peut-être sur une connaisance incomplète du débat que le père Hardouin prononça l'arrêt bizarre où il déclare la Divine Comédie l'œuvre d'un disciple de Wiclef. Plus tard, lorsque la littérature italienne, affranchie de la funeste influence des *seicentisti*, revint à des traditions meilleures, le culte des vieux poëtes de la patrie fut habilement mis à profit par les sociétés secrètes, et rattaché à leurs théories politiques et religieuses. Et de nos jours enfin, quand les chefs d'un parti vaincu, et vraiment digne d'une respectueuse pitié, allèrent de-

Sicure d' ogn' intoppo e d' ogni sbarro,
Nel quale un cinque cento diece e cinque
Messo di Dio ancidera la fuia

(1) *Avviso piacevole dato alla Bella Italia dà un nobile giovine francese.*

(2) Bellarmin, *Appendix ad Libros de Summo Pontifice; Responsio ad Librum quemdam anonymum.*

(3) Duplessis-Mornay, le *Mystère d'Iniquité*, p. 419. — Coeffeteau, *Réponse au livre intitulé* le Mystère, etc., p. 1032.

mander un asile à l'Angleterre, le besoin de charmer les tristes loisirs de l'exil, et peut-être aussi le désir de reconnaître en quelque manière l'hospitalité protestante, inspirèrent le nouveau système proposé par Ugo Foscolo et soutenu par M. Rossetti, non sans un vaste déploiement de science et d'imagination (1). Il faut d'abord se rappeler qu'après la destruction de l'hérésie albigeoise, ses cendres, dispersées par toute la chrétienté, y firent germer les sectes nombreuses, qui, sous le nom de Pastoureaux, de Flagellants, de Fratricelles, préparèrent les voies des Wicléfistes et des Hussites, précurseurs eux-mêmes de Luther, de Henri VIII et de Calvin. Plus prudente que ces sectes diverses, mais dominée par le même esprit antipapal, une association mystérieuse se serait formée, à laquelle Dante, Pétrarque et Boccace auraient prêté leurs serments et leur génie. Dès lors tous leurs écrits recéleraient un sens énigmatique dont la clef est perdue : les femmes célèbres qu'ils ont chantées, Béatrix, Laure, Fiammetta, deviendraient les figures de la liberté civile et ecclésiastique, dont ils pensaient établir le règne; la Divine Comédie, les *Rime* et le Décaméron seraient à la fois le Nouveau Testament et la Charte constitutionnelle destinés à changer la face de l'Europe. Dante particulièrement se constituerait le chef de cet apostolat; il s'en ferait donner la mission spéciale dans une de ces visions où il se représente interrogé, applaudi, béni par les

(1) La *Commedia di Dante Alighieri, illustrata da* Ugo Foscolo. — Rossetti, *Sullo spirito anti-papale che produsse la Riforma*.

trois disciples privilégiés du Christ, Pierre, Jacques et Jean. Ainsi le pauvre proscrit n'a pas trouvé dans sa couche funèbre le repos qui, là du moins, attend le reste des hommes. On l'en a tiré, pour le jeter, encore couvert de son linceul, dans l'arène des factions, pour en effrayer comme d'un fantôme les esprits vulgaires. Heureusement des mains pieuses sont venues l'arracher à ces profanations. Foscolo a trouvé en Italie de savants contradicteurs (1); et l'oracle de la critique allemande, A. W. Schlegel, en réprouvant les paradoxes de M. Rossetti, a effacé pour toujours la flétrissure de déloyauté qu'ils imprimaient au front de trois grands hommes (2).

2. Maintenant, si l'on nous permet de venir, après tant de graves autorités, déposer notre suffrage, nous ne ferons que reproduire sommairement les textes qui nous semblent décisifs; nous laisserons la parole à l'accusé lui-même, nous fiant à lui pour son apologie.

Et d'abord nous l'avons entendu se séparer hautement du naturalisme moderne, quand il proclamait la révélation comme le suprême *criterium* de la vérité logique et de la loi morale; lorsque à son gré la plus noble fonction de la philosophie est de conduire, par les merveilles qu'elle explique, aux miracles inexplicables sur lesquels s'appuie la foi; lorsque enfin il rend gloire à

(1) All' edizione padovana del *Convito* di Dante, *prefazione* degli editori milanesi. Voyez aussi Cesare Balbo, *Vita di Dante*. Fab. Zinelli, *Intorno allo spirito religioso di Dante*.

(2) Lettre de M. A. W. Schlegel sur l'ouvrage de M. Rossetti, *Revue des Deux Mondes*, 15 août 1836. Les interprétations de M. Rossetti ont été savamment réfutées par le P. Pianciani, dans les *Annali delle scienze religiose*.

cette foi venue d'en haut, par laquelle seule on mérite
de philosopher éternellement au sein de la céleste
Athènes, où les sages de toutes les écoles s'accordent
dans la contemplation de l'intelligence infinie (1). —
Plus sévère encore pour l'hérésie et le schisme, il leur
apprête les plus affreux supplices de son Enfer. Les
sympathies politiques, les vertus guerrières et civiles,
ne peuvent le fléchir; il enferme en des sépulcres brû-
lants Frédéric II et le cardinal Ubaldini, idoles du
parti impérial ; Farinata et Cavalcante, deux des plus
glorieux citoyens de Florence : il fait plus, et, comme
pour réfuter d'avance les calomniateurs de sa mémoire, il prophétise la fin malheureuse et prononce
l'éternelle damnation du moine Dolcino, le principal
chef de ces Fratricelles, dont on a voulu lui faire partager les erreurs. Au lieu de ce moine obscur, si le
poëte, vraiment doué de cette seconde vue qu'il feint
quelquefois, eût aperçu dans l'avenir le professeur de
Wittemberg jetant au bûcher la bulle de sa condamnation, certes il lui aurait marqué sa place entre les se-
meurs de schisme et de scandale, et nous lirions avec
un frémissement d'horreur admiratrice l'épisode de
Luther auprès de celui d'Ugolin (2).

Si ces indications générales ne suffisent pas, et qu'il
soit besoin d'une profession de foi expresse sur chacun
des points contestés, cette exigence sera satisfaite. Pierre
de Bruys, Valdo, Dolcino, et les autres novateurs de la

(1) *Convito*, III, 7, 11; IV, 15. *De Monarchiâ*, III.
(2) *Inferno*, IX et XXVIII, passim.

même époque, avaient attaqué la hiérarchie ecclésiastique, la forme des sacrements, les honneurs rendus à la croix, la prière pour les morts (1). Dante rend hommage à l'Église, épouse et secrétaire de Jésus-Christ, incapable de mensonge et d'erreur (2). Il met la tradition à côté de l'Écriture sainte, et leur partage également l'empire des consciences (3); il reconnaît la puissance des clefs, la valeur de l'excommunication et celle des vœux (4). C'est avec une sorte de prédilection qu'il décrit l'économie de la pénitence: il ne doute ni de la légitimité des indulgences, ni du mérite des œuvres satisfactoires (5). Lui-même a justifié le culte des images; il ne se lasse point de recommander aux suffrages des vivants les âmes souffrantes; sa confiance en l'intercession des saints redouble en s'adressant à la Vierge Marie (6). Enfin, les ordres religieux et l'institution même du saint-office trouvent grâce à ses yeux, et saint Dominique est célébré, dans ses chants, « comme « l'amant jaloux de la foi chrétienne, plein de douceur « pour ses disciples, redoutable à ses ennemis (7). » En se plaçant ainsi sous le patronage du saint docteur

---

(1) Voyez Pierre le Vénérable, contra petrobusios. — Bossuet, *Hist. des variations*, liv. XI. — Raynaldus, continuateur de Baronius, *Annales eccles.*, 1100-1200. Reinerii, *Contra valdenses hæreticos*, liber in *Bibliotheca Patrum maxima*. Muratori, *Antiquitates*, dissert. 40, *de Hæresibus*.
(2) *Convito*, II, 4, 6.
(3) *Paradiso*, V, 25.
(4) *Purgatorio*, IX, 26; III, 46; V, 19.
(5) *Purgatorio*, IX, passim; II, 23. — *Paradiso*, XXV, 25; XXVIII, 57.
(6) *Paradiso*, IV, 14. — *Purgatorio*, passim. — *Paradiso*, XXXIII, 1.
(7) *Paradiso*, XI et XII, passim.

qui le premier, avec le nom de Maître du sacré palais, fut chargé du ministère de la censure, le poëte devait-il s'attendre que nous, postérité tardive et peu théologienne, nous viendrions discuter un jour l'exactitude et la sincérité de ses croyances?

Mais enfin un reproche subsiste contre lui : c'est l'opiniâtreté avec laquelle il poursuit de ses invectives la cour romaine et les souverains pontifes, versant l'injure à pleines mains sur la tête de ceux dont il devrait baiser les pieds. — On peut répondre d'abord en distinguant le souverain pontificat, indéfectible et divin, d'avec la personne sacrée, mais mortelle et fragile, qui en est revêtue. Jamais les catholiques ne furent tenus de croire à l'impeccabilité de leurs pasteurs. Les défenseurs les plus ardents des droits du sacerdoce, saint Bernard par exemple, et saint Thomas de Cantorbéry, ne dissimulaient pas les vices qui le déshonoraient quelquefois. L'Église, couverte d'une inviolabilité plus sérieuse que celle dont on environne les rois, ne saurait être solidaire des iniquités de ses ministres. Sans doute il est plus pieux de détourner nos regards, et, comme les fils du patriarche, de jeter le manteau sur les turpitudes de ceux qui, dans la foi, sont nos pères. Mais, si Dante l'oublia ; si, dans les jours mauvais qu'il passa loin de sa patrie, il accusa les chefs du parti qui lui en fermait les portes; si, dans l'entraînement d'une indignation qu'il croyait vertueuse, il répéta souvent les calomnies de la renommée; s'il apprécia mal la piété de saint Célestin, le zèle impétueux de Boniface VIII, la science de Jean XXII, ce fut imprudence et colère, ce fut erreur et faute, et non pas hérésie. Et d'ailleurs il faut pardonner beaucoup au génie, parce qu'il a, comme toutes les grandeurs d'ici-bas, des tentations plus fortes et des périls plus nombreux. — Néanmoins il importe d'observer que Dante, contemporain de quatorze papes, en a loué deux, passé sous silence sept ; et que dans les cinq autres il a prétendu blâmer les imperfections de l'humanité : il n'a jamais cessé de vénérer la sainteté du ministère (1). S'il veut immoler Boniface VIII à ses poétiques vengeances, il commence par le dépouiller du caractère auguste qu'il craint de profaner ; et, avec une témérité qui n'est pas dépourvue d'un reste de respect, il déclare de son chef la vacance du saint-siége (2). Puis tout à coup, lorsque ce même pape lui paraît entouré de la seconde majesté du malheur, captif au milieu des émissaires de Philippe le Bel, il ne voit plus en lui que le vicaire et l'image du Christ une seconde fois crucifié (3). Toujours il s'incline devant la papauté comme devant une magistrature sainte, un pouvoir que Pierre a reçu du ciel et transmis à ses successeurs; il en fait l'objet primordial des desseins providentiels, le secret des grandes destinées de Rome, le lien de l'antiquité et des temps nouveau (4). Il insiste sur la nécessité de la monarchie

---

(1) Adrien V en purgatoire : Jean XXI en paradis. Voyez pour les autres : *Inferno*, xix, 34. *Purgatorio*, xix, 45.

(2) *Purgatorio*, xxxiii, 12.

(3) *Purgatorio*, xx, 29.

(4) *Paradiso*, xxx. 48; xxiv, 12. *Inferno*, ii, 8.

religieuse, qu'il oppose à la monarchie temporelle ; et, bien qu'il réclame l'indépendance réciproque du sacerdoce et de l'Empire, il veut que, dans l'ordre spirituel, l'héritier des Césars professe pour les successeurs des apôtres une déférence filiale (1). Si ce langage est celui qui flatte nos frères de la réforme, et les décide à compter le poëte comme un des leurs, qu'ils parlent de même, et à ce mot de ralliement le Midi et le Nord s'inclineront l'un vers l'autre ; les docteurs de Londres et de Berlin se rencontreront aux portes de Rome ; le Vatican élargira ses portiques pour recevoir les générations réconciliées ; et, dans la joie d'une alliance universelle, se réalisera la prophétie écrite sur l'obélisque de Saint-Pierre : Christus vincit, Christus regnat, Christus imperat.

5. Notre tâche est accomplie. L'orthodoxie de Dante, complétement établie par les preuves qui viennent d'être rassemblées, nous semble résulter plus évidemment encore du travail tout entier que nous achevons. C'est la vérité dominante, où viennent aboutir toutes nos inductions et nos recherches. En étudiant les circonstances dans lesquelles le poëte fut placé, nous l'avons vu naître pour ainsi dire sur la dernière limite des temps héroïques du moyen âge, lorsque la philosophie catholique était parvenue à son apogée, et dans une

---

(1) *De Monarchiâ*, III. — Le livre de *Monarchiâ* fut mis à l'index, comme favorisant les prétentions excessives du pouvoir temporel. Mais jamais cette condamnation ne fut étendue à la *Divine Comédie*. Un grand pape tenait pour esprit grossier quiconque n'admirait pas les beautés de ce poëme. Voyez l'anecdote rapportée par Arrivabene, *Amori di Dante*.

contrée où elle répandait ses plus purs rayons. Au milieu de ces salutaires influences, et à travers les vicissitudes d'une vie pleine d'infortunes, d'émotions morales, d'études profondes, dont le concours avait dû puissamment développer en lui le sentiment religieux, nous l'avons vu concevoir une œuvre magnifique, dont le plan, emprunté aux habitudes de la poésie légendaire, devait embrasser tout ensemble les plus sublimes mystères de la foi et les plus belles conceptions de la science. Une scrupuleuse analyse nous a fait connaître cet ensemble de doctrines qui, sous les trois catégories du mal, du bien en lutte avec le mal, du bien enfin, comprend l'homme individuel, la société, la vie future, le monde extérieur, les esprits séparés, Dieu même. Si par de nombreux rapports il se rattache aux systèmes de l'Orient, à l'idéalisme et au sensualisme grecs, à l'empirisme et au rationalisme des derniers temps, il appartient surtout aux deux grandes écoles mystique et dogmatique du treizième siècle, dont il accepte avec docilité non-seulement les dogmes essentiels, mais encore les idées accessoires, et souvent même les expressions favorites. On a dit qu'Homère était le théologien de l'antiquité païenne, et l'on a représenté Dante à son tour comme l'Homère des temps chrétiens. Cette comparaison, qui honore son génie, fait tort à sa religion. L'aveugle de Smyrne fut justement accusé d'avoir fait descendre les dieux trop près de l'homme; et nul au contraire mieux que le Florentin ne sut relever l'homme et le faire monter vers la Divinité.

C'est par là, c'est par la pureté, par le caractère immatériel de son symbolisme, comme par la largeur infinie de sa conception, qu'il a laissé bien loin au-dessous de lui les poëtes anciens et récents, et particulièrement Milton et Klopstock (1). Si donc on veut établir une de ces comparaisons, qui fixent dans la mémoire deux noms associés pour se rappeler et se définir l'un l'autre, on peut dire, et ce sera le résumé de ce travail, que la Divine Comédie est la Somme littéraire et philosophique du moyen âge; et Dante, le saint Thomas de la poésie (2).

(1) Voyez par exemple, la porte de l'Enfer chez Dante et chez Milton. Le chantre du *Paradis perdu* s'épuise en images gigantesques. Il forme ses portes de neuf couches de métal et de diamant; il y met une palissade de feu; il y fait asseoir ces deux monstrueuses figures, la Mort et le Péché, et il ne réussit qu'à étonner ses lecteurs.

> Hell bounds high reaching to the horrid roof,
> And thrice three fold the gates; three folds were brass.
> Three iron, three of adamantine rock
> Impenetrable, impal'd with circling fire,
> Yet unconsum'd. Before the gates there sat
> On either side a formidable shape, etc.

Dante, au contraire, ne décrit rien. Il n'a besoin ni du fer ni du feu; il lui suffit d'une inscription de neuf vers, et il nous laisse consternés.

(2) Le journal universel de Hall (*Allgemeine Litteratur-Zeitung*), où l'on a traité le livre et l'auteur avec une attention et une bonté bien flatteuses, attaque cependant ce chapitre de l'orthodoxie de Dante. Le critique se plaint qu'on n'ait eu aucun égard aux traces d'hétérodoxie qui se trouvent dans le poëme. Je regrette qu'il ne les ait point fait connaître, et qu'il n'ait pas présenté de nouvelles objections, que j'aurais soigneusement discutées. Jusque-là je me couvre par deux grandes autorités : j'ai pour moi la critique catholique, qui n'a jamais trouvé d'hérésie dans la *Divine Comédie*, et qui l'a réimprimée, commentée, louée, portée aux nues, à Rome même, avec toutes les approbations requises, sans crainte des rigueurs de l'index. Je m'appuie aussi sur la critique protestante moderne, dont l'organe le plus compétent, M. W. Schlegel, blâme si vivement le paradoxe de Rossetti et de Foscolo.

Ainsi nous trouvons-nous ramenés à notre point de départ, à cette fresque admirable du Vatican où Dante est confondu parmi les docteurs, à ces hommages solennels et populaires que l'Italie lui a décernés ; nous savons maintenant la raison de sa gloire. C'est que la conscience qu'il avait de ses prodigieuses facultés ne lui avait pas fait oublier la fatalité commune de la nature, condamnée jusqu'à la fin à souffrir et à ignorer, par conséquent à croire et à servir. Si élevé qu'il fût au-dessus des autres, il ne pensait pas que la distance qui les sépare du ciel fût diminuée pour lui ; il leur portait trop de respect et d'amour pour chercher à leur imposer la tyrannie de ses opinions personnelles, pour vouloir se détacher d'eux en ce qu'ils ont de plus cher, leurs croyances : il demeura dans la communion des idées éternelles, où se trouvent la vie et le salut du genre humain ; il fit que les plus humbles de ses contemporains et les plus éloignés de leurs descendants pussent l'appeler leur frère et jouir de ses triomphes.
— Cinq cent vingt-trois ans ont passé depuis que le vieil Alighieri s'est endormi à Ravenne sous le marbre sépulcral. Depuis lors se sont succédé vingt générations « d'hommes parlants, » selon l'énergique expression des Grecs ; et les paroles qui sont tombées de leurs bouches, plus encore que la poussière de leurs pas, ont renouvelé la face de l'univers. Le saint-empire romain n'est plus. Les querelles qui agitaient les républiques italiennes se sont éteintes avec les républiques elles-mêmes. Le palais des Prieurs de Florence est désert ;

et, sur l'autre rive de l'Arno, une dynastie étrangère, naturalisée par ses bienfaits, porte paisiblement le sceptre grand-ducal de la Toscane. On ne connaît plus le lieu où reposent les cendres de Béatrix; et le nom même de sa famille serait perdu, s'il ne se trouvait inscrit parmi les fondateurs d'un hôpital obscur. Les chaires où dissertaient les maîtres de la scolastique sont restées muettes. Les navigateurs ont exploré ces mers lointaines, autrefois fermées par une crainte superstitieuse; et, au lieu de la montagne du Purgatoire et de ses immortels habitants, ils y ont vu des rivages et des peuples semblables aux nôtres. Le télescope a plongé dans les cieux, et ces neuf sphères qu'on supposait se mouvoir harmonieusement autour de nous se sont enfuies dans le vide. Ainsi se sont évanouis tous les genres d'intérêt politique, élégiaque, scientifique, dont le poëme de Dante était redevable aux choses passagères d'ici-bas; il n'aurait plus que le mérite d'un document historique, difficile à juger, s'il n'empruntait ailleurs un attrait universel. Ces mystères de la mort, qui préoccupaient les hommes d'autrefois, n'ont pas cessé de solliciter nos méditations, et nulle autre lumière que celle du catholicisme n'est venue les éclairer. Comme il guidait les imaginations ardentes de nos pères, il conduit encore nos intelligences adultes et raisonneuses; il domine tous les développements des facultés humaines, immuable au milieu des ruines de la vieille science et des constructions de la science nouvelle : il n'a pas à craindre les Christophe Colomb et les Copernic de l'avenir ; car, de même que ces deux grands hommes, en découvrant la forme véritable et les relations du globe, ont fixé, une fois pour toutes, les opinions incertaines sur ces deux points principaux du système du monde, et n'ont laissé aux astronomes et aux navigateurs futurs que des découvertes de détail, ainsi le catholicisme, en faisant connaître l'homme et ses relations avec Dieu, a révélé pour toujours le système du monde moral : il ne laisse plus à découvrir une nouvelle terre et de nouveaux cieux, mais seulement des vérités isolées, des lois subalternes : trop peu pour satisfaire l'orgueil, assez pour occuper jusqu'à la fin des temps l'assiduité laborieuse de l'esprit humain.

QUATRIÈME PARTIE

RECHERCHES ET DOCUMENTS POUR SERVIR A L'HISTOIRE DE DANTE ET DE LA PHILOSOPHIE CONTEMPORAINE.

I. VIE POLITIQUE DE DANTE

EXPLICATIONS SUR LA VIE POLITIQUE DE DANTE. — S'IL FUT GUELFE OU GIBELIN.

On a vu le poëte florentin mêlé aux discordes civiles de sa patrie; on comprend que les historiens aient dû être tentés de le rallier à l'une des deux factions qui se partagèrent l'Italie au moyen âge : l'opinion générale l'a rangé parmi les Gibelins (1). Cependant, comme il semblait appartenir aux Guelfes par sa famille et par ses premiers engagements, plusieurs critiques ont distingué dans sa vie politique deux périodes, vouées à la défense des deux causes contraires, et séparées entre elles par le jour fatal de son exil (2). Sans méconnaître

(1) F. Schlegel (*Histoire de la littérature*, t. II) reproche à Dante « la dure empreinte de l'esprit gibelin qui se trouve dans tout son poëme. »
(2) Voyez spécialement le savant opuscule du comte Troja : *Del Veltro allegorico di Dante*.

l'autorité de la critique et de l'opinion, nous ne pouvons nous empêcher de concevoir et d'exprimer quelques doutes : nous craignons que la question n'ait été compromise par l'incertitude des termes où elle est renfermée; et nous allons examiner d'abord quelles significations différentes prirent successivement ces noms rivaux de Guelfes et de Gibelins, ensuite à quel titre Dante aurait mérité l'un ou l'autre.

I

J. Le nom des Guelfes vient de bien haut; on le voit commencer aux grandes invasions barbares. Parmi les compagnons d'Attila, les historiens connaissent un chef germain appelé Éticho, auquel ils donnent deux fils ; Odoacre est l'aîné, Welf le second. On voit les descendants de Welf s'établir au comté d'Altdorf en Souabe (1), dans les duchés d'Alsace et de Zæhringen, dans le marquisat de Toscane. Adelbert Ier, marquis de Toscane (850), fut le chef d'une branche qui, dotée plus tard du marquisat d'Este, devint assez puissante pour donner en 1071 des ducs à la Bavière. Vers la même époque (1080), le duché de Souabe était conféré aux comtes de Hohenstaufen, originaires du château de Weibling, au pays de Wurtemberg. L'avénement de Conrad de Souabe à l'empire et la rébellion de Henri le Superbe (1138) commencèrent entre les deux familles une sanglante querelle, qui, suspendue quelque temps,

(1) Mémoire sur l'origine de la maison Brunswick.

se renouvela plus terrible sous Frédéric Barberousse et Henri le Lion (1180), et finit par diviser l'Allemagne entre Philippe et Othon IV, compétiteurs à la couronne impériale. Welf et Weibling furent les cris de guerre auxquels se réunirent les armées des deux maisons ennemies : on dit qu'ils furent entendus pour la première fois à la bataille de Winsberg (1140) ; bientôt ils se répétèrent des bords de la Baltique aux rives du Danube ; mais, arrêtés par les Alpes, ils n'agitaient pas encore la Péninsule italienne.

2. Depuis longtemps cette contrée servait d'arène à des luttes plus solennelles, celles du sacerdoce et de l'empire. — La papauté, pour exercer plus sûrement son action sanctifiante et civilisatrice sur le monde chrétien, où s'agitaient tant d'instincts barbares, avait besoin d'occuper un point central indépendant : de là, pour elle la nécessité d'un domaine temporel. Les titres juridiques ne lui manquaient pas non plus. Depuis le temps où le peuple de Rome s'était placé sous le patronage de Grégoire II, la donation de l'exarchat et de la Pentapole (751), l'hommage de Robert Guiscard pour le duché de Pouille (1059), le legs de la comtesse Mathilde (1102), avaient affermi la puissance apostolique. Elle avait aussi pour elle les vertus héroïques de plusieurs pontifes, la sagesse et la douceur des lois ecclésiastiques, l'inclination naturelle des consciences à recevoir dans l'ordre civil une autorité déjà reconnue en matière religieuse. Elle avait enfin tout ce qui peut créer le droit là même où il ne serait pas encore : le

respect, l'amour, l'admiration des peuples. — D'un autre côté, les empereurs étaient salués rois des Romains; ils ceignaient le diadème de fer des Lombards, ils avaient sans opposition distribué des fiefs en Italie, et les décrets de la diète de Roncaglia (1158) leur attribuaient la plénitude des droits régaliens. Ils alléguaient aussi l'acte prétendu par lequel Othon le Grand (963) aurait obtenu pour lui et ses successeurs le privilége d'intervenir dans l'élection des papes. Ils ne dédaignaient pas non plus l'appui des traditions et des doctrines. Tandis qu'ils se montraient comme les gardiens et les chefs de la féodalité, ils se donnaient aussi pour les continuateurs du vieil empire romain, dont ils invoquaient les lois, remises en honneur par les jurisconsultes de Bologne. Le César germanique, héritier de Charlemagne et successeur d'Auguste (*semper Augustus*), se prétendait, à ce titre, le seul maître de la terre (1). — La question des investitures mit aux prises ces deux pouvoirs souverains de la chrétienté, en la personne de Henri IV et de Grégoire VII. Le pontife, attaqué par les armes, trouva un auxiliaire inattendu. Ce fut Welf Ier, duc de Bavière (1077). Welf II épousa la comtesse Mathilde, bienfaitrice de l'Église. Quand Frédéric Barberousse, franchissant les Alpes pour la

---

(1) Nous avons un monument curieux des prétentions de la monarchie impériale, dans la constitution de Henri VII, insérée au *Corpus juris civilis*, et dont voici le début : « Ad reprimendum multorum facinora qui « ruptis totius fidelitatis habenis, adversus Romanum Imperium, in cujus « tranquillitate totius orbis regularitas requiescit, hostili animo armati, « conantur nedum humana, verum etiam divina præcepta, quibus jubetur « quod OMNIS ANIMA ROMANORUM PRINCIPI SIT SUBJECTA, demoliri, » etc.

troisième fois, menaçait d'écraser d'un seul coup Alexandre III et la ligne lombarde formée sous ses auspices, la défection d'Henri le Lion à la bataille de Lignano (1176) les sauva d'une perte assurée. Le fils de ce prince, Othon IV, fut soutenu dans ses prétentions au trône par la reconnaissance d'Innocent III. En même temps les marquis d'Este ne cessèrent de rendre par leur fidélité le vieux nom de Welf respectable et cher au parti papal. D'autre part, jamais la domination impériale ne sembla plus assurée en Italie que sous le règne des Hohenstaufen, surtout lorsque le mariage de Henri IV avec Constance (1190) eut fait entrer dans leur maison la couronne de Sicile. Les devises des Weiblingen rallièrent alors les ennemis du saint-siége. Ainsi se popularisèrent, modifiées par une traduction conforme aux habitudes de la langue italienne, les dénominations de Guelfes et de Gibelins. Appropriées désormais aux défenseurs du sacerdoce et de l'Empire, elles gardèrent cette signification nouvelle jusqu'à l'époque où Frédéric II, dans l'orgueil de ses victoires, fut atteint des foudres du concile de Lyon (1245). Le tyran, vaincu à son tour, poursuivi par une fatalité vengeresse, alla mourir étouffé sous des coussins par la main d'un de ses bâtards (1250). Le triomphe du sacerdoce interrompit la lutte pour de longues années.

3. Mais on a déjà vu la monarchie du saint-empire représentée comme le couronnement nécessaire du système féodal dont les larges bases couvraient la moitié de l'Europe. Or la féodalité, fondée au delà des Alpes

par les Lombards, qui divisèrent leurs possessions en trente-six duchés, fortifiée par les concessions de fiefs, dont les empereurs ne furent point avares, se perpétua par la constitution de Conrad le Salique, qui établit pour toujours l'hérédité des bénéfices militaires. Cependant ces institutions, venues des peuples du Nord, ne pouvaient rencontrer parmi les Italiens un dévouement sans réserve. Ils conservaient le souvenir et les restes de l'organisation municipale, introduite au temps des Romains dans toutes les cités de la Péninsule. L'exemple des villes maritimes, de bonne heure affranchies, celles de la Lombardie, de la Romagne et de la Toscane réclamèrent des libertés, que le prince leur vendit à prix d'or. Elles trouvèrent une protection plus désintéressée auprès du souverain pontife : elles se confédérèrent en ligues puissantes dont le saint-siége était le centre, et qui abritèrent plus d'une fois le territoire national contre les invasions des Allemands. La paix de Constance (1183), résultat de leurs courageux efforts, leur assura le droit de se clore, de lever des deniers, de nommer des magistrats, de faire la guerre ou la paix, et les éleva au rang de puissances indépendantes.—Dès lors la noblesse se trouvait engagée au service de la monarchie, elle combattit sous la bannière gibeline ; les intérêts populaires militaient en faveur de la papauté, ils contribuèrent aux succès des Guelfes. Puis, quand le débat des deux pouvoirs, spirituel et temporel, fut fini, l'aristocratie et la démocratie demeurèrent armées, et désireuses de se mesurer seule à seule : elles durent garder leurs drapeaux et leur mot d'ordre. Le parti guelfe devint celui des franchises communales ; le parti gibelin, celui des priviléges féodaux (1). Ces nouvelles discordes remplirent la seconde moitié du treizième siècle, et se prolongèrent bien avant dans le quatorzième. La démocratie conserva d'abord ses conquêtes : elle devait bientôt les compromettre par ses excès. Les nobles furent frappés d'incapacité politique dans les villes de Bologne, de Brescia, de Padoue, de Florence (1285-1295). Bannis de la place publique, ils s'enfermèrent dans la solitude menaçante de leurs palais ; ils y jurèrent la perte de cette liberté jalouse qui n'était pas pour eux. A la faveur des dissensions intestines suscitées par leurs soins, il leur fut aisé de ressaisir le pouvoir ; et, dès l'année 1300, les républiques commencèrent à voir s'élever dans leurs murs des seigneuries héréditaires. Mais les seigneurs, dont la plupart s'étaient d'abord introduits sous le titre de podestats, de gonfaloniers, de capitaines du peuple, retinrent quelque chose de ces magistratures municipales empruntées pour voiler leur ambition despotique. Au-dessous d'eux, ils main-

(1) On peut voir, dans l'admirable discours du pape Grégoire X aux Florentins, quelle était déjà (1273) la confusion des partis et l'incertitude du sens qui s'attachait à leurs noms : « Gibellinus est; at Christianus, at « civis, at proximus. Ergo hæc tot et tam valida conjunctionis nomina « Gibellino succumbent ?... et id unum atque inane nomen (*quod quid si-* « *gnificet nemo intelligit*) plus valebit ad odium quam ista omnia tam « clara et tam solida expressa ad charitatem ?... Sed quoniam hæc vestra « partium studia pro Romanis pontificibus contra eorum inimicos susce-« pisse asseveratis; ego Romanus Pontifex hos vestros cives, etsi hactenus « offenderint, redeuntes tamen ad gremium recepi, ac, remissis injuriis, « pro filiis habeo. »

tinrent l'égalité, qui console les peuples de la servitude. Au-dessus d'eux, ils ne reconnaissaient aucune autorité souveraine. Il ne restait plus rien de cet ordre hiérarchique, qui constituait à lui seul toute la féodalité : l'aristocratie n'avait pu régner qu'à la condition de transiger d'abord, en modifiant ses lois.

4. Jusqu'à présent nous avons suivi dans la mêlée les principes autour desquels se groupaient les passions ennemies. Il est facile de pressentir que les passions, après s'être aguerries à la suite des principes, durent en venir aux mains pour leur propre compte. Au-dessous des intérêts généraux de l'aristocratie et de la démocratie, s'agitaient les intérêts particuliers qui divisaient entre elles les cités, les bourgades et les familles. C'étaient Venise contre Gênes, Florence contre Pise, Pistoja contre Arezzo : c'étaient, à Vérone, les Montecchi et les Capelletti; les Gieremici et les Lambertazzi, à Bologne; les Torriani et les Visconti, à Milan; à Rome, les Orsini et les Colonna; c'étaient les guerres privées, c'est-à-dire le brigandage, l'armement de tous contre tous, le retour au chaos social. — En cet état de choses, l'intervention des étrangers ne pouvait être un mal plus grave : elle pouvait même sembler un bienfait. Or trois grandes nations étaient alors à portée d'intervenir dans les affaires de l'Italie. Les Allemands joignaient à la faveur du voisinage l'habitude d'être reçus en maîtres avec leurs empereurs. Les Français n'étaient point éloignés; ils avaient pour eux la popularité de leur langue et de leur caractère, et la mémoire

encore récente de saint Louis. Enfin, les Aragonais, dont le domaine s'étendait des portes de Valence jusqu'à celles de Marseille, devaient convoiter l'empire de la Méditerranée, et par conséquent des rivages qui en forment le bassin. L'usurpation du royaume de Sicile par Manfred, fils naturel de Frédéric II, mit le pape Urbain IV en demeure d'exercer son droit de suzeraineté sur cette couronne : il y appela Charles d'Anjou. Capitaine de l'Église romaine, vainqueur de Manfred et de Conradin, les derniers des Weiblingen, le prince angevin semblait continuer l'œuvre des anciens Guelfes. Ce nom s'étendit aux amis de la France, et leur resta même après le sacrilége attentat d'Agnani. Mais Conradin trouva un héritier dans Pierre d'Aragon, qui vint fonder de l'autre côté du phare une dynastie espagnole (1282). Trente années après, Henri VII de Luxembourg ramena en Lombardie et en Toscane les aigles germaniques (1311). Tous ceux qui s'attachèrent à leur fortune, tous ceux que rassembla la haine des Français, se reconnurent au nom de Gibelins : ils le conservèrent, alors même que leurs rangs se furent grossis de la foule des opprimés qui maudissaient la tyrannie des seigneurs et rêvaient le retour des institutions républicaines.

Ainsi, dans le cours d'un siècle, ces deux mots magiques, Guelfes et Gibelins, passèrent par quatre significations successives. L'Italie les emprunta aux querelles domestiques de l'Allemagne. Ils s'attachèrent alors aux défenseurs du sacerdoce et de l'Empire, se réduisirent ensuite à un rôle plus humble dans la lutte des communes contre le système féodal, et descendirent enfin jusqu'à désigner les imprudents alliés de la domination étrangère. Malheureusement pour la Péninsule, cette dernière acception fut la plus durable.—Rien ne rend mieux les idées de désordre et de terreur attachées à ces deux noms, que les fables par lesquelles les Italiens en expliquèrent l'origine. C'étaient deux démons adorés dans deux temples, sur deux montagnes de Sicile, et dont les adorateurs s'étaient déclaré une guerre implacable. C'étaient deux femmes qu'on avait vues combattre dans les nuages le jour de la naissance de Manfred. C'étaient enfin, selon une opinion populaire à Florence, les noms de deux chiens qui se battaient sur la place, et pour lesquels deux bandes d'enfants avaient pris fait et cause; après les enfants leurs familles, puis toute la cité, et à sa suite l'Italie et le monde(1).

II

Et maintenant, si nous voulons déterminer la place de Dante au milieu des tumultes politiques dont nous

---

(1) Giacobo Malvagio, Saba Malaspina, Villani. Dans cet exposé sommaire de l'histoire d'Italie au treizième siècle, nous avons pris pour guides Dante lui-même, Villani, Guido Compagni, Machiavel, Sismonde Sismondi, et Raynaldus, continuatur de Baronius. On peut voir, pour de plus complets développements, un article inséré au numéro d'octobre 1838 de l'*Université catholique*. La querelle du sacerdoce et de l'empire a été l'objet d'un examen spécial dans un petit ouvrage qu'on me pardonnera de citer, malgré ce qu'il a d'incomplet dans le fond et dans la forme: *Deux Chanceliers d'Angleterre* (Paris, Debécourt, 1836); deuxième partie, S. Thomas de Cantorbéry).

venons d'ébaucher l'image, il nous suffira d'interroger
rapidement ses actes et ses écrits.

1. Le futur exilé de Florence « dormait encore, petit agneau, dans le bercail de la patrie; » il touchait à peine à sa quatrième année, quand s'éteignit avec Conradin la famille impériale des Hohenstaufen (1268). La vieille rivalité de ces princes et des ducs de Bavière n'était donc désormais qu'un souvenir historique. Les débats séculaires de la monarchie et de la papauté, déjà vidés sur les champs de bataille, ne s'agitaient plus que dans les chaires des canonistes et des jurisconsultes. Au contraire, les deux principes municipal et féodal, maîtres du terrain, ralliaient les Guelfes et les Gibelins de la Toscane. D'abord témoin de ces collisions, le jeune Alighieri y dut prendre part : il servit la cause populaire. Ce fut pour elle qu'il porta les armes à Campaldino; ce fut pour elle qu'il exerça les fonctions d'ambassadeur au dehors, pendant que Giano della Bella prétendait l'affermir par ses réformes au dedans. Mais les rigueurs de cet inflexible tribun froissèrent les familles nobles, jusque-là demeurées fidèles au drapeau guelfe, associées aux intérêts communs de la cité. Une réaction se fit en leur faveur, et Giano della Bella fut banni (1294). Vers le même temps, les habitants de Pistoja, engagés dans les discordes intérieures d'une maison puissante de leur ville, s'étaient divisés à leur tour sous les noms de Noirs et de Blancs. Les chefs des deux factions, mandés à Florence, y portèrent ce qui manquait encore, de nouvelles dénominations pour les

factions nouvelles. Les plébéiens adoptèrent la couleur blanche ; la noire fut celle des patriciens. La médiation du cardinal d'Acqua Sparta, légat de Boniface VIII, échoua devant l'opiniâtreté des séditieux. Enfin, le sang avait coulé, lorsque Dante fut nommé l'un des six prieurs auxquels était remis pour deux mois le gouvernement suprême (15 juin 1300). Par ses conseils, les principaux d'entre les Blancs et les Noirs furent relégués aux frontières du pays. Les premiers obtinrent un prompt rappel; les seconds, moins heureux, députèrent à Rome un des leurs afin de réclamer justice. Dante fut chargé de combattre auprès du saint-siége ces dangereuses menées. Mais déjà Boniface VIII avait invité Charles de Valois, frère de Philippe le Bel, à reconquérir la Sicile, envahie par les Aragonais ; il le chargeait en même temps de rétablir le calme en Italie sur son passage, et lui décernait le double titre de capitaine de l'Église et de pacificateur. Le 4 novembre 1301, Charles de Valois fit son entrée solennelle à Florence ; mais, infidèle à sa glorieuse mission, il laissa rentrer avec lui les Noirs, et par conséquent la vengeance et le désordre. Les Blancs furent exilés au nombre de six cents ; et deux sentences, successivement rendues par un juge prévaricateur, condamnèrent Dante par contumace à une amende de cinq mille livres, au bannissement, à la peine du feu (27 janvier et 10 mars 1302) (1). — Dès

(1) La seconde sentence d'exil prononcée contre Dante, longtemps inédite, a été publiée par Tiraboschi (tome V). Il nous semble convenable de la reproduire, comme un singulier monument de barbarie politique et littéraire : « Nos Cante de Gabriellibus de Eugubio, Potestas civitatis Flo-

lors un changement remarquable s'accomplit de part et d'autre. Les vainqueurs, champions de la noblesse et déserteurs de l'ancien parti guelfe, en gardèrent pourtant le titre, qu'ils justifièrent par leur alliance avec les princes français. Ils briguèrent en effet l'amitié de Robert de Naples, reçurent de lui, à plusieurs reprises, des secours d'hommes et d'argent (1308-1311), solli-

rentie, infra scriptam condemnationis summam damus ac proferimus in hunc modum. — D. Andream de Gherardinis, D. Lapum Saltarelli Judicem, D. Palmerium de Altovitis, D. Donatum Albertum de sextu Portæ Domus, Lapum Dominici de sextu Ultrarni, Lapum Blondum de sextu Sancti Petri Majoris; Gherardinum Deodati populi Sancti Martini Episcopi, Cursum Domini Alberti Ristori, Junctum de Biffolis, Lippum Becchi, DANTEM ALLIGHERII, Orlanduccium Orlandi, Ser Simonem Guidalotti de sextu Ultrarni, Ser Ghucchium Medicum de sextu Portæ Domus, Guidonem Brunum de Falconerii, de sextu Sancti Petri. — Contra quos processimus et per inquisitionem ex nostro officio et curie nostre factum super et ex eo quod ad aures nostras et ipsius curie nostre pervenit, fama publica precedente, quod cum ipsi vel eorum quilibet nomine et occasione Baracteriarum, iniquarum extorsionum et illicitorum lucrorum fuerint condemnati, quod in ipsis condemnationibus docetur apertius, condemnationes easdem ipsi vel eorum aliquis termino assignato non solverint. Qui omnes et singuli per nuntium communis Florentie citati et requisiti fuerunt legitime, ut certo termino jam elapso, mandatis nostris parituri venire deberent et se a premissa inquisitione protinus excusarent. Qui non venientes per clarum clarissimi publicum bapnitorem posuisse in bapnum communis Florentie subscripserunt (sic), in quod incurrentes eosdem absentia contumacia innodavit; ut hæc omnia nostre curie latius acta tenent. Ipsos et ipsorum quemlibet ideo habitos ex ipsorum contumacia pro confessis, secundum jura statutorum et ordinamentorum communis et populi civitatis Florentie, et ex vigore nostri arbitrii, et omni modo et jure quibus melius possumus, ut si quis prædictorum ullo tempore in fortiam dicti communis pervenerit, talis perveniens igne COMBURATUR sic quod moriatur, in his scriptis sententialiter condemnamus. — Lata, pronuntiata et promulgata fuit dicta condemnationis summa per dictum Cantem potestatem predictum pro tribunali sedentem in consilio generali civitatis Florentie, et lecta per me Bonorum notarium supra dictum, sub anno Domini MCCCII, Indictione XV, tempore Domini Bonifacii Papæ VIII, die X mensis Martii, presentibus testibus Ser Masio de Eugubio, Ser Bernardo de Camerino, Notariis dicti domini potestatis, et pluribus aliis in eodem consilio existentibus.

tèrent sa présence dans leur cité (1304-1310), et finirent par lui décerner pour cinq ans les honneurs de la seigneurie (1313). De leur côté, les vaincus, obéissant à l'inévitable sympathie qui résulte d'un malheur commun, s'unirent avec les vaincus d'une autre époque, et se confondirent dans les rangs du parti gibelin, où, parmi les souvenirs de l'Empire et les regrets de la féodalité, dominait par-dessus tout la haine de la France. Dante suivit d'abord ses compagnons d'exil ; il prit part à leur infructueuse tentative (1304) pour se faire rouvrir à main armée les portes de la patrie. Puis, fatigué de leurs vues étroites et de leurs desseins mal conduits, il rentra dans l'inaction, d'où il ne sortit qu'à l'avénement de l'empereur Henri VII (1310), pour écrire en faveur de ce prince un manifeste éloquent, et pour appeler contre Florence ses armes victorieuses. Lettre à jamais déplorable, et qui laisserait dans la vie du poëte une tache ineffacée, si elle n'était couverte en quelque sorte par l'épître patriotique qu'il adressa peu de temps après aux cardinaux, afin de les engager au choix d'un pape italien (1314). Durant cette période, il avait hanté les manoirs des plus nobles défenseurs de la cause gibeline · il était devenu l'ami de Uguccione della Faggiuola, de Malaspina de Lunigiane, de Can Grande della Scala. Mais les fières habitudes de ces puissantes maisons lui rendirent quelquefois pénible l'hospitalité qu'il en reçut. Il la trouva plus douce auprès de deux illustres Guelfes, Pagano della Torre, patriarche d'Aquilée, et Guido Novello, seigneur de Ra-

VIE POLITIQUE DE DANTE.

venne, entre les bras duquel il devait mourir. Les affections de ses dernières années venaient se renouer sans effort aux premiers attachements de sa jeunesse (1).

2. Ces faits achèveront de s'expliquer, si on les rap-

(1) Plusieurs historiens ont fait retomber sur le saint-siége la responsabilité des malheurs qui désolèrent Florence durant la déplorable période dont nous achevons le récit. Cependant, si la politique des papes se doit juger par leurs actes, on ne peut douter de leurs intentions conciliatrices; il suffit de parcourir la chronique de Villani, qui n'est contredite à cet égard par aucun auteur contemporain. — 1273. Le pape Grégoire X passe à Florence, se rendant au deuxième concile de Lyon; il sollicite des Guelfes une amnistie générale en faveur de Gibelins, et, sur leur refus, il met la ville en interdit. — 1275. Nouvelles tentatives du même pontife pour le rétablissement de la paix. — 1277. Nicolas III envoie le cardinal Latini en Toscane, afin de reprendre les négociations interrompues : réconciliation générale, admission des Gibelins aux fonctions publiques. — 1300. Première légation du cardinal d'Acqua-Sparta, chargé par Boniface VIII de prévenir les collisions des noirs et des blancs. — 1301. Le même cardinal, pour la seconde fois légat de Boniface VIII, reparaît à Florence pour arrêter les désordres qui avaient accompagné l'entrée de Charles de Valois. — 1304. Benoît XI donne au cardinal de Prato le soin de ramener dans leur partie les blancs exilés : le cardinal ne peut vaincre l'opiniâtreté de la faction victorieuse, et prononce contre elle l'excommunication. — 1307. Nouvelle et toujours inutile médiation du cardinal Napoléon Orsini, légat du pape Clément V, etc., etc. — Voilà les dernières lignes de la lettre pontificale qui conférait au cardinal d'Acqua-Sparta sa seconde mission : « Ut hæc salubrius et efficacius impleantur cum quiete et pace, te de cujus legalitate, bonitate, circumspectione, et experientia matura confidimus, ad partes easdem providimus destinare, in eadem provincia nostra tibi auctoritate concessa; per cujus dictus commes (Valesensis) favorem protectus, directus consilio, et maturitate adjutus, commissum sibi officium juxta divina divinum beneplacitum et nostrum, cum *moderatione* ac mensura tranquillius et utilius possit debitæ executioni mandare. Quocirca fraternitatem tuam rogamus, monemus et hortamur attente, per apostolica tibi præcepta mandantes quatenus celeriter te accingens, et at partes illas personaliter festinus accedas.... et tam tu quam ipse vestra studia, convertatis *ad seminandum semen charitatis et pacis*, ut sedatis guerrarum et dissensionum turbinibus, qui nimis invaluerunt ibidem, provincia ipsa, tot impulsibus agitata, quasi post noctis tenebras, floridum diei lumen aspiciat... »

proche des doctrines dont ils sont l'expression. Et d'abord Dante ne s'associa jamais à ce culte enthousiaste que rendaient à la maison de Hohenstaufen ses anciens partisans. Il flétrit du nom mérité d'hérétique l'empereur Frédéric II, et le voua aux peines éternelles, avec ses plus fameux complices, le cardinal Octavien, Pierre des Vignes, Eccelino de Romano. — Sans doute, il se constitua l'apologiste du saint-empire ; il s'en fit à la fois l'historien, le jurisconsulte, le théologien même. Mais sa doctrine n'est point celle des publicistes serviles ; la monarchie telle qu'il l'entend n'est pas le despotisme d'un chef militaire, représentant suprême du système féodal, réunissant dans son domaine les contrées autrefois conquises par le glaive germanique ; c'est une souveraineté paisible, civilisatrice, universelle : instituée dans l'intérêt de tous, elle conserve la liberté de chacun, elle redresse les inégalités qui tendraient à détruire le niveau général ; enfin, elle ne prétend aucun droit sur le for intérieur des consciences, ni sur la constitution intérieure de l'Église. L'Église, au contraire, est reconnue comme une puissance distincte, divine en son origine, inviolable en son action ; le sacerdoce et l'empire, indépendants l'un de l'autre dans leurs attributions respectives, se subordonnent l'un à l'autre dans leurs rapports : le pontife est le vassal temporel de César, mais l'empereur est l'ouaille spirituelle de saint Pierre. Ainsi, dans ce différend célèbre qui depuis près de trois cents ans partageait les docteurs et les hommes d'État, le poëte philosophe tentait le rôle difficile de conciliateur (1). — D'un autre côté, il attaquait avec une fougueuse logique les priviléges de la féodalité, l'hérédité des fonctions et celle même des biens. Tandis qu'il se plaisait à mortifier l'orgueil des seigneuries naissantes, il ne pouvait contenir l'épanchement de son filial amour pour la cité libre qui l'avait proscrit. Mais c'était la vieille Florence, avec la gravité de son gouvernement, la sévère innocence de ses mœurs, la vie heureuse et reposée de son peuple ; c'était là cette patrie idéale dont il conservait dans son cœur la chère image au milieu des plus désolantes réalités. Il faisait peu d'estime des hommes nouveaux et des nouvelles institutions : la corruption du vieux sang florentin par les étrangers, l'irruption des parvenus dans les magistratures, l'instabilité des lois, l'empressement de la foule à s'immiscer dans la gestion des affaires publiques, toutes ces conditions inséparables de la démocratie devenaient pour lui un sujet de plaintes sans relâche et de sarcasmes sans pitié. Issu lui-même d'une famille noble, il gardait au fond de l'âme une humeur patricienne, dont l'expression fréquente dans son poëme contraste singulièrement avec les doctrines démocratiques de ses écrits en prose (2).

(1) Nous savons qu'il échoua dans cet honorable dessein. Le traité de *Monarchiâ* dut être frappé des censures ecclésiastiques. En effet, un système qui établissait la suzeraineté absolue du prince dans l'ordre temporel, qui l'affranchissait de tout contrôle et ne le faisait relever d'aucun tribunal ici-bas, qui refusait au pontife la faculté de délier les sujets du serment de fidélité, n'était-il pas dangereux pour les peuples, en des temps encore si voisins de Frédéric II et de Philippe le Bel ?

(2) Cf. page 350 ci-dessus, et tout le livre IV du *Convito*, avec les pas-

— Enfin, s'il se montra l'ennemi des Français, ce fut par un motif qui le justifie et nous honore. Il avait merveilleusement saisi ce trait distinctif de notre caractère national, cet effort généreux qui dans tous les temps porta bien loin au dehors nos armes et nos idées, et qui toujours menaça l'indépendance politique et morale de nos voisins. Il voyait, dans le cours du treizième siècle, les cinq couronnes de Jérusalem et de Constantinople, d'Angleterre, de Sicile et de Navarre, placées avec des fortunes diverses sur la tête de nos guerriers et de nos princes (1). Il s'effraya de tant de gloire, et signala à la défiance de ses contemporains cette tige royale de Capétiens « qui obstruait l'univers (2). » Son jaloux patriotisme s'irritait surtout des entreprises qui compromettaient la liberté italienne, comme la conquête de Naples, l'enlèvement de Boniface VIII, la translation du saint-siège au delà des Alpes. En présence de ces tentatives répétées, s'il invoqua la puissance impériale, s'il salua de ses louanges l'apparition de Henri VII, il ne démentit point en ceci son horreur

---

sages suivants : *Inferno*, xv, 21; *Purgatorio*, vi, 44; *Paradiso*, xvi, 1, 17. Il ne faut pas ici dire avec Foscolo (la *Comedia di Dante illustrata*) que le *Convito*, écrit dans la tristesse de l'exil, peut renfermer quelques pages destinées à flatter le parti guelfe pour se faire rouvrir les portes de la patrie. La *canzone* expliquée au livre IV du *Convito* est une œuvre de la jeunesse du poète : le commentaire fut composé entre les années 1302 et 1308. Il y a donc là une conviction sérieuse, deux fois manifestée sous des formes diverses.

(1) Baudouin, comte de Flandre, empereur de Constantinople (1204); Jean de Brienne, roi de Jérusalem (1209); Louis VIII, appelé au trône d'Angleterre par les barons révoltés (1215); Charles d'Anjou, roi de Sicile (1265); Philippe le Bel, héritier de la Navarre (1284).

(2) *Purgatorio*, xx, 15.

pour la domination étrangère, il ne pensa pas reconnaître aux Allemands le droit qu'il refusait à leurs rivaux d'outre-Rhin. Il professait même peu de respect pour cette grave nation, et haïssait la gloutonnerie tudesque aussi volontiers que la vanité gauloise (1). Mais, fidèle à ses principes, il considérait dans la personne de l'empereur le chef de la famille humaine, non d'un peuple isolé; le roi des Romains, rois eux-mêmes du monde; par conséquent le protecteur naturel de l'Italie. Voilà pourquoi il le conviait à « visiter ce jardin de l'Empire désolé par la guerre, à finir le veuvage de cette noble épouse qui nuit et jour pleurait son abandon (2). »

Ainsi, par son respect pour l'Église, par ses attaques philosophiques contre la féodalité, Dante inclinait au parti guelfe; les dogmes monarchiques dont il faisait profession, les inimitiés qu'il nourrissait contre la France, le rapprochaient des Gibelins. Mais l'effet de ces deux impulsions diverses ne fut pas de l'entraîner tour à tour dans les deux sens contraires : il suivit, non sans hésitations, mais sans pusillanimité, la ligne moyenne qui en résulta. Il n'erra point, transfuge irrésolu, entre les deux camps rivaux; il planta sa tente sur un terrain indépendant, non pour se renfermer dans une indifférente neutralité, mais pour combattre seul avec la puissance de son génie. Et, lorsque les

(1) *Inferno,* xvii, 7; xxix, 41.
(2) *Purgatorio,* vi, 33, 38. Il semble vouloir flétrir Albert d'Autriche d'une épithète injurieuse : « Alberto Tedesco. »

factions semblaient l'envelopper dans leurs mouvements tumultueux et le rendre solidaire de leurs crimes, il protestait hautement contre elles ; ses paroles sévères descendaient comme les coups alternatifs d'une massue infatigable sur la tête des auteurs et des compagnons de son exil, sur les Noirs et les Blancs, sur les Gibelins et les Guelfes (1). Il ne craignit pas de multiplier parmi ses contemporains le nombre de ses ennemis, afin de garder son nom pur de toute alliance humiliante aux yeux de la postérité. — La postérité longtemps a trompé ce légitime espoir. Mais le progrès actuel des études historiques laisserait sans excuse le préjugé vulgaire. L'heure est venue de rendre au vieil Alighieri ce témoignage ambitionné qu'il se fit décerner d'avance par son aïeul Cacciaguida dans la merveilleuse entrevue décrite au Paradis : qu'il ne confondit point sa cause avec celle d'une race impie, et qu'il eut la gloire d'être à lui seul tout son parti.

. . . . . . A te fia bello
Averti fatta parte per te stesso (2).

(1) *Paradiso*, vi, 34; xvii, 31.
(2) *Paradiso*, xvii, 33.

II. BÉATRIX

DE L'INFLUENCE DES FEMMES DANS LA SOCIÉTÉ CHRÉTIENNE, ET DU SYMBOLISME CATHOLIQUE DANS LES ARTS. — SAINTE LUCIE, LA SAINTE VIERGE.

Le personnage de Béatrix a souvent exercé la pénétration des biographes et des commentateurs. Pour quelques-uns, c'est une simple jeune fille aimée d'un amour humain, et facile à confondre parmi la foule de ces gracieuses personnes que nous voyons célébrées dans les chants élégiaques de tous les pays et de tous les temps. Pour d'autres, c'est une création allégorique, reproduisant sous des traits sensibles une idée abstraite qui pourrait être, suivant les interprétations diverses, la Théologie, la Grâce ou la Liberté. Plusieurs enfin attribuent à la belle Florentine un double rôle, réel dans la vie du poëte, figuratif dans la fable du poëme. En nous rangeant à ce dernier avis, nous n'avons fait qu'indiquer incomplétement nos preuves : il convient maintenant de les développer avec plus d'étendue, et de les ramener à quelques considérations générales qui nous prêteront peut-être des lumières nouvelles. Ainsi une sommaire appréciation de l'influence obtenue par les femmes dans la société chrétienne nous permettra de comprendre ce que Béatrix dut être pour Dante; et, d'un autre côté, l'examen rapide des ressources que trouvèrent les arts dans la théologie catholique nous laissera pressentir aisément ce que Dante put faire pour Béatrix.

I

1. La condition des femmes durant l'antiquité semblait se rattacher à une tradition primitive, recueillie dans les livres de la Chine et de la Grèce, comme dans ceux de la Judée : « Que la compagne de l'homme était devenue sa tentatrice, et que par elle le mal était entré dans le monde. » Il fallut que l'anathème retombât plus lourd sur la tête de celle qui l'avait attiré. Elle fut donc exclue de la société civile, dont les lois la frappaient d'incapacité perpétuelle; reléguée aux derniers rangs de la famille, flétrie en sa personne par la captivité, la polygamie et le divorce, réduite à n'être plus que l'esclave et la chose de l'homme. Puis, lorsqu'elle cherchait à s'affranchir de cette rigoureuse destinée, qu'elle forçait les portes de la prison domestique, et que par la publicité de ses charmes elle croyait subjuguer à son tour les guerriers, les philosophes et les artistes, elle ne réussissait qu'à les dégrader avec elle ; devenue maîtresse, elle ne trouvait dans ce nom même qu'un autre genre de honte : elle s'appelait alors Hélène, Aspasie ou Phryné. Entre la servitude et ce coupable empire, il n'y avait d'asile pour elle qu'à

l'ombre des temples et sous le voile de la virginité, parmi les prêtresses et les vestales : et qui pourrait dire si là aussi ne se trahissait pas quelque souvenir traditionnel de l'oracle qui faisait intervenir une vierge à la rédemption future de l'univers?

En effet, tandis que le christianisme réhabilitait le genre humain tout entier par le dogme de l'incarnation, par celui de la maternité divine, il releva les femmes de leur opprobre particulier. Et, bien qu'il n'anéantît pas, pour elles non plus que pour nous, les suites matérielles de la déchéance, il en répara les désastres moraux. Dans la religion, il était impossible de méconnaître en fait l'inégalité des sexes ; mais l'égalité des âmes fut professée en droit. La fragilité des filles d'Ève aurait plié sous le fardeau sacerdotal ; mais elles partagèrent la puissance de la prière et les honneurs de la vertu. Les saintes furent portées sur les autels, et devant leurs images les pontifes, entourés de toutes les pompes liturgiques, s'agenouillèrent. Dans la cité, elles restaient étrangères aux sollicitudes et aux périls du pouvoir, mais elles jouirent de toutes les libertés civiles. Elles firent les mœurs, qui sont plus que les lois. Elles eurent l'initiative de l'éducation, de laquelle dépend l'avenir des peuples ; on leur déféra la sainte magistrature de l'aumône : leur domaine embrassa l'enfance, la douleur, la pauvreté, c'est-à-dire la plus grande partie des choses humaines. Les mêmes changements s'accomplirent dans la famille. La mère s'assit en reine au foyer de ses enfants : l'épouse fut chargée d'un pieux apostolat auprès de son époux : les sœurs devinrent les anges gardiens de leurs frères. Jusqu'au fond de l'isolement auquel le malheur ou la pénitence pouvait les condamner, ces frêles créatures conservèrent non-seulement leur dignité personnelle, mais encore, pour ainsi dire, leur rang social. Elles purent donner le doux nom de fils au nouveau-né qu'elles avaient porté dans leurs bras sur les fonts baptismaux. Elles trouvèrent dans le prêtre un père qui essuya leurs larmes. La foi les unissait par les liens d'une véritable fraternité, par un commerce non interrompu avec des millions de croyants.

Dès lors on dirait que rien de grand ne dût se faire au sein de l'Église sans qu'une femme y eût part. D'abord beaucoup d'entre elles descendirent aux amphithéâtres avec les martyrs; d'autres disputèrent aux anachorètes la possession du désert. Bientôt Constantin arbora le Labarum au Capitole, et sainte Hélène releva la croix sur les ruines de Jérusalem. Clovis à Tolbiac invoqua le Dieu de Clotilde. En même temps les larmes de Monique rachetaient les erreurs d'Augustin; Jérôme dédiait la Vulgate à la piété de deux dames romaines, Paule et Eustochie; saint Basile et saint Benoît, les premiers législateurs de la vie cénobitique en Orient, étaient secondés par le concours de Macrine et de Scolastique, leurs sœurs. Plus tard, la comtesse Mathilde soutient de ses chastes mains le trône chancelant de Grégoire VII; la sagesse de la reine Blanche domine le règne de saint Louis; Jeanne d'Arc sauve la France; Isabelle de Castille préside à la découverte du nouveau monde. Enfin, dans un âge plus proche, on voit sainte Thérèse se mêler à ce groupe d'évèques, de docteurs, de fondateurs d'ordres, par lesquels s'opéra la réforme intérieure de la société catholique : saint François de Sales cultive l'âme de madame de Chantal comme une fleur choisie; et saint Vincent de Paul confie à Louise de Marillac le plus admirable de ses desseins, l'établissement des Filles de Charité.

2. Jusqu'ici nous avons vu l'influence des femmes chrétiennes s'exercer à l'abri de tout soupçon, dans le cercle inflexible du devoir. Elle va maintenant se montrer sous des formes moins austères, modifiée selon le besoin des circonstances, se prêtant même quelquefois aux exigences des passions humaines pour en diriger les périlleux élans.

Il est facile de reconnaître quelque chose de semblable dans les mœurs chevaleresques du moyen âge, avant qu'elles eussent dégénéré en galanterie profane. La chevalerie, à son origine, était une institution sacrée, un ordre qui obligeait ses profès à des vœux solennels, à de nombreuses observances. En retour, ils recevaient la mission des combats, ils devenaient ici-bas les ministres du Dieu fort: ils avaient à réaliser parmi les populations indomptées l'idée éternelle du bien. Tuteurs de tous les genres de faiblesse, ils protégèrent avec plus de zèle celle qui se présentait sous des traits plus touchants : la veuve dépouillée, l'épouse trahie, l'orpheline exposée aux violences d'un seigneur déloyal, l'accusée dont l'innocence réclamait un champion. Parmi ces belles clientes, souvent il s'en trouvait une qui fixait sur elle les préférences du chevalier. Mais tantôt c'était une princesse illustre vers laquelle il n'eût osé lever les yeux, tantôt une inconnue dont jamais il n'apprit le nom : alors un regard, un sourire, payaient tout le prix de ses longs services. Et cependant cette respectueuse tendresse, sentiment si délicat qu'on penserait le flétrir en l'appelant d'un autre mot, agissait puissamment sur le cœur. Sans doute il ne renouvelait pas tout entier le sang barbare qui pouvait y circuler encore, mais il en calmait les bouillonnements. L'orgueil militaire s'humiliait; le métier des armes s'ennoblissait par un motif désintéressé; les instincts sensuels se dissipaient à la voix de l'honneur, l'honneur, pudeur virile qui interdissait aux preux tout acte capable de faire rougir le front de leur dame. Ce n'était pas en vain qu'ils la proclamaient souveraine de leurs pensées : présente à leur souvenir, souvent elle les faisait triompher d'eux-mêmes, à plus forte raison de leurs ennemis. Plus d'une noble châtelaine, du fond de son oratoire, contribua de la sorte à ramener la discipline dans les camps, et peut-être la victoire sur les champs de bataille.

Mais la chevalerie pouvait aussi se considérer comme une institution publique : elle formait le premier degré de la hiérarchie féodale. A ce titre, elle n'obtint en Italie qu'une popularité douteuse. Lorsque dans plusieurs cités l'ostracisme fut prononcé contre les familles nobles, on comprit sous ce nom toutes celles qui comptaient un membre chevalier. La seule distinction personnelle où pût aspirer l'ambition des citoyens au milieu de l'égalité commune, la seule gloire nationale qui dût rester propre à l'Italie entre tous les peuples de l'Europe, c'était celle des arts. — L'art devient aussi, pour ceux qui s'y vouent avec foi, un ministère auguste : leur mission est de rechercher, à travers le chaos de la nature déchue, les restes dispersés du dessein primordial ; de les reproduire ensuite en de nouveaux ouvrages ; de saisir et d'exprimer l'idée divine du Beau. Or, entre toutes les œuvres de Dieu, il y en eut une qui sembla couronner toutes les autres, qui embellit la solitude de l'Éden, et qui ravit le premier père à son premier réveil. L'attrait merveilleux qu'il éprouva n'a pas cessé de se faire sentir dans l'âme de ses fils. Mais le vulgaire des hommes n'apprécie la beauté que par ses côtés sensibles, et ne se rapproche d'elle que par de passagères unions, d'où sortira une postérité condamnée à mourir. L'artiste, au contraire, la découvre par son côté intelligible ; il aperçoit en elle le reflet du rayon d'en haut ; il la poursuit et la possède par la contemplation ; et, dans son extase féconde, il engendre des productions immortelles. C'est là ce qu'on a nommé l'amour platonique : Platon en avait écrit la théorie aux livres du Phèdre et du Banquet. Mais la perversité du monde païen ne permit pas l'application de ces doctrines. — La société catholique au treizième siècle présentait des conditions plus favorables. Déjà, des rives de l'Adige au phare de Messine, un concert de voix poétiques s'élevait. Au milieu des montagnes de l'Ombrie, saint François d'Assise improvisait des hymnes où son ardente charité s'épanchait jusque sur les plus humbles créatures. Le bienheureux Jacopone de Todi composait dans sa prison des chants religieux. Hors du cloître, une liberté plus grande autorisait Guittone d'Arezzo à célébrer tour à tour la Reine des anges et les filles des hommes. Guido Cavalcanti composait la fameuse *canzone* qui définit la nature de l'amour, et dont la pensée toute philosophique attira l'attention des docteurs. Les rimes de Dante da Majano allaient captiver le cœur de Nina la Sicilienne, qu'il ne vit jamais. Bientôt devait se lever l'étoile de Pétrarque. — Telle fut l'époque où se place le récit qu'on va lire : c'est le début de la *Vita Nuova*, première œuvre de Dante, et préface peut-être de la *Divine Comédie*.

5. « Déjà neuf fois depuis ma naissance, le ciel de la lumière avait accompli sa révolution sur lui-même, lorsque apparut à mes yeux la glorieuse dame de mes pensées, que le commun des hommes appelait Béatrix, ne sachant quel nom lui donner digne d'elle. Depuis qu'elle était en cette vie, le ciel étoilé avait parcouru de l'occident à l'orient la douzième partie d'un degré, en sorte que je la vis au commencement de sa neuvième année et vers la fin de la mienne. — Elle m'apparut, vêtue d'une belle couleur rouge qui rehaussait encore la pudeur et la modestie empreinte sur son front : elle était parée comme il convenait à son jeune âge. — Dans ce moment, l'Esprit Vital, qui réside au

plus profond du cœur, se mit à trembler en moi avec tant de force, que des pulsations violentes se faisaient sentir aux moindres veines ; et il semblait qu'il se dît : « Voici qu'un Dieu plus fort que moi vient me soumet- « tre à sa puissance. » En même temps l'Esprit Animal, qui habite au lieu où les Esprits des Sens rapportent toutes leurs perceptions, s'émut de surprise, et, s'adressant aux Esprits de la Vue : « Enfin, leur disait-il, nous « avons trouvé notre félicité. » Cependant l'Esprit Naturel, qui préside aux fonctions nutritives, commençait à se lamenter en s'écriant : « Malheur à moi, car je « serai souvent troublé désormais ! » Dès lors l'Amour fut le maître de mon âme ; l'image chérie ne me quitta plus ; et sa présence fut si bienfaisante, qu'elle ne permit jamais à mes désirs de me soustraire aux conseils de la Raison (1). »

(1) Les expressions scientifiques prodiguées dans cette première page de la *Vita Nuova* ne doivent point être absolument considérées comme l'étalage d'un savoir inutile. Au contraire, il y faut connaître le sens mystérieux que le poëte attachait aux émotions de son enfance, son empressement à repousser les apparences d'une passion vulgaire, enfin son désir de rendre plus solennelle l'entrée en scène de Béatrix. — D'un autre côté, il devient impossible de réduire celle qui porte ce nom au rôle exclusif d'une idée abstraite, en présence de tant d'indications précises. Une idée abstraite âgée de neuf ans ! La théologie sortant à peine des langes au treizième siècle de l'ère chrétienne ! Boccace (*Vita di Dante*) a raconté l'entrevue des deux enfants, et Benvenuto d'Imola en a rappelé les principaux traits : « Quum quidam Fulcus Portinarius, honorabilis civis Florentiæ, de more faceret celebrari convivium Calendis maji, convocatis vicinis cum dominabus corum, Dantes, tunc puerulus ix annorum, sequutus patrem suum Aldigherium, qui erat unus e numero convivarum, vidit a casu inter alias puellas puellulam filiam præfati Fulci, ætatis viii annorum, miræ pulchritudinis, sed majoris honestatis. Quæ subito intravit cor ejus, ita quod postea nunquam recessit ab eo donec illa vixit, sive ex conformitate complexionis et morum, sive ex singulari influentia cœli. Et

A dater de ce jour, 1ᵉʳ mai 1274, Dante poursuit l'histoire de sa vie intérieure, et nous fait assister au développement simultané de sa conscience et de son génie. — Béatrix était pour lui un type de perfection, une chose céleste à laquelle il fallait atteindre en se dégageant du limon des affections vicieuses, en s'élevant par l'effort soutenu d'une infatigable volonté. Encore enfant, une voix secrète le convia maintes fois à visiter la maison voisine où grandissait la jeune fille : toujours il en revint meilleur. Plus tard, à l'âge des passions, au milieu des violences d'un tempérament fougueux, au milieu des exemples d'une jeunesse nombreuse, indisciplinée, et qui ne s'arrêtait pas devant l'effusion du sang, c'était assez pour lui, pour le réduire à l'impuissance du mal, pour lui rendre l'énergie du bien, c'était assez d'avoir aperçu de loin la pieuse figure de sa bien-aimée. Entourée de ses compagnes, elle se montrait à lui comme une immortelle descendue parmi les femmes d'ici-bas pour honorer leur faiblesse et protéger leur vertu. Agenouillée au pied des autels, il la voyait, ceinte de l'auréole, associée au pouvoir des bienheureux, médiatrice pour les pécheurs ; et il sentait la prière, plus confiante et plus facile, couler de ses lèvres. Mais, lorsque au retour il l'attendait sur son chemin, et qu'il recevait d'elle le bienveillant salut de

---

ætate continuo multiplicatæ sunt amorosæ flammæ; ex quo Dantes, totus deditus illi, quocumque iret pergebat, credens in oculis ejus videre summam beatitudinem. » — Folco Portinari est inscrit parmi les bienfaiteurs de l'hôpital de Santa Maria Novella, sur une table de pierre conservée encore aujourd'hui à l'intérieur de ce bel édifice.

la fraternité chrétienne, lui seul peut exprimer ce qu'il éprouvait alors. « Aussitôt qu'elle se montrait, une flamme soudaine de charité s'allumait en moi, qui me faisait pardonner à tous et n'avoir plus d'ennemis. Et, quand elle était près de me saluer, un Esprit d'amour anéantissait pour un moment les autres Esprits sensitifs; et, ne laissant de force qu'à ceux de la vue : « Al« lez, leur disait-il, honorez votre souveraine. » Et qui eût voulu savoir quelle chose c'est qu'aimer l'aurait appris en voyant trembler tous mes membres. Puis, au moment où cette noble dame inclinait vers moi sa tête, rien ne pouvait voiler l'éblouissante clarté qui m'inondait les yeux ; je demeurais terrassé d'une intolérable béatitude... En sorte qu'en cela seul se trouvait la fin dernière de tous mes vœux ; en cela seul résidait mon bonheur, un bonheur qui débordait de beaucoup la capacité de mon âme. » Au reste, cette impression était si vive et si désintéressée, que Dante pensait la voir partagée par un grand nombre, et se réjouissait qu'il en fût ainsi. « Quand la noble dame traversait les rues de la cité, on accourait sur son passage pour la voir, ce dont je ressentais une merveilleuse joie; et ceux dont elle approchait étaient saisis d'un sentiment si honnête, qu'ils n'osaient lever les yeux. Elle, s'enveloppant de son humilité comme d'un voile, s'en allait sans paraître touchée de ce qui se faisait et se disait dans la foule. Et, quand elle avait passé, plusieurs s'écriaient en se retirant : « Celle-ci n'est point une femme, c'est un des « plus beaux anges du ciel ! — C'est une merveille,

« répondaient les autres ; béni soit Dieu, qui sait faire
« de si admirables ouvrages ! »

Mais la volonté ne peut prendre l'essor sans ravir
l'entendement avec elle : les affections ne sauraient
s'ennoblir sans que les idées s'enrichissent, et l'ivresse
de l'entendement, la plénitude des idées, se manifestent
par la fécondité de la parole. Aussi le charme puissant
qui dominait l'esprit de Dante ne le retint point dans
une aveugle captivité. Le souvenir de Béatrix éclairait
ses veilles, encourageait ses travaux, et ne bannissait
pas de sa mémoire les doctes leçons de Brunetto Latini.
Il tenait de celui-ci les éléments des sciences et des
arts; il recevait de celle-là l'inspiration qui les rapproche et les anime. Entre le grave secrétaire de la république et la douce fille de Portinari, le prédestiné jeune
homme prenait sans peine le chemin de la gloire.—A
dix-huit ans, le besoin de communiquer à un petit nombre d'amis ses secrètes émotions lui dicta ses premiers
vers, qui furent bientôt suivis d'une longue série de
sonnets, de canzoni, de sirventes et de ballades; effusion toujours plus vive de son chaste amour, révélation
toujours plus éclatante de son avenir poétique. C'était
d'abord des énigmes et des jeux de mots, des songes
bizarres dont il fallait deviner le sens ; soixante noms
réunis en une seule pièce, afin d'y placer sans le trahir
le nom préféré; des espérances sans but et des alarmes
sans motifs. C'était l'enfantine gaucherie d'une passion
naissante et d'un novice écrivain. Bientôt la crainte des
interprétations profanes se joint à l'impatience d'être

compris : alors viennent des allusions voilées, mais non couvertes; des circonstances adroitement saisies; des accents joyeux, d'harmonieux soupirs, pour toutes les joies, pour toutes les douleurs de la personne aimée; des confidences préparées de loin, à demi contenues. La pensée et l'expression s'épurent; elles ont acquis une grâce, une délicatesse virginales. Enfin ce sentiment, naguère si timide, éprouvé maintenant par l'expérience et par la réflexion, sûr de sa légitimité, va braver le grand jour. A celle qu'il honora si longtemps d'un culte secret, Dante veut préparer un triomphe public, et dès ce moment rien ne lui coûte, ni la hardiesse des plans, ni le luxe des figures, ni le contraste des couleurs, ni la sévérité du rhythme. On reconnaît le génie viril à qui la capricieuse langue d'Italie doit obéir, à qui « la terre et le ciel prêteront la main. » Le fragment qui suit marque, pour ainsi dire, la transition de la seconde à la troisième manière, le moment peut-être le plus digne d'intérêt dans l'histoire du poëte.—
« Femmes qui avez l'intelligence de l'amour, je veux avec vous discourir de ma noble dame, non pour épuiser ses louanges inépuisables, mais pour soulager un peu mon cœur. Car, en songeant à ses vertus, je me sens si doucement touché, que, si le courage ne venait à me faillir, je ferais s'éprendre d'amour mes auditeurs ravis. — Un ange s'est adressé à la Sagesse divine :
« Seigneur, a t-il dit, on voit au monde une vivante
« merveille, une âme dont l'éclat resplendit jusqu'à
« nous; c'est la seule beauté qui manque au ciel. Il

« vous la demande, Seigneur, et tous les saints la ré-
« clament à grands cris. » La Miséricorde cependant
parle en ma faveur, et Dieu, qui sait bien quelle âme
on lui demande, répond en ces mots : « Souffrez, mes
« bien-aimés, que votre sœur reste encore selon la
« mesure de mon vouloir sur la terre, où elle console
« un homme qui s'attend à la perdre, et qui, un jour,
« ira dire aux damnés de l'Enfer : J'ai vu l'espoir des
« bienheureux. » — Ainsi la noble dame fait l'envie
des cieux. Je dirai maintenant la puissance qu'elle
exerce parmi les mortels. Quand elle passe par les
chemins, l'amour qui la précède glace les cœurs vulgaires et détruit les pensées perverses; et quiconque
s'arrêterait pour la voir deviendrait une noble créature ou mourrait à ses pieds. Et, si elle rencontre un
homme digne de la contempler, elle lui fait éprouver
son pouvoir; car son regard donne la paix, humilie
l'orgueil, fait oublier les offenses. Enfin Dieu, pour
comble de grâces, lui a départi un dernier privilége :
celui qui s'entretint une fois avec elle, celui-là ne saurait faire une mauvaise fin. »

Or les tristes pressentiments qui se mêlaient à ces
transports devaient bientôt se justifier. « Le Seigneur
appela à lui cette jeune sainte; il voulut la faire briller
dans la gloire, sous les enseignes de l'auguste reine
Marie, dont elle avait toujours vénéré le nom. » Béatrix
mourut le neuvième jour de juin, l'an du Christ 1292.
Comment dire alors quelle fut la douleur du poëte lorsque, dans l'égarement de ses pensées, il écrivait à tous

les princes de l'univers pour leur notifier cette perte comme un présage qui menaçait l'avenir du monde, lorsque ses yeux intarissables paraissaient n'être plus que « deux désirs de pleurer? » — Toutefois, après que le temps eut dissipé les sombres souvenirs du lit de mort et du sépulcre, et que les appareils de deuil se furent évanouis, celle que Dante avait aimée revint dans sa mémoire, radieuse, immortelle, plus belle que jamais, plus que jamais puissante ; elle vécut pour lui d'une seconde vie, elle lui ramena la lumière et l'inspiration (1). Dès ce moment recommencèrent les chants interrompus : tantôt elle y fut célébrée abandonnant sans regret l'exil d'ici-bas, pour aller au séjour de la paix éternelle ; tantôt c'était l'anniversaire du jour où elle fut placée aux côtés de la Vierge dans la région des cieux habitée par les humbles ; d'autres fois elle s'était laissé voir aux dernières hauteurs de l'Empyrée, recevant des honneurs sans exemple (2). Mais ces préludes fugitifs annonçaient une œuvre plus grande : une apparition merveilleuse en suggéra le dessein ; c'est par là que finit la *Vita Nuova*. « Après avoir écrit les vers qui viennent d'être cités, je fus visité d'une admirable vision, en laquelle je contemplai de telles choses, que je formai le propos de ne plus parler de cette femme bénie, jusqu'à l'heure où je pourrais parler dignement ; maintenant je fais les efforts qui sont en

---

(1) *Convito*, II, 2 : Quella Beatrice beate che vive in cielo con gli angioli, e in terra colla mia anima.
(2) Voyez la canzone : « Gli occhi dolenti, » et les sonnets : « Era venuta. » — « Oltre la Spera. »

moi pour accomplir mon vœu : elle le sait. Si donc il plaît à Celui pour qui et par qui vivent toutes les créatures de m'accorder quelques années encore, j'espère dire d'elle ce qui ne fut jamais dit d'aucune autre; et, quand ma tâche sera remplie, plaise au Seigneur de faire que mon âme puisse aller jouir de la gloire de ma bien-aimée, de la bienheureuse Béatrix, qui voit la face de Dieu, béni dans tous les siècles (1) ! »

De cette simple exposition résultent sans doute l'existence historique de Béatrix et la pureté de l'amour qu'elle inspira ; mais on y voit aussi commencer pour elle une nouvelle et toute poétique destinée, on aperçoit les premières lueurs de son apothéose. La vision va s'expliquer, et l'on verra ce que pouvait l'art aidé du Christianisme pour glorifier la nature humaine.

II

1. C'est ici le lieu de remonter à l'origine du symbolisme chrétien, dont nous avons déjà signalé plusieurs fois les traces (2). — La philosophie ancienne avait touché, sans le résoudre, un difficile problème : c'était de concilier et de réunir les deux principes de la connaissance et de l'existence; l'idéal et le réel. Les platoniciens reconnaissaient les idées, mais ils se perdaient en inutiles efforts pour leur donner une vie indépendante : ils furent conduits à diviniser les abstractions

---

(1) *Vita Nuova*. Les pages qui précèdent n'en sont qu'une courte mais fidèle analyse.
(2) Voyez ci-dessus, première partie, chap. IV.

qu'ils avaient rêvées : de là le paganisme de Plotin et de Proclus. Les péripatéticiens s'arrêtaient à l'étude des réalités ; mais ils s'épuisaient en vains labeurs pour les ramener à des catégories qui n'avaient qu'une valeur logique et souvent arbitraire : ils laissaient la science ouverte au matérialisme. La théologie des Pères décida la question à la lumière de la foi, en laissant subsister quelques difficultés philosophiques, dont plus tard les écoles devaient s'emparer. Elle montra le réel et l'idéal confondus d'abord dans l'Unité première, et se retrouvant ensuite unis à tous les degrés de la création, à toutes les phases de l'histoire. — En effet, le Verbe éternel est la parole que Dieu se parle à lui-même, l'image qu'il engendre, l'idée infinie qu'il conçoit ; il est en même temps une réalité distincte, une personne divine. Ce que le Verbe est en soi, il le réfléchit dans ses œuvres. Ainsi tous les êtres créés ont une substance qui leur est propre, une essence incommunicable ; on ne saurait les réduire, comme fait le panthéisme oriental, à n'être que des fantômes et des ombres : et cependant on lit dans leurs formes visibles les pensées invisibles de leur auteur ; la nature est un langage vivant. De même les Écritures inspirées contiennent des enseignements figurés par des actes, des vérités personnifiées sous des noms d'hommes ; la révélation tout entière se développe dans une série d'événements qui sont des signes. De là ce système d'interprétation qui de la Synagogue descendit dans l'Église, de saint Paul à saint Augustin, et de saint Augustin à saint Thomas, et qui toujours reconnut aux livres saints deux sens, l'un littéral, et l'autre mystique (1). Le sens mystique se subdivisait encore suivant qu'il se rapportait à l'avénement du Christ, à la vie future, aux divers états de l'âme dans sa condition présente. Les philosophes du moyen âge rencontraient donc à chaque page de la Bible des types pour fixer, pour peindre, pour animer leurs conceptions les plus abstraites; on en trouve un remarquable exemple dans le traité de Richard de Saint-Victor, *de Præparatione ad contemplationem*, où la famille de Jacob sert d'emblème à la famille des facultés humaines. Rachel et Lia y jouent le rôle de l'intelligence et de la volonté; les deux fils de Rachel, Joseph et Benjamin, sont pris à leur tour pour les deux opérations principales de l'intelligence, savoir, la science et la contemplation; et l'on ne saurait croire avec quelle subtilité et avec quel charme le rapprochement se poursuit jusqu'à ses derniers termes (2).

Cette double fonction historique et allégorique, qu'on attribuait aux personnages de l'Ancien Testament, convenait mieux encore aux saints de la loi nouvelle. Un saint, aux yeux de la foi, est un grand homme, c'est-à-dire qu'il reproduit éminemment dans sa personne

---

(1) S. Paul, I Corinth., x; Galat., iv; Hebr., x. — S. Pierre, I, 5. — Origène, *de Principiis*, 4. — S. Jérôme, in *Oseam*, 2. — Cassien, *Collat.*, 14, 4. — S. Augustin, *de Utilitate credendi*, 5. — S. Eucher, *Liber formularum*. — S. Thomas, *Summa*, pars q. 1, art. 10; *Quodlibeta*, 7, art. 16.

(2) Ainsi, dans l'extase contemplative, l'intelligence humaine s'évanouit : c'est Rachel qui meurt en donnant le jour à Benjamin. *De Præparatione animæ ad contemplationem*, cap. LIV.

quelqu'un des attributs les plus excellents de l'humanité : il a banni de lui-même les affections, les passions égoïstes, pour y laisser place à ces choses qui sont de tous les temps et de tous les lieux, la justice, la charité, la sagesse. En lui, le *moi* s'efface devant l'idée morale, au culte de laquelle il s'est voué ; il en devient l'exemple, et par conséquent le type. — Mais les justes du ciel ne sont pas seulement des types immobiles livrés à l'admiration de la terre, ils interviennent dans ses destinées au moyen d'une puissance mystérieuse qui se nomme le Patronage. Le patronage ne se borne point à une simple relation individuelle déterminée par un nom de baptême, capricieusement choisi ; il s'exerce sur des proportions plus vastes, selon des lois plus certaines. Les familles, les cités, les royaumes, ont de glorieux médiateurs qui leur appartinrent par le sang ou qu'adopta la reconnaissance ; longtemps les ordres de l'État, les compagnies savantes, les corporations d'artisans, célébrèrent avec amour ceux qui avaient sanctifié leurs travaux. Toutes les conditions et tous les âges conservent encore leurs intercesseurs privilégiés. Il y a des lieux qu'une mémoire vénérée protége : tous les jours de l'année sont placés sous une invocation qui les consacre. Les Saints se partagent aussi l'empire de la conscience ; les uns s'intéressent aux vertus qu'ils chérirent davantage, les autres compatissent aux faiblesses dont ils ne furent pas toujours exempts ; il y a des consolateurs pour toutes les afflictions, des gardiens pour tous les périls ; il y a de pieux auspices pour chaque genre d'études, pour chaque entreprise du génie (1). En sorte que ces élus de Dieu représentent toutes les conditions de la nature humaine ; ils les représentent, non plus à la faveur d'une simple association d'idées, mais en vertu d'un pouvoir spécial qui fait partie de leur gloire et de leur bonheur. Il serait long de faire connaître les belles harmonies qui suggérèrent le choix des saints patrons les plus chers à la piété catholique. Il suffit de citer saint Louis devenu l'image de la royauté chrétienne ; saint Joseph, honorant la pauvreté laborieuse ; Jean-Baptiste, exprimant l'innocence, et Madeleine le repentir ; le dessin et la musique glorifiés sous le nom de saint Luc et de sainte Cécile ; sainte Catherine enfin, appelée à personnifier la philosophie. C'était sans doute une gracieuse pensée qui avait fait préférer pour ce ministère, entre tant d'illustres docteurs, la vierge martyre. On avait cru adoucir la rudesse des scolastiques, dompter leur orgueil, affermir leur foi, en leur donnant pour patronne une jeune fille ; une jeune fille d'Alexandrie, qui avait confondu la science des sophistes païens, et qui, après avoir défendu l'Évangile dans le Musée, l'avait confessé sur le bûcher du supplice.

Ainsi, dans la théologie chaque chose a sa valeur objective et sa valeur représentative ; tout est positif et tout est figuratif ; les réalités et les idées se rencontrent sur tous les points, et ce rapprochement constitue le symbo-

(1) Voyez le dernier chapitre de l'*Histoire de sainte Élisabeth*, par M. le comte de Montalembert.

lisme (1). — Or il est aisé de pressentir quels secours y trouveront les arts. En effet, le sort des arts dépend tout entier du problème indiqué ci-dessus. S'ils s'abandonnent à la poursuite d'un modèle idéal sans existence ici-bas, ils dégénéreront en procédés mathématiques, en règles superstitieuses, dont l'application ne produira que des beautés mensongères. S'ils se livrent à l'imitation complète des objets réels, ils s'égareront dans le désordre de la nature, ils en justifieront les difformités par de capricieuses théories, dont le résultat sera la réhabilitation de la laideur. Il faut qu'ils sachent reconnaître les types éternels du beau parmi la multitude vivante des créatures, et recomposer d'après ses empreintes imparfaites les caractères du sceau divin : il faut qu'ils fassent luire l'esprit sous les voiles de la matière, et la pensée descendre rayonnante au milieu

(1) De là résulte, selon nous, l'illégitimité de deux méthodes historiques opposées, et qui réunissent de nombreux partisans. L'une, s'attachant au sens littéral des livres, au caractère commémoratif des monuments, refuse d'y reconnaître une signification ultérieure; ses adhérents argumentent de la réalité contre le symbole : les Évhéméristes de tous les temps raisonnèrent ainsi. L'autre saisit le côté poétique des traditions, la portée morale des œuvres d'art; elle interprète les mythes astronomiques et les dogmes religieux enveloppés dans les récits du monde ancien; mais elle leur conteste en retour leur valeur positive : ceux qui l'adoptent argumentent du symbole contre la réalité; et telle est par exemple toute la polémique de Strauss contre le christianisme. — Or l'une et l'autre de ces méthodes commencent par un cercle vicieux, puisque ces deux éléments dont elles supposent l'incompatibilité, savoir l'idéal et le réel, forment au contraire, par leur réunion, l'essence même du symbolisme véritable. L'intelligence robuste des hommes d'autrefois comportait sans difficulté la présence de deux conceptions sous un même signe. Nos habitudes analytiques nous permettent à peine de saisir l'une ou l'autre : pareils à ces héros dégénérés de l'Iliade, qui déjà ne soulevaient plus qu'avec effort la moitié des lourds rochers dont se jouaient leurs pères.

du tableau. Le symbolisme chrétien leur en révèle le secret ; il fait plus, il leur fournit un admirable sujet d'exercice. — Dès les premiers siècles, la peinture, conviée à consoler la tristesse des catacombes, emprunte à l'Écriture sainte, pour les reproduire avec une pieuse prodigalité, des images de résignation et d'espérance. Noé dans l'arche, sur les eaux déchaînées, signifie la foi sûre de son avenir au milieu du déluge sanglant des persécutions ; Job, sur le fumier, prêche la patience ; Daniel, parmi les lions, est l'homme de désirs domptant par la prière les puissances du mal ; Élie, enlevé sur le char de feu, annonce le triomphe des martyrs. La multiplication des pains, la Samaritaine au puits, la guérison des paralytiques et des aveugles, prophétisent la propagation de la parole sainte, la guérison des Gentils, la renaissance intellectuelle et morale de l'univers (1). Onze cents ans après, quand l'Église célèbre sa victoire aux lieux où jadis elle pleura sa captivité, les arts rassemblés dans Rome y exécutent ces décorations monumentales qui y font comme une fête sans fin. Alors, dans le palais des successeurs de saint Pierre, Raphaël trace une suite d'admirables peintures qui résument en quelques pages la grande thèse de la papauté, cette thèse si longtemps débattue, maintenant triomphante, bientôt livrée par Luther à de nouvelles disputes. La Délivrance du prince des apôtres, le Châtiment d'Héliodore, Léon le Grand arrêtant les armes

(1) Voyez Bosio, d'Agincourt, et Cours d'hiéroglyphique chrétienne, par M. Cyprien Robert, dans l'*Université catholique*, tom. VII, page 198.

des Huns, le Miracle de Bolsena, sont autant de chapitres magnifiques où l'on établit la mission divine du souverain pontificat, la sainteté de son caractère, la force invincible de son action, l'infaillibilité de ses plus mystérieux enseignements. On voit toutes les sciences et tous les arts mis à son service dans l'admirable contraste de l'École d'Athènes et de la Dispute du Saint-Sacrement, de Justinien et de Grégoire IX. Toutes les notions abstraites se réalisent : la philosophie est figurée par ses plus nobles disciples, la jurisprudence par ses législateurs, la théologie par ses confesseurs et ses Pères; — je me trompe, la théologie s'y voit peinte aussi sous les traits d'une femme. Mais cette femme, qu'on peut aisément reconnaître au costume dont elle est revêtue, c'est celle même que nous allons retrouver dans la vision de Dante ; c'est Béatrix (1).

2. La vision de Dante, soit qu'elle ait vraiment rempli quelqu'une de ses douloureuses nuits, soit qu'elle fût l'ouvrage de son caprice poétique, lui avait sans doute dévoilé d'étranges merveilles, puisqu'il prenait en pitié ses premiers chants, et qu'il annonçait pour l'avenir des fictions sans exemple jusqu'alors. Cependant, plus d'une fois il avait représenté Béatrix au milieu des splendeurs du paradis : c'est d'ailleurs une illusion facile et douce de faire un triomphe dans le ciel à ceux dont nous portons le deuil ici-bas. Les poëtes surtout ne furent ja-

---

(1) On peut découvrir aussi dans les Chambres de Raphaël de fréquentes allusions aux événements contemporains; mais elles ne sont pas incompatibles avec les intentions plus graves que nous avons indiquées.

mais avares d'honneurs divins: ils consacrèrent jadis la chevelure de Bérénice, ils ont depuis canonisé bien des mémoires suspectes. Il fallait donc que dans cette dernière apparition la vierge florentine se fût montrée avec des attributs nouveaux qui la distinguassent de la foule des saintes : c'était trop peu pour elle de la palme et de la couronne accoutumées ; elle devait avoir un rang élevé dans la hiérarchie des élus, une large part à cet empire qui leur est donné sur toutes les choses terrestres. — Or on a vu que la piété du moyen âge se plaisait à choisir les plus gracieuses figures pour les rôles les plus austères, on a vu ce qu'elle avait fait de Benjamin et de sainte Catherine. Dante n'était pas étranger à cette tendance des esprits de son temps, si du moins il est permis d'en juger par quelques passages du *Convito* (II, 2, 15), où il commente la canzone : *Voi ch' intendendo il terzo ciel morete*. Au sens littéral, il confesse naïvement qu'après la mort de sa bien-aimée la vue journalière de ses larmes parut toucher une jeune voisine, dont la compassion ne fut pas sans charme pour lui, ni peut-être sans péril. Au sens allégorique, ce fut la philosophie qui seule consola le veuvage de sa jeunesse. Et il imaginait, dit-il, la philosophie faite comme une noble dame au miséricordieux visage ; les démonstrations dont elle s'illumine étaient des regards, et la persuasion qu'elle porte en ses discours, un sourire enchanteur (III, 15). Si donc son imagination, assurément complaisante, en était venue à confondre la première des sciences humaines avec la belle inconnue qui avait pris une place subalterne et passagère dans ses pensées, que restait-il pour celle qui occupa toujours « la citadelle de son âme? » que restait-il en poursuivant jusqu'au bout, sinon de l'assimiler à la science divine ? — Plusieurs circonstances réunies donnaient quelque prestige à ce rapprochement. Avec un peu de superstition (et quoi de plus superstitieux que l'amour), il était facile de trouver dans le personnage de Béatrix bien des mystères. Il y avait d'abord le mystère des nombres. Dante l'avait connue à neuf ans, chantée à dix-huit, perdue à vingt-sept ; et comme quelques mois seulement séparaient leurs deux âges, le fait avait une double valeur. Partout se rencontrait le nombre neuf : au besoin, un peu de collusion aidait à la coïncidence (1). Mais neuf est le carré de trois ; trois est le nombre des personnes divines. La destinée à laquelle ce nombre présida semblait donc une manifestation singulière de l'auguste Trinité. Il y avait ensuite le mystère du nom, considération importante à cette époque, et que les hagiographes négligent rarement. Béatrix « signifie celle qui donne le bonheur. » Or le bonheur souverain, vainement cherché par toutes les écoles de la sagesse antique, ne se découvre qu'à la lumière de la doctrine sainte, descendue après quatre mille ans pour régénérer la terre. Il y avait enfin le mystère de cet ascendant obtenu sans effort sur

(1) Ainsi dans le Sirvente aux soixante noms propres, dont il a été parlé plus haut, celui de Béatrix avait dû se placer le neuvième. Ainsi le mois de juin, qui fut le mois de sa mort, était le neuvième de l'année judaïque. Voyez la *Vita Nuova*, passim.

l'esprit et le cœur du poëte, sur ses études et sur ses mœurs. C'était pour lui comme une image de la religion, qui est à la fois ardeur et lumière, qui tout ensemble éclaire et purifie. Le pouvoir bienfaisant de Béatrix, dont il avait fait l'heureuse expérience, qu'il avait cru voir agir sur tous ceux parmi lesquels elle vécut, consacré maintenant par la mort, lui semblait devoir s'exercer dans un cercle plus vaste, et se changer en un véritable patronage. Et l'on conçoit dès lors que, prenant au sérieux les analogies qui viennent d'être indiquées, il avait fait de la mystérieuse fille de Portinari la patronne et par conséquent la figure de la théologie.

Ces conjectures se vérifient, et la vision merveilleuse semble se retrouver aux cinq derniers chants du Purgatoire. Là se déroule une scène que nous avons décrite, et dont il suffit de reprendre les traits principaux. — A la suite des vingt-quatre vieillards de l'Ancien Testament, au milieu des quatre évangélistes, représentés par les quatre animaux, un griffon, emblème du Christ, traîne le char de l'Église : les autres écrivains du Nouveau Testament le suivent, les sept Vertus complètent le cortége. Sur ce char, une vierge apparaît; elle se nomme elle-même : elle est bien Béatrix ; elle est bien celle de la *Vita Nuova*, dont elle rappelle les plus vivants souvenirs ; celle qui revêtit jadis des membres si beaux pour les changer bientôt contre une beauté idéale, incorruptible (1). — Mais ne peut-on pas découvrir en elle quel-

1) *Purgatorio*, xxx, 25. « Ben, ben son Beatrice. » — *Ibid.*, 39. « Questi fu tal nella sua *vita nuova*. » Ne peut-on pas soupçonner ici

que chose de plus, lorsqu'on la voit ceinte de l'olivier de la sagesse, portant le voile blanc de la foi, le manteau vert de l'espérance, la tunique ardente de la charité; lorsque dans ses yeux se réfléchissent tour à tour les deux formes du griffon; lorsque les Vertus cardinales lui sont données pour avant-courrières, et que les Vertus théologales seules permettent de la contempler en face; lorsque enfin les vieillards inspirés célèbrent ses louanges, et que l'un d'eux la salue trois fois de ces paroles : *Veni, sponsa de Libano?* Sans doute, il est peu téméraire de reconnaître à ces signes la science qui enseigne à aimer, à se confier, à croire; dont tous les renseignements ramènent à l'idée du Christ, considéré tour à tour dans chacune de ses deux natures. Avant qu'elle vînt des cieux, les vertus humaines lui avaient préparé la voie; les vertus surnaturelles qu'elle en fit descendre l'accompagnent, et permettent de sonder les profondeurs de ses doctrines. C'est elle que révèlent les écrits des prophètes et des apôtres; c'est elle, suivant l'interprétation de Dante, qui est la mystique épouse de Salomon (1). Puis le drame sacré continue : le cortége se divise; la vierge demeure seule à la garde du char, menacé tour à tour par l'aigle, le renard et

l'intention de rattacher la *Divine Comédie* à cet opuscule où le germe en ut déposé?

(1) *Convito*, II, 15. Di costei (la divina scienza) dice Salomone : « Sessanta sono le regine, e ottanta l'amiche concubine, e delle ancelle adolescenti non è numero : una è la colomba mia, et la perfetta mia. » Tutte scienze chiama regine e drude e ancelle; e questa chiama colomba, perchè è sanza macola di lite ; e questa chiama perfetta, perchè perfettamente ne fa il vero vedere, nel quale si cheta l'anima nostra.

le dragon : elle met en fuite le second de ces ennemis allégoriques. Elle est devenue actrice dans l'histoire de l'Église, gardienne de la tradition, victorieuse de l'erreur. La jeune fille de Florence disparaît au milieu d'un rôle qui ne peut plus être que celui de la théologie. La réalité se transfigure dans le symbole (1).

Or voilà sans contredit ce que nul poëte plus ancien n'avait rêvé, ce que Dante lui-même n'avait pas encore entrevu dans ses premières extases ; voilà probablement l'apparition dont il se réservait le secret quelques années encore, pour la livrer un jour, embellie de tous les charmes de la poésie, à l'étonnement de la postérité. — D'un autre côté, si l'on considère l'espace que cette étrange scène tient dans le poëme, on remarquera qu'elle en occupe à peu près le centre, et y remplit une étendue que les plus intéressants épisodes, ceux de Francesca, d'Ugolin, ceux de saint Dominique, de saint François, de Cacciaguida, sont loin d'égaler : observation minutieuse, mais non sans valeur quand il s'agit d'un ouvrage d'aussi savante structure, d'aussi rigoureuses proportions. Là est aussi l'apogée, pour ainsi dire, du rôle principal. La triomphatrice du Purgatoire, pressentie de loin au milieu des horreurs de l'Enfer, s'efface un peu dans les clartés du Paradis ; Virgile la supplée au commencement du voyage, à la fin, saint Bernard la remplace. C'est dans cette halte intermé-

(1) Voyez ci-dessus, page 44. Cette interprétation est aussi celle de M. Villemain, *Cours de littérature*, tableau de la littérature au moyen âge, pages 378, 382.

diaire qu'elle brille d'un éclat sans ombre et sans emprunt, qu'elle-même se pose en reine, que pour elle seule se réunissent tous les hommages, que les plus imposantes images du Christianisme sont rassemblées à ses pieds. L'Apothéose de Béatrix semble donc le thème primitif de la Divine Comédie (1). — Ainsi cette œuvre magnifique aurait subi la loi qui pèse sur toutes les œuvres humaines; elle aurait été enfantée dans la douleur, pour croître ensuite sous la sueur du front. La première inspiration serait venue de l'amour. Mais comme, sous les traits qui lui étaient chers, le poëte chrétien savait reconnaître le reflet de la pensée créatrice; comme pour lui, plus encore que pour Platon, le beau était la splendeur du vrai, il confondit dans un même culte, il devait confondre dans une même glorification l'amour et la science. Plus tard, quand, précipité dans les luttes civiles, il se fut mis au service de l'idée du bien; quand il eut vu cette notion sainte outragée, dénaturée par la perversité des factions, il entreprit de la venger par la parole, et, dans l'épopée de l'amour et de la science, il fit une place à la justice. Ces trois grandes lumières du monde moral, la justice, la science et l'amour, illuminent les trois parties du poëme; elles forment comme la triple auréole que Dante

(1) On croit avoir assez prouvé précédemment que, dans le cours du poëme, Béatrix continue de soutenir son caractère symbolique : elle va dogmatisant, à travers tous les cieux du Paradis; dès les premiers chants de l'Enfer, Virgile l'interpelle en ces termes expressifs : « Vous par qui l'*espèce humaine* pénètre au delà des choses sublunaires. » Elle est aussi « la louange de Dieu, la lumière qui s'interpose entre l'intelligence et la vérité. » — Sont-ce là les attributs d'une jeune femme de vingt-six ans?

voulut mettre sur la tête de sa bien-aimée. Obscure enfant des bords de l'Arno, à peine connue de ses concitoyens, sitôt oubliée dans sa tombe précoce, il avait promis de la faire à jamais célèbre. Il accomplit son vœu; et, si l'épître qu'il écrivit pour elle aux princes de l'époque ne parvint pas à son adresse, la Divine Comédie est allée plus loin; le nom de Béatrix a pénétré en tous les lieux où la douce langue d'Italie n'est pas étrangère, il se répétera dans tous les temps qui n'auront pas perdu l'héritage de la littérature chrétienne. — Devant cette puissance miraculeuse du génie, qui départ à son gré la vie et l'immortalité, on admire, et l'on se demande : Quand l'art sait ainsi couronner ses élus, que fera donc Dieu pour les siens ?

5. Il nous reste à proposer quelques explications sur deux autres personnages qui, dès le début de l'Enfer, interviennent dans l'action du poëme, disparaissent ensuite, et toujours semblent fuir devant les recherches des commentateurs. — Béatrix charge Virgile de secourir Dante égaré dans la forêt. Voici comment elle s'exprime : « Il est au ciel une noble dame... dont la com-
« passion fléchit la rigueur des jugements divins; elle
« s'est adressée à Lucie, et lui a fait cette demande :
« L'heure est arrivée où celui qui t'est fidèle a besoin
« de toi; je le recommande à tes soins. » Lucie, l'enne-
« mie des cœurs durs, s'est levée; elle est venue au
« lieu où j'étais assise, auprès de l'antique Rachel :
« Que tardes-tu, dit-elle, de sauver celui qui t'aima
« tant?... A ces mots, je descendis de mon siége glo-

« rieux pour solliciter le secours de ta parole... » Et Virgile, à son tour, encourageant le poëte effrayé à franchir le seuil du monde invisible : « Pourquoi donc, « ajoute-t-il, manquerais-tu de hardiesse et de con- « fiance, quand trois femmes bénies s'occupent de toi « dans la cour des cieux? »

. . . . . Tre donne benedette
Curan di te nella corte del cielo (1).

De ces femmes bénies la troisième seule nous est connue : nous avons à deviner les deux autres.

Et d'abord Lucie revient au Purgatoire : elle prend dans ses bras le poëte endormi, et le porte à l'entrée de la voie Douloureuse. Il la rencontre encore au terme du voyage, au premier cercle du radieux amphithéâtre de l'Empyrée, auprès de saint Jean-Baptiste et de sainte Anne (2). En elle donc il a voulu peindre une figure vivante, une fille des hommes, pareille aux autres bienheureux dont il lui fait partager la félicité; une sainte à laquelle sa reconnaissance rapportait sans doute quelque singulière faveur. Or Giacopo di Dante, autorité décisive en matière biographique, nous apprend que son illustre père professait une dévotion favorite pour sainte Lucie, vierge martyre de Syracuse (3). Inscrite au canon de la messe dans la liturgie romaine, elle recevait depuis longtemps en Italie des hommages solen-

(1) *Inferno*, II, 42.
(2) *Purgatorio*, IX, 17; *Paradiso*, XXXII, 46.
(3) Giacopo di Dante, *Commentaire manuscrit*, « Beata Lucia, la quale egli ebbe in somma divozione. »

nels; des églises s'élevaient sous son invocation dans toutes les grandes cités, sa fête était chômée, et son nom resta populaire jusqu'au temps où de nouveaux noms, qu'un souvenir plus récent rendait plus aimés, obscurcirent un peu les anciens. Des miracles multipliés attestaient sa puissance : un des plus célèbres se fit à Vérone en 1308, époque à laquelle plusieurs fixent dans cette ville le séjour du proscrit florentin. — Mais sa piété avait d'autres motifs dans les pieuses croyances et jusque dans les erreurs de ses contemporains. On racontait de sainte Lucie l'action héroïque d'une autre chrétienne qui, pressée par la lubricité d'un magistrat romain, s'arracha les yeux, et les envoya dans une coupe d'or à son persécuteur : on la représentait tenant encore la coupe dépositaire de son sacrifice. D'un autre côté, une touchante habitude conduisait les hommes d'alors, pour chaque genre de douleurs, aux autels des martyrs qui en avaient fait l'épreuve méritoire. Sainte Lucie fut donc invoquée par tous ceux qui avaient les yeux malades (1). Dès lors, par une transition facile, elle en vint à être considérée comme la dispensatrice du jour spirituel, qui dissipe les doutes de l'entendement et les ténèbres de la conscience. La Légende Dorée, qui aime les étymologies mystiques, ne laisse pas échapper celle-ci : *Lucia a luce; Lucia quasi lucis via* (2). Dante, dont l'intelligence aspirait avec tant

---

(1) Cajetan, *Vitæ SS. Siculorum*, acta sanctæ Luciæ Syracusanæ martyris. Baillet, *Vies des Saints*.

(2) Jacob. de Voragine, *Legenda aurea*, de vita sanctæ Luciæ.

d'ardeur aux clartés éternelles de la vérité; dont la vue, épuisée par la lecture et par les larmes après la mort de sa bien-aimée, avait subi une longue et dangereuse altération (1), avait deux raisons de vouer sa confiance à la vierge illuminatrice. Il s'agenouillait devant ses images avec le théologien du cloître et l'aveugle du chemin. Exaucé, il suspendit son offrande votive, non dans une chapelle obscure, mais dans l'édifice poétique élevé par son génie.

Il reste à reconnaître Celle à qui Lucie elle-même obéit, à qui seule appartient l'initiative du miraculeux pèlerinage. Nous ne saurions partager le sentiment général des interprètes, qui n'aperçoivent ici que la Clémence divine ou la grâce prévenante : une allégorie sans réalité ne pourrait se lier dans une même fiction avec deux figures historiques. Nous soupçonnons même que l'inconnue doit se retrouver, comme ses deux compagnes, vers la fin du Paradis : ainsi l'exige la symétrique ordonnance de la fable. Mais quelle est aux cieux la noble dame, qu'il n'est pas besoin de nommer, dont l'intercession fléchit l'immuable juge; dont les ordres font lever de leurs siéges Lucie et Béatrix? Qui sera-ce, sinon celle qui s'appela Notre-Dame dans la vieille langue des nations chrétiennes ? C'est elle, c'est la sainte Vierge que le poëte voit siéger en souveraine à la première place de la bienheureuse cour; il voit les anges faire pleuvoir sur elle toutes les allégresses de l'éternité;

(1) *Convito*, III, 9. *Vita Nuova*, *in fine*.

dans sa face auguste il contemple, plus éclatante que jamais, la ressemblance divine : il lui adresse la sublime prière qui commence son dernier chant.— Il ne se cache point de sa dévotion pour celle qu'il invoque matin et soir :

> Il nome del bel fior, ch' io sempre invoco
> E mane e sera (1).

Il veut que cette figure aimée se retrouve à l'entrée et au terme de son poëme, comme on la trouvait au seuil et au sommet de tous les édifices religieux du moyen âge.

Toutefois on comprend mieux le rôle poétique prêté à la Vierge Marie, lorsqu'on la trouve désignée à plusieurs reprises dans la *Vita Nuova*, comme l'objet du pieux amour de Béatrix, comme le modèle de ses vertus, comme sa patronne de prédilection. Pour elle, Marie avait été ce que Lucie était pour Dante (2). Lui-même semble lever les derniers doutes à cet égard dans un fragment philosophique jusqu'ici peu remarqué. Il entreprend d'expliquer la révolution annuelle du soleil, et, afin de donner à ses hypothèses une forme plus saisissable, il imagine aux pôles du globe terrestre deux villes dont les habitants deviennent les spectateurs des

---

(1) *Paradiso*, XXIII, 30.
(2) *Vita Nuova*. Ainsi l'une des plus intéressantes scènes racontées en ce livre se passe dans une église où l'on chantait les louanges de la sainte Vierge. Ainsi nous avons vu le nom de Marie profondément vénéré de Béatrix, et cette jeune sainte placée aux côtés de sa protectrice « dans le ciel de l'humilité. »

phénomènes supposés. Mais, au lieu d'indiquer ces deux points par un signe algébrique, à la manière des astronomes de nos jours, il appelle Marie la cité assise au pôle nord, sous l'étoile qui ne se couche pas ; et Lucie la cité du pôle sud. Puis, par le jeu de la discussion, Marie en trois pages revient neuf fois (toujours le nombre mystérieux), et six fois seulement reparaît Lucie (1). Ces mots préférés, entrelacés de la sorte dans les nœuds du discours, comme deux chiffres gravés ensemble, trahissent assez l'intention qui les dicta. C'est une de ces puérilités charmantes que nous aimons dans les grands hommes ; une distraction du cœur au milieu des travaux de la pensée. C'est en même temps une pudeur ingénieuse, qui, n'osant rapprocher les noms des deux protégés, les remplace par ceux de

(1) *Convito*, III, 5. « Immaginando adunque, per meglio vedere, in questo uogo ch' io dissi, sia una città, e abbia nome Maria... immaginiamo un' altra città che abbia nome Lucia, » etc. — Dante a célébré la sainte Vierge dans un sonnet que nous ne pouvons nous empêcher de citer ici, comme l'un des plus beaux hommages que la Mère de Dieu ait reçu des hommes :

O madre di virtute, Luce eterna,
   Che partoristi quel frutto benegno,
   Che l' aspra morte sostenne sul legno
   Per scampar noi dall' oscura caverna.
Tu del ciel donna, e del mondo superna.
   Deh! prega dunque il tuo figliuol ben degno.
   Che mi conduca al suo celeste regno,
   Per quel valore che sempre ci governa
Tu sai ch' in te fu sempre la mia speme,
   Tu sai ch' in te fu sempre 'l mio diporto :
   Or mi soccorri, o infinito bene!
Or mi soccorri, ch' io son giunto al porto,
   Il qual passar per forza mi conviene ;
   Deh! non m' abandonar, sommo conforto!
Che se mai feci al mondo alcun delito,
   L' alma ne piange, e 'l cor ne vien contrito.

leurs saintes protectrices. C'est enfin le soin religieux de mettre ses chastes affections d'ici-bas sous la sauvegarde, sous la responsabilité, pour ainsi dire, des deux vierges du ciel. Il y a là, au milieu des épines de l'érudition scolastique, la fleur de la plus délicate sensibilité qui s'épanouit aux rayons de la foi. Il y a toute une révélation du caractère de Dante, l'explication du personnage de Béatrix, le secret du poëme. Car on comprend désormais pourquoi, au second chant de l'Enfer, s'échange entre Marie et Lucie ce premier entretien, qui fait descendre la bien-aimée au secours du poëte, et duquel dépend l'action tout entière, avec ses leçons et ses beautés.

III. PREMIÈRES ÉTUDES PHILOSOPHIQUES DE DANTE

COMMENT IL FUT CONDUIT AUX QUESTIONS MORALES ET POLITIQUES. — SON RESPECT POUR L'AUTORITÉ D'ARISTOTE. — EXTRAITS DU CONVITO, II, 13; IV, 1, 6 (1). — CONJECTURE SUR L'ÉPOQUE DU VOYAGE DE DANTE A PARIS. — RECHERCHES DE M. VICTOR LE CLERC SUR SIGER DE BRABANT. — CONCLUSIONS POUR L'INTERPRÉTATION DU POÈME.

I

« 1. Alors que fut perdue pour moi celle qui avait été la première joie de mon âme, je demeurai percé d'une si vive douleur, que nulle sorte de soulagement n'avait de prise sur mon mal. Toutefois, après quelque temps, ma raison, qui cherchait à guérir la blessure, s'avisa, puisque mes efforts et ceux d'autrui ne suffisaient pas à me calmer, de recourir aux moyens où d'illustres affligés avaient su trouver leur consolation. Et je me pris à lire ce livre de Boëce, que beaucoup ne connaissent pas, et dans lequel il avait charmé les tristesses de sa disgrâce et de sa captivité. Et puis, ayant entendu

(1) Nous aurions voulu faire connaître par des extraits plus considérables ce beau livre du *Convito*, que Bouterweck compare aux plus excellents traités philosophiques de l'antiquité (*Geschichte der schœnen Wissenchaften*, t. I, p. 61). Du moins avons-nous tenté de conserver la forme naïve et familière du style.

dire que Cicéron avait écrit un livre de l'*Amitié*, où il rapportait comment Lélius s'était consolé de la mort de Scipion son ami, je me mis encore à cette lecture. Et, bien qu'il me fût d'abord difficile d'entrer dans la pensée de ces écrivains, finalement j'y pénétrai, autant que l'art de grammaire dont j'étais instruit et un peu d'intelligence de ma part le pouvaient permettre ; laquelle intelligence me faisait dès lors entrevoir comme en songe bien des vérités, ainsi qu'on peut l'observer dans la *Vita Nuova*. Or, comme il arrive qu'un homme cherche de l'argent, et contre son attente trouve de l'or qu'une cause inconnue a mis sur son chemin, non peut-être sans quelque dessein de la volonté divine ; ainsi moi, qui cherchais des consolations, je trouvai non-seulement un remède à mes larmes, mais des noms d'auteurs, des termes de science et des titres de livres qui me donnaient à penser que la philosophie, souveraine inspiratrice de ces auteurs, de ces sciences et de ces livres, devait être une grande chose. Et je l'imaginais faite comme une noble dame, et je ne savais lui supposer qu'une figure douce et miséricordieuse, de façon que mes sens ravis pouvaient à peine se détacher de son image. Dès ce moment je commençai à fréquenter les lieux où elle se montrait, c'est-à-dire les écoles des religieux et les assemblées de ceux qui philosophent; en sorte qu'au bout d'un court espace de temps, trente mois environ, je me sentis si touché des douceurs de sa conversation, que déjà son amour excluait toute autre pensée... Car cette dame de mon esprit, c'était la fille de Dieu, la reine des choses, noble et belle entre toutes ; c'était la Philosophie...

« 2. L'amour, selon l'unanime sentiment des sages qui en ont discouru, et selon les enseignements journaliers de l'expérience, a pour effet essentiel de rapprocher, d'unir la personne qui aime et celle qui est aimée ; d'où vient que Pythagore a dit cette parole : « Dans l'amitié plusieurs se font un. » Et, comme deux choses unies ensemble se communiquent naturellement leurs qualités, au point que l'une peut tout entière s'assimiler à l'autre ; par là même les passions de la personne aimée passent dans le cœur de la personne aimante..., en sorte que celle-ci ne saurait s'empêcher d'aimer les amis, de haïr les ennemis de celle-là. C'est pourquoi un proverbe grec a prononcé « qu'entre amis « toutes choses sont communes. » Étant donc devenu l'ami de la noble dame que j'ai nommée, je commençai à mesurer mes aversions et mes affections sur sa haine et son amour ; et, comme elle, je dus aimer les disciples de la vérité, haïr les adeptes de l'erreur. Mais toute chose est par elle-même digne d'amour, et nulle ne mérite la haine, si ce n'est parce qu'il s'y mêle quelque mal. Il est donc raisonnable et juste de haïr, non pas les choses, mais le mal qui est en elles, et de chercher à les en affranchir ; et, si quelqu'un au monde exerce cet art merveilleux d'affranchir les choses du mal qui les rend haïssables, c'est surtout ma très-excellente dame, puisque en elle se trouvent, comme en leur source, toute raison et toute justice. Voulant donc l'imiter en ses œuvres aussi bien qu'en ses sentiments, je discréditai, j'anathématisai selon mon pouvoir les erreurs publiques; non pas afin de déshonorer ceux qui les professaient, mais dans l'espoir de leur faire détester, et, par conséquent, bannir d'eux-mêmes, le défaut qui me les rendait odieux. Entre ces erreurs, j'en poursuivais une surtout, dangereuse et funeste, non-seulement pour ses sectateurs, mais pour ses adversaires aussi. C'était celle qui porte sur la nature de la noblesse. Elle s'était si fortement propagée par l'habitude et l'irréflexion, que l'opinion générale en demeurait presque entièrement pervertie; et de l'opinion perverse naissaient les faux jugements, et des faux jugements les respects injustes et les injustes dédains; en sorte que les bons étaient tenus en mépris et les mauvais en honneur, d'où résultait la pire confusion du monde, comme on le peut facilement penser. Sur ces entrefaites il arriva que le doux visage de ma noble dame devint un peu sombre pour moi, et ne me permit pas de lire clairement dans ses yeux ce que je cherchais à connaître, savoir : si Dieu avait créé, par une volonté formelle, la première matière des éléments. En conséquence de quoi je suspendis quelque temps mes assiduités auprès d'elle, et, dans l'absence de ses faveurs accoutumées, j'occupai mes loisirs à méditer sur l'erreur générale que je venais d'apercevoir... La dame dont je parle est encore la même qu'au précédent chapitre, c'est-à-dire la Philosophie, cette puissante lumière aux rayons de laquelle se développe, fleurit et fructifie le germe de noblesse déposé dans le cœur des hommes.

« 5. L'autorité est un caractère qui inspire la foi et commande l'obéissance. Or, qu'Aristote soit souverainement digne d'obéissance et de foi, on peut le démontrer comme il suit. Les ouvriers et les artisans de professions diverses, qui concourent au but d'un art principal, doivent obéir et croire à celui qui l'exerce, et qui seul connaît la fin commune de leurs travaux. Ainsi doivent s'en rapporter au chevalier tous ceux dont les métiers sont au service de la chevalerie, ceux qui forgent les glaives et les boucliers, les fabricants de selles et de freins. Et, comme toutes les œuvres de l'homme supposent une fin suprême à laquelle la nature humaine est destinée, le maître qui s'occupa de constater et de nous faire connaître cette fin peut à bon droit se faire croire et obéir. Or ce maître est Aristote... Et, pour voir comment Aristote a su vraiment conduire la raison humaine à la découverte de la dernière fin, il ne faut pas ignorer que, dès la plus haute antiquité, toutes les recherches des sages furent tournées à ce but. Mais, parce que les hommes sont nombreux, et que les appétits, dont nul n'est exempt, varient comme les individus, il fut difficile de déterminer le point où tous les appétits de l'humanité trouveraient un contentement légitime. Il y eut d'abord des philosophes très-anciens, dont le premier fut Zénon (1), qui virent et crurent que la fin de la vie humaine était la rigide honnêteté, la-

---

(1) Il semble confondre Zénon de Cittium avec Zénon d'Élée.

quelle consistait à suivre strictement et sans égard extérieur la vérité et la justice, à ne laisser apercevoir aucune douleur, aucun plaisir, à se rendre impassible. Et ils définirent l'honnête, ainsi conçu : « Ce qui, au « regard de la raison, est évidemment louable par soi- « même, sans considération d'intérêt ni de profit. » Ceux de cette école s'appelèrent Stoïciens, et de leur nombre était le glorieux Caton, de qui j'ose à peine parler. Il y en eut d'autres qui virent et crurent autrement, et dont le premier fut un philosophe du nom d'Épicure. Celui-ci considéra que chaque animal, dès l'instant de sa naissance, lorsqu'il est encore sous l'impulsion immédiate de la nature, fuit la douleur et cherche le plaisir. Il en conclut que la fin dernière où nous tendons est la volupté, c'est-à-dire le plaisir sans mélange de douleur. Et, n'admettant aucun intermédiaire entre la douleur et le plaisir, il définissait la volupté, l'absence de douleur. Son raisonnement est rapporté par Cicéron au premier livre *de Finibus bonorum*. Et parmi les disciples d'Épicure, appelés à cause de lui Épicuriens, il faut compter Torquatus, noble Romain, issu du célèbre Torquatus, juge de son propre fils. Il y en eut enfin d'autres qui eurent pour chef Socrate, puis Platon son successeur, et qui, doués d'un coup d'œil plus pénétrant, découvrirent qu'en tous nos actes nous pouvions pécher, et nous péchions en effet ou par exagération ou par insuffisance. Et, par conséquent, ils décidèrent que l'exercice de l'activité humaine, dans un milieu librement choisi entre l'excès et le défaut, était précisément la fin suprême dont il s'agit; et ils définirent le souverain Bien, « l'activité dans les limi-« tes de la vertu. » Ceux-là furent nommés Académiciens : Platon et Speusippe, son neveu, portèrent ce titre, emprunté du lieu où le premier méditait. Socrate ne leur laissa pas son nom, parce que sa philosophie n'imposait pas de doctrines. Mais Aristote le Stagirite, en qui la nature avait mis un génie presque divin, et Xénocrate de Chalcédoine, qui partagea ses travaux, ayant reconnu la véritable fin de l'homme à peu près à la manière de Socrate et de l'Académie, donnèrent à la morale une forme plus régulière, et la réduisirent à sa plus parfaite expression (1)... Et parce qu'Aristote disputait en se promenant, on appela ses compagnons et lui Péripatéticiens, c'est-à-dire Promeneurs. Et, comme Aristote avait mis à la morale la dernière main, le nom d'Académiciens s'éteignit, et celui de Péripatéticiens désigna

1) Cette appréciation singulière, qui représente Aristote comme le continuateur de Platon, justifie les aperçus du chapitre II de notre troisième partie. Elle n'est point inconciliable avec la lettre de Marsile Ficin, rappelée à cette occasion, et dont nous ne pouvons nous empêcher de citer quelques lignes : « Dante Alighieri, per patria celeste, per abitazione Fiorentino, di stirpe angelico, di professione filosofo poetico, benchè non parlasse in lingua con quel sacro padre de' Filosofi, interprete della verità, Platone, niente di meno in spirito parlò in modo con lui; che di molte sentenzie platoniche adornò i libri suoi. E' per tale ornamento massime, illustrò tanto la città Fiorentina, che così bene Firenze di Dante, che Dante di Firenze si potrebbe dire. Tre regni troviamo scritti nel nostro rettissimo duce, Platone; uno de' beati, l'altro de' miseri, l'altro de' peregrini. Beati chiama quegli che sono alla città di vita restituti; miseri quegli che per sempre ne sono privati; peregrini, quegli che fuori di detta città sono, ma non giudicati in sempiterno esilio. In questo terzo ordine pone tutti i viventi, e de' morti quella parte che a temporale purgazione è deputata. Questo ordine platonico primo seguì Virgilio : questo seguì Dante di poi, col vaso di Virgilio bevendo alle platoniche fonti.

toute cette école, qui tient aujourd'hui dans ses mains le gouvernement intellectuel du monde ; en sorte que ses opinions peuvent se dire en quelque façon Catholiques. Par où l'on peut voir qu'Aristote est celui qui a dirigé les regards et les pas du genre humain vers le but auquel il doit tendre ; et c'est la proposition qu'on voulait démontrer. »

II

Les passages qu'on vient de lire éclairent pour nous les premiers pas de Dante dans ces études philosophiques où il devait pénétrer si profondément. On y voit ses premiers maîtres, Cicéron et Boëce ; les écoles des religieux, c'est-à-dire des monastères de Sainte-Croix et de Saint-Marc, des Franciscains et des Dominicains, dont les rivalités utiles ranimaient l'enseignement par toute la chrétienté ; enfin les assemblées de ceux qui philosophaient, où je crois reconnaître ces disputes solennelles que le moyen âge aima jusqu'à la passion. Je les vois de bonne heure à Florence, lorsqu'en 1065 le peuple, sous la conduite des moines de Vallombreuse, se soulève contre l'évêque et les Nicolaïtes (1) ; lorsqu'en 1115 les Épicuriens, au rapport de Villani, deviennent assez nombreux pour former une faction redoutable. C'étaient les controverses religieuses qui avaient fait, si je puis ainsi parler, l'éducation politique de ces villes italiennes qui dictaient des conditions

(1) Voigt, *Vie de Grégoire VII*

aux empereurs, et dont les podestats mettaient leur signature plébéienne au traité de Constance.

Il semble que ces lumières suffirent à la curiosité de Dante, et qu'il ne quitta pas Florence pendant les trente mois qui suivirent la mort de Béatrix, c'est-à-dire jusqu'à la fin de l'an 1294. A partir de cette époque, nous perdons sa trace, qui ne reparaît qu'en 1299, où, le 8 mai, on le voit chargé d'une négociation de la commune de Florence avec celle de Saint-Geminiano (1). Vers le même temps, on trouve son nom inscrit aux registres du corps des médecins et des apothicaires, l'un des six arts appelés à l'élection des six prieurs de la cité (2). On doit placer dans cet espace de cinq ans son mariage, plusieurs des ambassades que Filelfe lui attribue, les études que Boccace et Benvenuto d'Imola lui font poursuivre aux universités de Bologne et de Padoue : peut-être y faut-il ajouter son voyage à Paris. La question veut être examinée. Quand le poëte visita les grandes écoles de France, il n'est pas sans intérêt de savoir quels spectacles elles lui présentèrent.

Des témoignages considérables retardent le voyage de Dante jusqu'au temps de son exil. Voici les paroles de Boccace (3) : « Lorsqu'il vit toute porte fermée à l'es-

(1) Pelli, *Memorie*, p. 94.
(2) Idem, *ibid.*, p. 90. Le registre porte ces mots : « Dante d'Aldighiero degli Aldighieri, poeta fiorentino. »
(3) Boccacio, *Vita di Dante*. Poichè vide da ogni parte chiudersi la via alla tornata, e più dì di indi divenire vana la sua speranza, non solamente Toscana ma tutta Italia abbandonata, passati i monti che quella dividono dalla provincia di Gallia, come potè se n' andò a Parigi. E quivi tutto si diede allo studio della teologia e della filosofia, etc ... Cf. *Genealog. deorum*, xiv, 2.

« poir du retour, il abandonna non-seulement la Tos-
« cane, mais l'Italie, passa les monts, et, comme il
« put, il se rendit à Paris. Là il se livra tout entier à
« l'étude de la théologie et de la philosophie. Souvent
« il entra dans les écoles, et soutint des conclusions
« dans toutes les sciences contre ceux qui voulurent
« disputer avec lui... Et, un jour qu'il soutenait une
« thèse *de quolibet* dans une école de théologie, plu-
« sieurs savants hommes lui proposèrent quatorze
« questions en différentes matières, avec les arguments
« pour et contre : lui, sans prendre le temps de réflé-
« chir, les répéta dans l'ordre même où elles étaient
« posées : puis, s'attachant au même ordre, il les ré-
« solut avec habileté, et répondit aux arguments con-
« traires; ce qui fut tenu presque à miracle par tous
« ceux qui se trouvèrent présents. » Benvenuto d'Imola
et Villani marquent la même époque (1), mais sans entrer dans ces détails, qui attestent des souvenirs religieusement conservés. Ceux mêmes de Boccace ne sont
pas toujours inattaquables. Né en 1313, il recueille une
tradition déjà vieille, les fables pénètrent dans son récit : la naissance et la mort du poëte y sont entourées
d'apparitions et de songes. On voit commencer ce cercle de légendes populaires qui finit toujours par couronner les grands noms.

Or je trouve un premier motif de doute dans l'asser-
tion contraire de Jean de Serravalle, évêque de Fermo,

(1) Benvenuto, apud Muratori, *Antiquit. ital.*, I, 1036.— Villani, apud Muratori, *Scriptores*, XIII, 508.

l'un des premiers commentateurs du quinzième siècle, qui conduit Dante dès ses premières années à Padoue, Bologne, Oxford et Paris (1). « Il fut bachelier en l'U-
« niversité de Paris, où il lut publiquement le livre des
« Sentences, pour remplir les conditions de la maî-
« trise ; il répondit selon la coutume à tous les doc-
« teurs, et fit tous les actes requis pour le doctorat en
« théologie. Il ne restait plus à faire que l'installation
« (*inceptio, seu conventus*). Mais l'argent lui manqua ;
« raison pour laquelle il retourna à Florence, con-
« sommé dans les arts, parfait théologien. Il était de fa-
« mille noble, habile dans les affaires; on le fit prieur du
« peuple florentin, en sorte qu'il se livra aux fonctions
« du palais, oublia l'école, et ne retourna pas à Paris. »
Ce texte se concilie avec le témoignage de Filelfe, qui, écrivant à Florence en présence de documents perdus pour nous, assure que Dante visita Paris comme ambassadeur des Florentins, par conséquent avant sa disgrâce, et qu'il plut au roi par l'agrément de ses discours (2). C'est assez, non pour réfuter Boccace, mais pour le contredire, et constater au moins l'incertitude de la tradition. Un seul point reste irrécusable, je veux dire le voyage de France, et je l'appuie encore de l'autorité du commentaire de Giacopo di Dante. En

(1) Apud Tiraboschi, ab ann. 1300 ad ann. 1400, lib. III, c. II : « Diu studuit tam in Oxoniis in regno Angliæ, quam Parisiis in regno Franciæ; et fuit bachalarius in universate Parisiensi, in qua legit sententias pro forma magisterii, legit Biblia, respondit omnibus doctoribus, ut moris est, et fecit omnes actus qui fieri debent ad doctorandum in sacra theologia, » etc.

(2) Pelli, *Memorie*. 93.

expliquant les vers du neuvière chant de l'*Inferno* sur les fameuses sépultures d'Arles, il déclare que son père les avait vues (1). Mais le temps n'est pas indiqué, et le champ demeure libre à des arguments d'une autre sorte.

Si l'on considère le ressentiment implacable que Dante professe contre la France depuis le jour de son exil, et qui éclate dans tout le poëme, on aura peine à croire qu'à cette époque même il ait visité un peuple détesté, qu'il ait voulu voir la capitale de ces princes Capétiens devenus ses persécuteurs et les oppresseurs de sa patrie. Comment ce grand observateur, à qui rien n'échappe, aurait-il hanté l'Université de Paris en 1308, sans la trouver pleine de la gloire de Duns Scott, qui mourut cette même année, et que rien ne rappelle ni dans la *Divine Comédie* ni dans le *Convito*? Je n'y trouve aucune trace de cette révolution philosophique, de cette revanche bruyante de l'école franciscaine contre le triomphe de saint Thomas d'Aquin et des Frères Prêcheurs. Au contraire, je vois, au dixième chant du Paradis, saint Thomas en possession d'un empire incontesté : il est parmi les saints comme Aristote chez les philosophes, le maître de ceux qui savent. C'est lui qui règle les rangs, qui résout les questions. Je reconnais l'autorité souveraine que les écrits du Docteur Angélique conservent dans l'école jusqu'à la fin du trei-

1) *Inferno*, ix. — *Siccome*, etc. In questa parte dice l'autore se avere redute molte sepolture di morti. Induce similitudine che siccome in una cittade ch' è chiamata Arli, etc... *Commentaire manuscrit* de Giacopo di Dante, Bibliothèque royale, n° 7765.

zième siècle, lorsque, par exemple, en 1289, Godefroy des Fontaines examinait si l'on pouvait censurer les opinions de Thomas sans pécher mortellement (1). De ses contemporains je n'aperçois que saint Bonaventure qui l'approche sans l'égaler. De ceux qui lui succédèrent, le poëte en nomme un seul : « C'est l'é-
« ternelle lumière de Siger, qui, enseignant dans la
« rue du Fouarre, fit servir le syllogisme à des vérités
« mal reçues (2). » Des particularités si précises, une si vive admiration pour un homme dont la renommée s'obscurcit bientôt en France et ne passa jamais au delà des Alpes, m'indiquent sans doute le docteur au pied duquel Dante s'est assis. Et, comme il ne rencontre au ciel que des personnages morts avant l'an 1300, où il fixe le moment de sa vision, il est permis de conclure que le poëte visita l'école de Paris dans l'intervalle de 1294 à 1299. On s'explique ainsi cette période de désordre que Giacopo di Dante place dans la vie de son père avant sa trente-cinquième année, c'est-à-dire avant l'année 1300 (3). Dans cette saison orageuse de la vie, à cette distance de Florence et des souvenirs de Béatrix, je comprends les égarements du poëte perdu

(1) Quétif et Échard, *Scriptores ordinis prædicatorum*, t. I.
(2) *Paradiso*, x, 46.

  Essa è la luce eterna di Sigieri,
  Che, leggendo nel vico degli Strami,
  Sillogizzò invidiosi veri.

Sigieri doit régulièrement se rendre en français par *Siger*, comme *Ruggieri* par *Roger*.
(3) On verra les textes dans les notes du chapitre suivant.

parmi la foule bruyante des écoles de Paris. *Raro sanctificantur qui multum peregrinantur*.

III

Il resterait à faire connaître l'enseignement qui laissa dans l'esprit de Dante de si durables souvenirs. Ici se placent les belles recherches de M. Victor Le Clerc sur Siger de Brabant. En attendant qu'elles paraissent entourées de toutes leurs preuves dans le vingt et unième volume de l'Histoire littéraire de la France, M. Le Clerc a bien voulu me communiquer les notes qu'on va lire. Qu'il me soit permis de l'en remercier pour mon travail, qu'il enrichit, et pour les amis du poëte, auxquels il épargnera désormais tant de doutes et tant d'erreurs.

On trouve dans le traité anonyme *de Recuperatione terræ sanctæ* (Ap. Bongars, t. II, p. 316-361), écrit vers l'an 1306, l'éloge d'un excellent docteur en philosophie, Siger de Brabant (*præcellentissimus doctor philosophiæ magister Sigerius de Brabantia*, que l'auteur avait entendu dans sa jeunesse. Ailleurs, dans un plan d'études tracé pour les jeunes gens qu'il veut appeler à la conquête de la terre sainte, il recommande les *Questions naturelles* extraites des écrits de frère Thomas, de Siger et de quelques autres docteurs (1). D'un autre côté, et avant l'an 1300, on voit un legs de plusieurs

(1) Item expediret quod quæstiones naturales haberent extractas de scriptis tam fratris Thomæ quam Segeri et aliorum doctorum. Bongars, t. II, p. 357.

parties des œuvres de saint Thomas, laissé aux pauvres maîtres en théologie de la maison de Sorbonne par Siger, alors doyen de l'église collégiale de Courtray (1). Enfin les historiens de l'ordre de Saint-Dominique connaissent un Siger de Brabant, cité pour crime d'hérésie, en 1278, au tribunal du dominicain Simon du Val, et acquitté (2). La dénomination de Brabant s'étendait alors beaucoup plus loin qu'aujourd'hui : Courtray pouvait y être compris sans trop manquer à l'exactitude géographique, bien rare d'ailleurs chez les écrivains du moyen âge. — On reconnaît déjà le Siger du Paradis, celui que plusieurs glossateurs appellent Siger de Brabant (*Brabante* et quelquefois *Bramante*), qui paraît en compagnie de saint Thomas d'Aquin, et pour ainsi dire sous la responsabilité de ce glorieux représentant de l'orthodoxie, qui a besoin de ce patronage pour couvrir les soupçons provoqués par la hardiesse de son enseignement public : *Leggendo nel vico degli Strami*.

C'était peu de restituer la biographie de Siger : M. Le Clerc devait retrouver ses ouvrages. Parmi les manuscrits de l'ancien fonds de Sorbonne se sont conservés de nombreux fragments des *Quæstiones naturales*, de plusieurs traités de dialectique, sous le nom de

(1) Quétif et Échard, *Scriptores ordinis prædic.*, t. I, p. 295.
(2) Quétif et Échard, t. I, p. 395. L'*Ottimo commento* s'exprime ainsi : Questo è maestro Sigieri, il quale *compose*, e *lesse* Loica a Parigi, e tenne la cattedra più anni nel vico degli Strami, ch' è uno luogo in Parigi dove si legge Loica... e dice che leggeva invidiosi veri, però che lesse li elenci. — Il s'agit donc d'un docteur qui *lut* et *composa*, professeur et écrivain tour à tour.

Siger, et couronnés par un livre où éclate le caractère de cet esprit mal jugé de ses contemporains. Le livre porte le titre d'*Impossibilia*, et s'ouvre en ces termes : « Les docteurs de l'école de Paris ayant été réunis en « assemblée, un dialecticien proposa de prouver et de « défendre devant eux plusieurs thèses impossibles, « dont la première est celle-ci : *que Dieu n'existe* « *pas* (1). » Suivent plusieurs autres propositions non moins scandaleuses, appuyées de leurs arguments. Voilà bien les traits du logicien infatigable, passionné pour les controverses, défiant l'école au combat du syllogisme, *silloyizzò*.

Après les écrits de Siger, il ne restait plus qu'à recueillir sa légende : M. Le Clerc la découvre dans plusieurs commentaires manuscrits de la Divine Comédie. Le premier s'exprime ainsi (2) : « Le poëte dit que saint « Thomas lui fit voir encore l'âme de Siger de Brabant, « qui était un homme excellent en toute sorte de scien- « ces, et il était infidèle et docteur à Paris. Or il lui « arriva cette aventure, qu'un de ses écoliers étant

---

(1) Convocatis sapientibus studii Parisiensis, proposuit sophista quidam impossibilia multa probare et defendere. Quorum primum fuit, Deum non esse.

(2) Dice che li mostrò ancora l'anima di Sigieri di Bramante, il quale era valentissimo uomo in tutte le scienze, ed era infedele, ed era dottore in Parigi; e si li occorse questo caso, che, essendo morto uno de' suoi scolari, si li apparve una notte in visione, e si li mostrò come eli sosteneva assai pene. E frà l' altre pene che li mostrò, sì li fece tenere la mano aperta, e sì li goccilò una gocciata di sudore in su la mano di quello che di dosso li usciva; e sì fu cocente, che a quella pena così fatta, questo Sigieri si destò; e per questa sì fatta cagione elli abandonò lo studio e sì si batizò, e diventò santo amico di Dio, etc.

« mort, il lui apparut la nuit en vision, et lui montra
« comment il souffrait de grandes peines. Entre autres
« peines, il lui fit tenir la main ouverte et y laissa
« tomber une goutte de sa sueur, et cette goutte lui fit
« sentir une douleur si cuisante, que Siger s'éveilla; et
« par cette raison il abandonna l'étude, se fit baptiser,
« devint le saint ami de Dieu, et s'efforça désormais
« de ramener les opinions des philosophes à la sainte
« foi catholique. » Un autre commentaire ajoute que
le disciple parut tout couvert de sophismes. Les gloses
latines disent *coopertus sophismatibus*, ou *cum cappa
plena cedulis*. Quelques textes ne donnent que les premiers mots du récit, et l'interrompent brusquement
comme une aventure connue des lecteurs. On la trouve
en effet avant Siger chez les auteurs cités par Duboulay
(*Hist. de l'Univ. de Paris*, année 1172); dans Vincent
de Beauvais (*Speculum historiale*, lib. XXV, c. 89). Elle
a passé dans la légende dorée, au jour de la fête des
Morts. La confusion s'explique par les soupçons qui
entourèrent la doctrine de Siger, et le conduisirent au
tribunal de l'inquisiteur. Ce sont encore les vérités mal
reçues dont parle le poëte : *Invidiosi veri*.

IV

Ces études biographiques mènent à une conclusion
considérable. C'est que Dante, au moment de mettre la
main à son œuvre immortelle, avait déjà passé par les
leçons de l'Université de Paris, par le régime laborieux

des écoliers du treizième siècle, assis sur la paille aux pieds des maîtres ; par les écoles de dialectique et les bruyantes disputes de la rue du Fouarre. C'est qu'il portait dans la poésie toutes les habitudes de la science contemporaine, par conséquent la méthode d'interprétation allégorique qu'on appliquait non pas à l'Écriture sainte seulement, mais aux textes de Virgile ou d'Ovide. C'est qu'il était plein des doctrines de saint Thomas, qu'il avait trouvées dans tout l'éclat d'un nouveau règne. Comment sa grande âme, saisie, agitée de ces enseignements, n'eût-elle pas eu besoin de s'en rendre maîtresse en les enfermant sous une forme qui lui appartînt; de les livrer ainsi aux hommes de son temps, de les conserver aux siècles futurs ? En sorte que nous avons eu droit de chercher dans la Divine Comédie tout ce que le poëte avait eu le pouvoir d'y mettre : la philosophie au fond, l'allégorie dans la forme, le travail partout. Et en même temps nous avons appris une fois de plus, contre le préjugé de beaucoup de gens, que la science n'a jamais tué l'inspiration, et que la discipline n'étouffe pas le génie.

IV. LA VISION DE SAINT PAUL

POÈME INÉDIT DE TREIZIÈME SIÈCLE (1).

Seignors freres, ore escoutez,
Vos qui estes à Deu nummez,
Et aidez-moi à translater
La visiun saint Pol le ber
Deu, par sa douçor
Et par la soue grant amor,
Ait merci et memoire
Des almes qui sunt en purgatoire!
Il prist un angre del ciel

(1) C'est la troisième pièce d'un recueil manuscrit de légendes rimées, qui existe à la Bibliothèque du roi, sous le titre de *Vie de S. Laurent*, et sous le n° 1858, autrefois 2560. L'écriture est d'une plume habile du treizième siècle, le texte souvent corrompu. M. Raymond Thomassy, ancien élève de l'École des Chartes, attaché aux travaux historiques, a bien voulu m'éclairer sur quelques points qui m'arrêtaient dans la transcription de ce poëme. Au reste, on le publie ici comme document pour servir à l'histoire de la langue française, et l'on ne se fait aucune illusion sur le mérite de cette versification froide et languissante, qui répond si mal à la grandeur du sujet.

Vers 1. *Seignors*, etc. Il suffit d'avertir une fois pour toutes que l'*o* tient souvent lieu des diphthongues *eu* et *ou;* qu'il est lui-même ordinairement remplacé par l'*u* devant les liquides *m* et *n;* que *l* et *r*, *b* et *g* se permutent; que *ei* et *ou* s'écrivent pour *oi*, *i* pour *y*, *e* pour *i*.

2. *A Deu nummez* à Dieu voués. Il est remarquable que le traducteur s'adresse à des moines.

4. *S. Pol le ber*, le baron; c'est-à-dire le brave et le puissant. Le moyen âge aimait à rapprocher la milice du ciel et celle des rois : on trouvera plus loin (vers 252) les apôtres devenus les douze pairs.

6. *Soue*, sa, sua.

9. *Angre*, ange, *angelus;* comme l'espagnol *sangre*, et le français *sanglant;* comme l'italien *grado* et l'anglais *glad*, etc.

Qui est apelé saint Michel,
A un saint home l'envoia,
Et en aytes lui cummanda
Que en enfer le menast
Et les peines lui mostrast.
Icil s'entorne volentiers;
Car a ceo ert li suens mestiers;
Et vint al serf, si l'esveilla,
En s'oreille lui conseilla :
« Sevez mei, buens hom, senz esmeance,
« Senz poor et senz dotance;
« Car Deu veut qu'ico t'emmeine
« En enfer veir la peine
« Et le traveil et la tristor
« Que suefrent iloc pecheor. »
Saint Michel s'en vait avant,
Saint Pol le seut, salmes disant,
Et prie Deu le creator
Que par la soue douce amour
Icele chose lui mostrast
Dunt sainte Iglise revisitast.
Devant la porte infernel,
(Ohi seignors ! si mal ostel),
Un arbre i vit planté;
De feu fu tout alumé.
Iloc pendoient les ames des cors
Qui en cest ciecle funt tresors
Et le fals jugement
Por confundre la gent.
Les unes pendent par les lauges,
Et les altres par les jambes,
Et par les chiefs, et par les cous.
Oez, seignors, cmu ils furent fous
Qu'il ne voloient Deu amer

12. *Aytes*. hâte.
16. *Ert*, était, *erat*.
26. *Salmes*, psaumes.
35. *Iloc*. là, *illuc*.
39. *Lamges*. reins, *lumbi*.
42. *Oez*. écoutez.

Por cée les estuet et i brusler.
Puis revit une fornaise
Où ja ame n'aura aise.
Li feus est plus neirs que mors,
Par set flambes isseit fors :
Sos ciel n'est nule color
Que cist fues n'ait le jor.   50
Iceles ames i esteint
Qui totes par i ardeient.
Puis vit un flun orible et grant,
Où les déables vunt noant
A la guise de peisun ;
Mais lor faiture fu de leun.
Desoz le flun a un grant punt
Qui bien est halt contremunt.
Mult est li puns lunc et estreit,
N'i a laor de plain deit.   60
Qui bien paser le porra
Ignelepas o Deu sera.
Et qui nel porra passer
En l'eue l'en estuet aler.
Et si fera iloc sa peine
Que li déable demeine.
Plusors i remaignent
Por la lei Deu qu'il enfreignent.
Ceo que chascun a ci fait
Iloc lui est sempres retrait.   70
Iloc vit saint Pol le ber
Les ames en l'eue aler :
Les unes i vit desque as genoilz,
Et les altres tresque as oilz ;
Les unes tresque al numblil,
Et les altres tresque al sorcil.

44. *Estuet*, il faut, de *stetit. statutum est*.
55. *Flun*, fleuve, *flumen*.
54-56. *Noant*, nageant; *peisun, leun*, poisson, lion ; *faiture*, figure, *factezza*.
60. *N'i a laor de plain deit*, il n'y a pas la largeur d'un plein doigt.
62. *Ignelepas*, et, plus loin, *ignelement*, aussitôt, incontinent, de ce pas
Ibid. O Deu, avec Dieu.
64. *Eue*, eau.
73-74. *Desque, tresque*, jusque.

Heques a multes maisuns
Aprestées as feluns.
Par ces temoigne de nostre sire
80 Qui en l'Evangile veut dire :
« Mains et pez les me liez,
« Et en obscurté les jetez,
« Et à déable les me livrez :
« Car à ardeir sunt tuit jugez.
« Les semblanz o les semblables
« Les avoitres o les pechables. »
Saint Pol commence à plorer
Et mult forment à soupirer,
Et à l'angre Deu a demandé
90 Qu'il lui die la vérité
Des ames qui en le eue erent,
Et les cors tant i penerent.
Saint Michel lui respunt :
« Amis, esila Deu cumpunt
« Cil qui sunt as genous plungez,
« Unqes jor ne furent liez,
« Ains qu'il eussent alcun mal dit
« A lors voisins en despit.
« Cil qui sunt al numbil
100 « Et suefrent cel fort peril,
« Porgesoient altrui moilliers,
« En fornication furent fiers ;
« Et à eux meismes firent tort
« Kil ne repentirent devant la mort.
« Cels qui partuit i sunt,
« En tele guise lor penitence funt ;
« Car dementiers qu'il furent en terre
« A sainte Iglise firent guerre,

79. *Temoigne*, témoignage.
86. *Avoitres*, adultères.
94. *Amis*, etc. Cette forme de description dialoguée est tout à fait dantesque.
94. *Esila Deu cumpunt*, ainsi Dieu punit, *compungit*.
96. *Liez*, joyeux, *læti*, en italien *lieti*.
101. *Porgesoient altrui moilliers*, poursuivaient les femmes d'autrui ; littéralement, en italien, *procacciavano l'altrui moglie*.
107. *Dementiers*, tandis.

« Les tençuns i cummenceient
« Et entre els se cumbateient   110
« Et par sa mort se pariurouent.
« Ja Verbe Deu refusouent.
« Les altres plungez dequ'al sorcil
« Cil eurent lor pruesme vil.
« Quant les virent destorber aveir
« Ou meserer par mal esquier,
« Liez furent et joieus :
« Por ceo sunt ore dolereux. »
Pois revit un altre torment
Qui trestot ert plain de gent.   120
Les mains liées et les jambes
Eschinant mainouent lors lamges.
Et prist l'angre Deu a demander
Por quei lor estut si pener.
Saint Michel quant ceo oï
Ignelepas lui respundi :
« Sers Deu, à mei entent :
« Jel te dirai ja vairement.
« Cil furent en terre gableor
« Onques vers Deu n'ourent amor,   130
« De lor aveir pristrent usure,
« N'ourent onques vers Deu mesure,
« De poure gent n'ourent merci :
« Por ceo l'estuet pener ici. »
Saint Pol passa un poi avant
Un torment vit orible et grant :
Totes les peines d'enfer i sunt
Li maleure mult se doudrunt.
Puceles la plus de cent
Vestues d'un noir vestement :   140
De feu et de soufre et de peiz :
Tot est ruez cumme reiz :

109. *Tençuns*, discordes, combats ; en italien, *tenzone*
114. *Pruesme*, prochain, *proximus*.
115. *Destorber*, ruiner, *deturbare*.
127. *Sers Deu*, serviteur de Dieu
129. *Gableor*, ceux qui reçoivent la gabelle
138. *Doudrunt*, souffriront, *dolebunt*

Où les draguns et les serpens
Lor char depiecent o lors denz.
Saint Pol a l'angre roué
Kil lui desist la verité.
Saint Michel lui a ceo dit :
Que Deu ourent en despit,
Lor chastée ne garderent
150 Ne Dampne-Deu n'amerent.
Unc n'escheverent lor parent
Plus qu'il faisoient altre gent.
Lors enfans estranglouent
Et por puceles s'en alouent.
Par les fenestres fors les lancerent,
Et les porcs les devorerent.
Apres en un altre torment
Vit saint Pol une gent :
Li feus est d'une part
160 Qui si les brusle cumme sart :
D'altre part si est le freit
Kis met en mult grand destreit.
Senz vestemens erent nuz,
Et senz parole erent muz.
Cil furent en terre jugeors,
Unc n'eurent vers Deu amors ;
Mais mult faisoient males fins
As veves et as orfenins.
D'altre part vit un jouvencel,
170 El col aveit un ferme anel ;
Et o lui un viel pleurant ;
Et vunt grant duel demenant.
Et trente-quatre malfe i sunt
Qui ja jor nes esparneirunt
As cols lors metent chaenes
Dunt il lor funt granz peines.

145. *Roué*, demandé, *rogare*.
150. *Dampne-Deu*, le Seigneur-Dieu, *Domine-Deus*.
151. *Unc*, jamais, *unquam; escheverent*, craignirent. ***esquiver***.
160. *Sart*, sarment.
172. *Duel*, deuil.
173. *Malfe* démons, mauvais Dante : *maluuti*.

Cil furent en terre prestre
Et de la lei Deu furent mestre;
Mais il la garderent malement :
Por ceo sunt en cest torment.   180
De lors cors mult furent guai
D'omes et de puceles vai.
Saint Pol a l'angre demandé
Porque furent onkes né
Quant doivent estre si tormenté
Et si forment emprisoné.
Ceo respunt saint Michel
L'angre nostre sire del ciel :
« Vous huem porvient as dolours.
« Uncor veras peines mejours. »   190
Puis lui a un puis mostré
De set seals est séelé
Les sereures defferma,
Et le serf Deu apela :
« Sta plus en loing, por Deu amor !
« Cum pues-tu soffrir la puor ? »
La bouche del puiz ouri,
Et tele puor en issi,
Ke soz ciel n'est hueme né
Ki sace dire la verité.   200
Saint Pol lui a demandé
Qui sera iloc posé.
Saint Michel lui a dit
Ignelement senz contredit :
« Ki ne croient que Deu fust nez,
« Ne que sainte Marie l'eust portez,
« Ne que por le peuple vousist morir,
« Ne que peine deignast soffrir. »
Et puis si vit une altre gent,
En une fosse senz vestement,   210
Li un gisoient desus l'altre,

186. Dante fait à peu près la même question à Béatrix ; mais la belle Florentine est plus habile théologienne que le S. Michel anglo-normand.
189. *Huem*, homme. *Vous porvient as dolours*, vous naissez pour les douleurs.
190. *Mejours*, plus grandes, *majores*.

        Et volvoient comme pealtre :
        La vermine est mult grande
        Ki n'a cure d'altre viande,
        Nunt altre riens a porpenser
        Fors ces chetifs a devorer.
        Puis vit un deable en l'eir voler,
        Et mult grant joie demener.
        L'alme portout d'un pecheor
220   Qui fu mort meismes le jor.
        Li uns la boutent de là,
        Li altre l'enpeignent de çà,
        « Faui tei chetive maleurée !
        « A quele oure dolereuse fus unkes née ?
        « Dampne-Deu refusas,
        « Et envers nos t'aproismas. »
        Saint Michel a demandé
        Saint Pol l'apostre dampne-Dé :
        « Créez bons huem que véez ici ;
230   « Nel celer mie, jel te di.
        « Créez : ceo qui bien fera
        « Selunc iceo si recevra. »
        Saint Pol respunt : « Oïl io bien,
        « Ne vos contredi de rien. »
        Et puis regarda saint Pol le ber,
        Et vit deus angres en l'eir voler,
        Dampne-Deu a plain loant,
        Et l'ame d'un juste hom portant ;
        Et menerent la en l'paraïs,
240   Où Deus a mis ses amis.
        A l'ame disoient : « Bien vengiez,
        « Car nez estes senz pechez :
        « Ame douce beneurée,
        « Beneite soit l'eure que fuz née !
        « Tote joie auras o nos,

  212. *Volvoient*, se roulaient, *volvebant*.
  215. *Nunt*, ni jamais, *nec unquam*.
  225. *Faui*, fi !
  226. *T'aproismas*, t'approchas. La scène du pécheur apporté sur les épaules d'un démon se retrouve au chant XXIe de l'*Inferno*.
  230. Ordre de publier la vision.
  241. *Bien vengiez*, soyez la bienvenue

« Ja merci Deu le glorious. »
Deu en loent parfitement
Et tuit li angre ensement.
La voiz des angres e l'amor
Receit Jesus par douce amor...   250
Et prient saint Michel le ber,
Et saint Pol et les doze pers,
Ke priassent le Creator
— Ke por la soue douce amor
Les getast fors de la tristor
Et de cele grant dolor.
Saint Michiel li respundi :
« Deu le set, jeo nel vos ni :
« Ore plorez angoisseusement,
« Et nos le ferum ensement ;   260
« Saveir, se en nule maniere
« Oreit Deus la nostre priere,
« Et eust merci de vous
« Qui estes si angoissous. »
Saint Pol et saint Michiel
Et tuit li angre del ciel
Commencent forment a plorer
Et les chetifs à regreter :
« Ohi Jesus le fiz Marie,
« De nos mesoïr tu mie.   270
« Par ta sainte redempciun
« Recevez nostre oroisun ;
« Et aiez merci des pecheors
« Qui sostienent ces grans dolors. »
Dampne-Deu par sa merci
La lor proiere a oï ;
Et vis del ciel descendi
Et as chaitis respundi :
« Car me dites dolerous

---

251. Ici semble se trahir une lacune de quelques vers, ou peut-être une ellipse à laquelle suppléait la pantomime : ce sont les damnés qui s'adressent à la commisération de saint Paul et de saint Michel.
260. *Ensement*, aussi, de même.
262. *Oreit*, écouterait.
270. *Mesoïr*, ne pas écouter, repousser une prière.

280 « Quele honor me feites vous?
« Et comment fustes unc si os
« Que queister a mei repos?
« Jeo fui por vos a mort jugiez
« Et en après crucefiez :
« Les mains et les piez oi cloués
« Et de la lance fui forez :
« Selunc humanité fui mort
« Et vos raenz de la meie mort;
« Et vos conveitastes à faire
290 « Quanque me fu à contraire. »
Saint Pol agenoilla,
Saint Michiel pas nel refusa,
Et tot le celestien covent
Prient Deu cumunalment,
Et par la soue sainte douçor
Repos lor douast sevials un jor.
Dampne-Deu soue merci
Benignement lor respundi :
« Amis frères, por vostre amor,
300 « Et meismement por ma douçor,
« Vostre priere vos otri
« Que li chetif aient merci,
« Aient merci et suatume
« Toz tenz muis par costume,
« De la nunne al samedi
« Desi ke vienge le lunsdi. »
Tot le covent celestien
Deu en loent sus tote rien,
Et li chetif ensement,
310 Ki anceis furent mult dolent.
Saint Pol le ber a demandé
Saint Michiel l'angre Dé :
« Di mei, sire, por Deu amor
« Et por la soue grant honor,

288. *Vos raenz de la meie mort*, je vous rachetai de la grande mort.
296. *Repos lor douast sevials un jor*, leur donnât relâche quelquefois un jour; *several*, plusieurs, quelques; *sevials*, à plusieurs reprises, de temps en temps (?)
301. *Otri*, octroie.
303. *Suatume*, salut.

« Quantes peines infernaus sunt
« Qui ja jor ne faldrunt? »
Saint Michiel lui respundi :
« Beals amis, jeo nel te ni :
« Quarante-quatre milliers et cent
« A peines en cel lieu pullent.   320
« Mes souz ciel n'en a hueme
« Qui vos sace dire la some
« De celes peines et des dolors,
« Des travals et des tristors,
« Dampne-Deu omnipotent
« En deffende tote sa gent! »
Seignors freres, por Deu amor,
Gardun nos di tel labor,
Et eschevun nos de toz mals
Et de toz pechez criminals ;   330
Et a Dampne-Deu convertuns
Et nos ensemble o lui vivuns.
Amen. Deus, par ta merci,
Otrie nos que soit issi !

DESIDERATA

En étudiant les origines poétiques de la Divine Comédie, on n'a pas prétendu au difficile honneur de ne rien ignorer : quand on remonte aux sources d'une rivière, on ne songe assurément point à compter tous les

---

317. La réponse de saint Michel accuse une singulière ignorance du dogme chrétien ; mais on ne saurait y voir le sceau de l'hérésie : la bonne foi de l'auteur et l'orthodoxie de ses intentions résultent évidemment de ses anathèmes contre la révolte et l'incrédulité.

334. Un manuscrit du Musée britannique (Bibliothèque Cottonienne, Vespas. A. vii) donne plusieurs variantes, et termine par ces deux vers, où l'auteur se fait connaître :

> Jeo suis serf Deu, Adam de Ros :
> Ici fais je le mun repos.

ruisseaux, toutes les pluies et toutes les neiges qui la grossissent. C'est pourquoi on a écarté un grand nombre de récits qui jetaient peu de lumières sur l'œuvre de Dante; beaucoup de fabliaux anglais et français, dont la verve triviale n'a rien de commun avec l'inspiration du poëte florentin; beaucoup de légendes qui, au lieu de conduire les vivants dans le royaume des morts, font revenir au contraire les morts chez les vivants. Telle est la célèbre histoire de ce maître, lequel, étant trépassé, apparut à son disciple, et, pour lui donner quelque idée des peines éternelles, laissa tomber sur sa main une seule goutte de sueur brûlante, qui perça comme une flèche jusqu'à l'os (1). Telles sont aussi, dans la Légende dorée et dans la vie de saint Grégoire le Grand, ces processions des Saints, la nuit, sous les voûtes de l'église de Saint-Pierre de Rome (2). On pourrait citer encore deux beaux récits, où des chevaliers allemands, perdus au fond des bois, trouvent tout à coup dans le désert un château magnifique, peuplé de personnages silencieux, assis devant des tables où il n'y a point de joie. Et il se trouve que chaque mets de la table brûle comme le charbon, que le château s'évanouit comme un fantôme, et que les convives étaient des réprouvés (3).

Enfin, plusieurs traditions m'avaient échappé; et je ne finirais pas s'il fallait réparer tous nos oublis. Ce-

(1) Legenda aurea, de *Memoria defunctorum*.
(2) *Ibid.*, de *Omnibus sanctis*, vita S. Gregorii.
(3) Grimm, *Deutsche Sagen*, II, 262, 266. Histoire d'Ulrich de Wirtemberg et du baron Albert de Simmern.

pendant je ne puis laisser derrière nous la curieuse Légende de Louis le Ferré, landgrave de Thuringe. Ce redoutable seigneur, que nul n'avait jamais contredit impunément, vint à mourir en 1173 ; et ses enfants demeurèrent fort en peine du sort de sa pauvre âme. Or il y avait à la cour un prêtre versé dans la magie noire, qui évoqua le malin esprit, et s'enquit de l'âme du trépassé. Le démon proposa de la lui montrer en personne, sous promesse de le ramener sain et sauf; et, prenant le bon prêtre à califourchon sur son cou, il l'emporta en enfer. On y voyait tous les genres de supplices, et les diables s'attroupaient sur le passage pour considérer le vivant et questionner leur compagnon. Tout à coup celui-ci s'arrêta, leva le couvercle de fer rouge qui fermait une fosse ; et, saisissant une trompette d'airain, il se pencha sur la fosse béante, et fit retentir l'instrument d'une façon si terrible, qu'il semblait que tout l'univers en tremblait. Au bout d'un moment on vit sortir des étincelles, des flammes avec une fumée de soufre, et l'âme du landgrave se fit voir. Et, comme le prêtre s'enquérait de sa destinée, et si ses enfants pouvaient quelque chose pour son repos : « Tu « vois assez, répondit-il, ce qu'il en est de moi; mais, si « mes enfants restituent aux églises, aux monastères et « à chacun, les biens que j'ai mal acquis, mon âme en « éprouvera un grand soulagement. » Et, ayant donné au prêtre un signe qui prouvait la vérité de son témoignage, le landgrave rentra dans la fosse. Le message fut rempli, le prêtre épouvanté se fit moine; mais on assure que ces biens mal acquis ne furent jamais rendus (1).

M. Labitte a bien voulu m'indiquer encore l'histoire de Cesarius au tome III de la *Bibliotheca Cisterciensis*. Il me rappelait en même temps la célèbre vision de Gauchelm, rapportée par Orderic Vital (*Historiæ ecclesiasticæ*, lib. VIII). Quoiqu'elle sorte du cercle des légendes où j'ai borné mes recherches, elle est si belle et si développée, que je ne résiste pas au plaisir de l'analyser brièvement. — Au commencement de janvier 1091, un prêtre du diocèse de Lisieux, nommé Gauchelm, était allé pendant la nuit visiter un malade éloigné du presbytère. Comme il revenait seul, et qu'il se trouvait loin de toute habitation, il entendit un grand bruit comme d'une troupe qui marchait. La lune donnait toute sa clarté ; le prêtre était jeune, grand et fort : il se rangeait donc sans trop de peur au bord du chemin, quand tout à coup un personnage de stature colossale s'approcha de lui, levant sur sa tête une lourde massue : « Arrête, cria-t-il, et garde-toi de remuer. » Gauchelm demeura immobile, appuyé sur son bâton. Et voici qu'il vit passer une grande multitude de piétons, portant sur leurs épaules des bêtes égorgées, des vêtements, des meubles, comme des voleurs qui reviennent du pillage. Tous se lamentaient hautement, et s'exhortaient à presser le pas. Suivait un cortége de cinquante cercueils, portés chacun par deux hommes, et

(1) Grimm, II, 539. Et probationes hist. veter. landgrav. Thuring. ap. Eccard. *Origin.* famil. Habsburgo-Austriæ, p. 280.

sur chaque cercueil était assis un nain avec une tête de géant. Deux Éthiopiens étaient chargés d'une longue pièce de bois, sur laquelle on avait lié un misérable : un démon l'avait enfourché, et lui tenait des éperons de feu dans les flancs. Gauchelm reconnut en lui le meurtrier du prêtre Étienne, assassiné l'année précédente. Puis venait une foule considérable de femmes, toutes montées à la manière des dames, sur des selles hérissées de clous rougis au feu. Un vent violent les enlevait et les laissait retomber sur les pointes ardentes, et elles confessaient qu'elles avaient mérité leurs peines par leurs impuretés. Le prêtre reconnut dans le nombre plusieurs nobles châtelaines; et en même temps il remarqua les mules et les équipages de quelques-unes qui vivaient encore. Ensuite il vit une grande troupe de clercs et de moines conduits par leurs évêques et leurs abbés, tous vêtus de noir. Ils gémissaient et pleuraient, et plusieurs appelaient Gauchelm par son nom et le conjuraient de prier pour eux. Dans ce nombre, il en vit qui jouissaient d'une grande estime chez les hommes et que l'opinion commune avait rangés parmi les saints. Car les hommes voient la face, et Dieu le cœur. Effrayé de ces terribles visions, le prêtre en attendait de plus terribles encore. Voici qu'une armée de chevaliers s'avançait, tous montés sur leurs chevaux de bataille ; leurs armures étaient noires et étincelantes de feu, et des bannières noires guidaient les escadrons. On reconnaissait dans leurs rangs plusieurs seigneurs morts depuis peu de jours, entre autres Landry d'Orbec, qui appelait le prêtre et lui donnait ses messages pour sa veuve. Or Gauchelm commença à se dire en lui-même : « Voilà sans doute la *Mesnie d'Herlekin*, que « beaucoup de gens disent avoir vue, et dont je n'avais « rien voulu croire. On ne me croira pas davantage si « je ne rapporte quelque gage aux vivants. » En disant ces mots, il voulut saisir à la bride un des chevaux sans cavaliers qui suivaient la troupe ; mais quatre hommes se jetèrent sur lui, et l'eussent fait périr s'il n'eût invoqué la bienheureuse Mère du Christ. Alors survint un chevalier, l'épée au poing, qui mit les premiers en déroute, délivra Gauchelm, et se fit reconnaître pour son frère, mort depuis quelques années, « Tu devais mourir, lui dit-il, et partager nos peines « pour les avoir contemplées d'un œil téméraire. Mais « la messe que tu chantas ce matin t'a sauvé la vie. « Sache que nos armes sont embrasées, et qu'elles nous « écrasent sous leur poids... Ce sang que tu vois sur « mes vêtements témoigne de celui que j'ai versé. Je te « quitte ; secours-moi de prières et d'aumônes. Ré- « forme ta vie, qui est vicieuse en plusieurs points, et « qui ne sera pas longue. » Le chevalier disparut, et Gauchelm se trouva seul.

Au milieu de ces apparitions de l'Enfer et du Purgatoire, le souvenir de la *Mesnie d'Herlekin* atteste l'opiniâtreté des traditions païennes. Herlekin (*Erlen Kœnig*, *Elfen Kœnig*), c'est le chef de l'armée des fantômes, de cette chasse furieuse que les paysans de Suède et de Poméranie croient encore entendre passer sur leurs

têtes dans les nuits d'orage ; c'est Odin, le dieu des hommes du Nord, réduit au rôle du diable chez les Normands chrétiens. On peut suivre les traces de cette curieuse transformation dans l'Histoire littéraire de la France, de M. Ampère (t. II, p. 154). On y trouve aussi une étude instructive des Légendes françaises qui précédèrent la Divine Comédie, et lui préparèrent les voies. Je suis heureux, en finissant mon travail, de l'appuyer d'un nom aimé : « Ces visions, dit M. Ampère,
« ont donné à Dante, non pas son génie, non pas l'in-
« spiration du poëte, mais la forme dans laquelle il l'a
« réalisée... Il ne faut pas les oublier cependant... Le
« génie ne doit pas être un parent qui méprise des
« aïeux obscurs ; il doit être comme un fils pieux, qui,
« devenu puissant et célèbre, ne méprise pas des pa-
« rents sans gloire (1). »

(1) Ampère, *Histoire littéraire de la France*, II, p. 565.

DOCUMENTS

POUR SERVIR A L'HISTOIRE DE LA PHILOSOPHIE
AU TREIZIÈME SIÈCLE.

I. BULLE D'INNOCENT IV

Pour le rétablissement des études philosophiques (1).

Innocent, évêque, serviteur des serviteurs de Dieu, à tous les prélats des royaumes de France, d'Angleterre, d'Écosse, de Galles, d'Espagne et de Hongrie, salut et bénédiction apostolique.

Une déplorable rumeur s'est répandue, et, répétée de bouche en bouche, est venue affliger nos oreilles. On dit que la foule des aspirants au sacerdoce, abandonnant, répudiant même les études philosophiques, par conséquent aussi les enseignements de la théologie, court tout entière aux écoles où s'expliquent les lois civiles. On ajoute, et c'est là surtout ce qui appelle les sévérités de la justice divine, qu'en un grand nombre de

1 Duboulay, *Histoire de l'Université de Paris*, à l'année 1254.

contrées les évêques réservent les prébendes, les honneurs et les dignités ecclésiastiques à ceux qui occupent des chaires de jurisprudence ou qui se prévalent du titre d'avocat, tandis que ces qualités, si elles n'étaient couvertes par d'autres, devraient être considérées comme des motifs d'exclusion. Les nourrissons de la philosophie, si tendrement recueillis en son sein, si assidûment abreuvés de ses doctrines, si bien façonnés par ses soins aux devoirs de la vie, languissent dans une misère qui ne leur laisse ni le pain de chaque jour ni le vêtement de leur nudité, et qui les contraint de fuir les regards des hommes et de chercher les ténèbres, à l'exemple des oiseaux de nuit. Et cependant nos hommes d'Église, devenus gens de loi, montés sur des chevaux superbes, vêtus de pourpre, couverts de pierreries, d'or et de soie, réfléchissant dans leur parure les rayons du soleil scandalisé, vont promener partout le spectacle de leur orgueil; ils font voir en leur personne, au lieu des vicaires du Christ, des héritiers de Lucifer, et provoquent la colère du peuple non-seulement contre eux-mêmes, mais contre l'autorité sacrée dont ils sont les indignes représentants... Sara donc est esclave; Agar s'est rendue maîtresse (1).

Nous avons voulu porter remède à ce désordre inaccoutumé. Nous avons voulu ramener les esprits aux enseignements de la théologie, qui est la science du salut; ou du moins aux études philosophiques, dans

(1) Cette éloquente invective rappelle et peut-être excuse les paroles sévères de Dante contre les abus et les scandales de son temps.

lesquelles ne se rencontrent pas, il est vrai, les douces
émotions de la piété, mais où se découvrent les premières lueurs de la vérité éternelle, où l'âme s'affranchit des préoccupations misérables de la cupidité, qui
est la racine de tous les maux et comme le culte des
idoles. En conséquence, nous décidons par les présentes
que désormais aucun professeur de jurisprudence, aucun avocat, quel que puisse être le rang ou le renom
dont il jouira dans la faculté de droit, ne pourra prétendre aux prébendes, honneurs et dignités ecclésiastiques, ni même aux bénéfices inférieurs, s'il n'a fait
les preuves de capacité requises dans la faculté des arts,
et s'il ne se recommande par l'innocence de sa vie et
la pureté de ses mœurs... Et dans le cas où quelques
prélats, par une présomption condamnable, se permet-
traient d'attenter en quelque manière à cette salutaire
disposition, par le fait et de plein droit ils seraient privés pour cette fois du pouvoir de conférer le bénéfice
vacant; la récidive pourrait être punie du divorce spirituel, que nous prononcerions contre le prévaricateur
en le dépouillant de sa prélature.

Donné à Rome, l'an de l'incarnation 1254.

II. CLASSIFICATION GÉNÉRALE DES CONNAISSANCES HUMAINES.

S. Bonaventure, *de Deductione artium ad Theologiam* (1).

« Toute grâce excellente et tout don parfait nous viennent du Père des lumières, qui est en haut. » Ainsi parle l'apôtre saint Jacques; et cette parole, qui indique la source de toute illumination intellectuelle, laisse déjà pressentir que la lumière émanée d'une source si féconde doit être multiple. Car, en admettant que toute illumination s'accomplit en nous par le même mode, c'est-à-dire par la perception interne du vrai, nous pouvons néanmoins distinguer une lumière extérieure qui éclaire les arts mécaniques; une lumière inférieure qui se réfléchit dans les connaissances acquises par les sens; une lumière intérieure, celle de la pensée philosophique; une lumière supérieure, celle de la grâce et de l'Écriture sainte. La première nous fait saisir les formes artificielles; la seconde, les formes naturelles de la matière; la troisième nous révèle les vérités intelligibles; la quatrième, les vérités du salut.

---

(1) Le fragment qu'on va lire se trouve aussi dans le *Précis d'histoire de la philosophie*, publié par MM. les directeurs de Juilly. Mais les limites de leur travail ont nécessité de nombreuses coupures, et nous avons dû essayer une traduction plus complète. Au reste, les tentatives encyclopédiques de S. Bonaventure, devancées par Hugues et Richard de Saint-Victor, imitées par Vincent de Beauvais, Brunetto, etc., attestent la largeur de ces esprits tant calomniés : ils devançaient de plus de trois siècles Bacon de Vérulam.

1. La lumière des arts mécaniques éclaire les opérations artificielles, par lesquelles nous sortons en quelque sorte de nous-mêmes pour satisfaire aux exigences du corps ; et, comme ce sont là des œuvres serviles, dérogatoires, étrangères aux fonctions spéculatives de la pensée, la lumière qui leur est propre se peut nommer extérieure. Elle se divise en sept rayons, qui correspondent aux sept arts reconnus par Hugues de Saint-Victor, savoir : la tisserie, le travail du bois, de la pierre et des métaux, l'agriculture, la chasse, la navigation, la théâtrique et la médecine. La légitimité de cette classification se démontre comme il suit. — Tous les arts mécaniques se proposent ou le soulagement de nos maux, ce qui s'obtient en excluant la tristesse et le besoin ; ou la multiplication de nos biens, c'est-à-dire de tout ce qui peut servir ou plaire, suivant ces vers d'Horace :

> Aut prodesse volunt aut delectare poetæ...
> Omne tulit punctum qui miscuit utile dulci...

Le soulagement et le plaisir de l'esprit sont l'objet de la Théâtrique ; on peut la définir « l'art des jeux. » Elle comprend tous les exercices capables de récréer : le chant, la musique instrumentale, les fictions dramatiques et la gesticulation. Les biens qui servent à satisfaire les besoins matériels de l'homme exigent des travaux différents, selon qu'il s'agit de le couvrir, de le nourrir ou de compléter ces deux bienfaits par des moyens accessoires. Si l'on cherche à se couvrir, on y peut employer des matières souples et légères : c'est le propre de la Tisserie ; ou bien des matières solides et résistantes, et c'est l'art de ceux qui fabriquent des ouvrages de métal, de pierre ou de bois. Si l'on cherche à se nourrir, on y peut aussi pourvoir de deux façons : la nourriture se tire des végétaux ou des animaux ; les premiers sont du domaine de l'Agriculture, les seconds relèvent de la Chasse. Il est encore permis de dire que l'Agriculture se renferme dans la production des substances alimentaires, et que les attributions de la chasse s'étendent aux apprêts de toute espèce que ces substances peuvent subir, sans excepter les soins du four, de la cuisine et du cellier. Ici, une des parties de l'art donne aux autres son nom, en vertu de sa prééminence sur toutes et de ses rapports avec chacune. Enfin, si l'on s'occupe des moyens accessoires qui doivent assurer et prolonger le bien-être ainsi réalisé, on reconnaît qu'il faut tantôt suppléer à l'insuffisance des ressources, tantôt détourner le danger des obstacles. L'une de ces fonctions est celle de la Navigation, à laquelle se rattachent les divers genres de commerce, tous destinés à fournir la nourriture et le vêtement. L'autre appartient à la Médecine, soit qu'elle ait pour but spécial la confection et l'administration des électuaires, des baumes et des breuvages ; soit qu'elle se consacre au pansement des blessures et qu'elle prenne le nom de Chirurgie. Il y a donc lieu de conclure que la classification des sept arts est légitime.

2. La lumière des sens nous permet de saisir les for-

nues naturelles de la matière; on la nomme inférieure, parce que les connaissances acquises par les sens viennent d'en bas, et ne s'obtiennent qu'à la faveur de la lumière corporelle. Or elle est susceptible de cinq modifications différentes, qui répondent à la division des cinq sens, les cinq sens à leur tour forment un système complet, et on le prouve par l'argumentation suivante, empruntée à saint Augustin. — La lumière élémentaire qui nous fait distinguer les choses visibles peut rester dans toute la pureté de son essence, et alors elle est le principe de la vue; ou bien elle s'unit à l'air, et c'est le principe de l'ouïe; elle se charge de vapeurs, et c'est la cause de l'odorat; elle s'imprègne d'humidité, d'où résulte le goût; elle entre en combinaison avec l'élément terrestre, et de là le toucher. Car l'esprit sensitif est aussi d'une nature lumineuse; il réside dans les nerfs, dont la contexture est transparente; il se multiplie dans les organes des sens, où il perd par degrés sa limpidité native. Comme donc les corps simples sont au nombre de cinq, c'est-à-dire les quatre éléments et la cinquième essence, l'homme a été pourvu des cinq sens qui s'y rapportent, afin qu'il lui fût possible de percevoir toutes les formes des corps. En effet, il ne saurait y avoir perception, s'il n'y a corrélation, concours entre l'organe et l'objet, pour procurer la sensation qui leur est propre (1). D'autres preuves exis-

---

(1) Ces idées, sous leur forme antique, présentent de singulières analogies avec les pressentiments les plus hardis de la science moderne : la lumière considérée comme universel et primitif élément des choses; le

tent, desquelles on conclurait aussi que les cinq sens constituent un système complet ; mais celles qui viennent d'être produites réunissent en leur faveur l'autorité de saint Augustin et le suffrage de la raison ; elles font ressortir toute la perfection de la sensibilité humaine, en montrant l'exacte correspondance des conditions diverses dont elle dépend, savoir : l'organe, l'objet, et le milieu par lequel ils communiquent.

5. La lumière de la pensée philosophique nous conduit à la découverte des vérités intelligibles ; on l'appelle intérieure, car elle s'attache à la recherche des choses cachées, et d'ailleurs elle résulte des principes généraux et des notions premières que la nature a déposés au dedans de l'esprit humain. Cette lumière se distribue entre les trois parties de la philosophie, qui sont : la philosophie rationnelle, la philosophie naturelle, la philosophie morale. On démontre de plusieurs manières l'exactitude de cette tripartition. Et d'abord la vérité se peut considérer ou dans le discours, ou dans les choses, ou dans les mœurs. Or cette sorte d'étude, qu'on nomme rationnelle, cherche à maintenir la vérité dans le discours ; celle qui est dite naturelle s'efforce de saisir la vérité dans les choses; la morale s'applique à faire régner la vérité dans les mœurs. En second lieu, de même que la Divinité peut être contemplée successivement comme cause efficiente, formelle, exemplaire, c'est-à-dire comme principe de l'être, raison de la ma-

---

fluide nerveux assimilé au fluide électrique, dont la nature lumineuse ne saurait être mise en doute.

nière d'être, type et règle de l'action : ainsi, à la clarté intérieure de la pensée, se révèlent les origines de toutes les existences, et c'est l'objet de la physique ; l'économie de l'esprit humain, et c'est l'objet de la logique ; la conduite de la vie, et c'est l'objet de l'éthique. Enfin, la lumière de la philosophie éclaire l'entendement dans ses trois fonctions : en tant qu'il gouverne la volonté, et c'est la philosophie du devoir ; en tant qu'il se dirige lui-même et se porte au dehors, et c'est la philosophie de la nature ; en tant qu'il se fait servir par la parole, et alors on peut l'appeler philosophie du langage : en sorte que l'homme possède la vérité sous la triple forme d'application pratique, de science raisonnée et d'enseignement transmissible. — On peut employer de trois manières les services de la parole : à faire connaître de simples conceptions, à déterminer des convictions, à soulever des passions ; et par conséquent la philosophie du langage se subdivise en trois parties : la grammaire, la logique et la rhétorique ; dont la première se propose d'exprimer, la seconde de prouver, la troisième d'émouvoir. La première considère la raison comme faculté appréhensive, la seconde comme puissance judiciaire, la troisième comme force motrice ; car les trois arts de la parole se rapportent nécessairement à ces trois ministères de la raison, qui apprend par l'intermédiaire d'un langage correct, qui juge à l'aide d'un langage exact, qui s'ébranle sous le charme d'un langage orné. — Si l'entendement se tourne vers les choses du dehors, c'est toujours pour les expliquer en les ramenant aux raisons formelles qui les font être ce qu'elles sont (1). Or les raisons formelles des choses peuvent se considérer ou dans la matière, et on les nomme séminales ; ou dans les notions abstraites de l'esprit humain, et on les appelle intelligibles ; ou dans la Sagesse divine, et alors elles sont appelées idéales. C'est pourquoi la philosophie de la nature se partage en trois branches : la Physique proprement dite, la Mathématique, et la Métaphysique. La Physique étudie la génération et la corruption des êtres, d'après les forces naturelles et les raisons séminales qui sont en eux. La Mathématique considère les formes qui peuvent s'abstraire ; elle les combine entre elles selon les raisons intelligibles. La Métaphysique, embrassant toutes choses, les réduit, en suivant l'ordre des raisons idéales, au principe unique de qui elles sont sorties, c'est-à-dire à Dieu, cause, fin, type universel. Et peu importe que ces raisons idéales aient été entre les métaphysiciens un sujet de controverse. — Enfin le gouvernement de la volonté peut être restreint dans les conditions de la vie individuelle ; il peut se développer dans le cercle de la famille, et s'étendre sur toute la multitude d'un peuple qu'il faut régir. En conséquence, la philosophie morale se subdivise en trois parties : la Monastique, l'Économique et la Politique. Leurs noms mêmes suffisent pour indiquer leur rapport avec les

(1) Traduisez *raisons formelles* par lois essentielles, *séminales* par physiques, chimiques et physiologiques : ce sont les mêmes notions abstraites sous une terminologie différente.

trois domaines distincts qui forment leur apanage.

4. La lumière de l'Écriture sainte nous initie aux vérités du salut : si on la nomme supérieure, c'est qu'elle nous élève à la connaissance des choses qui sont au-dessus de notre portée naturelle; c'est aussi qu'elle descend du Père des lumières par voie d'inspiration immédiate, et non par voie de réflexion. Mais, encore que la lumière de l'Écriture sainte soit une au point de vue littéral, elle est néanmoins triple au point de vue mystique et spirituel. Car tous les livres sacrés renferment, au delà du sens littéral, représenté par les paroles, un triple sens spirituel qui se révèle sous la lettre, savoir : le sens allégorique, où l'on découvre ce qu'il faut croire, soit de la Divinité, soit de l'humanité ; le sens moral, où l'on apprend comment il faut vivre ; le sens analogique, où l'on reconnaît les lois selon lesquelles il faut que l'homme s'unisse à Dieu. Ainsi tout l'enseignement des écrivains sacrés se rapporte à ces trois points : la génération éternelle et l'incarnation du Verbe, les règles de la vie, et l'union de l'âme à Dieu. Le premier point intéresse la foi ; le second, la vertu ; le troisième, la béatitude, qui est la fin de l'une et de l'autre. Le premier fait toute l'étude des docteurs ; le second, celle des prédicateurs ; le troisième, celle des contemplatifs. La doctrine de saint Augustin roule sur le premier; celle de saint Grégoire, sur le second ; et celle de saint Denis, sur le dernier. Saint Anselme a suivi saint Augustin; saint Bernard est le disciple de saint Grégoire ; Richard de Saint-Victor a préféré saint

Denis : car Anselme s'attache à la discussion, Bernard à la prédication, Richard à la contemplation. Hugues de Saint-Victor embrasse à la fois les trois doctrines et se fait l'élève des trois maîtres.

De tout ce qui précède, il est permis de conclure que la lumière qui nous apparaissait venue d'en haut par quatre voies peut se considérer, sous un nouvel aspect, comme formant six différentes irradiations. On peut en effet distinguer la lumière de l'Écriture sainte, celle des connaissances acquises par les sens, celle des arts mécaniques ; la lumière de la philosophie rationnelle, celle de la philosophie naturelle, celle de la philosophie morale. Ainsi, dans cette vie, il y a six apparitions de la lumière intellectuelle, et ce sont autant de jours qui ont leur soir, parce que toute science d'ici-bas doit finir : et le septième jour leur succède, le jour du repos qui n'aura pas de fin, c'est-à-dire l'illumination de l'âme dans la gloire du ciel. Ainsi les six illuminations passagères peuvent être comparées aux six jours de la création ; en sorte que la connaissance de l'Écriture sainte correspond à la première création, qui fut celle de la lumière physique ; et de même pour les autres, en suivant l'ordre indiqué. Et, comme les cinq créations successives se rattachaient à la première, toutes les connaissances aussi se coordonnent à celle de la sainte Écriture, s'y résument, s'y perfectionnent, et par là vont aboutir à l'illumination éternelle. Donc toutes les sciences humaines doivent converger vers la science que l'Écriture contient, surtout quand on l'interprète au sens le plus élevé; car c'est par là que nos lumières retourneront à Dieu, dont elles sont descendues. Alors le cercle commencé se refermera, le nombre sacré se complétera, et l'ordre divinement institué se réalisera par l'achèvement de ses harmonieuses proportions.

III. DIEU.

Existence, attributs de Dieu. — Unité d'essence, trinité de personnes. —
S. Bonaventure. *Itinerarium mentis ad Deum*, c. v et vii.

Dieu se manifeste de trois manières : hors de nous, par les vestiges que son action créatrice a laissés dans le monde; en nous, par son image qui se réfléchit au fond de la nature humaine; au-dessus de nous, par la lumière dont il éclaire la région supérieure de l'âme. Ceux qui le contemplent dans la première de ces manifestations s'arrêtent au vestibule du tabernacle; ceux qui s'élèvent à la seconde sont entrés dans le lieu saint; ceux qui atteignent à la troisième ont pénétré dans le Saint des saints, où repose l'arche d'alliance, que deux chérubins ombragent de leurs ailes. Et les deux chérubins à leur tour figurent les deux points de vue où l'on peut contempler les invisibles mystères de la Divinité, savoir : l'unité d'essence et la pluralité de personnes : l'une pouvant se conclure de la notion même de l'être; l'autre, de la seule idée du Bien (1).

Et d'abord, en considérant l'unité d'essence, il faut observer que la notion de l'être porte en elle la certitude incontestable de sa propre réalité. Car l'être exclut la présence du non-être, comme le néant implique le défaut absolu d'existence. Et de même que le néant ne tient en rien de l'existence ni de ses conditions, aussi l'être ne peut tenir du non-être, ni en acte, ni en puissance, ni dans l'ordre des vérités objectives, ni dans l'ordre arbitraire de nos jugements : on ne saurait supposer que l'être n'est pas. — Or le néant, qui implique la négation de l'existence, ne se conçoit que par l'existence même; et celle-ci, au contraire, ne se peut concevoir autrement que par soi. En effet, toute chose est conçue, ou comme n'étant point, ou comme étant possible ou actuelle. Si donc le non-être ne se conçoit que par l'être, et l'être en puissance par l'être en acte, l'être en acte devient la première notion qui tombe

---

(1) Voici comment le saint docteur, aux chapitres II et IV du même opuscule, résume les principaux traits par lesquels Dieu se fait reconnaitre soit dans la nature, soit dans l'humanité :

« Les choses matérielles, considérées en général, sont assujetties à trois conditions, le poids, le nombre et la mesure : elles se montrent sous le triple aspect du mode, du genre et de l'ordre. On y découvre enfin la substance, la force et l'action, d'où l'on peut remonter, comme par de fidèles vestiges, jusqu'à la puissance, la sagesse et la bonté créatrices...

« Rentrez en vous, et voyez que votre âme ne saurait s'empêcher de s'aimer elle-même avec une extrême ardeur. Cependant elle ne s'aimerait point si elle ne se connaissait; elle ne se connaîtrait pas si elle ne se souvenait; car l'intelligence ne saisit que les notions représentées par la mémoire... Il y a donc en votre âme trois puissances où vous pouvez trouver, réfléchie comme dans un miroir, l'image de la Divinité. »

sous la pensée. — Mais l'objet de cette notion première, ce n'est pas l'être particulier, qui est limité dans son développement, et qui demeure sous ce rapport à l'état de puissance : ce n'est pas non plus l'être général abstrait, qui est dénué de réalité véritable : il faut donc que ce soit l'Être divin. — Ici, nous avons lieu d'admirer l'aveuglement de l'intelligence, qui n'aperçoit point l'Être absolu, alors qu'elle le connaît avant toutes choses, et que sans lui elle n'en saurait connaître aucune : pareille à l'œil, qui, doucement captivé par les nuances des couleurs, semble ne point voir la lumière à la faveur de laquelle il a su les découvrir...

Que si l'Être pur ne se peut concevoir que par lui-même, il n'émane donc point d'un autre. Il est le premier de tous. S'il exclut le néant, s'il n'y touche par aucun point, il n'a ni commencement ni fin, il est éternel. S'il ne renferme en lui aucun autre élément que l'être, il est sans composition, c'est-à-dire extrêmement simple. Il n'a point le caractère de la puissance inactive, parce que la puissance inactive tient en quelque façon du néant : il est donc toujours en action. Il ne comporte aucun défaut, et par conséquent il suppose la perfection suprême. Et, comme il ne contient nul principe de divisibilité, on peut dire qu'il est absolument un. Ainsi l'Être pur est tout ensemble le premier de tous, éternel, extrêmement simple, toujours en action, souverainement parfait, contenu dans une indivisible unité. Et ces divers attributs sont tellement certains, qu'on n'en saurait supposer la privation, et que d'ailleurs chacun d'eux se lie nécessairement à ceux qui précèdent et qui suivent; en sorte que l'intelligence, en les considérant, se sent comme environnée des clartés du ciel. — Mais voici ce qui doit achever son étonnement et la ravir. C'est que l'Être pur lui apparaît encore comme le dernier de tous, comme souverainement présent, comme infini, immuable, immense, universel. Il est le dernier, parce qu'il est le premier : car le premier des êtres a nécessairement créé pour soi tous les autres; il en est devenu la fin, comme il en était le commencement; l'Alpha s'est fait Oméga. Il ne cesse pas d'être présent, parce qu'il est éternel. En effet, l'Éternel ne peut être resserré dans les limites du temps; il ne peut occuper successivement les divers intervalles de la durée : il n'y a donc pour lui ni passé, ni avenir, mais un présent continu. Il est infini parce qu'il est simple. En effet, où l'essence est plus simple, là aussi la force est plus intense ; et plus la force est intense, plus son effort approche de l'infini. Il est immuable parce qu'il est toujours en action : l'être en action n'est autre chose que l'acte pur ; or l'acte pur ne peut rien acquérir de nouveau, rien perdre de ce qui est en lui : par conséquent il ne peut subir aucun changement, il est immuable. Il est immense, parce qu'il est parfait; s'il est parfait, on ne peut rien concevoir en quoi il n'excelle ; l'excellence en grandeur est ce qu'on nomme immensité. Il est universel parce qu'il est un : car l'unité est l'élément primitif de toute multitude ; elle est la cause efficiente, exemplaire, finale de toutes choses

l'Être dont nous parlons est donc universel, non comme essence de tout ce qui existe, mais comme principe, comme raison suffisante, comme auteur bienfaisant de toutes les essences.

Il est temps de passer à la seconde considération, la trinité de personnes, qu'il faut conclure de l'idée seule du bien. L'Être absolu est infiniment bon, puisqu'il est parfait, et qu'ainsi rien ne saurait être meilleur. Et, réciproquement, on ne peut supposer que l'Être infiniment bon n'existe pas, puisqu'il est meilleur d'exister que de n'exister point. Or on ne saurait le contempler dans la plénitude de son existence sans arriver à reconnaître qu'il est triple comme il est un. — Le souverain Bien doit être en effet souverainement communicatif. Mais il n'y aurait pas de sa part communication souveraine, s'il ne communiquait à celui dans lequel il s'épanche sa substance tout entière. La communication doit être substantielle et personnelle, actuelle et intérieure, naturelle et volontaire, libre et nécessaire, incessante et complète. Telle n'est pas cependant celle qui s'accomplit dans la création : car elle est renfermée dans le temps, dans l'espace, qui ne sont qu'un point en présence de l'immense et perpétuelle Bonté. Il faut donc qu'il y ait de toute éternité, au sein même du souverain Bien, une production consubstantielle, comme celle qui s'opère par voie de génération et de procession ; d'où résulte l'égalité des personnes produites. Il faut que le principe éternel, éternellement agissant, engendre un principe égal à lui, et que de l'un et de l'autre procède un troisième ; et ces trois sont le Père, le Fils et l'Esprit. Il le faut pour réaliser cet entier épanchement de soi-même, perfection essentielle, et sans laquelle le souverain Bien ne serait pas. — Ainsi, dans la contemplation de la suprême Bonté, qui est l'acte sans fin, l'expansion sans bornes d'un amour volontaire et nécessaire tout ensemble; dans l'idée même de ce bien essentiellement communicatif, se rencontrent les prémisses d'où l'on peut faire ressortir le dogme de la divine Trinité (1).

IV. L'HOMME.

1. Nature de l'âme. — S. Bonaventure, *Breviloquium*.

L'enseignement théologique se résume ici en peu de mots. — L'âme de l'homme est une forme existante, vivante, intelligente et libre. — Existante, non par elle-même, ni comme une émanation de l'essence infinie, mais par l'opération divine, qui du néant la fit passer à l'être ; — Vivante, non d'une vie mortelle et qu'elle

---

(1) Le saint docteur, dans ce fragment qui ne peut être une démonstration, mais une justification du dogme chrétien, résume sans les développer les preuves éparses dans les écrits des Pères. Il ne faut donc pas s'étonner s'il n'indique point pourquoi la communication divine s'arrête au Saint-Esprit. Les théologiens en donnent plusieurs raisons, dont l'une est que la Puissance, l'Intelligence et l'Amour constituent dans leur triplicité l'essence tout entière des esprits : en sorte que rien ne pourrait s'y joindre, comme rien ne s'en peut retrancher.

emprunte au monde extérieur, mais d'une vie qui lui est propre et qui n'a pas de fin ; — Intelligente, car elle conçoit les choses créées, et le Créateur même, dont elle porte l'image ; — Libre, c'est-à-dire exempte de toute contrainte dans l'exercice de sa raison et de sa volonté...

Voici maintenant le développement philosophique de ces dogmes. Le premier principe, qui est souverainement heureux et bon, veut par sa bonté communiquer son bonheur à toutes les créatures, non pas à celles-là seules qu'il fit spirituelles et plus voisines de lui, mais à celles aussi qui sont perdues dans les dernières profondeurs de la matière. Or il n'agit sur ces créatures infimes que par des intermédiaires qui les rattachent aux plus élevées : lui-même s'est prescrit cet ordre général. Il a donc rendu capables de bonheur non-seulement les esprits purs qui forment les chœurs angéliques, mais encore l'esprit uni à la matière, c'est-à-dire l'âme de l'homme. — Et, comme la possession du bonheur n'est glorieuse qu'à titre de récompense, comme la récompense suppose le mérite, et que le mérite ne saurait exister sans l'action libre, il a fallu donner à l'âme cette liberté que nulle contrainte ne peut détruire. En effet, la volonté est inviolable aux agressions du dehors, bien que devenue, à la suite de la première chute, faible et sujette au péché. — Si l'âme est capable de bonheur, elle est donc capable aussi de posséder Dieu. Il faut qu'elle le saisisse par les facultés dont elle dispose, et d'abord par l'intelligence, qui, après avoir conçu l'infini, comprendra sans peine les choses finies. C'est le caractère du bonheur véritable de ne pouvoir se perdre : par conséquent, il ne peut se répandre qu'en des natures incorruptibles. Ce qui est heureux est immortel : l'âme doit donc vivre d'une vie illimitée. — Enfin, puisqu'elle tient son bonheur d'une cause étrangère, et qu'elle est néanmoins immortelle, elle est dépendante et variable en sa manière d'être, tout en demeurant incorruptible dans son être. Il s'ensuit qu'elle n'existe ni par elle-même, ni comme une émanation de l'essence divine, car alors elle serait immuable ; ni par l'action des causes secondes du monde extérieur, car alors elle serait corruptible. C'est donc par l'opération créatrice qu'elle a reçu l'existence... — Ainsi le bonheur, considéré comme fin suprême de l'âme, exige en elle l'assemblage de tous les attributs compris dans la définition qu'on proposait naguère. Et pour en expliquer encore le premier terme, qui peut-être semblerait obscur, il faut dire que l'âme, douée d'immortalité, peut donc se séparer du corps périssable qu'elle habitait ; que si elle est appelée forme, elle n'est pourtant point une conception abstraite, mais une réalité distincte ; qu'elle n'est donc pas seulement unie au corps comme l'essence à la substance, mais comme le moteur à la chose qu'il meut.

II. Des facultés de l'âme en général. — S. Bonaventure, *ibidem*.

L'âme, dans son union avec le corps, constitue l'homme entier : elle le fait exister, elle le fait aussi vivre, sentir et comprendre. Il y a lieu, par conséquent, de reconnaître en elle une triple puissance végétative, sensitive, intellectuelle. — Par sa puissance végétative, elle préside à la génération, à la nutrition, à la croissance. — Par sa puissance sensitive, elle saisit ce qui est sensible, retient ce qu'elle a saisi, combine ce qu'elle a retenu. Elle saisit par les cinq sens extérieurs, qui correspondent aux cinq éléments du monde matériel; elle retient par le souvenir; elle combine et divise par l'imagination, en qui se trouve le pouvoir de combiner les impressions reçues. — Par sa puissance intellectuelle, elle discerne le vrai, repousse le mal, et tend au bien. Elle discerne le vrai par l'instinct rationnel; elle repousse le mal par l'instinct irascible; elle tend au bien par l'instinct concupiscible.

Mais le discernement suppose la connaissance; l'aversion et l'appétit sont des affections : l'âme sera donc tour à tour connaissante ou affective. — Or le vrai peut se considérer à deux points de vue, comme vrai ou comme bien. Le vrai et le bien sont éternels ou transitoires : dès lors la faculté de connaître, qu'on appelle intellect ou raison, se subdivise en intellect spéculatif ou pratique, en raison inférieure ou supérieure. Ces noms indiquent plutôt des fonctions diverses que des puissances distinctes.—Les affections peuvent se porter de deux manières dans un même sens : par un mouvement naturel ou par un choix délibéré. C'est pourquoi la faculté de vouloir se partage en volonté naturelle et volonté d'élection. — Et, comme l'élection libre résulte d'une délibération, où s'exerce le discernement, il s'ensuit que le libre arbitre est l'œuvre commune de la raison et de la volonté; en sorte qu'il réunit en lui toutes les forces intellectuelles de l'homme. Saint Augustin l'avait dit : « Quand nous parlons du libre arbitre, ce n'est point une partie de l'âme que nous désignons de la sorte, mais bien l'âme entière. »

III. La mémoire, l'intelligence et la volonté, considérées dans leurs fonctions particulières. — S. Bonaventure, *Itinerarium mentis ad Deum*, cap. III.

1. Le ministère de la mémoire est de retenir, pour les représenter au besoin, non-seulement les idées des choses actuelles, corporelles, périssables, mais aussi celles des choses successives, simples, éternelles. — Et d'abord, la mémoire nous garde les souvenirs du passé, les conceptions du présent, les prévisions de l'avenir. Puis elle recèle les notions les plus indécomposables, comme les éléments des quantités discrètes et continues, l'unité, le point, l'instant, sans lesquels il serait impossible de se rappeler les nombres, l'espace et la durée qui s'en composent. Enfin elle conserve invariablement les invariables axiomes des sciences. Car on ne saurait tellement les oublier, hormis le cas de démence, qu'en les entendant proférer autour de soi on n'y donne aussitôt son assentiment, comme à des vérités reconnues, familières, et pour ainsi dire naturelles. C'est ce que l'on éprouve si l'on est appelé à se prononcer sur une proposition comme celle-ci : Le tout

est plus grand que sa partie. — Or, premièrement, si la mémoire embrasse le passé, le présent, l'avenir, elle porte l'image de l'éternité, qui contient tous les temps dans un présent indivisible. En second lieu, comme elle renferme des notions indécomposables, il faut qu'elle ne soit point uniquement modifiée par les impressions matérielles du monde extérieur; mais qu'il y ait en elle des formes simples qui lui soient imprimées d'en haut, et qui ne puissent entrer par les portes des sens, ni revêtir des traits sensibles. En troisième lieu, de sa fidélité à retenir les axiomes, il résulte qu'elle est assistée d'une clarté qui ne se trouble pas, et qui à toute heure lui fait voir sous un même jour les vérités invariables...

II. La fonction de l'intelligence est de comprendre les termes isolés, les propositions, les raisonnements. — L'intelligence comprend le sens des termes quand elle en sait la définition. Or la définition de chaque terme doit se faire par un autre plus général, qui à son tour se définira par un troisième encore plus étendu, jusqu'à ce qu'on rencontre ceux qui sont les plus larges de tous, et sans lesquels il serait impossible de rien définir. Si donc on était dépourvu de la notion générale de l'être, on ne saisirait la définition d'aucun être particulier... Mais l'être peut se concevoir défectueux ou parfait, relatif ou absolu, en puissance ou en acte, passager ou permanent, dépendant ou libre, secondaire ou primitif, simple ou composé... Et, comme les défauts sont des termes négatifs qui ne se perçoivent qu'à l'aide des termes positifs correspondants, l'intelligence ne saurait analyser l'idée d'aucun être créé, défectueux, relatif, composé, transitoire, sans la notion d'un être complet, absolu, simple, éternel, en qui sont contenues les raisons des choses... — L'intelligence comprend les propositions, alors surtout qu'elle les reconnaît avec certitude comme vraies, c'est-à-dire quand elle sait ne pouvoir faillir dans l'adhésion qu'elle y donne. Cette infaillibilité suppose que la vérité ne peut être ailleurs, que la vérité ne change pas de place, qu'elle est immuable. Mais l'intelligence, sujette elle-même au changement, ne peut s'assurer de cette parfaite immutabilité qu'à l'aide d'une lumière inaltérable qui rayonne sans cesse et qui ne peut être une simple créature, par conséquent de la lumière qui illumine tout homme venant en ce monde et qui est le Verbe divin. — Enfin l'intelligence est sûre de comprendre un raisonnement lorsqu'elle voit la conclusion ressortir nécessairement des prémisses. Or la nécessité de la conclusion demeure la même, encore que les prémisses reposent sur des faits nécessaires ou contingents, réels ou simplement possibles. « Si l'homme court, donc il se meut. » La conséquence ne cesse pas d'être vraie, encore que l'homme ne coure pas, ou même qu'il ne soit plus. Ainsi la nécessité logique ne dépend point de l'existence réelle et matérielle des choses dans la nature; elle ne dépend pas non plus de leur existence imaginaire dans la pensée humaine : mais elle exige leur existence idéale dans les exemplaires éternels sur lesquels travaille l'artiste divin, et qui se réfléchissent en toutes ses œuvres. Ainsi, selon la parole de saint Augustin, le flambeau qui éclaire nos raisonnements s'allume au foyer de la vérité infinie où sa lueur nous reconduit. — Il s'ensuit que l'intelligence est en rapport avec la vérité infinie; car, sans l'assistance qu'elle en reçoit, elle ne pourrait obtenir aucune certitude. Donc nous pouvons découvrir la vérité qui nous enseigne, si les concupiscences du dedans et les apparences du dehors ne viennent s'interposer entre nos regards et le maître auguste, toujours présent au fond de nos âmes.

III. La volonté dans son action libre parcourt successivement trois degrés, qui sont : la délibération, le jugement et le désir. — La délibération a pour but d'examiner lequel des deux objets est le meilleur. Mais de deux objets l'un ne saurait s'appeler le meilleur qu'en raison d'une ressemblance plus grande avec un troisième qui est parfaitement bon : d'ailleurs, la ressemblance s'apprécie par la comparaison, qui suppose à son tour une connaissance quelconque des objets comparés... Donc la volonté qui délibère prend pour point de départ une notion innée de la Bonté parfaite. — Le jugement ne se prononce que sur une loi. Mais on ne peut juger avec assurance sur le texte d'une loi, si l'on n'est déjà certain de la justice de ses dispositions; sinon il y aurait lieu de surseoir, et de juger d'abord la loi même. Or l'âme est son propre juge. Donc la loi selon laquelle il faut qu'elle juge et qu'elle ne doit point juger, cette loi qui est en elle, est pourtant distincte d'elle et lui vient d'en haut. Et, comme rien n'est plus haut que l'âme, si ce n'est Celui dont elle est l'ouvrage, il est permis de conclure que la volonté, au moment où elle juge, prend pour point d'appui la Loi divine. — Enfin le désir se mesure à l'attrait qu'exerce la chose désirée. De toutes les choses, celle qui exerce le plus vif attrait, c'est le bonheur; et le bonheur ne s'acquiert que par l'accomplissement de la fin dernière, c'est-à-dire par la possession du souverain Bien. Le désir tend donc nécessairement au souverain Bien, ou du moins à tout ce qui s'y rapporte par quelque analogie, à tout ce qui le représente par quelques traits.

IV. Rapports mutuels du physique et du moral. — *Compendium Theologicæ veritatis*, lib. II, cap. LVIII, LIX (1).

La disposition des parties dont l'ensemble constitue le corps humain offre de nombreuses variétés qui, interprétées avec art, semblent correspondre aux diverses dispositions de l'âme... Nos maîtres dans cet art d'interprétation sont Aristote, Avicenne, Constantin, Palémon, Loxus, Palémotius. Nous marcherons à leur suite.

(1) Cet ouvrage a eu l'honneur d'être tour à tour attribué aux plus illustres docteurs de l'école : Albert le Grand, S. Thomas d'Aquin, Thomas Sutton, Hugues de Strasbourg (voyez l'*Histoire littéraire de la France*, t. XIX. L'opinion, qui lui donne pour auteur S. Bonaventure est fondée : 1° sur l'analogie des idées et des expressions du *Compendium* avec celles du *Breviloquium*; 2° sur le témoignage de deux anciens manuscrits du Vatican.

Et, pour commencer par les complexions, il faut reconnaître que les mélancoliques portent l'empreinte de la tristesse et de la gravité ; les qualités contraires sont le partage des sanguins ; les bilieux se montrent enclins à la colère; les flegmatiques, à la somnolence et à la paresse. — Le sexe ne manque point d'exercer une puissante influence : l'homme est impétueux dans ses mouvements, ami des travaux intellectuels, ferme en présence du péril. Les femmes sont timides et miséricordieuses.

La grosseur de la tête, lorsqu'elle est démesurée, est un indice ordinaire de stupidité : sa petitesse extrême trahit l'absence du jugement et de la mémoire. Une tête plate et affaissée par le sommet annonce l'incontinence de l'esprit et du cœur ; allongée et de la forme d'un marteau, elle a tous les signes de la prévoyance et de la circonspection. — Un front étroit accuse une intelligence indocile et des appétits brutaux; trop élargi, il indiquerait peu de discernement... S'il est carré et d'une juste dimension, il est marqué au sceau de la sagesse et peut-être du génie.

Les yeux bleus et brillants expriment l'audace et la vigilance, ceux qui semblent troubles et vacillants révèlent l'habitude des boissons fortes et des voluptés grossières. Ceux qui sont noirs, sans aucune autre nuance, désignent une nature débile et peu généreuse... Ceux qui, rouges et petits, s'avancent à fleur de tête, accompagnent ordinairement un corps sans tenue et une langue sans frein. Mais, quand le regard est perçant, quoique voilé d'une légère humidité, il annonce la véracité dans le discours, la prudence dans le conseil, la promptitude dans l'action... Une bouche bien fendue, fermée par des lèvres minces, et dont la supérieure déborde médiocrement l'inférieure, exprime des sentiments nobles et courageux. Une bouche petite, et dont les bords amincis se pressent pour réprimer le mouvement, laissé percer la ruse, ressource habituelle de la faiblesse. Les lèvres entr'ouvertes et pendantes donnent le symptôme de l'inertie et de l'incapacité. Cette observation peut se répéter sur plusieurs animaux.

L'énergie et l'habileté se devinent à des mains courtes et délicates. Les doigts longs et crochus marquent l'intempérance de la table et celle de la parole... Les hommes qui marchent à grands pas sont presque tous gens d'un caractère élevé et d'une activité infatigable. Ceux qu'on voit hâtant leur course, repliés sur eux-mêmes et portant bas la tête, ont les apparences certaines de l'avarice, de l'astuce et de la timidité.

En général, quand toutes les parties du corps gardent leurs proportions naturelles, et qu'il règne entre elles une parfaite harmonie de formes, de mesures, de couleurs, de situations, de mouvements, il est permis de supposer une disposition non moins heureuse des facultés morales ; et réciproquement la disproportion des membres laisse aisément soupçonner un désordre pareil dans l'intelligence et dans la volonté. On pourra même dire avec Platon que souvent nos traits portent la ressemblance de quelque animal, dont notre conduite reproduit aussi les mœurs... Mais surtout il faut se souvenir que les formes extérieures ne marquent pas au coin de la nécessité les caractères intérieurs qui leur correspondent; elles ne sauraient détruire la liberté de l'âme, dont elles indiquent les tendances. Encore la valeur de ces indices est-elle seulement conjecturale et quelquefois incertaine, de façon qu'en cette matière ce serait témérité que de précipiter son jugement. Car l'indice peut se trouver accidentel; et, s'il est l'ouvrage de la nature, l'inclination qu'il représente peut céder à l'ascendant d'une habitude opposée, ou se redresser sous le frein modérateur de la raison.

V. LA SOCIÉTÉ

I. Philosophie du droit. — S. Thomas d'Aquin. *Summa*, 1ᵃ 2ᵃᵉ, qq. xc-xcvii, *de Legibus* (1).

1. Des lois considérées dans leur essence. — *Quæst.* 90.

On propose quatre questions : — 1. Si la loi est une dépendance de la raison ? — 2. Quelle est la fin de la loi ?

(1) On n'a pu faire entrer ici qu'en le mutilant ce traité *de Legibus*, qui dans son ensemble forme peut-être le plus beau système de philosophie du droit qui ait été tracé par une main chrétienne. Les lacunes seront scrupuleusement indiquées; elles inviteront du moins le lecteur à recourir au texte.

— 3. Quelle en est l'origine ? — 4. Quelle en doit être la promulgation ?

1. La loi est une règle, une mesure qui s'impose à nos actes; c'est un motif qui nous sollicite ou nous détourne d'agir. En effet, on l'appelle Loi, du mot Lier (*Lex* de *Ligare*), parce qu'elle nous lie et nous astreint à une détermination qu'elle rend nécessaire. Or la règle et la mesure des actes humains, c'est la raison, qui en est aussi le premier principe, car il appartient à la raison de diriger l'effort vers le but; et la considération du but qu'on veut atteindre est précisément, comme le prononce Aristote, le premier principe de l'action. Mais, dans chaque ordre de choses, ce qui est principe est aussi règle et mesure : ainsi l'unité mesure les nombres ; ainsi le mouvement des cieux règle le mouvement d'ici-bas. — Il est donc permis de conclure que la loi est une dépendance de la raison.

2. Comme la raison est le principe des actes humains, aussi doit-il se trouver dans la raison même une idée qui soit à son tour le principe des autres, et de laquelle la loi dépende d'une manière plus absolue. Or l'idée qui préside à toutes nos opérations, qui domine et dirige toutes les décisions de la vie pratique, c'est l'idée d'une fin dernière. Mais la fin dernière de l'existence humaine est la félicité ou le bonheur. Il faut donc que la loi tende à réaliser les conditions du bonheur. D'un autre côté, si l'imparfait se doit subordonner au parfait, et la partie au tout; si l'homme isolé n'est qu'une partie de la société en qui seule réside la perfection, le propre de

la loi sera de réaliser les conditions de la félicité commune. Et c'est encore en ce sens qu'Aristote, au livre cinquième de la *Morale*, proclame justes et recommandables toutes les institutions qui produisent ou qui conservent le bonheur au milieu des relations politiques... Par conséquent, le bien général est la fin suprême à laquelle toutes les lois sont nécessairement coordonnées.

3. Mais, en reconnaissant que la destination de la loi est de procurer le bien général, on doit admettre aussi que le soin d'assurer cette destination appartient à la multitude ou à celui qui en tient la place. Les lois seront donc l'ouvrage du peuple entier, ou de la personne publique chargée des intérêts du peuple, car toujours et partout la charge de disposer toutes choses pour l'accomplissement de la fin générale incombe à celui qui s'y trouve particulièrement, immédiatement, complétement intéressé.

4. On a dit que la loi s'impose à la manière d'une règle et d'une mesure : or la règle et la mesure s'imposent en s'appliquant aux objets qu'on y doit soumettre. Donc, pour obtenir cette force obligatoire qui la caractérise, il faut que la loi soit appliquée à ceux qu'elle doit régir. Mais cette application, ce premier essai de la loi sur les esprits, s'opère par la connaissance qui en est donnée à tous au moyen de la promulgation. Il s'ensuit que la promulgation est nécessaire pour faire acquérir force à la loi. — Ainsi des quatre considérations qui précèdent on peut déduire une définition sa-

t isfaisante, et dire enfin : que la loi est une disposition rationnelle, tendant au bien commun, émanée de celui qui est chargé des intérêts de la communauté, et promulguée par ses soins (1).

2. Des différentes sortes de lois. — *Quæst.* 92.

On traitera successivement : — 1. De la loi éternelle; — 2. De la loi naturelle ; — 3. Des lois humaines.

1. La loi, ainsi qu'on l'a prouvé ci-dessus, est l'expression de la raison pratique dans la pensée du souverain qui gouverne une société complète. Or, en supposant que le monde est régi par les conseils de la Providence, proposition dont la vérité a d'ailleurs été suffisamment établie, il est évident que la raison divine gouverne la grande société de l'univers. Par conséquent l'économie du gouvernement des choses, telle qu'elle existe en Dieu, souverain de l'univers, a vraiment le caractère d'une loi. Et, comme les conceptions de la raison divine ne sont point subordonnées à la succession des temps, mais qu'elles jouissent d'une immuable éternité, selon ce qui est écrit au livre des Proverbes, il s'ensuit que cette Loi doit se dire Éternelle.

2. Si la loi est règle et mesure, elle peut être considérée du côté de celui qui l'impose et du côté de celui

(1) « Rationis ordinatio ad bonum commune ab eo qui curam communitatis habet promulgata. » *Ratio, Ordinatio*, deux mots profonds usités dans la langue de l'école pour désigner la loi, et qui en expriment admirablement le double caractère intellectuel et moral. Nous avons conservé le second dans notre français *Ordonnance;* le premier s'est conservé dans l'italien *Ragione*.

qui la subit; car on ne saurait être réglé ni mesuré sans tenir en quelque chose de la mesure et de la règle. Si donc tout ce qui est soumis à la Providence divine est réglé et mesuré par la loi éternelle, il est évident que tous les êtres tiennent en quelque manière de cette suprême loi ; c'est-à-dire qu'ils reçoivent de son application une impulsion naturelle vers les actes qui leur sont propres, vers les fins qui leur sont assignées. Mais, entre toutes les créatures, la créature raisonnable est soumise d'une façon plus excellente à la Providence, en tant qu'elle coopère à l'œuvre providentielle, en prévoyant pour soi-même et pour les autres. Elle est donc admise à une participation plus abondante de la raison éternelle, qui lui imprime une tendance continue vers sa véritable destinée; or cette participation de la créature raisonnable à la loi éternelle se nomme Loi Naturelle.

5. On a déjà plusieurs fois répété que la loi est l'expression de la raison pratique : or la raison pratique et la raison spéculative suivent à peu près la même marche dans leurs développements. L'une et l'autre vont descendant toujours des principes aux conclusions. Comme donc la raison spéculative a des principes indémontrables naturellement connus, et qu'elle en tire les conclusions des sciences diverses dont la connaissance n'est point donnée par la nature, mais laborieusement acquise par l'étude ; ainsi les préceptes de la loi naturelle sont autant de principes généraux, évidents par eux-mêmes, d'où la raison pratique doit faire sor-

tir les dispositions particulières. Et ces dispositions, étant l'ouvrage de l'esprit humain, s'appelleront Lois Humaines, pourvu qu'elles réunissent les caractères dont l'ensemble constitue la loi. C'est pourquoi Cicéron, au livre de la *Rhétorique*, professe que le droit eut ses origines dans la nature ; que, plus tard, certaines observances déterminées par la raison s'introduisirent dans la coutume, et qu'enfin les institutions fondées sur la nature, éprouvées par la coutume, furent sanctionnées par la terreur des lois et consacrées par la religion.

5. De la loi éternelle. — *Quæst.* 93.

On demande : — 1° Quelle est en elle-même la loi éternelle ? — 2° Si toutes les lois temporelles en doivent être dérivées ?

1. Comme l'artiste porte dans son intelligence le plan des œuvres qui sortiront de ses mains, ainsi, dans l'intelligence de celui qui gouverne, doit se préciser d'avance l'ordre qu'il établira chez la multitude confiée à sa garde. Le plan préconçu des œuvres d'art s'appelle règle ou modèle ; l'ordre préétabli du gouvernement social prend le titre de loi... Or Dieu, créateur de toutes choses, est pour elles ce que l'artiste est pour ses œuvres : il les gouverne aussi et les dirige en quelque manière dans tous leurs mouvements et tous leurs actes. Donc le dessein de la Sagesse divine, en tant qu'il a présidé à la formation des créatures, prend le nom de modèle, de type ou d'idée ; en tant qu'il déter-

mine l'effort des êtres vers l'accomplissement de leur destinée, il prend le titre de loi ; d'où il suit que la Loi Éternelle n'est autre que l'ordre selon lequel la divine Sagesse fait mouvoir toutes les forces de la création.

2. La loi, c'est l'ordre dans le mouvement; or, dans une série de mouvements coordonnés, il faut que la puissance du second moteur dérive de la puissance du premier, car le second moteur n'entre en fonction qu'autant qu'il est mû lui-même. C'est pourquoi dans toute hiérarchie l'économie du gouvernement se transmet du pouvoir souverain aux pouvoirs secondaires; et, de même que dans les œuvres d'art, l'idée qu'il faut réaliser descend de l'artiste qui conduit les travaux aux ouvriers qui les exécutent, ainsi l'ordre qu'il faut suivre dans les relations de la vie civile descend du roi aux magistrats inférieurs. Si donc la Loi Éternelle est l'économie du gouvernement universel dans la pensée de Dieu, en qui réside le suprême pouvoir, elle est la source d'où tous les systèmes de gouvernement dirigés par des pouvoirs subalternes, d'où toutes les lois humaines, en un mot, doivent descendre. Et c'est, en effet, la doctrine de saint Augustin, au livre II du *Libre Arbitre*.

1. De la loi naturelle. — *Quæst.* 94.

On demande : — 1° Quels sont les préceptes de la Loi Naturelle? — 2° Si cette loi est une pour tous les hommes ?

1. Les préceptes de la Loi Naturelle ont pour rai-

son pratique la même valeur que les axiomes indémontrables pour la raison spéculative : c'est ce qui résulte des observations précédentes... Or le premier axiome indémontrable est celui-ci : qu'on ne peut affirmer et nier une même proposition en même temps. Et cet axiome repose sur la notion de l'être, la première qui se présente à la pensée... Mais, comme la notion de l'être est la première qui se présente à la raison spéculative, la notion du bien est celle qui s'offre avant toute autre à la raison pratique... Le premier précepte de la loi naturelle est donc celui-ci : qu'il faut procurer le bien, éviter le mal. Et il y a autant de préceptes dans la loi de nature qu'il y a de cas où la raison pratique reconnaît spontanément la présence du bien et du mal... Mais, si le caractère du bien est d'être la fin naturelle des choses, la raison reconnaîtra ce caractère dans tous les objets vers lesquels la nature nous incline... L'ordre de ces inclinations innées déterminera donc l'ordre qui règne entre les préceptes de la loi naturelle. — Il y a d'abord dans l'homme une inclination élémentaire, venue de cette nature infime qui lui est commune avec toutes les créatures. Toutes les créatures tendent à leur propre conservation, et par conséquent les moyens nécessaires pour conserver la vie, pour éloigner la mort, rentrent dans le domaine de la loi naturelle. En second lieu, l'homme est enclin à des actes plus compliqués, attributs distinctifs de cette autre nature qu'il partage avec les animaux; et c'est pourquoi l'on comprend sous la loi naturelle l'union des sexes et l'éducation des enfauts... Troisièmement, l'homme se sent appelé vers une autre sorte de bien correspondant à cette nature supérieure, intelligente, raisonnable, qui est en lui seul. Il éprouve le besoin de connaître Dieu, de vivre en société; et la loi naturelle pourvoit à la satisfaction de ces besoins en flétrissant l'ignorance volontaire, en recommandant une vie innocente, en multipliant enfin de sages prescriptions qu'il serait trop long de rappeler.

2. La loi naturelle sanctionne toutes les inclinations primitives de la nature humaine; mais, entre toutes, celle-là surtout nous distingue et nous honore, qui nous porte à prendre la raison pour guide de nos actes. Or la marche constante de la raison est d'aller du général au particulier. Toutefois, tandis que la raison spéculative, s'exerçant sur des faits nécessaires, rencontre infailliblement la vérité, et dans les principes qu'elle pose et dans les conclusions qu'elle déduit, la raison pratique s'occupe des actions humaines, qui sont au nombre des choses contingentes; et, bien qu'elle tienne encore à la nécessité métaphysique par ses maximes générales, aussitôt qu'elle s'abaisse aux applications elle y trouve la contingence. Ainsi, dans la spéculation, la vérité est toujours une pour tous, encore qu'elle ne soit pas toujours également connue. Dans la pratique, la justice, dont les maximes générales sont identiques, immuables, évidentes pour tous, peut fléchir et s'obscurcir dans ses applications. Dans la loi naturelle, si l'on s'arrête à ses principes,

tout la même en soi et dans les idées qu'on s'en fait ; mais, si l'on considère les règles particulières qu'elle dicte selon la diversité des circonstances, elle pourra varier ; elle pourra varier d'abord en elle-même en se pliant aux conditions nouvelles qui modifieront sa rigueur ordinaire, puis aussi dans les idées qu'on s'en fera, suivant que la raison se laissera plus ou moins troubler par les passions, par des habitudes perverses, par une fâcheuse disposition des organes. Il est facile de citer des exemples : la loi qui prescrit la restitution du dépôt souffre restriction au cas où le déposant réclamerait son trésor pour en faire un usage criminel. Celle qui interdit le vol ne connaît pas d'exception, mais elle fut ignorée de quelques peuples : les Germains, au rapport de César, ne réputaient point coupable la soustraction du bien d'autrui.

3. Des lois humaines. — *Quæst.* 95-97.

On en discutera successivement : — 1° l'utilité ; — 2° l'autorité ; — 3° la mutabilité.

1. L'homme a reçu de la nature une heureuse aptitude pour la vertu ; mais il ne saurait atteindre à la perfection de la vertu qu'en s'assujettissant à une discipline. Il en est de ses besoins moraux comme de ses nécessités matérielles ; il ne peut les satisfaire qu'en s'astreignant à un travail régulier, dont il a les instruments, savoir : l'intelligence et les mains, pendant que les animaux trouvent sans calcul et sans peine, autour

d'eux et sur eux, la pâture et le vêtement. Or il est difficile que l'homme se suffise à lui-même pour l'exercice de cette discipline bienfaisante ; car elle a pour objet principal de l'arracher aux jouissances illicites vers lesquelles il se sent attiré, surtout durant la jeunesse, c'est-à-dire à l'âge où la correction est plus efficace et la direction plus durable. Il faut donc recevoir d'autrui la discipline, qui seule peut conduire à la vertu. Pour ceux qu'une complexion favorable, une sage habitude, ou mieux encore la grâce divine, fait pencher aisément au bien, c'est assez de la discipline paternelle, qui procède par forme de conseil; mais pour les caractères vicieux, qui ne se laissent pas ébranler par la parole, il faut opposer aux séductions du mal les menaces de la force. Brisées contre cet obstacle salutaire, les volontés mauvaises cesseront d'aller troubler la tranquillité commune ; elles prendront un cours meilleur, elles garderont par habitude la conduite tracée par la crainte, elles reviendront à la sagesse. Or la seule discipline qui ait la puissance de contraindre, parce qu'elle est accompagnée de la terreur des peines, c'est la discipline des lois; d'où il faut conclure que les lois humaines étaient nécessaires pour le maintien de la paix et pour la propagation de la vertu parmi les hommes. Et l'on peut invoquer, à l'appui de cette proposition, le témoignage d'Aristote au livre I*er* de la *Politique*...

2. Les lois d'institution humaine sont justes ou injustes. Les lois justes obligent au for intérieur; elles tirent cette force obligatoire de la loi éternelle, d'où elles

sont dérivées... Or les lois méritent d'être appelées
justes quand elles remplissent les conditions de la justice par la fin qu'elles se proposent, par l'auteur dont
elles émanent, par la forme qu'elles observent ; c'est-à-
dire, quand elles tendent au bien général, qu'elles
n'excèdent pas le pouvoir du législateur, qu'elles distribuent avec une égalité proportionnelle les charges
qui, dans l'intérêt de tous, doivent être supportées par
chacun. L'homme, en effet, s'il est membre de la société, lui appartient comme la partie au tout ; et la nature veut quelquefois qu'une partie souffre, pour que
le tout soit sauvé. De même, les lois distribuent sur
chaque membre de la société les charges nécessaires
pour la conservation de l'ordre social ; et, si elles le font
dans des proportions équitables, elles sont justes, obligatoires pour la conscience ; on peut les appeler des
lois légitimes. Les lois peuvent être injustes de deux
façons : par opposition au bien relatif de l'homme, ou
par opposition au bien absolu, qui est Dieu. Dans le
premier cas, elles pèchent par leur fin, par leur auteur,
ou par leur forme : par leur fin, quand le prince les a
calculées dans l'intérêt de son orgueil ou de sa cupidité, sans égard au bien public ; par leur auteur, lorsque celui qui les a dictées a dépassé la somme de pouvoir dont il est dépositaire; par leur forme, si les charges
imposées, même pour l'utilité commune, sont inégalement réparties sur chaque tête. Et des lois ainsi faites
ne sont plus que des violences ; car, selon la pensée de
saint Augustin, on ne peut honorer du nom de lois

celles qui sont injustes. En conséquence, elles n'obligent point au for intérieur, si ce n'est peut-être en considération du trouble et du scandale qu'entraînerait la transgression, motif suffisant pour déterminer l'homme à l'abandon de son droit ; c'est le conseil de l'Évangile : « A qui dérobe votre tunique, donnez encore votre manteau. » Au second cas, et quand les lois sont contraires au bien absolu, c'est-à-dire à Dieu, comme étaient celles des tyrans, où l'idolâtrie s'érigeait en précepte, il n'est aucunement permis de les observer... « Il faut obéir à Dieu plutôt qu'aux hommes. »

3. Les lois humaines sont autant de dispositions par lesquelles la raison cherche à diriger les actions des hommes; et de là deux causes qui justifient le changement dans les législations d'ici-bas. La première de ces causes est la mobilité de la raison même; la seconde est la mutabilité des circonstances où vivent les hommes dont il faut diriger les actions. Et d'abord, il est dans la nature de la raison d'aller par degrés de l'imparfait au parfait : ainsi, dans les sciences spéculatives, voyons-nous que les premiers d'entre les philosophes ont laissé des doctrines défectueuses, qui se sont amendées, complétées dans les écoles formées plus tard. Il en devait être de même des connaissances pratiques : les premiers qui mirent leur génie au service de la société, ne pouvant embrasser d'un seul regard tous les intérêts à satisfaire, devaient laisser des institutions insuffisantes. Il y eut donc lieu de les modifier dans la suite, et de les remplacer par d'autres, qui laissèrent moins de lacunes,

mais qui ne furent pas à l'abri des réformes de l'avenir... En second lieu, de justes innovations peuvent s'introduire dans la loi en même temps qu'il s'en opère de corrélatives dans la condition des hommes ; car à la diversité des conditions doit correspondre la variété des institutions. Saint Augustin en donne un excellent exemple. Si le peuple à qui l'on dicte des lois est calme dans ses mœurs, grave dans ses pensées, vigilant dans le maintien de ses véritables intérêts, on lui reconnaîtra avec raison le droit de choisir les magistrats chargés de l'administration-publique. Mais, si ce peuple, peu à peu corrompu jusqu'à rendre son suffrage vénal, finit par confier les soins du gouvernement à des hommes flétris, on lui retirera sagement le pouvoir de conférer les charges, afin de le remettre tout entier entre les mains du petit nombre des gens de bien.

II. Politique. — S. Thomas. *Summa*, 1ª 2ª q. 105; 1ª 2ª q. 42 *De Eruditione principum*, l. I, 4; VI, 3.

1. De la meilleure forme de gouvernement.

Deux choses sont nécessaires pour fonder un ordre durable dans les cités et les nations. La première est l'admission de tous à une part du gouvernement général, afin que tous se trouvent intéressés au maintien de la paix publique, devenue leur ouvrage; la seconde est le choix d'une forme politique où les pouvoirs soient heureusement combinés. Il existe en effet, comme l'enseigne Aristote, plusieurs formes de gouvernement. Toutefois on distingue surtout la royauté, qui est la souveraineté d'un seul homme, assujetti lui-même aux lois de la vertu, et l'aristocratie, qui est l'autorité des meilleurs d'entre les citoyens, exercée aussi dans les limites de la justice. Ainsi la plus heureuse combinaison des pouvoirs serait celle qui placerait à la tête de la cité ou de la nation un prince vertueux, qui rangerait au-dessous de lui un certain nombre de grands chargés de gouverner selon les règles de l'équité ; et qui, les prenant eux-mêmes dans toutes les classes, les soumettant à tous les suffrages de la multitude, associerait ainsi la société entière aux soins du gouvernement. Un tel État rassemblerait dans sa bienfaisante organisation la royauté, représentée par un chef unique ; l'aristocratie, caractérisée par la pluralité des magistrats choisis parmi les meilleurs citoyens ; et la démocratie, ou la puissance populaire manifestée par l'élection de ces magistrats, qui se ferait dans les rangs du peuple et par sa voix. — Or cet ordre est précisément celui que la loi divine établit en Israël.

2. De la sédition.

L'inévitable effet de la sédition est de porter atteinte à l'unité du peuple, de la cité ou de l'empire. Or, si l'on en croit saint Augustin, le peuple, selon la définition des sages, ce n'est pas le rassemblement fortuit d'une multitude quelconque ; c'est une société formée par la reconnaissance d'un même droit et par la communauté des mêmes intérêts. Donc c'est l'unité de droit et d'intérêt que la sédition menace de dissoudre. Il s'ensuit que la sédition, contraire à la justice et à l'utilité communes, doit être condamnée comme un péché mortel de sa nature, et d'autant plus grave que le bien général est préférable au bien particulier. Or le péché de sédition pèse d'abord sur ceux qui s'en sont rendus les instigateurs ; ensuite sur les hommes turbulents qui en ont été les instruments et les complices. Ceux, au contraire, qui ont opposé résistance et combattu pour le bien public, ne doivent point être flétris du nom de *séditieux;* non plus qu'on ne saurait appeler *querelleurs* ceux qui repoussent l'agression d'une querelle injuste.

Mais il faut observer qu'un gouvernement tyrannique, c'est-à-dire qui se propose la satisfaction personnelle du prince, et non la félicité commune des sujets, cesse par là même d'être légitime : ainsi le professe Aristote, au troisième livre de la *Morale* et au troisième de la *Politique*. Dès lors le renversement d'un semblable pouvoir n'a pas le caractère d'une sédition, à moins qu'il ne s'opère avec assez de désordre pour causer plus de maux que la tyrannie elle-même. Dans la rigueur des termes, c'est le tyran qui mérite le nom de séditieux, en nourrissant les dissensions parmi le peuple, afin de se ménager un despotisme plus facile. Car le gouvernement tyrannique est celui qui est calculé dans l'intérêt exclusif du pouvoir, au préjudice universel de la multitude.

5. Des devoirs du prince (1).

La société ne peut atteindre à la fin suprême qui lui est assignée sans le concours de trois sortes de moyens, savoir : les vertus, les lumières, les biens extérieurs. — Le prince doit donc premièrement veiller avec une sage sollicitude à faire fleurir dans ses États la culture des lettres, afin d'y multiplier le nombre des savants et des habiles. Car, où fleurit la science, où jaillissent les sources de l'étude, là, tôt ou tard, l'instruction se répandra dans la foule. Donc, pour dissiper les ténèbres de l'ignorance, qui envelopperaient honteusement la face du royaume, il importe au roi d'encourager les lettres par une favorable attention. Bien plus, s'il refusait l'encouragement nécessaire, s'il ne voulait pas que ses sujets fussent instruits, il cesserait d'être roi, il deviendrait tyran. — En second lieu, il faut au peuple des mœurs pures et des vertus. Car c'est peu que de connaître la fin de la vie humaine par la lumière de l'entendement, si, par la force de la volonté, on ne discipline les appétits désordonnés pour les ramener vers le but. Il est donc du devoir du prince d'entretenir parmi ses sujets des dispositions vertueuses. — Enfin,

(1) Ce fragment n'appartient pas à S. Thomas d'Aquin; il est extrait du livre *de Regimine principum* (lib. III, p. 2, c. VIII), écrit par le B. Egidius Colonna, cardinal, archevêque de Bourges, et disciple du docteur angélique.

les biens extérieurs peuvent servir d'instruments pour procurer le bonheur de la vie civile. Et par conséquent il convient que les rois et les princes gouvernent leurs États et leurs cités de manière à leur procurer l'abondance de ces richesses qui contribuent au bien général.

4. De la noblesse.

C'est une erreur fréquente parmi les hommes de se croire nobles, parce qu'ils sont issus de noble famille. Cette erreur peut être combattue de plusieurs manières. — Et d'abord, si l'on considère la cause créatrice dont nous sommes les ouvrages, Dieu, en se faisant l'auteur de notre race, l'a sans doute anoblie tout entière... Si l'on envisage la cause seconde et créée, les premiers parents de qui nous descendons; ils sont encore les mêmes pour tous : tous ont reçu d'Adam et d'Ève une même noblesse, une même nature. On ne lit point que le Seigneur ait fait au commencement deux hommes : l'un d'argent, pour être le premier ancêtre des nobles; l'autre d'argile, pour être le père des roturiers. Mais il en fit un seul formé du limon, et par qui nous sommes frères... Le même épi donne à la fois la fleur de farine et le son. Le son est une misérable pâture qu'on jette aux pourceaux, et de la fleur de farine se pétrit un pain d'élite qui est servi sur la table des rois. Sur une même tige naissent la rose et l'épine. La rose est une noble créature, bienfaisante pour qui l'approche; elle répand avec une douce profusion ses parfums autour d'elle. L'épine, au contraire, est une vile excroissance qui déchire les mains assez imprudentes pour l'effleurer. Ainsi d'une même souche deux hommes pourront naître, l'un vilain, l'autre noble. L'un, comme la rose, fera le bien autour de soi, et celui-là sera noble ; l'autre, comme l'épine, blessera ceux qui l'approcheront, jusqu'à ce qu'il soit jeté, comme elle, au feu, mais au feu éternel ; et celui-là sera vilain... Si tout ce qui procède du noble héritait de sa noblesse, les animaux qui habitent sa chevelure, et les autres superfluités naturelles qui s'engendrent en lui, s'anobliraient à leur manière... Les philosophes eux-mêmes ont reconnu que la noblesse ne s'acquiert point par descendance. Qu'est-ce que chevalier, esclave, affranchi ? Ce sont, répond Sénèque, autant de titres créés par l'orgueil ou l'injustice. Platon l'a dit : « Point de roi qui n'ait des esclaves parmi ses aïeux : point d'esclave qui ne soit le petit-fils des rois... » Il est beau de n'avoir pas failli aux exemples de nobles ancêtres ; mais il est beau surtout d'avoir illustré une humble naissance par de grandes actions... Je répète donc avec saint Jérôme que rien ne me paraît digne d'envie dans cette noblesse prétendue héréditaire, si ce n'est que les nobles sont astreints à la vertu par la honte de déroger. — La véritable noblesse est celle de l'âme, selon la parole du poëte :

Nobilitas sola est animum quæ moribus ornat (1).

(1) Ce chapitre et le suivant sont extraits du traité *de Eruditione prin-*

5. Des impôts.

L'impiété des princes et des seigneurs qui imposent à leurs sujets des tailles exorbitantes se comprendra facilement, si l'on considère qu'ils se rendent à la fois coupables d'infidélité envers les hommes, d'ingratitude envers Dieu et de mépris envers les anges. — Le seigneur doit à ses sujets la même fidélité qu'il lui est permis d'exiger d'eux : y manquer, c'est donc félonie... On entend maintes fois les nobles s'excuser, et dire : « Si cet homme n'était pas à moi, je penserais pécher en le maltraitant ; mais maltraiter qui m'appartient, je n'y puis voir péché, ou du moins péché grave. » On peut leur répondre que leur puissance ainsi conçue serait pareille à celle du diable. Car le diable est un cruel seigneur, qui paye d'afflictions le

cipum. S. Thomas, qui écrivait ceci, appartenait à l'illustre famille des comtes d'Aquin, l'une des premières des Deux-Siciles. L'espace ne nous permet pas d'insérer ici un chapitre remarquable du traité *de Regimine principum* (différent de celui qu'on a cité plus haut), qui lui est généralement attribué. Il y établit les devoirs du peuple en présence de la tyrannie : « Le tyran, s'il se contient en de certaines bornes, doit être sup-
« porté de crainte d'un plus grand mal ; s'il excède toute mesure, il peut
« être déposé, jugé même par un pouvoir régulièrement constitué ; mais
« les attentats contre sa personne, qui seraient l'œuvre du fanatisme per-
« sonnel ou de la vengeance privée, demeureraient d'inexcusables crimes. »
— Pour achever de faire connaître les opinions hardies des docteurs de ce temps, il faut citer encore le passage suivant d'un sermon de saint Bonaventure (Hexaemeron v) : « On voit aujourd'hui un grand scandale dans
« les gouvernements ; car on ne donnerait pas à un navire un pilote novice
« dans le maniement du gouvernail, et l'on met à la tête des nations ceux
« qui ignorent l'art de les conduire. Aussi, quand le droit de succession
« place des enfants sur le trône, malheur aux empires ! »

dévouement de ses sujets, et les traite d'autant plus mal qu'il en est mieux servi. Et quel homme sensé croira jamais qu'il soit moins criminel de faire la guerre aux siens qu'à des étrangers? Qui donc ignore qu'il y a trahison à déserter la cause d'un ami? Or, selon la parole du Sage, le prince doit regarder ses sujets comme de pauvres amis que le ciel lui a donnés. Avant qu'il eût reçu l'hommage du pauvre, il lui devait foi et dévouement, comme à son frère en religion, et celui-ci, en faisant hommage, n'a point absous le prince de son obligation primitive; mais plutôt le nouvel acte intervenu a resserré le lien antérieur. Comment donc défendre de l'accusation d'infidélité celui qui opprime ses sujets? — Il fait preuve aussi d'ingratitude envers Dieu. Car Dieu a honoré l'homme puissant, en l'élevant au-dessus de tous; et lui, au contraire, il déshonore Dieu dans les pauvres qu'il humilie. Il imite les soldats chargés de conduire le Sauveur à la mort, qui prenaient le roseau placé dans ses mains pour lui frapper la tête. Le roseau est l'image du pouvoir temporel que les grands ont reçu de la main du Très-Haut, et dont ils se servent ensuite pour le frapper en la personne des pauvres. — Enfin il y a là mépris des anges. En effet, si la Providence a confié les faibles et les petits à la garde des forts du siècle, elle n'a point voulu que les premiers fussent à la merci des seconds; elle leur a donné de célestes gardiens. Chaque homme a son ange, aux soins duquel il est commis. C'est sur cet ange que rejaillissent les injures prodiguées aux malheureux d'ici-bas; et de l'ange elles remontent à Dieu même, dont il est le ministre.

VI. LA NATURE.

1. Présence de Dieu à tous les degrés de la création. — Unité et diversité. — Attraction universelle. — Albert le Grand. *De causis et processu universi*, lib. II, tr. IV, cap. I et II.

1. Nous dirons comment la Cause première régit tous les êtres créés, sans se confondre avec eux. Car, si quelques-uns de ces derniers semblent en régir d'autres qui leur sont subordonnés, ils le font en vertu d'une puissance d'emprunt. — Qu'est-ce en effet que régir les êtres, sinon les conduire à cette plénitude d'existence qui est leur fin? Or pour chacun d'eux la plénitude de l'existence consiste dans l'ensemble des conditions sans lesquelles il ne pourrait parvenir à sa perfection relative, accomplir sa destinée, exercer la fonction particulière dont il est capable. Mais conduire un être à la perfection, le faire passer de la puissance à l'acte, c'est l'œuvre du principe générateur qui est en lui, et qui lui imprime sa forme spécifique. Ainsi la puissance informante qui vient du père façonne l'embryon dans les flancs maternels jusqu'à lui donner la forme vivante de l'humanité; puis elle affermit et développe le corps

de l'enfant, afin de l'amener aux proportions parfaites de l'âge viril, où l'achèvement des organes permettra l'action complète des facultés correspondantes... Toujours dans la série des choses celle qui suit s'explique par celle qui précède : la seconde est informée par la première. Toutes se lient entre elles et remontent nécessairement à la Cause souveraine, en qui l'existence et l'essence ne font qu'un, et qui, sans cesse agissant autour d'elle, forme, perfectionne et régit toutes les parties de l'univers... — Or la Cause première agit parce qu'elle est, et non pas en vertu d'une force empruntée. Elle ne se divise donc pas en deux parties, l'une active et l'autre inerte ; elle ne perd donc point dans son action cette inaltérable unité qui est dans sa nature. Il n'en est pas ainsi des agents secondaires composés d'existence et d'essence, de puissance et d'acte, par conséquent divisibles... Mais un agent composé ne peut modifier les objets qui lui sont soumis qu'en leur donnant sa forme, en leur faisant part de son existence, bien qu'il retienne en lui son essence tout entière. En effet, l'action suppose le contact, le contact nécessite la communication ; et il ne saurait y avoir d'autre communication que celle de l'existence, car l'essence est incommunicable. Comme donc la Cause première agit par son essence, il en faut conclure qu'elle ne se communique pas, c'est-à-dire qu'elle ne se mêle pas aux choses qu'elle crée, forme et régit. Donc ces choses viennent d'elle, mais ne sont pas elle, et l'on accuse avec raison ceux qui étendent aux créatures les attributs divins... Ainsi Dieu, qui est la Cause première, demeure dans son immuable unité sans se confondre avec ses ouvrages. Et cependant il ne les abandonne pas : il les accompagne en quelque sorte et les environne de tous côtés par l'immensité de son essence, par la présence de sa lumière, par la puissance de son action.

2. Des considérations qui viennent d'être développées, il faut conclure que la Cause première exerce sur toutes choses une seule et même influence... Puisqu'en elle l'existence et l'essence se confondent, on ne saurait la concevoir séparée de ses infinies perfections. Ses perfections sont donc identiques entre elles, et l'effusion qui s'en fait au dehors ne peut varier. Mais, si cette effusion est immuable en tant qu'elle vient d'en haut, elle n'est point reçue en bas avec une même abondance par les êtres divers sur qui elle se répand. Elle les remplit selon la mesure inégale de leur capacité, qui est proportionnelle à la distance où ils se trouvent ; car les uns gravitent dans le voisinage de la Cause première, les autres s'agitent dans un immense éloignement. Tous participent donc suivant leur force à l'effusion des bontés et des lumières divines ; ils sont pénétrés de l'essence, de la présence et de la puissance du Créateur. Or ces distances différentes, ces degrés où les créatures sont placées, constituent un ordre hiérarchique au moyen duquel le nombre se réduit à l'unité ; en sorte qu'il y faut reconnaître l'œuvre de la Sagesse éternelle ; car telle est la grandeur des perfec-

tions de Dieu, que nul d'entre les objets créés ne les pouvait contenir tout entières... Du moins il a voulu qu'elles descendissent jusqu'au fond de la création, et qu'il n'y restât rien de si obscur et de si infime qui n'entrât de quelque manière en rapport avec l'Être divin (1).

5. Et, si l'on demande d'où vient la tendance universelle des choses vers l'Être divin, il est facile de répondre en partant des vérités maintenant démontrées. En effet, on a suffisamment établi que Dieu pénètre toutes choses de sa lumière; et cette lumière, en les pénétrant, ébauche en elles une ressemblance imparfaite avec Dieu même. Or, selon la parole de Boëce, le semblable est attiré par son semblable; car c'est de lui qu'il reçoit la force de subsister, l'accroissement, la perfection. De là vient que toutes choses tendent à Dieu comme au souverain Bien, comme à la fin suprême vers laquelle toutes les actions se coordonnent. Et il n'est rien qui soit capable d'exercer quelque attraction autour de soi, s'il ne renferme une vertu divine. Quand donc on se plaint de n'avoir pas rencontré le souverain

---

(1) La même pensée est développée avec plus de lucidité peut-être au quatorzième chapitre du même livre. « Dieu se connaît lui-même, et il répand sa lumière, qui éclaire toutes choses, et qui, s'y réfléchissant, y laisse comme une image de la Divinité. Il se veut lui-même comme principe universel, et par cela seul il suscite dans toutes les choses une sorte d'amour qui les incline vers la Divinité. Il agit enfin, et par sa puissance il donne à toutes choses la force de se mouvoir du côté de la Divinité. Cette image, cet amour, cette force déterminante, sont donc en toutes choses, quoique à des états divers, selon qu'il s'agit des corps bruts, des végétaux, des animaux, de l'homme, de pures intelligences. »

Bien, on se trompe : on se trompe pour s'être attaché par des appétits imprudents aux signes et aux apparences du souverain Bien lui-même. Et pourtant ces apparences et ces signes réfléchissent quelque image de la suprême réalité, et c'est par là seulement qu'ils appellent et captivent l'affection des hommes (1).

II. Puissance de la nature; impuissance de la magie. — Progrès possibles de l'industrie; découvertes des temps modernes. — Roger Bacon, *de Secretis operibus artis et naturæ et nullitate Magiæ*, cap. I-VII.

1. Encore que la nature soit admirable en ses opérations, l'art, qui la modifie et qui s'en sert comme d'un instrument, se montre plus puissant qu'elle. Hors des œuvres de la nature et de l'art, il n'y a plus que des prodiges au-dessus de notre portée, ou des prestiges au-dessous de notre dignité... Ce sont des jongleurs qui trompent les yeux par la légèreté de leurs doigts; ce sont des pythonisses qui, tirant leur voix docile du ventre, de la gorge ou du palais, font entendre à leur gré des paroles lointaines, des accents étranges, comme si un esprit invisible s'exprimait par leur organe. Mais, plus coupables encore que ces imposteurs, sont ceux qui, au mépris de toute philosophie, en dépit de toute raison, invoquent l'Esprit du mal pour obtenir l'accomplissement de leur impuissante volonté ; qui pen-

---

(1) L'idée d'attraction est parfaitement exprimée dans cette comparaison de saint Denys l'Aréopagite : « Dieu s'appelle l'Amour en tant qu'il meut « les êtres et les attire en haut, comme l'aimant immobile attire à lui le « fer. »

sent l'appeler ou l'éloigner par des moyens naturels ; qui lui offrent des prières et des sacrifices. Il serait sans comparaison plus facile et plus sûr de réclamer de Dieu et des anges la satisfaction de nos justes désirs ; car, si quelquefois les esprits mauvais se rendent favorables à nos intérêts apparents, c'est pour la peine de nos péchés, mais c'est encore par la permission de Dieu, qui gouverne seul et sans partage toute la suite des destinées humaines.

2. Je raconterai maintenant quelques-unes des merveilles que recèle la nature ou que l'art produit, et dans lesquelles la magie n'a point de part, afin de prouver qu'elles surpassent de beaucoup les inventions magiques et n'y sauraient être comparées. — On peut construire pour les besoins de la navigation des machines telles, que les plus grands vaisseaux, dirigés par un seul homme, parcourront les fleuves et les mers avec plus de rapidité que s'ils étaient remplis de rameurs; on peut aussi faire des chars qui, sans attelage, courront avec une incommensurable vitesse.

Il est possible de créer un appareil au milieu duquel un homme assis, et faisant mouvoir avec un levier des ailes artificielles, voyagerait comme un oiseau dans les airs. Un instrument long de trois doigts et large d'autant suffirait pour soulever d'énormes fardeaux : il servirait même à tirer des captifs de leur prison, en leur permettant de franchir à volonté les plus grandes hauteurs. Il en est un autre au moyen duquel une seule main tirerait à elle des masses considérables, malgré la résistance de mille bras. — On conçoit aussi des machines qui promèneraient sans péril le plongeur au fond des eaux... Ces choses se sont vues, soit chez les anciens, soit de nos jours, à l'exception de l'appareil à voler, dont un savant, bien connu de moi, a imaginé le dessein. Et l'on peut inventer une multitude d'autres engins et d'utiles artifices : — comme des ponts qui traversent les rivières les plus larges sans pile et sans appui intermédiaire.

5. Mais, entre tous les objets qui se disputent notre admiration, il faut remarquer surtout les jeux de la lumière. — Nous pouvons combiner des verres transparents et des miroirs, de façon que l'unité semble se multiplier, qu'un seul homme paraisse comme une armée, et qu'on fasse voir autant de soleils et de lunes qu'on voudra. Car les vapeurs répandues dans les airs se disposent quelquefois de telle sorte, qu'elles doublent et triplent même, par un reflet bizarre, le disque de la lune ou du soleil... Et il serait aisé de jeter ainsi la terreur dans une ville ou dans une armée ennemie par de subites apparitions. On jugera cet artifice encore plus facile, si l'on considère qu'on peut construire un système de verres transparents qui rapprocheront à l'œil les choses éloignées, ou qui feront fuir les plus proches ; ou bien qui, déplaçant leurs images, les montreront du côté qu'on voudra. Ainsi, d'une incroyable distance on lira les caractères les plus fins, on comptera les choses les plus imperceptibles. Ainsi, du haut des rivages de la Gaule, César découvrit, dit-on, à l'aide

d'immenses miroirs, plusieurs cités de la Grande-Bretagne. Par des procédés analogues on grossirait, rapetisserait, renverserait les formes des corps : on tromperait le regard par des illusions sans fin... Les rayons solaires, habilement conduits et rassemblés en faisceaux par l'effet de la réfraction, sont capables d'enflammer à une distance voulue les objets soumis à leur activité.

4. D'autres résultats non moins curieux peuvent s'obtenir à moins de frais. Tels sont les feux artificiels qu'on projette au loin, et qui se composent de naphte, de sel gemme, d'huile de pétrole... Telle est aussi le feu grégeois, à l'imitation duquel on fabrique un grand nombre de combustibles... Les ressources ne manqueraient pas non plus pour faire des lampes dont la mèche ne se consumerait pas : car nous connaissons des corps qui brûlent sans se consumer : le talc, par exemple, et la peau de salamandre. — L'art a ses foudres, plus redoutables que les tonnerres du ciel. Une faible quantité de matière de la grosseur d'un pouce produit une horrible explosion accompagnée d'une vive lumière, et ce fait peut se répéter jusqu'à détruire une ville et des bataillons entiers... —L'attraction que l'aimant exerce sur le fer est à elle seule féconde en merveilles ignorées du vulgaire, et connues de ceux que la science initie à ses ineffables spectacles. Or la propriété de l'aimant se retrouve ailleurs ; elle y prend une importance toujours croissante : l'or, l'argent et les autres métaux se laissent attirer par la pierre qui les éprouve. Il y a rap-

prochement spontané entre les masses minérales, entre les plantes, entre les organes disséqués des animaux. Témoin de ces prodiges de la nature, rien n'étonne plus ma foi, ni dans les œuvres de l'homme, ni dans les miracles de Dieu.

5. Le dernier degré de perfection où puisse atteindre l'industrie humaine, soutenue de toutes les forces de la création, c'est la faculté de prolonger la vie. La possibilité d'une prolongation considérable est établie par l'expérience. Un infaillible moyen consisterait dans l'observance perpétuelle et scrupuleuse d'un régime qui réglerait la nourriture et la boisson, le sommeil et la veille, l'action et le repos, toutes les fonctions du corps, les passions mêmes de l'âme, et jusques aux conditions de l'atmosphère environnante. Ce régime est rigoureusement déterminé par les préceptes de la médecine... car les sages ont cherché avec ardeur à reculer de cent ans et même plus les limites ordinaires de la vie humaine, en retardant ou du moins en atténuant les maux de la vieillesse. Toutefois ils ne méconnaissent point l'existence d'un terme fatal, irrévocablement fixé dès le jour de la première chute : c'est ce terme seulement qu'il s'agit de regagner, en écartant les obstacles accidentels qui arrêtent la course... Et si l'on objecte que ni Platon, ni Aristote, ni le grand Hippocrate, ni Galien, n'ont su parvenir à cette merveilleuse prolongation de la vie, je répondrai que ces grands hommes ne sont pas même arrivés à plusieurs connaissances d'un intérêt secondaire, qui ont été reconnues

par d'autres penseurs venus après? — Aristote pouvait donc n'avoir pas pénétré les derniers secrets de la nature; comme les savants d'aujourd'hui ignorent eux-mêmes beaucoup de vérités qui seront familières aux écoliers les plus novices des temps futurs.

FIN DU TOME SIXIÈME.

TABLE DES MATIÈRES

Avertissement de la deuxième édition. 1
Discours préliminaire. De la tradition littéraire en Italie depuis la décadence latine jusqu'à Dante. 5
Introduction. De l'autorité philosophique de Dante. — Dessein du travail qu'on s'est proposé. 45

PREMIÈRE PARTIE.

Chapitre I. — État général de la chrétienté du treizième au quatorzième siècle; causes qui favorisèrent le progrès de la philosophie. 61
Chap. II. — De la philosophie scolastique au treizième siècle. 74
Chap. III. — Caractères particuliers de la philosophie italienne. . . . 94
Chap. IV. — Vie, études, génie de Dante; dessein général de la *Divine Comédie;* place que la philosophie y obtient. 102

DEUXIÈME PARTIE.

Chap. I. — Exposition des doctrines philosophiques de Dante. — Prolégomènes. 131
Chap. II. — Le mal. 145
Chap. III. — Le mal et le bien dans leur rapprochement et dans leur lutte. 169
Chap. IV. — Le bien. 214

TROISIÈME PARTIE.

Chap. I. — Appréciation de la philosophie de Dante. — Analogies avec les doctrines orientales. 255
Chap. II. — Rapports de la philosophie de Dante avec les écoles de l'antiquité. — Platon et Aristote. — Idéalisme et sensualisme. 264
Chap. III. — Rapports de la philosophie de Dante avec les écoles du

moyen âge. — S. Bonaventure et S. Thomas d'Aquin. — Mysticisme
et dogmatisme. 286
Chap. IV. — Rapports de la philosophie de Dante avec la philosophie
moderne. — Empirisme et rationalisme. 309
Chap. V. — Orthodoxie de Dante. 324

QUATRIÈME PARTIE.

RECHERCHES ET DOCUMENTS POUR SERVIR A L'HISTOIRE DE DANTE ET DE LA PHILOSOPHIE CONTEMPORAINE.

I. — Vue politique de Dante. — S'il fut Guelfe ou Gibelin. 339
II. — Béatrix. — De l'ascendant des femmes dans la société chrétienne,
et du symbolisme catholique dans les arts. — Les trois femmes bénies.
Béatrix, sainte Lucie, la sainte Vierge. 359
III. — Premières Études philosophiques de Dante. — Fragments du *Convito*. — Conjecture sur l'époque du voyage de Dante à Paris. — Recherches de M. Victor le Clerc sur Siger de Brabant. — Conclusions
pour l'interprétation du poëme. 395
IV. — Vision de S. Paul, poëme inédit du treizième siècle. 413

DOCUMENTS POUR SERVIR A L'HISTOIRE DE LA PHILOSOPHIE AU TREIZIÈME SIÈCLE.

I. — Bulle d'Innocent IV pour le rétablissement des études philosophiques. 431
II. — Classification générale des connaissances humaines. — Opuscule
de S. Bonaventure. 434
III. — Dieu; fragment de S. Bonaventure. 445
IV. — L'Homme; fragments de S. Bonaventure. 448
V. — La Société; Philosophie du droit; Politique; fragments de S. Thomas d'Aquin. 459
VI. — La Nature; fragments d'Albert le Grand et de Roger Bacon. . . 480

FIN DE LA TABLE.

www.ingramcontent.com/pod-product-compliance
Lightning Source LLC
Chambersburg PA
CBHW050611230426
43670CB00009B/1363